# 后危机时代的
# 金融风险管理

俞勇 ◎ 著

中国金融出版社

责任编辑：丁　芊
责任校对：孙　蕊
责任印制：张也男

**图书在版编目（CIP）数据**

后危机时代的金融风险管理/俞勇著 . —北京：中国金融出版社，2019.12

ISBN 978 – 7 – 5220 – 0334 – 4

Ⅰ.①后… Ⅱ.①俞… Ⅲ.①金融风险—风险管理—研究 Ⅳ.①F830.9

中国版本图书馆 CIP 数据核字（2019）第 243320 号

后危机时代的金融风险管理
Houweiji Shidai de Jinrong Fengxian Guanli

| 出版 | |
|---|---|
| 发行 | 中国金融出版社 |
| 社址 | 北京市丰台区益泽路 2 号 |
| 市场开发部 | （010）63266347，63805472，63439533（传真） |
| 网上书店 | http://www.chinafph.com |
| | （010）63286832，63365686（传真） |
| 读者服务部 | （010）66070833，62568380 |
| 邮编 | 100071 |
| 经销 | 新华书店 |
| 印刷 | 保利达印务有限公司 |
| 尺寸 | 169 毫米 × 239 毫米 |
| 印张 | 24.75 |
| 字数 | 401 千 |
| 版次 | 2019 年 12 月第 1 版 |
| 印次 | 2019 年 12 月第 1 次印刷 |
| 定价 | 68.00 元 |

ISBN 978 – 7 – 5220 – 0334 – 4

如出现印装错误本社负责调换　联系电话（010）63263947

谨以此书献给我的母亲及像她那样
为中国金融事业默默奉献一生的
千千万万奋斗者！

# 序　言

　　金融危机是累积风险的集中爆发，是对金融体系潜在失灵问题的集中纠正，也是深刻检视和反思金融体系内在问题的重要窗口和机会。2008年国际金融危机以后，巴塞尔委员会开始了长达9年的后危机时代金融监管规则改革，并在2017年12月正式发布了《巴塞尔协议Ⅲ：后危机时代改革的最终方案》。在这一方案中，《巴塞尔协议》最初确立的资本监管主线得到了持续明确和强化，在时间和跨业维度上的宏观审慎监管更加受到重视，流动性监管等方面有了更多的创新指标和做法。但是，回顾全球金融发展史不难发现，风险不会因为监管的完善而销声匿迹，人类的健忘症也很难因为金融危机而被治愈。

　　在过去十多年里，人们对新一轮金融危机何时爆发的讨论从未停止，日趋复杂的全球政治经济形势则正在不断增加这方面的担忧：主要发达国家经济增长乏力，欧洲仍未走出债务危机困局，美国为应对经济下行风险再度重启降息；英国脱欧、中美贸易摩擦等地缘政治和经济冲突带来的不确定性远超预期，对全球经济和金融体系稳定造成的影响不可低估；一些十年前金融危机中出现的，需要集中检视、反思和纠正的问题被重新包装，披上金融创新的外衣"重出江湖"。

　　反思金融危机历史教训、应对未来金融风险挑战，需要我们在对金融危机和风险的认识上保持清醒：

　　对错配的纠正就是对常识的回归。回顾美国次贷危机的生成过程发现，金融体系中错配早已为危机爆发埋下了隐患：第一个层次的错配是贷款和实际还款人、借款人负债能力和意愿错配，第二个层次的错配是复杂的金融产品和金融机构风险定价能力的错配，第三个层次的错配是金融机构本原定位与所经营业务、复杂的经营业务和经营结构之间的错配。危机的爆发、应对和处置实质上都是对错配的纠正，也是对金融基本常识的回归，良好、有效的公司治理则是实现错配纠正的核心要义，这对商业银行、保险公司和证券公司来说极其重要。

监管规则需要设置合理标准。金融监管体系中的规则漏洞给套利行为提供了可乘之机，危机之后的"亡羊补牢"有助于提高金融体系的稳健性。但不能忽视的是，由于金融体系和金融业务存在不断复杂化的趋势，监管规则设计往往需要尽量"赛跑"赶上前面跨业和异化的趋势，这有可能导致监管规则、设计本身过度复杂化，进而引发监管成本高企或加重市场规避监管的冲动。因此，通过合理设置监管标准，把握监管规则的力度、节奏和针对性，在创新和风险之间取得平衡等都是现有规则体系下值得深入讨论的问题。

金融业的风险文化建设依然任重道远。没有文化支撑的事业难以长久，金融危机的背后往往是"利益至上"观念大行其道，是风险文化的扭曲沦丧。金融从业人员要坚持自己的独立性与操守，要保持对客户"勤勉尽责"的服务意识，也要尊重金融的契约精神——借钱的人必须保证，连本带息全额及时偿还；放账的人相信借钱的人以后有能力、有意愿来承诺自己的债务，这是双方面的契约精神，也是市场上很重要的信任来源。金融危机历史证明，金融机构内部的风险管理和风险文化非常关键，但建立风险文化是需要时间的工作，需要我们长期不懈的努力。

面对错综复杂的国际形势和国内经济增速换挡的压力，我国近年来积极推进金融领域全面深化改革，实施更大力度、更高水平金融业对外开放。这需要我们牢记金融危机的前车之鉴，直面金融体系的脆弱性，在防范金融风险跨境传染、防范化解房地产等领域积累风险方面有更大作为。我们必须清醒地看到，包括商业银行在内的许多金融机构应对国内外风险挑战的能力还存在不少短板、在风险管理体系建设上仍然有不少功课要补；热衷于创新的金融人才层出不穷，而能够真正敬畏风险、理解风险、有效管理风险的人才依然供不应求，成熟稳健的风险文化建设依然任重道远。

作为熟悉国内外金融行业发展前沿，兼具理论研究与实践操作能力的金融风险管理专家，俞勇同志将近年来的思考成果集结成书，在推动我国金融机构风险管理水平提升和专业人才培养的事业上再添硕果。本书融合了2008年以来作者对金融监管和金融机构风险管理的反思和实践，分析了包括《新巴塞尔协议》在内的一系列风险管理新理念，在金融机构全面风险管理框架、风险管理流程的重点环节、特定类型风险管理的解决方案、金融产品设计中的风险管理，以及大数据等金融科技手段在金融机构风险管理中的运用等方面均作出了十分有价值的探索。

对危机的反思永远在路上，对风险的防范永远在路上。面对复杂的国际形势和艰巨的改革发展稳定任务，我国金融从业者唯有继续秉持勇于任事、高度专业的态度，对金融风险常怀敬畏之心，方能不负使命、不负时代。期待包括本书作者在内的广大从业者共同努力，为我国金融业持续稳健发展作出更多贡献。

刘明康

原中国银行业监督管理委员会主席
二〇一九年十月十五日

# 前　言

中国金融业在改革开放四十多年的探索历程中，历经1997年亚洲金融风暴和2008年国际金融危机的风雨洗礼，成功应对化解诸多风险挑战，展现出日益成熟、稳定和开放的发展态势。在此过程中，国内以商业银行为代表的各类金融机构充分借鉴包括《巴塞尔协议》在内的国际经验，在构建全面风险管理体系、提升风险管理能力方面获得了长足进步，并培养出一批亲身见证和应对过危机的金融风险管理专业人才。在当前全球经济金融形势复杂多变、国内经济增长动能加速转换、金融改革和开放力度持续增强的形势下，防范化解各类金融风险无疑是金融领域最重要的主题之一。这对加快培养更多高层次专业人才提出了新的时代要求，也对金融风险管理专业书籍提出了更多元化的创新需求。

本书尝试将国际先进风险管理理念和国内监管政策要求融入金融机构风险管理实践中，在分析全面风险管理体系的同时，从方法论层面将风险管理流程与单一风险管理相结合，并对以数据和科技推动的金融机构风险管理升级进行了经验性探索。本书致力于为经济金融专业研究生、高年级本科生和金融机构中高层次风险管理专业人员提供传统教材之外的参考书和工具书，使之能更好地将风险管理理论、技术与操作有机结合，并在案例分析和实务操作等场景中有效运用。读者可以在学习专业教材搭建知识体系的基础上，通过对本书的学习深化和拓展对金融风险管理的认识，加快塑造不但懂得单一风险管理，而且能够从业务项目、金融产品乃至金融机构等视角开展全面风险管理的高层次专业人才。

本书包括全面风险管理框架、风险管理流程、单一风险管理、产品风险管理以及风险管理中的数据与科技五个部分，内容安排并未完全遵循从基本概念入手的循序渐进思路，而是在保持各部分之间逻辑关联性的同时，尽可能使每一部分内容独立成篇，这样的安排更适合有一定专业基础的读者。第一部分主要阐述金融危机中的风险和应对经验、基于新资本协议的全面风险管理体系以及各国商业银行的风险偏好实践。第二部分重点分析风险管理流程中的识别与评估、监测与预警以及风险处置机制。第三部分逐一探讨市场风险管理、流动性风险管理、信用风险管理、内控合规管理以及集中度风险管理的技术与实践。第四部分在论述金融机构产品风险管理的框架基础上，重点分析客户视角下的产品风险管理、金融机构套期保值和信用衍生品的风险管理。第五部分主要探讨支撑金融机构风险管理数据与科技，包括商业银行等金融机构在数字化转型、数据治理等方面的经验等。

在本书写作过程中，笔者深感我国的金融风险管理既有长足进步，又有巨大潜力，仍然需要在理论创新、实践探索和人才培养等多方面作出不懈努力。本书探讨了国内外知名金融机构在风险管理领域的诸多实践，也阶段性地呈现了笔者多年从事金融风险管理工作的经验和思考，对书中可能存在的疏漏与错误，欢迎广大读者批评指正。

# 目 录

## 第一部分 全面风险管理框架

金融危机中的风险管理教训 …………………………………………… 3
摩根大通何以穿越危机？ …………………………………………… 10
新资本协议下的全面风险管理 ……………………………………… 16
各国商业银行风险偏好实践分析 …………………………………… 23

## 第二部分 风险管理流程

风险识别与评估：商业银行如何进行重大风险识别与评估？ …… 45
风险监测与预警之一：构建有效的风险预警理念和框架 ………… 57
风险监测与预警之二：商业银行小微授信业务风险监测与预警 … 75
风险处置：我国的银行风险处置机制与制度安排 ………………… 83

## 第三部分 单一风险管理

市场风险管理：银行账户利率风险管理之道 ……………………… 107
流动性风险管理：商业银行流动性风险管理之道 ………………… 134
信用风险管理之一：信用风险量化模型建设和管理技术 ………… 143
信用风险管理之二：金融机构合格信用风险缓释认定、计量与分配 …… 153
信用风险管理之三：金融机构非零售信用风险量化管理之道 …… 168
信用风险管理之四：完善商业银行授信后管理 …………………… 207
内控管理之一：中小商业银行上市中的内控体系建设 …………… 220
内控管理之二：有效的商业银行内部控制评价体系 ……………… 227

合规管理之一：金融机构合规风险管理及合规文化建设之道……………… 249
合规管理之二：商业银行制定内部规章制度的合规问题……………… 265
操作风险管理：商业银行操作风险及管理实践……………………… 275
集中度风险管理：金融机构集中度风险管理………………………… 293

# 第四部分　产品风险管理

产品风险管理之一：客户关系视角下的银行产品定价……………… 307
产品风险管理之二：金融机构产品风险管理………………………… 314
产品风险管理之三：金融机构套期保值的制度安排………………… 323
产品风险管理之四：信用衍生品的功能、风险与启示……………… 337

# 第五部分　风险管理中的数据与科技

金融机构的数字化转型………………………………………………… 347
商业银行的数据治理…………………………………………………… 361
金融科技在业务与风险管理中的应用………………………………… 374

# 第一部分

## 全面风险管理框架

# 金融危机中的风险管理教训*

明镜所以照形,往事所以知今。2008年国际金融危机已然过去十多年,回顾危机开始以来各金融机构为应对"次贷毒资产"而引起的金融市场动荡所采取的风险管理措施,反思危机爆发以来各金融机构在风险内控机制方面凸显的缺陷及其采取的补救和完善措施,评价各金融业监管机构为拯救濒临破产的金融机构、处置危机等所运用的政策工具及后续强化风险管理的政策工具,有益于金融机构做好当前及未来风险管理。

金融危机爆发时,市场上金融衍生品繁多,复杂的交易结构,多层嵌套,看不清底层资产等均显现无遗,"政府兜底、大而不倒"的预期使许多金融机构本来就不完善的风控机制形同虚设。目前,不少国际金融机构已忘却来时的路,伴随经济向好的步伐,重现"政府兜底、大而不倒"的"赌局";国内的金融机构伴随国内基础设施大建设期,一路高歌猛进,短短几年时间,资管产品规模突破百万亿元,而大多存在多层嵌套、看不清底层资产等问题。同时,全球主要资本市场国家逐步退出货币宽松政策,配合税改、加息等工具;国内防范和化解金融风险作为监管的首要任务,金融去杠杆、去通道业务、打破刚兑等措施使各金融机构资金急剧短缺,给许多机构造成现金流压力,流动性风险暴露。此外,由于缺乏足以促使金融机构进行变革的监管变革、投资和专业人才,金融机构没能彻底解决当时所暴露的问题,当前融资和流动风险管理挑战日益凸显。

衡量一家金融机构风险管理水平高低的往往有四大标准:一是金融机构的风险识别与分析的有效性;二是金融机构各部门持续运用独立且审慎的评估手段;三是金融机构有效管理资金流动性、资本金和资产负债业务;四是金融机

---

\* 本文写作于2018年7月。

构充分、有效的风险测量手段和管理报告系统。要在业务复杂的金融机构中推行这四大标准需要大量的资源和专业人才，目前金融机构在这方面较为欠缺。危机暴露了金融机构在公司治理、内部控制、流动性管理和资本管理等方面的薄弱环节，其中流动性风险管理的失败是危机产生的主要问题，融资及流动性风险管理与金融机构核心发展战略密切相关，而危机时期金融机构的融资及流动性风险管理难度更大。

## 一、融资及流动性风险管理问题

金融系统危机期间发生的事件表明，主要依靠担保融资市场开展业务的金融机构具有很大的脆弱性。首先，许多金融机构主要依赖短期批发融资，而且大多属于跨境融资，以支持长期、非流动性资产业务。在缺乏有效的基础存款、国家和中央银行支持的情况下，往往无法承受市场流动性收紧的压力。其次，许多金融机构业务经营模式往往导致杠杆率过高，加上市场对此类机构可变现资产价值的怀疑，加重了贷款方及其交易对手对其偿付能力的担忧。由于存在诸如风险控制能力弱、激励机制不合理、风险管理报告有效性差、监管限制以及市场竞争等问题，也导致此类金融机构过度融资以及依靠短期融资发展业务的问题。这些问题及由此造成的结构性缺陷影响的范围很广，涉及许多投资银行、抵押贷款银行和住房贷款银行，以及通过并购增加资产规模的银行；并购也吸聚了被并购机构的各种风险，累积和放大了流动性风险，危机时饱受资本充足率不足的困扰。

危机中，担保融资市场的混乱也凸显出三方回购协议的一系列问题。证券机构经常依靠第三方回购协议市场变现特定的证券，随着时间的推移，证券不断被交易，经过市场淘汰，问题证券不断积累，流动性不断恶化，变现日益困难，一旦大量的问题证券无法兑付，由流动性风险所引发的信用风险将给资本市场造成杀伤力巨大的冲击。这个过程其实简单，即贷款人根据第三方协议对缺乏流动性的证券给予资金融通，一旦借款人无力还款，此类证券无法兑现，直接引发信用风险。在此交易中，清算代理行由于在贷款发放时没有充分评估抵押品快速变现的能力或风险管控不完善，一旦此类证券大量持有而无法兑付，在承担了巨大的信用风险后，信用违约直接爆发。

雷曼国际的破产就暴露了依靠再抵押客户证券进行融资的各种风险。许多客户在雷曼国际开立账户，允许雷曼公司将其证券头寸进行抵押获取资金。但这些证券许多是问题证券，流动性恶化后，直接导致雷曼国际流动性风险的爆发。在雷曼公司宣布破产后，经纪客户要求撤销此类安排时，才发现自己成了不受保护的贷款人，而且不能动用自己账户的资金。这也暴露了一些金融机构对风险管控的严重忽视。

## 二、危机后金融机构的流动性风险测试

危机后，金融机构纷纷进行流动性测试，分别在机构和业务条线两个层面上进行了重新评估，以了解过去的问题与现在的不足，更好地采取完善措施。在具体做法上，如果健全的资金转移定价规范早点出台，交易账户就不会有大规模的非流动性资产，从而可以避免巨额损失，不会面临如此高的应急流动性风险，也不会造成巨额表外业务风险敞口。各金融机构已采取措施，通过扩大与转移定价有关的业务范围，将转移定价与公司的业务流程结合得更密切等举措，实施或巩固资金转移定价规范做法。各金融机构对流动性风险也更加重视，采取了更为有效的防范措施。

金融机构还完善了满足资金需要的测算方法。在此次金融危机之前，金融机构主要采用"月度/合同需求额"度量法，这种度量法没有捕获到危机中凸显出来的多种资金需求，诸如为满足清偿代理商与合伙人抵押品资金的需求、接受信贷违约掉期债务更新的资金需求等，不能准确测量市场资金趋紧情况下的资金需求。针对这一问题，各金融机构开始重视压力状态下需求的资金测算法，并将其作为主要的资金测算法。

此外，金融机构及监管机构普遍意识到，复杂的公司治理结构和控股模式会阻碍子公司法人间资金的正常流动，不利于紧急状态下有效开展融资。金融机构应制订自下而上的应急资金计划，将单个法人资金应急方案纳入其中，这已成为危机后监管的重点领域。

因此，危机后发达国家建立了审慎监管体制。从全球范围内看，《巴塞尔协议》的更新内容（《巴塞尔协议Ⅲ》）于2010年12月在G20首脑峰会上获通过；美国于2009年颁布《多德—弗兰克华尔街改革和个人消费者保护法案》，并于2010年组建金融稳定监督委员会；欧盟于2010年颁布《泛欧金融监管改革法案》，组建"三局一会"，即欧洲银行管理局、欧洲保险与养老职

业养老金局、欧洲证券市场局、欧盟系统性风险委员会，并运用一系列杠杆率、流动性和期限转换、金融机构关联程度调节等宏观审慎监管工具；韩国构建了韩国央行、财政部、金融委员会、金融监督院与存款保险公司共同负责的宏观审慎监管模式；我国则进一步加强证券行业净资本监管制度，提出对金融机构实施逆周期监管思路，于 2012 年发布《完善证券公司风险控制指标体系总体思路》，并从 2017 年开始，陆续发布《商业银行流动性风险管理办法》等监管办法。

最后，金融机构进一步完善法人治理结构、风险管控模式等防范流动性风险。比如，摩根大通银行在进一步完善法人治理结构的基础上，构建完备的风险管理架构，强化风险政策委员会和审计委员会的职权，运用精准的风险管理办法和工具，对流动性风险进行精细化管理；汇丰银行在进一步完善法人治理结构的基础上，以纯控股矩阵式管理模式对控股的二级公司进行统一的风险管理；日本瑞穗金融集团则通过集中交叉持股的模式加强对各业务板块及二级公司的管控。

## 三、金融机构风险治理亟待完善的关键领域

目前银行、资管、证券、基金等金融机构的风险管控与业界典范及监管机构所倡导的良好做法之间仍然存在明显差距，造成这种差距的原因主要有两个方面：一是金融机构的信息技术基础设施还不够健全，风险治理数据缺失，难以准确检测风险暴露，解决尚需时日；二是金融机构对业务盈利排序、业务风险排序、风控能力、风险成本等与多变的外部环境动态匹配度差距较大，难以准确预估外部环境的冲击。金融机构应改进以下关键领域：

（一）完善风险内控治理架构

金融机构和监管机构普遍认为目前金融行业内运用的控制和激励机制需要完善，金融机构所承担的风险水平与金融机构股东期望其所承担的风险水平和应有的风险承担能力不相称。金融机构内控治理存在四大问题：（1）内控架构不完善，缺失风险治理架构，严重妨碍风险的有效监控、识别、计量、报告及处置；董事会及高级管理层不愿或者没有能力清楚表达、计量以及遵守可承受的风险水平；（2）风险管理部门独立性不足，对独立风险管理人员的作用

重视程度不够，薪酬计划与机构的内控目标相矛盾；（3）董事会参与风险治理积极性不够，董事会和高级管理层对风险容忍度、风险暴露的稳健计量及相关限额、应对巨大损失的资本充足率、损失后维持和恢复经营的资本充足率等缺乏足够的了解；（4）对遭受巨大冲击和损失应采取的风险控制措施、维持和恢复经营等措施缺乏充分的准备。

对此，金融机构应快速完善风险内控治理架构，成立相对独立的风险管理部门，统一风险管理文化、风险治理机制，畅通风险监控、识别、计量、报告、处置机制和流程，夯实信息共享系统、风险数据集市等风险管理基础设施与工具；明确董事会和高级管理层风险管理职责，强化风险管理文化的培育，提高合规意识，加强风险识别、计量、报告、处置等技能的培养，提升风险治理工具使用技巧。

### （二）完善薪酬机制

目前金融行业薪酬机制主要是以吸引并留住人才的业绩考核单一激励机制为主，这些机制往往独立于企业风险管理机制，未纳入企业整体控制的制度环境予以统筹考虑。这带来了至少四个方面的问题：一是薪酬机制对风险管理机制不敏感，造成收益与风险匹配激励机制的扭曲；二是薪酬池的自然增长机制对成本控制机制不敏感，薪酬的增长尚未考虑到所有成本；三是个人绩效评价机制对经济效益实际增长机制不敏感，造成个人绩效评价机制和经济效益实际增长机制脱离成本因素及不确定因素；四是薪酬机制对内控机制不敏感，薪酬增减无法与内控变化实现动态调整。这些问题导致风险和薪酬严重失衡，在金融机构内部，收益创造者的影响力、地位、薪酬明显超过风险管理部门人员，造成轻彼重此的现象。

对此，应督促并引导各金融机构加强风险管理部门的职权并增加对风险管理的资源投入；实行经风险调整后的薪酬机制和绩效评价机制，充分考虑风险成本、流动性以及资本情况，将薪酬池和奖金的增长、绩效评价等直接与经济效益实际增加值挂钩，薪酬结果与承担的风险结果相一致；将内控部门的评价结果纳入绩效评估中统筹考虑，薪酬评估应当包含所有风险类型；强化潜在风险评估和事后审计，审查滞后薪酬计划，更关注员工长期的薪金利益；对董事会和高级管理层以长期激励为主，对风险管理人员实行经风险调整后的薪酬机制和绩效评价机制，充分考虑风险成本与经济实际增加值的动态关系。

## （三）完善 IT 基础设施

危机充分暴露了金融机构 IT 基础设施在防范风险方面存在的不足，其无法支撑全面风险管理的需要。全球大部分金融机构是混业经营，业务多涉及银行、保险、证券、资产管理、基金等，部分是通过并购重组而发展成的多元业务金融机构。一方面，由于多次并购后所造成的数据混乱、数据统计口径不统一、基础数据缺失等，无法及时完善风险管理系统；另一方面，业务的多元化使得数据类型复杂性增加、风险场景多元性增加、风险维度及因子多元性增加等，进一步制约了金融机构在实施有效的转移定价、持续性估价复杂型产品、评估交易对手信用风险水平、快速计算信用风险敞口、进行前瞻性压力测试等相关方面作用的发挥。

对此，要引导金融机构投入更大的人力、财力，从战略层面规划完整的数据治理架构，将数据治理纳入企业治理架构，成立专职的数据采集、存储、统计、质量控制及分析部门，实行并表管理和统一的数据输入、输出标准，构建更为匹配、稳健、持续、有效的 IT 基础架构，建立层级明晰、权责明确、衔接紧密、反馈及时、运行安全的风险管理数据治理运行机制，形成多层次、多维度、规范化、差异化的风险数据集市。

## （四）改进压力测试方法

危机后，金融机构普遍改进了压力测试方法，加大了压力测试使用力度，确保风险状况有效传递给高管层及董事会。但金融机构组织进行涉及全部业务的压力测试的能力远远不够，多数机构仍没有能力定期组织开展涉及全公司各项业务的有效的压力测试。因此，要引导金融机构开展常态化、前瞻性的资本评估和规划，综合考虑评估和规划的综合性、周全性、合理性、稳健性、有效性等；改进压力测试方法，在满足监管的要求下，设计更多的外部情景因子，对多元情景下的资本、资产负债表、风险加权资产、收入、损失等进行综合测试与分析；理顺覆盖信用风险、市场风险、操作风险、流动性风险、声誉风险、集中度风险等主要风险的压力测试传导机制，确保各种风险信息及时有效地传递至高管层及董事会。

## （五）重塑及完善多元业务管控模式

成立较早的金融机构经历了"混业经营—分业经营—混业经营"的发展历程。2008年国际金融危机发生时，几乎所有金融机构都是混业经营。混业经营的金融机构普遍以收购的外延式发展模式，发展成为金融控股公司，这造成以下几个问题：一是金融控股公司会成为大而不倒的金融机构，造成市场起决定性作用机制的扭曲；二是金融控股公司关联交易管理复杂性急剧增加，造成风险隔离机制失效或无法短时间建立且发挥作用，极易出现道德风险、逆向选择等问题；三是金融控股公司股权结构透明度低，造成外部监管失效，进一步累积系统性金融风险。

对此，应摒弃纯资本运作获取金融牌照的并购外延式发展模式，注重内涵式发展，以服务公司现有业务为主，以发展协同业务和创新业务为辅；管人管钱的授权机制要向管资本＋管风险的授权机制转变，统一控股公司和子公司的风险授权治理机制；建立和完善关联交易管理系统，通过信息系统全面了解和评估控股子公司的股权结构、最终控制人、关联关系、客户集中度等，最大限度规避道德风险、逆向选择等问题；建立全面风险管理体系，培育全面风险管理文化，健全风险管理工具，夯实风险管理基础；围绕资产组合，构建以风险政策为牵引，组合计划为约束，项目授权与审批流程为支撑，辅以定期风险分析与监控，并应用风险缓释等主动风险管理手段（如资产卖断、证券化等）的闭环风险管理体系。从外部监管而言，可借鉴金融机构持牌经营的思路和成功经验，结合各国政治、经济、法律等实际，对金融控股实行持牌经营和管理，提高透明度，防范系统性风险；打破大而不倒的僵局，完善监管体系，健全监管工具，用活监管手段，早预警和早介入，清算"僵尸"金融机构，隔离风险传染，重新配置金融资源。

# 摩根大通何以穿越危机?*

尽管遭遇自大萧条之后最严重的金融危机,摩根大通银行的业绩仍然令竞争对手侧目。在次贷危机最为严重的2007年末至2008年末,全球各主要金融机构均经历了巨额的资产减记,对外公布的业绩大多为负利润,而摩根大通银行2007年末和2008年全年却分别实现净利润30亿美元和56亿美元。2014年5月,美国政府公布18家主要金融机构压力测试结果,摩根大通银行顺利通过测试,而同类型的美国银行、富国银行与花旗银行却分别存在339亿美元、117亿美元和55亿美元的缺口,急需补充资本金。摩根大通银行在次贷危机中的良好表现固然得益于多方面的因素,其良好的公司治理水平被认为是其中的重要原因之一。公司治理源自委托代理问题,交易成本的存在使得委托人与代理人之间不存在完全合约以解决该问题,因此企业利用一系列制度安排协调其内外部各利益主体,以保护股东权利,提升企业绩效。

中国银监会针对商业银行和信托公司分别出台了相关指引,其他银行业金融机构也将公司治理分别纳入各类机构的工作意见之中,明确了"三会一层"之间的职责边界、各自的权利义务,要求建立合理的激励约束机制,并规定了银行监管的主要职责。但比照巴塞尔银行监管委员会《加强银行公司治理》中的核心问题,我们还缺乏对风险管理、内部控制、透明度建设、了解业务运营架构的具体要求,对董事会职责、监管部门职责尚不全面、欠细化。借鉴国际先进商业银行的良好做法,探讨摩根大通银行良好的公司治理经验很有必要。细细解剖摩根大通银行成功的案例,我们认为,除了一般公司治理政策所应具备的内容外,摩根大通银行在公司治理中的前瞻性是其在危机中脱颖而出的关键,主要体现在以下几个方面:

---

* 本文写作于2015年8月。

## 一、完善的法人治理结构

摩根大通银行的法人治理结构由股东大会、董事会与其直属的各专业委员会和银行管理层组成。其中，董事会下辖包括审计、薪酬与管理发展、公司治理与提名、公共事务、风险政策、股票与董事会层面的执行等七个专业委员会，基本涵盖了银行长期发展与日常运营等各主要方面。董事会因此可以更好地监督银行管理层以保障股东利益，提升银行绩效。摩根大通银行共有 11 名董事会成员，但除银行首席执行官 James Dimon 担任董事会主席之外，其余 10 人均为外部董事。摩根大通银行的董事会主席与 CEO 为一人同时担任，但摩根大通银行规定除股票委员会和董事会层面的执行委员会之外，来自银行管理层的董事会成员不得参与到其他专业委员会中。因此，摩根大通银行关键的委员会成员全部是独立董事，外部独立董事实质上有权利决定董事会成员的构成和管理层的业绩考核。从而充分保证了董事会及各专业委员会的独立性，并能够客观对管理层的工作以及银行的运营进行监督和评价。

## 二、完备的风险管理架构

摩根大通银行的风险管理体系在董事会层面主要由银行董事会下设风险政策委员会（Risk Policy Committee）和审计委员会构成。其中，风险政策委员会的主要职责在于监督 CEO 与高级管理人员对公司信用风险、市场风险、利率风险、投资风险、流动性风险、声誉风险等管理工作，同时对银行信托及资产管理活动进行评估。其具体职责还包括：依据风险管理的指南与政策规范银行的风险治理；监督银行风险暴露及资本配置；评估管理层对各项风险管理政策的执行情况等，[1] 评估风险暴露的基准；评估银行各部门及业务流程的风险报告。而在风险管理层面，审计委员会则主要负责评估银行的风险管理准则与流程，另外，审计委员会还协助银行管理层来评估银行的内控和财务报告系统，确保银行业务运作的合规性。在实际运营层面，摩根大通银行的风险治理

---

[1] 译自 JP Morgan Chase 网站：http://www.jpmorganchase.com/corporate/About-JPMC/risk-committee.htm。

主要体现在其完备的风险管理理念和架构。

首先,摩根大通银行将银行风险管理的能力理解为风险识别、风险度量、风险监控和风险报告四个方面。其中,风险识别是指其风险管理体系可以识别和加总银行日常运营中产生的风险暴露,同时风险管理人员有责任识别与估计可能由非常事件所致的潜在损失;风险度量是指银行通过计算可能损失(Probable Loss)、非预期损失、VaR 乃至执行压力测试并与外部基准相比较等方式度量自身的风险,并定期评估所使用模型及相关假设的合理性以保证风险度量的合理性;风险监控包括银行的风险缓释策略以及一系列针对客户、产品、行业、国家等方面的审批限制;风险报告是指银行各业务部门按既定的周期,向管理层报告风险相关信息。其中,摩根大通银行将风险分为八种主要类型,即流动性风险、信用风险、市场风险、利率风险、私募股权风险、操作风险、声誉风险以及法律和信托风险[1]。

其次,摩根大通银行拥有一套精细的风险管理架构。该架构的基层是银行的各业务部门的风险委员会,其功能在于对该业务部门的风险策略、风险政策以风险控制作出决定。银行的首席风险官同时也是各业务部门风险委员会的成员,在摩根大通银行的风险管理体系中,首席风险官扮演了重要的角色,首席风险官领导整个银行的风险管理部并直接向 CEO 和董事会报告。在各业务部门层次上的风险管理不仅涉及相应的风险管理部门,还包括银行的首席投资官、总财务部以及银行的法律和合规部。这四个部门联合起来负责管理各业务部门经营活动的各类风险[2]。其中风险管理部门负责市场、信用、操作和私募股权风险;首席投资官和公司财务部负责流动性、利率和外汇风险;法律和合规部则负责法律与信托风险。

在业务部门层次之上,是银行层面的风险管理,它包含了五个相关的委员会,即风险工作组、资产负债管理委员会、投资委员会、市场委员会以及全球交易对手(Counterparty)委员会。其中,风险工作组由银行首席风险官领导,按月评估跨业务部门的相关风险管理事宜,如风险管理政策、方法、其他监管事宜以及各业务部门的风险管理委员会提交讨论的问题等;资产负债管理委员

---

① JP Morgan Chase 2009 Annual Report:MD&A.
② 大体上即按照前文所述的八种类型的风险分类,但少了声誉风险,并将汇率风险从市场风险类别中独立出来。

会负责监控银行层面的利率风险和流动性风险；投资委员会负责监控银行在全球范围内的兼并收购活动；市场委员会则每月举行会议以评估与讨论市场中重大的风险事件，尤其关注其中包含的相关信用、市场、利率、操作以及声誉风险和利益冲突等相关问题；全球交易对手委员会则主要支持和监控银行的市场交易活动，并适时调整银行的交易对手暴露，其风险管理结构见图 1－1。

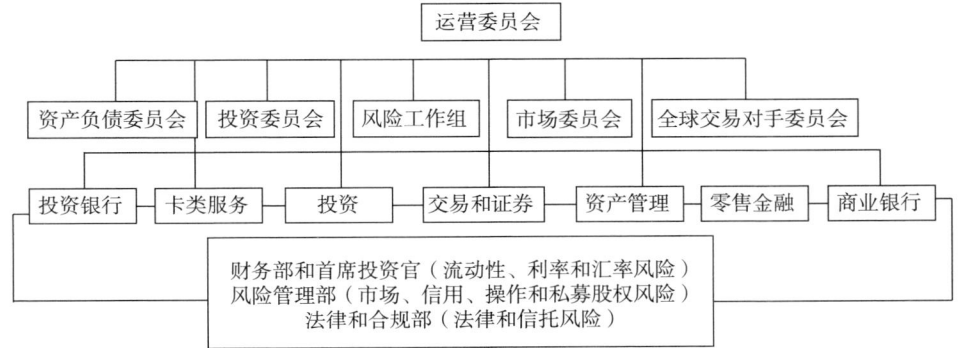

资料来源：JP Morgan Chase 2009 Annual Report；MD&A.①

图 1－1　摩根大通银行风险管理架构

## 三、良好的风险管理文化

在普遍重视风险管理的现代银行业，完善的风险管理架构仅仅是银行稳健运行的必要条件。随着金融市场的迅速发展，金融业务与产品的复杂性对银行风险管理提出了更高的要求。在不断涌现的金融创新面前，一家银行的风险管理文化往往更为重要。

摩根银行（JP. 摩根大通银行的前身）创始人 J. P. 摩根先生认为银行控制风险的关键在选择诚信的业务伙伴，并坚持将品行作为交易与否的重要考量。尽管随着银行业的发展演变，风险的来源与特征越来越复杂，但重新审视次贷危机中导致银行业巨额亏损的交易，缺乏诚信与尽责往往是其共有的特征。结构性衍生产品定价的复杂性和错误薪酬激励制度使得交易中存在大量的欺诈行为，一些声誉卓著的金融机构也不惜操纵会计方法②以掩盖巨额亏损，

---

① 表中"投资银行""卡类服务"等项目均代表各相关部门的风险委员会。
② 代表性的案例如雷曼兄弟银行使用 Repo105 掩盖其真实的财务亏损状况以及出售"雷曼迷你债券"。

甚至通过出售"有毒产品"欺诈投资者。诚信已然成为稀缺的品质，而显得格外珍贵。事实上，摩根大通银行没有从事可调利率房屋抵押贷款业务，也一直没有设立结构性金融业务部门，并尽力避免涉足 CDO 相关业务与产品，其主要原因是这些业务缺乏透明，风险过高且对消费者无益，银行的风险管理人员认为"看不清楚"而选择规避。① 这些决策虽然影响了摩根大通银行的短期盈利，但却最终使其成功避免了巨额亏损，并在市场赢得了诚信的声誉。

另外，摩根大通银行的风险管理文化中还着重强调稳健和审慎。2005 年摩根大通银行就将其仅有的一个 SIV（结构性投资工具）"White Pine"出售，并在 2006 年大幅削减了次贷相关业务，公司高层认为"如果不能对所持有的每一个投资组合部分的风险进行准确的市场定价，就要限制实际的持有数量"。② 这些举措事后均被认为是极为明智的举动，有相当的运气因素。但事实上摩根大通银行只是坚持了自身审慎的风险管理文化。除此之外，不论市场环境如何，摩根大通银行的核心资本比率一直在 8% 以上，没有大幅提高扩张自身杠杆比率，并一直保持着较高的流动性水平③，凸显其经营与风险管理的稳健性。另外，摩根大通银行认同良好的风险管理创造价值的理念，因此将风险管理与股东的利益相一致，并要求公司所有员工都应树立风险管理的理念，这些风险管理文化都是摩根大通银行在危机中能取得不俗业绩的关键因素。

## 四、针对性的风险管理方法

针对流动性风险，摩根大通银行主要目标是平衡最大的流动性和最小的融资成本。将市场环境、利率、流动性需求和银行的预期负债结构作为衡量动态银行流动性风险的主要因素。摩根大通银行衡量流动性风险主要指标为：短期流动性状况、现金资本剩余和基本剩余。其中，短期流动性状况衡量公司偿还一年内到期的所有债务的能力；基本剩余设定为能够支持银行 90 天所需运营资金的压力测试的数量。另外，摩根大通银行注重融资渠道的多样化，但是将核心存款以及业务中产生的大量存款余额作为其流动性主要来源，增强了银行

---

① 郦锡文. 问道摩根大通［J］. 银行家，2009（6）.
② 刘建辉. 摩根大通凭什么躲过次贷危机［J］. 英才，2008（3）.
③ 郦锡文. 问道摩根大通［J］. 银行家，2009（6）.

对流动性风险的抵御能力，大大降低了依赖金融市场融资在压力环境下所产生的流动性短缺。

针对信用风险，摩根大通银行的全球信用风险管理部门分为三个部分：信用组合部门、信用风险管理部门和特殊信用部门。信用组合部门通过对冲、销售、互换等手段积极管理全行的信用组合；信用风险管理部门则负责全行贷款项目和风险评级结果的审批；特殊信用部门管理全行的问题信用资产，以求最大限度回收不良资产，从而减少损失。具体在信用风险管理中，摩根大通银行通过对国家、个人和行业设限管理信用风险的集中度。银行运用自主开发的 10 级信用评级方法，同时摩根大通银行通过评级为个人借款审批、贷款组合信用敞口测算等风险管理活动提供支持。

针对市场风险，摩根大通银行按照相关交易和业务的期限将其分为交易风险和非交易风险两类。在市场风险管理中，其采用的方法主要包括 VaR 方法与压力测试方法。其中，J. P. 摩根银行 1994 年对外推广的风险矩阵（RiskMetrics）系统，是 VaR 方法应用在风险管理方面的典范。鉴于 VaR 方法自身的不足，摩根大通银行除了对其进行日度后台测试以评估其有效性之外，还辅助采用经济价值压力测试、风险调整收益压力测试以及对大型信用敞口进行风险识别的方法来衡量市场风险。同时，基于上述市场风险衡量，银行通过设定一系列风险限额对市场风险进行管理和控制。

针对操作风险，除了参考《巴塞尔新资本协议》以及一系列被银行业实践中广泛采用的操作风险衡量方法如指标法、记分卡法等之外，摩根大通银行还自主设计了 Phoenix 系统来实施操作风险管理，强化对银行操作风险的报告与分析。同时，通过采用以风险为导向的内部审计等手段，摩根大通银行还对自身的运作系统和报告系统的有效性进行独立评估，以改进银行的操作风险管理。

作为一家历史超过 200 年的著名银行，摩根大通历经多次金融危机而始终屹立，自然与其各时期精明强干的领导者有着密切的关系，但对比其他同时代的对手银行和 2008 年国际金融危机的表现，植根于银行内部的经营和风险管理文化以及完备、有效的公司治理结构才是其持续成功的根本保证。按照国务院关于"继续完善商业银行公司治理，引导商业银行建立科学有效合理的薪酬制度"的要求，借鉴当前国际金融业的发展特别是金融危机以来公司治理的最新思考和最佳实践，紧密结合我国银行业发展和公司治理的实际尤其是当前亟待解决的问题来加强这方面的建设。

# 新资本协议下的全面风险管理[*]

## 一、全面风险管理方法论

全面风险管理是"由企业主体的董事会、管理层和其他人员在制定和实施整个企业战略的一个过程,用于识别可能会影响目标实现的潜在风险事项,以便在企业的风险偏好范围内管理风险",强调了风险管理的整体性。全面风险管理包括八大要素:内部环境、目标设定、风险识别、风险评估、风险对策、控制活动、信息和交流及监控。在国内商业银行的实践中,全面风险管理体系主要由四个模块组成,包括风险治理及风险整合、全流程管控、风险量化、风险数据及 IT 系统。

(一)风险治理及风险整合

风险治理及风险整合包括风险治理架构和职能及风险文化、风险战略、风险偏好及限额、风险政策总则、资本管理与配置、风险组合及报告、风险绩效。

1. 风险治理架构和职能

完善的风险治理体系是为确保三个互相依赖的角色平衡而设计的。三道防线的设计原则有利于银行定义三个关键角色,确保全行层面指导和控制风险管理。

第一道防线:业务部门,承担管理和监控风险。业务部门负责人根据设定

---

[*] 本文写作于 2015 年 6 月。

的战略、政策和风险参数执行风险暴露的日常管理、控制和报告职责。董事会在风险管理委员会的协助下监控银行风险轮廓并确保有充足的财务资源防范风险。

第二道防线：风险管理职能部门，独立于第一道防线，通常以首席风险官和各种风险管理委员会为代表，负责对风险进行分析、评估、预测、监控和管理，是抵御风险的第二道防线。首席风险官、风险管理委员会在风险管理和其他控制部门的协助下支持董事会设定全行的风险偏好、风险管理战略、风险政策和限额体系，协调、监控并且客观评估风险的管理、控制和报告。

第三道防线：内部审计，独立于第一道和第二道防线，检查和提供流程以及控制的有序高效，是抵御风险的第三道防线。审计委员会在内部稽核部门的协助下对包括风险管理和合规在内的整体内部控制体系进行独立审核。内部稽核部门独立于业务部门和风险部门并且直接向首席执行官和审计委员会报告。

2. 风险文化

银行应该建立风险管理文化，能够有效识别风险、管理风险、承担风险、化解风险。同时，科学的风险管理文化和理念必须是对全公司、全部门、全流程、全员的管理，需要全体员工的共同参与，明确每个阶层、每个员工的职责和权利，涵盖包括信用风险、市场风险、操作风险及其他风险等所有风险因素。风险管理需要基于风险的绩效考核体系及奖惩激励机制来支撑和保障，其推行应同时包括从上到下的贯彻和从下到上的反馈。

3. 风险战略

风险战略是银行阐述整体风险战略目标的首要文件，为设定风险偏好明确了方向，而风险偏好是风险限额设定的基础。银行应该制定基于风险考量的发展战略，风险战略应当充分体现公司的风险承受能力及风险偏好。

4. 风险偏好及限额

风险偏好可以通过定性描述和各种指标的定量描述来阐明对风险的态度。短期内，银行可以通过定性描述来说明风险偏好，例如对风险是保守还是激进。中长期内，可以通过定量说明进行风险偏好的设定。

5. 风险政策总则

基于银行的风险战略，制定基于战略的风险政策。政策是具体化规定业务运作的操作性文件，风险政策应该满足以下要求：政策基于并反映清晰一致的业务战略及风险战略；政策的制定必须基于实际的内外部环境，并随时根据不断变化的环境更新政策；政策必须在全行范围内清晰地、一致地被员工所理解，并能够转化为具体行动；政策的贯彻和执行需要各个层面的参与及推进；完整的风险政策框架应覆盖风险暴露分类、风险计量模型、验证、风险管理及流程、资本计量、压力测试和业务应用等方面。

6. 资本管理与配置

资本管理是全面风险管理的重要组成部分，也是新资本协议第二支柱的总体框架。第二支柱覆盖了第一支柱并未覆盖的其他重大风险，旨在加强一个机构的风险轮廓、风险管理、风险缓释和其资本之间的联系。第二支柱旨在建立一套有效的内部资本充足率评估程序（ICAAP），该程序可以保证银行持有与战略、风险偏好及风险轮廓相适应的资本水平。

7. 风险组合及报告

全面风险管理要求银行的风险管理应在单个风险评估的基础上，进行风险组合的评估和管理，主要包括以下几项工作：根据不同风险考量银行整体以及分类资产组合情况和架构，进行组合评估；考虑各个风险之间的相关性，评估银行面临的整体风险及其可能带来的损失；对风险组合进行压力测试。

8. 风险绩效

风险绩效的衡量可以采用定性和定量评估方法。对于定量评估，可以根据风险管理不同的阶段采用不同的方法：短期内，可以使用传统的财务指标进行业绩评估；中长期内，在使用资本计量方法后，可以采用风险调整后的收益指标进行业绩衡量。

## （二）全流程管控

商业银行流程是指为客户或市场提供高质量产品和服务而实施的一系列相互联系的活动总和。商业银行流程主要包括下列四大类流程：业务流程、管理流程、支持保障流程和监督评价流程。

通过流程梳理，建立有效的流程管理体系，能够帮助银行增加企业价值，使流程的增值内容最大化、非增值内容最小化、固化业务流程模式、提升运作效率、降低运作成本、实现各部门横向合作。

流程管理体系主要包含六大要素：流程管理治理架构，流程框架及要素定义，常规化流程绩效监控与优化机制，流程管理方法论、技术与工具，流程考核机制，流程管理程序及相应制度文件体系。

### （三）风险量化

风险量化工作是全面风险管理不可或缺的部分，也是新资本协议合规关注的重点。商业银行针对包括一支柱三大风险及二支柱风险在内的所有重大风险可采用不同的风险量化方法，并针对不同的风险量化方法，建立自身的验证体系，落实应用和落地方案。

### （四）风险数据及 IT 系统

数据是实施全面风险管理和新资本协议的基础。全面风险管理涉及业务规划、信息系统建设、数据治理、模型开发等诸多方面，它是一项复杂而庞大的系统工程。其中，许多工作都建立在准确、全面的基础数据之上。因此，银行应当建立全面有效的数据管控机制，以确保数据质量和可用性。

## 二、如何通过实施新资本协议实现全面风险管理

新资本协议的三大支柱涵盖了银行面临的各类风险，通过由易到难的风险计量方法解决全面风险管理要求商业银行对风险进行一致的评估，并通过内部评级结果的核心应用和高级应用确保风险被有效缓释、控制和化解。同时，新资本协议明确了银行在构建全面风险管理体系过程中应遵循一致性原则、全面性原则、独立性原则、互通性原则以及分散与集中原则。

风险是银行管理的核心。在实现股东权益、社会责任和员工价值最大化这一经营目标的前提下，平衡好发展与风险的关系，是银行风险管理人员的必修课。通过积极推进新资本协议实施工作，构建适应业务转型的风险管理理念、体制机制、方法手段、制度文化，实现各类风险的全面管理、科学管理和有效管理，为业务发展保驾护航，有助于提升风险管理精细化水平，适应日益激烈的竞争需要。目前，应高度重视以下三个方面工作，为全面风险管理工作奠定基础：

### （一）积累数据，完善风险管理系统

新资本协议对数据的准确性、一致性、完整性、代表性都有较严格的要求，为了打好数据基础，应高度重视风险数据集市的开发建设工作，以确保自

始至终所积累的数据和相应的数据结构都符合新资本协议的相关要求。同时，还应尽快启动全面风险管理系统的规划和建设工作，结合新资本协议实施项目的成果，借助内评系统、操作风险系统、RWA 等系统建设，规划和提升风险管理系统功能，为全面风险管理提供助力。

### （二）高度关注项目技术转移工作，储备全面风险管理人才

通过新资本协议项目的推进，对风险管理现状进行全面评估并提出改进建议，项目成果主要包括风险管理内部治理架构、政策制度和流程、风险计量工具、数据集市和风险管理系统。同时将培养一批风险管理骨干，为构建全面风险管理体系打好人才基础。

### （三）推广相关理念，开展多层次培训，打好理念基础

新资本协议是一场风险管理的变革，是银行管理理念的革命。为了做好新资本协议的实施工作，必须做好观念转变工作和各级相关人员的应用培训工作，为项目成果落地及向经营风险转变打好理念基础。

## 三、全面风险管理工作中的几点体会

商业银行要以全行整体战略为目标，致力于以《巴塞尔新资本协议》核心精神为导向的全面风险管理体系建设，借鉴国内外先进银行的实践经验，结合自身的内外部环境，从政策、组织、流程、技术与文化五个方面对原有风险管理体系进行改进与完善。风险战略规划有效执行，各项既定目标达成，需要全行上下的共同支持。上述工作目标的全面实现，要得益于准确定位、坚持原则和有效方法：准确定位是工作好的开始，坚持原则是保证在动态的环境中因势而变但工作方向不偏离，有效方法是开展工作事半功倍的工具。

### （一）准确定位

要做到定位准确，需遵循全局性与前瞻性，要知彼知己。风险战略是以全行的整体战略目标达成为使命，以新资本协议核心精神为导向，体现全局性与前瞻性；同时，要充分调研国内外的先进实践，深入分析经营环境与自身所处的阶段，作出在保生存的基础上谋求发展的策略安排，并全力构建全面风险管

理体系，适时提出风险管理从防御型向主动型转变，并实施积极稳妥的风险管理政策。

## （二）坚持原则

原则是指行事所依据的法则或标准，坚持原则就是坚持正确的法则或标准，因势而变。以下几个原则需要格外坚持：

1. 全局性原则

风险管理要求平衡风险与收益，服务于全行整体发展战略，因而风险管理工作必须着眼和着力于全局分析处理问题，形成局部服从和服务全局的意识。因此，风险战略一贯依托全行的发展战略，风险政策始终服务于全行的经营策略。

2. 前瞻性原则

风险的本质是不确定性，风险管理的实质就是管理不确定性，因此对事物的前瞻性判断是风险管理必须坚持的原则。这也是风险管理与危机处理的区别所在，危机处理是事后应急，风险管理是事前防范。

3. 合作性原则

风险管理政策贯彻落实需要总行与事业部及分行间的密切沟通与配合，需要业务条线和风险条线的全方位协同推进。因此，合作性原则至关重要，决定了风险管理政策是否可以有效执行。合作需要在互信的基础上开展，而互信需要从融入对方，双方共担工作压力开始。具体而言，就是风险管理部门与业务部门需要通过互信形成伙伴关系；风险管理需要融入业务流程之中，通过专业性体现风险管理的独立性；风险管理部门与业务部门共同承担价值创造的目标，并在此基础上强化各自的专业目标。

## （三）有效方法

有效方法是开展工作事半功倍的工具。工作在准确定位之后，通过坚持原则因势而变，一套行之有效的方法就是目标达成的关键。整合资源、培育文化和项目化管理是开展工作重要的有效方法。

1. 整合资源

定位与原则是目标达成的思想基础，各项相关资源是目标实现的物质基础。零散、单一的资源是难以发挥效用的，只有将资源进行有机整合才能发挥

"1+1>2"的效力。有机整合就是有效地将组织内部各种意见、资源调动整合起来，形成合力，为全局性目标服务。

### 2. 培育文化

文化是企业的灵魂，对企业有着强大的内在影响力。文化已经成为企业间一种终极的竞争力，不仅决定着企业战略、策略、制度是否可以有效实施，更是决定着企业的命运。任何政策、制度都需要人来执行、遵守，如果在思想上不认同，是难以起到有效约束作用的。因此，我们将培育风险文化作为重要的工作方法之一，以期达到通过思想引导来实现制度约束目标，以及多层次、多形式、多渠道的传播、普及，初步形成了全行上下的共识，为应对复杂多变的局面依然取得了较好的成绩奠定了坚实思想基础。

### 3. 项目化管理

保障各项工作有效执行的重要方法之一是项目化管理。项目化管理就是把长期目标有效地、系统地分解成短期目标，同时责任到人，明确时限，定期跟踪，并进行后评价。长期目标有效分解成短期目标，可以通过实现一个个短期目标来鼓舞人心，保持工作的紧迫感与节奏感。短期目标的实现促使我们不断进行周密的思考，并在新的起点上安排下一步策略，以确保短期目标与长期目标的一致，使工作有效执行。项目化管理对于复杂的风险管理工作尤为重要，能使工作有计划、有步骤推进。

# 各国商业银行风险偏好实践分析[*]

构建良好的风险偏好框架是一项具有挑战性的工作，一直受到业界和监管部门的广泛关注。业界和监管当局在风险偏好领域存在大量有待完善之处。特别是一些金融机构因为缺乏有效的风险偏好框架，未能有效地识别其面临的所有风险，并根据其风险承受能力设置风险容忍度描述其风险轮廓，以设置具体的定量定性指标对其承担的风险进行持续的监控和描述，造成金融机构实际承担的总体风险高于其在特定资本、流动性和风险管理能力下能够承受的风险。而且因为缺乏统一明确的风险偏好体系及传导机制，管理层和董事会并不能很好理解金融机构所承担的各类型风险，并进行相应的控制。金融机构应构建有效的风险管理框架，不断完善风险偏好管理，这不仅是追求有效风险管理之所需，也是与全球监管当局进行建设性对话的基础。

国际金融协会（IIF）在2011年6月发表的《实施稳健的风险偏好架构，强化金融机构的经营》中指出："具有明确的风险偏好陈述书以及精心设计的风险偏好框架来支持决策过程对成功的风险管理至关重要。在最近的金融危机中已经表明，一个有效的风险偏好框架是关键的治理工具也是健全的银行全面风险管理的重要组成部分。"风险偏好陈述书以及风险偏好体系的建立可以作为银行风险管理的高层次方向指引说明，也可以使董事会、高级管理层、风险管理职能、监管机构、股东等各利益相关方的期望得到统一。完整的风险偏好体系与稳健的风险文化是有效的全面风险管理框架的基石，也是银行长期持续发展的必要因素。国际领先银行中的系统重要性银行通常是探索风险偏好的先行者，这其中的许多银行在实施《巴塞尔协议》过程中、完善风险管理的过

---

[*] 本文写作于2014年5月。

程中已经形成了完整的风险偏好架构与传导机制，对中国商业银行具有很高的借鉴意义。

## 一、风险偏好的国际同业样本选择

选择同业实践分析样本的考虑因素：随着《巴塞尔协议》的实施，银行的风险管理已经越来越引起人们的关注，监管部门在积极借鉴巴塞尔银行监管委员会倡导的风险管理基本原则的基础上对银行的风险管理提出了越来越严的要求。在风险偏好领域，国内银行却仍处于刚刚起步阶段，而国外领先银行已经拥有成熟的风险偏好方法论和完整的风险偏好体系框架。国外领先银行的风险偏好框架以及风险偏好方法论是以失误为代价，在不断试错的过程中进行不断的修正和完善。特别是在金融危机以及次贷危机之后，国外银行意识到风险偏好传导的整体失灵而造成银行实际承担的风险高于其整体风险偏好的重大影响，许多国外领先银行对其风险偏好进行了重新梳理。

在选择同业实践分析样本过程中，我们主要着眼于从 29 家 G-SIFI（全球系统重要性金融机构）以及 5 家在风险偏好信息披露方面比较有特色的银行中筛选具有较佳风险偏好实践或对风险偏好披露较详尽的银行案例进行审阅。G-SIFI 是在 2008 年的国际金融危机重创全球金融机构后，国际社会对危机之前金融监管方式的全面反思而产生的概念，基本出发点是为了稳定全球金融体系，减少危机造成的危害，国际社会呼吁加强对系统重要性银行的监管。一方面，G-SIFI 在全球金融系统中无论从规模角度还是其影响力角度都具有举足轻重的重要地位和战略意义；另一方面，我们也认为 G-SIFI 的管理能力，包括风险管理实践同样具有一定的先进性和代表性，因此我们将系统重要性金融机构作为本次同业调研的重点。在 G-SIFI 样本之外我们引入的莱利银行与加拿大皇家银行两家银行作为行业案例分析样本。其中莱利银行是南非的领先银行，普华永道为其提供了第二支柱的咨询服务，同时该银行在相关披露文件中对风险偏好限额矩阵与相应目标值进行了较为详尽的披露。而加拿大皇家银行作为国际金融协会进行风险偏好调研中的具体案例研究对象，详细披露了自上而下的风险偏好构建方法论与实际的风险偏好的陈述内容。加拿大皇家银行的风险偏好构建方法论，从最外层次的监管要求出发进行逐层推进至识别风险驱动因子与银行自身限制，风险限额和风险容忍度，最终构建完成银行风险轮廊。该方法论对银行在风险偏好构建过程中的整体思路很有启发作用,因此我们引入此两家银行进行具体的行业举例说明与分析。

## 二、国际先进银行风险偏好管理的特点

根据资深监管机构组织(SSG,该组织包括美国、英国、德国等的高级监管者)的研究报告,国际先进商业银行风险偏好的管理中存在如下普遍特点:

### (一)把风险偏好框架作为商业银行的战略决策工具

一是风险偏好框架应有助于推动银行战略决策和适当调整银行风险轮廓。通过风险偏好框架的构建,银行建立一种评估商业机会的风险、预算与战略意义以及影响银行风险轮廓的外部事件的通用语言。二是风险偏好框架针对银行在多种情景下的理想风险轮廓建立明确与前瞻性的观点,并阐明实现这一风险轮廓的过程。三是风险偏好框架一般以风险偏好陈述开始,建立银行理想的业务重点边界,并阐明董事会在各业务、风险领域与某些情形下产品类型的理想方式。风险偏好陈述一般包含要素有预期业务结构与资产负债表的组成、风险优先级(如着重零售信贷风险、容忍部分对公信贷风险与对冲市场风险等)、可接受的风险与回报权衡、波动性容忍度、资本阈值(包括监管资本、经济资本与杠杆率等)、压力后损失容忍度、目标信用评级、与最优流动比例等。四是风险偏好框架能够灵活地适应宏观经济环境变化。但另一方面,风险偏好也需要足够明确和一致以遏制战略漂移。五是风险偏好框架能够帮助企业处理意外事件,不仅为银行各业务条线的战略复审提供预期目标,还引导关于如何管理非预期经济或市场事件的定期研讨。风险偏好框架需要基于多种环境下的压力测试和情景分析通过前瞻性过程建立预期的银行总体风险轮廓。

### (二)在风险偏好框架中明确风险偏好治理

有效风险偏好框架需要银行有清晰明确的风险偏好治理,包括清晰界定董事会、高管层与业务条线各层次的职能职责。比如,董事会应结合高管层的意见,设置银行风险轮廓的总体期望;高管层应把董事会总体期望转化为对各业务条线的激励与约束机制,并监督各业务条线的具体执行情况;业务条线应在高管层制定的激励与约束范围内管理各业务条线的经营活动,他们的绩效部分

取决于风险偏好框架下的绩效。

### （三）建立激励机制严格监控银行整体风险轮廓

通过建立一系列激励机制在全行推动风险偏好框架，以确保全行都致力于构建一个成功的风险偏好框架，进而在风险偏好框架内严格监控银行整体风险轮廓。其中，一是根据风险偏好对银行总体风险轮廓进行持续和反复的评估。在国际领先银行实践中，先进银行往往有一套清晰、书面及规范化的流程用以审查其风险轮廓是否符合风险偏好要求。二是先进银行的风险偏好框架一般不仅仅包含一系列风险损失容忍度或者限额，还应包含一系列的风险监控措施用以监控银行的风险轮廓。三是先进银行通常会在谨慎的方式下有意识地结合多种风险措施用以管理及减少银行的下行风险。这些措施的范围可以是动态与前瞻性的，也可以是静态与时点的方法，包括（但不限于）：超出单一监管指标的资本目标（经济资本、有形普通股权益及总杠杆）或在险资本额、净利润收入波动性或在险收益计算额、VaR 限额、风险敏感度限额、按内或外部信用评级的风险集中度、预期损失比率、银行自身信贷息差、按业务条线或风险暴露类型的资产增长上界限、内部审计评级表现、经济增加值、资本充足率、流动性与收益的压力测试后目标。四是监控的风险指标需要满足不同受众的需求，不同层次的管理者（如董事会、高管层或业务条线领导）使用不同的风险指标以管理银行整体风险偏好。举例来说，董事会关心的是银行经营活动中关键的脆弱部分，因而更关注的是更高层次更能直观表现公司总体现状的指标，而高管层的管理职责需要更具体及详细的指标以监控银行整体风险轮廓。

## 三、国际领先银行风险偏好实践

虽然许多机构对其风险偏好有所设定，但是并不会将公司内部限额等信息进行披露。我们认为这是因为风险偏好是一个比较新的概念，同时考虑到市场竞争问题，公司往往选择不公开此类信息。然而，我们认为一部分风险偏好相关信息是可以被披露的，例如目标信贷评级、目标经济利润、大部分 VaR 限额和市场风险的实际结果等信息。但是竞争对手可用信息，例如业务增长上限或最低资本缓冲将不被披露。一些定性指标，例如监管合规标准通常被披露，因为其对公司声誉的支持，但是此类指标往往在不同银行间有较小的差别。我们基于公开披露的年报、第三支柱披露报告以及一些行业调查研究报告的内容，列举了苏格兰皇家银行、德意志银行、莱利银行和加拿大皇家银行的风险偏好实践。通过审阅比较，我们认为这四家银行代表了国际银行业在风险偏好方面的领先做法。

## 案例1：苏格兰皇家银行（RBS）

### （一）风险偏好的定义与描述

苏格兰皇家银行认为风险偏好是该集团为了实现其业务目标创造价值而准备并愿意接受的风险水平高低的描述。集团整体的风险管理与资产负债管理需建立在经过董事会审批的银行整体风险偏好的基础上。银行董事会定期审查与监控银行集团整体风险管理相关的表现，并实施压力测试确保在不正常的市场环境下银行也可以将其风险控制在风险限额内。

苏格兰皇家银行的风险偏好从定量和定性两个方面进行定义与陈述。从定量和定性的角度对风险偏好进行陈述与说明可以使银行能够通过技术手段及时跟踪在战略实施过程中的风险管理表现。其中定量描述包含情景压力测试、风险集中度、VaR在险价值、流动性和信用风险相关矩阵、经营风险和监管措施等。定性描述则包括确保银行集团实施使用正确的原则、政策和流程，管理集团声誉风险，发展集团风险控制和文化。

### （二）风险偏好传导机制

1. 分支机构（Divisions）层次的风险偏好传导机制

基于银行整体战略风险目标，银行董事会及董事会层面的风险委员会设定集团层面的风险偏好，并确保风险偏好与银行集团战略发展计划和风险回报要求保持统一。而集团层面的风险偏好通过以下两种渠道在其分支机构进行传导：一是分支机构层面的风险偏好陈述书。基于分支机构的业务计划，每个分支机构设定单独的风险偏好陈述书，该陈述书需要与集团层面风险偏好陈述书保持一致。二是分支机构层面的风险限额体系。与集团风险目标保持一致，设置在分支机构层面的所有重大风险类型风险管理的明确指导以及限额体系。

2. 集团层级风险偏好的形成与传导机制

苏格兰皇家银行风险偏好的形成是以集团整体战略风险目标作为出发点，并在其基础上设置银行整体的经营策略（见图1-2）。通过将银行的战略风险目标与银行的经营策略相链接，苏格兰皇家银行进一步形成银行整体风险偏好陈述以对关键风险进行管理。明确的风险偏好陈述及在整体业务运作过程中推广嵌入强大的风险管理文化，苏格兰皇家银行认为可以通过关键风险轮廓与限额的方式对风险敞口进行有效的识别、计量和控制，并能有效应对冲击。最终将风险偏好通过其定性定量的表述贯穿到日常风险管理工作中。

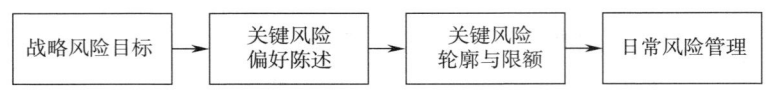

**图 1-2 风险偏好传导过程**

**（三）风险偏好传导的基础设施**

为达成风险偏好有效传导，苏格兰皇家银行基于如下的基础设施构建整体风险偏好架构：

（1）董事会统领风险偏好，集团董事会在构建与设定风险偏好、确保风险偏好目标在集团各个层面得到广泛的认识与了解以及推广风险偏好作为良好的经营实践过程中强有力的主导及领导能力。

（2）强大的风险管理文化，风险经过清晰定义并与相应经营行为和结果链接。

（3）部门间协调机制，风险、战略、资金、财务部门的密切合作促进在关键问题上的内部商议与协调。

（4）问责机制，各分支机构、业务部门在其为实现业务目标可承担最大风险水平问题上具有清晰明确的问责机制。与风险偏好的传导进行有机结合，苏格兰皇家银行也会进行集团层级压力测试用于评估集团战略计划是否与风险偏好相一致，评估业务单位层级的主要风险驱动因子，评估采用风险缓释措施后的风险轮廓是不是超出了风险偏好可承受水平。

**（四）风险偏好的实施渠道**

**分支机构层级风险偏好陈述书**：每个分支机构建立单独的风险偏好陈述书，该陈述书需在集团整体风险偏好目标基础上基于集团整体战略风险目标以及分支机构业务计划构建。

（1）风险控制框架与限额体系：风险控制框架明确了所有重大风险类别对应的控制指引、风险限额与风险容忍度水平并与集团整体风险偏好保持一致。

（2）集团层级运营与行为风险偏好：苏格兰皇家银行已经建立起有效的

控制环境确保集团运营过程中的相关行为与活动满足监管及其他要求。

（3）文化、价值与薪酬体系：银行在集团层面推出了一系列沟通交流、培训、实施计划以确保在各个层级对风险偏好得到广泛的认识与理解。

（五）风险偏好的覆盖领域

在风险偏好陈述的基础上，风险轮廓是对各个风险类型的识别和细化，苏格兰皇家银行的风险偏好体系描述了其覆盖的风险领域（见表1-1）。

表1-1　　　　　　　　苏格兰皇家银行的风险偏好体系

| 风险类别 | 定义 | 特点 | 风险管理方法 |
| --- | --- | --- | --- |
| 资本充足性风险 | 集团没有充足资本的风险。 | a. 可能会造成对集团商业模式的破坏或使集团日常运营停滞；<br>b. 可能会导致集团无法满足监管机构要求；<br>c. 非常可能由信用风险损失导致此类风险。 | a. 集团进行资本计划，并保留与其风险轮廓相符的资本，资本额度通过风险识别和压力测试确定；<br>b. 积极运作资本密集型损失资产以满足资本充足率要求。 |
| 流动性及资金风险 | 集团不能满足金融负债到期偿付的资金需求的风险。 | | a. 积极的资产负债组合管理；<br>b. 信贷保证计划及流动性计划。 |
| 信用风险 | 由于银行客户不能及时履行其债券偿付义务，违约而造成集团损失的风险。 | a. 损失特征在不同资产组合之间具有很大的差异；<br>b. 损失与宏观经济环境状况高度相关；<br>c. 包含集中性风险——因为集中进行特定产品/资产类型/行业或交易对手的业务而造成的风险。 | a. 基于管理信息系统及工具的信贷审批以及集中度风险管理架构；<br>b. 提高资产质量。 |
| 国别风险 | 由于某一国家或地区特殊经济、政治、社会变化及事件而造成重大损失的风险。 | a. 可能因为特定国家的主权事件、经济事件、政治事件、自然灾害或冲突发生造成；<br>b. 可能因为与出现问题的特定国家直接或间接的关系影响到集团的信贷组合。 | 国别风险管理框架覆盖所有国家风险敞口国家评级降低。 |

续表

| 风险类别 | 定义 | 特点 | 风险管理方法 |
| --- | --- | --- | --- |
| 市场风险 | 由于市场利率、汇率、信用点差、股票价格以及风险相关因素如波动率容忍度指标险。 | a. 频繁的小型损失汇总可能会造成实质性损失；<br>b. 因为罕见的压力事件造成的实质性损失。 | a. 集团市场风险政策明确市场风险定性容忍度；<br>b. 集团市场风险限额体系明确市场风险定量变化带来的风险。 |
| 保险风险 | 由于预期时间、频率、保险事件发生的严重程度与承包时点时预期产生变务损失的风险。 | 因为罕见的压力事件造成的实质性损失。 | a. 保险风险偏好与政策体系框架确保保险风险能够被良好地识别、控制、管理、监控、报告和缓释；<br>b. 明确解决问题的具体程序，例如通过监测和报告活动发现违反风险偏好行为的处理程序。 |
| 操作风险 | 由于信息系统或内部控制缺陷导致意外损失的风险，包括员工不当操作以及外部事件所造成损失的风险。 | 频繁的小型损失汇总可能会造成实质性损失。 | a. 管理操作风险至可接受程度的过程中最大限度地降低减少风险暴露的成本。<br>b. 集团操作风险政策框架、风险评估、情景模拟、资本要求计量统计模型。 |
| 合规风险 | 由于与监管要求、监管变化或监管期望的不合规而造成的风险。 | a. 造成对战略、资本、商业模型、运营有效性的不利影响；<br>b. 适应法律、法规和规章而进行调整，以及因为不合规而受到处罚产生的财务成本；<br>c. 由于不合规或违法监管规定而受到处罚产生的财务成本与声誉损失。 | a. 早期跟踪识别监管变化动态积极持续的监管沟通；<br>b. 合规风险规定定义了所有业务必须满足的最低要求。 |
| 行为风险 | 由于集团及其员工在面向客户或在市场操作中不当的行为导致声誉破坏或经济损失的风险。 | a. 由于员工违反监管规则或法律，或在集团零售或整体市场行为导致此类风险；<br>b. 可能由于未能满足集团客户或监管机构期望导致此类风险；<br>c. 造成不合规情况可能导致监管执法、不利宣传与经济处罚。 | a. 对行为风险清晰界定及衡量的风险偏好；<br>b. 集团建立对行为风险统一识别、评估及缓释的管理框架；<br>c. 行为风险政策及针对该政策的宣导及培训。 |

续表

| 风险类别 | 定义 | 特点 | 风险管理方法 |
|---|---|---|---|
| 声誉风险 | 由于未能满足集团利益相关方期望而造成品牌受损或经济损失的风险。 | a. 可能由于集团进行（或没进行）某种行动或更大范围的某种行为、政策与实践而导致此类风险；<br>b. 可能会从多方面对集团产生不利影响，包括无法建立或维护客户关系、员工士气低落、监管谴责或资金渠道减少等。 | a. 集团持续化经营委员会及风险委员会的声誉风险的评估；<br>b. 与利益相关方进行正式的声誉风险评估会议。 |
| 业务风险 | 由于集团收入与成本相对于业务计划与战略的不利偏差导致损失的风险。 | 可能受到内部因素有定价波动性、销量、投入成本，以及外部因素：宏观经济暴露、合规和行业风险。 | a. 通过多种压力情景模拟对收入和成本进行预测，以确定关键业务风险驱动因子和适当解决和管理风险行为；<br>b. 被融入集团风险偏好营利性波动考量范围内。 |
| 退休金风险 | 集团需要向明确退休收益的退休金计划注入额外的资金带来的风险。 | 资金头寸的波动可能由于未来投资回报的不确定性，以及预期应付退休金的不确定性造成。 | 风险报告、监控、压力测试、模拟预测退休金风险。 |

### （六）风险限额体系

银行集团整体的风险管理基于由银行董事会及董事会层面的风险管理委员会等制定的风险偏好。董事会通过设定战略发展方向、帮助设定并最终通过每一个部门的年度计划、通过每个月的董事会报告定期审核监控银行集团的风险状况等建立风险偏好指标体系。具体而言，苏格兰皇家银行针对不同风险类别，采用定性定量限额指标体系对各风险类别进行管理和监控（见表1-2）。

表1-2　　　　　　　　苏格兰银行的风险限额体系

| 风险类别 | 定量指标 | 定性指标 |
|---|---|---|
| 信用风险 | a. 压力测试<br>b. 信用风险集中度按产品/资产类型/市场/单一交易对手/国家划分<br>c. 集团及分支机构风险指标<br>d. EL、PD、LGD、EAD | a. 原则<br>b. 集团层面与分支机构层面相关政策 |

续表

| 风险类别 | 定量指标 | 定性指标 |
|---|---|---|
| 国别风险 | a. 频繁的压力测试<br>b. 降低部分国家风险敞口限额<br>c. 基准比率和国别限额<br>d. 主权评级模型 | 原则 |
| 市场风险 | a. 压力测试<br>b. 敏感性<br>c. VaR<br>d. SVaR<br>e. 市场风险限额<br>f. RNIV（Risk not in VaR） | a. 原则要求<br>b. 指引<br>c. 职责 |
| 操作风险 | a. 操作风险限额<br>b. 特定置信度下损失目标 | a. 政策<br>b. 流程 |
| 流动性风险 | a. 流动性资产规模<br>b. 错配限额<br>c. 压力测试 | a. 政策<br>b. 流程 |
| 政策风险 | 评估政策对银行的影响 | a. 原则<br>b. 政策 |
| 企业风险 | 风险的严重程度 | a. 原则<br>b. 政策 |
| 保险风险 | a. 压力测试<br>b. 情景模拟 | a. 政策<br>b. 流程 |

## （七）风险偏好的职能职责

苏格兰皇家银行董事会承担银行风险偏好设计与建立的最终职责。董事会承担牵头建立银行整体"高层次风险管理基调"与审批集团整体风险偏好的职责。经董事会审批的集团整体风险偏好进一步将通过银行规章制度、管理职能与职责以及风险限额体系在各层次进行传导与实施。董事会需要确保高级管理人员能够执行相应的风险偏好政策和程序，并确保高级管理人员的专业性与合规性。

在苏格兰皇家银行董事会统领下，银行的风险偏好的表述基于银行整体战略、年度发展计划、银行业绩管理流程及相关行为而构建。集团风险委员会

（GRC）和集团资产负债管理委员会（GALCO）对风险偏好相关工作进行支持。其中，GRC 负责设置风险限额，并负责审批相应流程和银行主要政策，确保银行集团主要风险被有效地管理和控制；GALCO 负责识别、管理和控制银行集团的资产负债风险。

## 案例 2：德意志银行（Deutsche Bank）

（一）集团风险管理组织架构

德意志银行对整个集团的风险偏好陈述、风险轮廓及传导有着较为全面和系统的设计，其在集团层面的风险管理组织架构如图 1-3 所示。

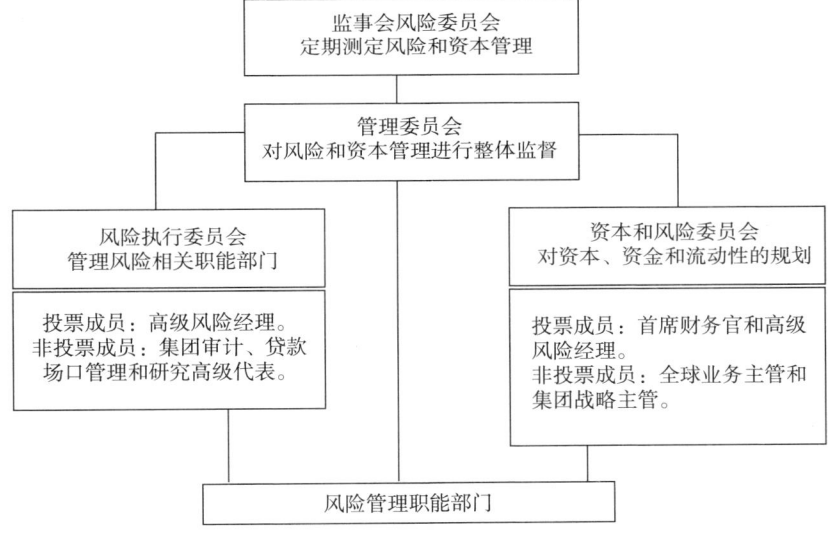

**图 1-3　风险和资本管理—集团层面治理架构**

（二）风险战略

1. 风险战略整体陈述

德意志银行对风险战略的整体陈述包括平衡各业务单元间风险调整绩效、重点针对风险集中度的高风险管理标准、符合监管各项的要求、维持资本与流动性充足、稳定的资金和战略流动性、允许在流动风险承受范围内和管理需求内作出业务计划等。

2. 战略性计划方案

德意志银行制订年度战略性计划方案，这个方案将未来的战略方向、关键决策和业务资源定位相结合。该计划结合了盈利分析、资本供求分析以及其他元素，包括职员人数和业务相关的关键绩效指标。这个方案在业务部门和业务单位层级开展，覆盖未来三年的时间，形成一个五年的商誉减值测试，并在第一年以月为基础执行计划。集团战略及财务部制订调整战略计划方案，并向集团执行委员会和管理层报告成果，以供商讨和作出最终批准。最终计划将会在每年的年初提交给监事会。

3. 风险战略规划

德意志银行的战略规划包括风险与资本规划和风险偏好，这使集团能够根据风险设定资本充足率目标，并考虑银行的战略重心和业务计划；根据内部和外部需求（如监管和经济资本）评估银行的风险承受能力；通过压力测试评估资本需求，资本基础和流动资金情况。

（三）风险轮廓

银行多种组合业务活动意味着各业务模块承担着不同风险。各自商业模式的内在主要风险最好的计量方式是通过单一性总体经济资本度量，反映各业务模块在集团层面交叉风险影响前的风险轮廓。

（四）风险偏好

风险偏好是银行在实现其业务目标时所能够接受的最大风险。集团风险偏好陈述将集团战略规划转化为短期中期的目标并定义了集团的风险容忍度，并将其传导到对各业务部门的财务目标和对各重大风险类别的风险限额、目标和措施。因此，制定银行的风险偏好可以确保将风险控制在管理委员会和利益相关方所期望的范围内，并与集团总体的风险偏好陈述相一致。管理委员会每年审核、批准风险偏好，以保风险偏好与集团策略、业务环境和利益相关方需求一致。风险容忍度设定不同层级的触发机制，并配合一个明确的、逐步升级的行动方案。如果一旦超过可承受范围，企业范围的风险管理部门有义务将其汇报给相关的委员会，并最终呈递给首席风险官。

（五）风险管理工具

德意志银行通过以下工具对风险进行管理和监控：（1）经济资本。经济资本就是用来承担非预期损失和保持正常经营所需的资本。在99.98%的置信度水平上。（2）预期损失。德意志银行使用预期损失来测量其信用风险和操作风险。预期损失是一个测量我们所能预见的在这些风险的相关报告日期一年期之内的损失测量。（3）VaR风险值。德意志银行使用风险值方法，推导对银行买卖账户市场风险低于正常市场状况时的定量的监测。(4)压力测试。压力测试适用于信用、市场、运营风险以及流动风险等。(5)风险加权资产等价物。风险加权资产等价物用于银行业务增长目标的设定、管理报告系统的监控等。(6)风险加权资产收益。德意志银行使用风险加权资产收益作为评估客户关系盈利能力的重要指标。

## 案例3：莱利银行（Ned Bank）

风险偏好作为莱利银行对其风险承受能力的一种表述，是将风险承受能力进行分配或者为了实现银行战略目标愿意接受的风险总量。风险偏好由集团执行委员会和董事会基于集团的战略、业务、风险以及资本计划而设置，并对其进行监控。

### （一）风险偏好框架的表达

莱利银行的风险偏好框架以定量和定性的方式进行表达。其中定量部分采用定量指标形成集团的核心风险偏好矩阵，而定性方面的陈述主要是从政策、流程、程序和控制等方面表述其风险偏好中不可量化的风险。除此之外，银行还对各种金融风险［例如，信贷、市场和资产负债管理（ALM）风险］制定各种目标、引发因素、要求及准则等作为其风险偏好指标。相关被批准的商业活动的信用风险和投资风险偏好指标，被从集团层面分解到主要业务单元的业务集群（Business Cluster）层面，这部分业务主要集中于莱利银行的零售业务条线。同时操作风险偏好指标也被分解到业务集群层面。银行对于每一个时间点的风险偏好矩阵都设置压力（极端事件）风险偏好限额，并与莱利银行的压力和情景测试项目相连接。盈利波动是莱利银行在风险轮廓中准备接受的潜在的实际财务表现同计划值相比较的偏离度。它基于战略目标、集团的业务计划（包括年度财务目标、支付股息、融资计划和维持可接受的资本充足率）而建立。

在定性方面，集团从政策、流程、程序和控制等方面表述其风险偏好，限制可以或不可以被量化的风险。例如：(1)有关公司治理、有效的风险管理、资本充足性和内部控制方面的政策、流程和程序需由董事会和高级管理层进行监督，并建立三道防线的管理架构。(2)全面风险管理的一个主要组成部分是一套全面的并被董事会批准的风险政策和程序，这些风险政策和程序需要每年更新。全面风险管理的负责人进行协调和维护这些程序，并且直接向首席风险官进行汇报。

具体来说,莱利银行的风险偏好主要体现在以下五个方面:一是集团的核心风险偏好指标,包括风险收益(EaR)(或盈利波动性)、相应的、潜在的损失和监管性破产的可能性以及经济资本充足性,其风险偏好矩阵如表1-3所示。二是具体的风险类型限额设置(确保业务规模同风险和收益相匹配,从而降低集中度风险和其他风险引起的非预期损失)具体参见风险限额部分的介绍。三是利益相关者的目标(如业绩目标、监管资本目标、目标评级、资本充足率,经济资本配置、股利政策、目标信贷减值比率等)。四是政策、程序和控制。五是零容忍声明。

表1-3　　　　　　　　　　莱利银行的核心风险偏好矩阵

| 集团矩阵 | 定义 | 衡量方法 |
| --- | --- | --- |
| 在险盈利(EaR) | 一年内潜在损失占税前盈利的百分比 | 盈利波动率在1/10的概率(置信区间为90%)的情况下税前盈利 |
| 损失概率 | 银行年度损失事件 | 使用置信区间下的经济损失并比较第二年的预期盈利 |
| 监管破产概率 | 损失会导致银行的资本覆盖小于最低资本要求 | 在不同的置信区间使用经济损失,并且比较在1/N概率监管破产的情况下,在最低监管资本以上的资本缓冲与经济资本 |
| 经济资本充足率 | 银行的经济资本对于其当前国际外币目标债务评级来说是充足的 | 在国际外币债务评级为A的基础上的可用财务资源和要求的经济资本 |
| 总风险加权资产与总资产比率 | 银行资产的平均风险轮廓(风险加权) | 总风险加权资产与总资产的比率 |
| 杠杆率 | 衡量每单位合格一级监管资本含有银行资产的程度 | 总资产(包含表外资产)与合格一级监管资本(Basel Ⅲ)的比率 |

## (二)风险偏好限额体系

莱利银行对集团各个层面的所有财务风险(Financial Risk)的风险限额都建立了分解体系。财务风险是实施风险偏好框架的核心组成部分。设置不同的限额是对董事会风险偏好的直接体现,在其中考虑到了商业周期、市场环境、业务计划和战略,以及资本规划。具体的风险偏好限额如表1-4所示。

表1-4　　莱利银行的风险偏好限额指标体系

| 信用风险轮廓 |
| --- |
| 信用损失率（%） |
| 信用风险加权资产：贷款和借款（%） |
| 信用资产暴露：贷款和借款（%） |
| NOP（Nedbank Owned Property）s：贷款和借款（%） |
| 平均PD（%）－执行书（Performing Book） |
| 平均LGD（%）－执行书（TTC） |
| 平均EL（%）－执行书（TTC） |
| 违约损失暴露（EAD）：整体EAD（%） |
| 损失暴露：暴露（%） |
| 交易对手信用风险（衍生品）轮廓（CCR） |
| 交易对手信用风险损失暴露：整体损失暴露（%） |
| 交易对手信用风险经济资本：整体经济资本（%） |
| 证券化风险轮廓 |
| 证券化风险加权资产（RWA）：整体RWA（%） |
| 交易市场风险轮廓 |
| 在险价值（VaR）（99%，三天） |
| 压力触发（Rm，南非货币符号） |
| 交易经纪资本：整体经济资本（%） |
| 股权（投资）风险轮廓 |
| 暴露：整体资产 |
| 股权投资经济资本：整体经济资本（%） |
| 资产负债管理（ALM）风险轮廓－流动性 |
| 短期（0~31天）融资：整体融资需求（Total Funding）（%） |
| 中期（32~180天）融资：整体融资需求（%） |
| 长期（>180天）融资：整体融资需求（%） |
| 合同到期日错配（0~31天）：整体融资需求（%） |
| 流动性压力事件（最短生存期限）：天 |
| 净银行间依存度：整体融资需求（%） |
| 资产负债管理（ALM）风险轮廓－银行账户利率风险 |
| 净利息收入（NII）利率敏感度（利率曲线平行移动100bps）：股权（%） |
| 净利息收入（NII）利率敏感度（利率曲线平行移动100bps）：12个月的净利息收入（%） |

续表

| 信用风险轮廓 |
| --- |
| 净利息收入（NII）利率敏感度（利率曲线平行移动 100bps）：利息盈利资产（bps） |
| 净利息收入（NII）利率敏感度（利率曲线移动 25bps）：股权（%） |
| 经济价值的股权敏感度：股权（%） |
| MTM 敏感度 – 在债券和互换曲线之间移动 25 bps |
| （Rm）MTM 敏感度 – 利率曲线平行移动 100 bps（Rm） |
| 资产负债管理（ALM）风险轮廓 – 外币换算风险 |
| 货币股权：整体股权（%） |
| 长期保险风险轮廓 |
| 净索赔率 1 |
| 资本充足要求覆盖 2 |
| 再保险后每个客户最大损失（Rk） |
| 短期保险风险轮廓 |
| 净索赔率 1 |
| 资本充足要求覆盖 3 |
| 资产管理业务风险轮廓 |
| 经济资本占用：整体莱利银行财富管理的经济资本（%） |
| 保险投资业务风险轮廓 |
| 股权暴露：保费收入的整体投资（%） |
| 营运风险轮廓 |
| 整体营运风险损失：整体营运收入（GOI, Gross Operational Income）（%） |
| 内部欺诈损失：整体营运收入（GOI）（%） |
| 外部欺诈损失：整体营运收入（GOI）（%） |
| 客户、产品和业务实践：整体营运收入（GOI）（%） |
| 营运在险价值（OpVaR）：整体营运收入（GOI）（%） |
| 核心风险偏好矩阵 |
| 在险盈利 |
| 损失概率（1/15） |
| 监管破产概率（1/50） |
| 可用财务资源（AFR）：经济资本（偿付能力目标） |
| 整体风险加权资本（RWA）：整体资产（%） |
| 杠杆率（Basel Ⅲ 基准） |

注：TTC 即 Through-the-cycle。

## 案例4：加拿大皇家银行（RBC）

**（一）风险偏好定位**

风险偏好是加拿大皇家银行全面风险管理的基石，加拿大皇家银行实施风险偏好用以识别、计量、控制和报告银行整体组织面临的各项重大风险。与风险偏好、全面风险框架相辅相成的另一个重要内容是在集团内部整体推行强大的风险文化，风险偏好是风险文化的先决条件，风险文化也是加强风险偏好实施的必要因素。加拿大皇家银行通过风险偏好来引导调整使银行经营策略、人员、流程与基础设施使用得到有机的统一。

**（二）风险偏好方法与体系**

加拿大皇家银行对其风险偏好的定义为其在达成业务目标过程中愿意接受风险的大小与类型。加拿大皇家银行的风险偏好框架具有一个结构性的方法与体系：(1) 通过识别监管要求对银行风险承受能力（Risk Capacity）的约束来定义银行的风险承受能力。(2) 构建风险偏好并经常对其进行重检，构建与重检主要通过识别风险驱动因子并与银行自身主观的施加限制相结合完成。风险驱动因子和银行自身限制主要用来限制银行承担的风险，或影响银行承担的风险大小与类别。(3) 将风险偏好继续分解传导成为风险限额与风险容忍度用以引导银行进行与风险有关的任何业务。(4) 使用风险限额与风险容忍度对银行风险轮廓进行定期计量与评估，确保银行在风险轮廓已经超过整体风险偏好的情况下采用了适当的行为对风险进行管理。

加拿大皇家银行的风险偏好体系包含如图1-4所示的四个部分，从最外层的监管要求逐层推进，经过风险偏好、风险限额与风险容忍度，最终实现银行风险轮廓的构建。在此过程中，重点考虑监管、财务和声誉三个方面的内外部因素。

1. 监管要求限制

最外层代表了加拿大皇家银行面对的监管要求限制。加拿大皇家银行面对的监管要求主要分为两类：

(1) 财务：一般说监管在财务方面的要求限制为定量方式限制，因此比较容易理解和度量。例如资本充足率要求与流动性指标即为金融监管财务方面约束的示例。

(2) 其他：其他方面的监管要求限制往往是定性方面限制，因此需要在

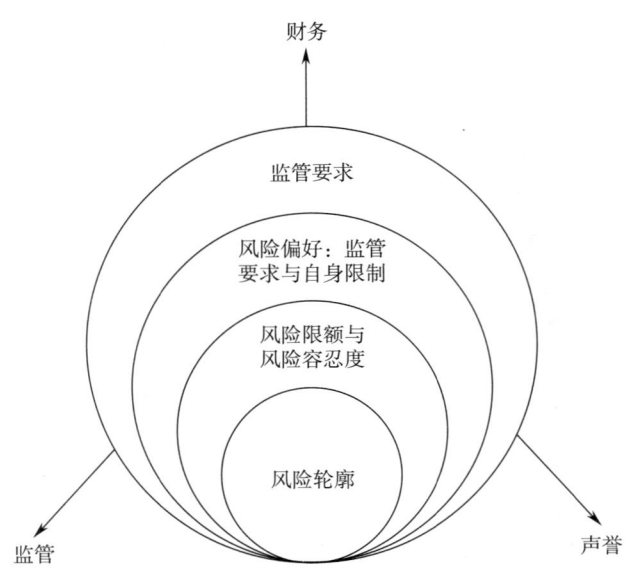

**图1-4 加拿大皇家银行的风险偏好体系**

对定性要求限制理解以及合规评估的过程中辅以人为的判断。例如监管机构对法律方面、遵守监管要求、符合隐私与信息安全法规方面的定性要求。

2. 风险偏好

驱动因子与银行自我施加的限制风险偏好的第二层次要求为加拿大皇家银行的风险偏好,风险偏好由驱动因子和银行自我施加的限制条件两个部分构成:

(1) 驱动因子:体现了加拿大皇家银行的业务目标,即加拿大皇家银行为了实现其业务目标财务回报而需承担的风险。例如收入增长以及每股盈利数额目标。

(2) 银行自我施加的限制条件:银行自己设定的定性或定量的描述以对加拿大皇家银行愿意承担的风险大小进行限制。

3. 风险限额与风险容忍度

风险偏好的第三层次要求即是在第二层级风险偏好的基础上继续进行分解形成具体的风险限额和风险容忍度,并通过政策、操作程序、限额体系进行沟通与传导。

(1) 风险限额是加拿大皇家银行可接受的最大风险水平经量化过的结果。

风险限额仅针对财务类风险以及可以进行量化度量的风险设定，例如信用风险与市场风险限额。

（2）风险容忍度是加拿大皇家银行对愿意承受的风险大小的陈述。在风险容忍度中不一定全部的风险都需要以定量方式进行陈述，针对加拿大皇家银行不能进行直接控制的风险，如法律风险和声誉风险，在风险容忍度陈述中采用定性方式进行陈述。

4. 风险轮廓

风险偏好的最内层即是经过逐层推进，在监管限制框架下明确银行风险偏好，确定风险限额与风险容忍度，并最终形成的在某一时点加拿大皇家银行的分线轮廓。

加拿大皇家银行的风险偏好框架结构适用于银行整体、业务条线、业务单元与法律实体层面，并且其风险偏好融入银行业务战略和资本计划中。在进行战略规划时，充分考虑各业务条线的风险状况评估结果，将其作为制定银行未来战略重点和发展目标的重要参考。并且，加拿大皇家银行还注意保持整体与业务条线层面风险偏好的一致性。

## （三）风险偏好的陈述

在加拿大皇家银行的风险偏好陈述中，以下七点为银行自我施加的限制条件，是最重要的整体风险偏好陈述。以下七条风险偏好的陈述，作为银行第三层级（风险限额与风险容忍度）与第四层级（风险轮廓）的基础，明确了第三层级与第四层级具体内容要求的基调。加拿大皇家银行整体风险偏好的具体内容包括：（1）维持"AA"级或更好的外部评级；（2）通过保持资本充足率水平高于评级机构以及监管机构要求的阈值水平以确保银行具有充分的资本；（3）尽量避免银行对"压力事件"的暴露；（4）保持盈利的稳定；（5）确保银行具有良好的流动性以及资金风险管理；（6）维持一个得到广泛认可的监管风险以及合规风险控制环境；（7）保持银行的整体风险轮廓的风险不高于银行同业平均水平。

在以上七条风险偏好的基础上，每一条会被继续分解为定性或定量的关键措施，以构建风险限额、风险容忍度和风险轮廓，形成完整的风险偏好体系。加拿大皇家银行会定期对其风险偏好陈述和关键措施进行重检和更新，并通过董事会风险管理委员会的审批。

## 四、各地区监管机构对风险偏好框架评估现状概述

对于各个监管而言,评估银行风险偏好框架的有效性仍然是一项具有挑战性的工作。各地区对风险偏好评估的发展情况都不尽相同,当中面临的主要挑战是在不同银行及不同地区,仍然缺乏统一的对银行风险偏好陈述书有效性评估的通用术语,特别是在风险偏好、风险轮廓及风险能力描述上。表1-5为各地区监管机构对风险偏好框架评估现状概述。

表1-5　　　　各地区监管机构对风险偏好框架评估现状

| 地区 | 对风险偏好框架评估现状 |
| --- | --- |
| 印度、俄罗斯、沙特阿拉伯等 | 该地区的银行风险偏好发展还属于起步阶段,目前该地区监管机构还只是单纯把银行风险偏好看作《巴塞尔新资本协议》ICAAP的一部分工作内容。 |
| 加拿大、法国、美国等 | 该地区属于银行风险偏好框架发展较为成熟的地区。该地区银行普遍建立了较为完善的风险偏好框架,并通过一系列定性及定量工具监控银行自身的风险轮廓。该地区银行监管机构在资深监管机构组织(SGG)描述的评估标准下,实施单独流程对银行风险偏好框架进行评估。 |
| 中国香港 | 监管从银行整体层面对风险偏好框架进行审查并考虑银行所有的风险(包括金融和非金融风险)。监管机构决定银行风险偏好陈述书是否全面和是否包含相互一致的适当的风险目标。另外,监管机构还会考虑银行风险偏好陈述书是否有足够的措施、可操作的元素、稳健的程序和控制措施用以设置和监控银行的风险偏好。 |
| 新加坡 | 监管机构每年评估银行的风险偏好、战略目标、资本规划和业务预算规划之间的关联性。监管还会审查银行在风险偏好转化为按风险类别的限额与触发机制的进展,同时也关注风险监控和报告程序的进展。 |
| 瑞士 | 监管定期审查银行风险限额框架和风险限额与战略之间建立的联系性。 |

# 第二部分

## 风险管理流程

# 风险识别与评估：商业银行如何进行重大风险识别与评估？*

新资本协议提出了以风险量化和资本管理为核心的三大支柱，对以三大风险为主的重要风险类型提出了详细的管理要求，为全面风险管理框架提供了一个开放式的平台、实现路径和具体的方法。后金融危机时代，严格资本监管要求，实施新资本协议是全球银行业的大势所趋。然而，对任何银行来说，实施新资本协议都是一项庞大的系统工程和巨大挑战。

作为新资本协议的核心内容，重大风险识别与评估工作是新资本协议第二支柱内部资本充足评估程序（ICAAP）的重要组成部分，是新资本协议实施建设工作的重点内容之一。银行建立重大风险识别与评估机制，一方面有利于完善内部风险管理体系和控制机制，实现资本管理与风险管理密切结合；另一方面，有利于监管机构基于银行自行评估的内部资本水平来确定监管资本要求，从而实现新资本协议监管达标和提升核心竞争力的双重目标。

金融大师彼德·伯恩斯坦在其风险管理经典著作《与天为敌：风险探索传奇》中提到"风险"（Risk）是源于古意大利语 RISICARE，意为"害怕"；而银行就是经营风险的，风险需要主动管理，不能逃避。本文就重大风险如何识别，参考相关监管指引与银行采用的风险分类与定义，结合同业实践，给出基本方法；就重大风险如何评估，基于同业领先实践，结合银行目前的实际业务开展情况，介绍基本的风险评估模板和重大风险的评估方法，即以推动商业银行建立动态的、全程的、计量的、立体的风险控制体系来从容应对重大风险的来临。

---

\* 本文写作于 2014 年 9 月。

## 一、重大风险识别与评估的意义与范围

实施新资本协议的商业银行不仅要对信用风险、市场风险和操作风险计提资本,而且应对其他主要风险和剩余风险计提资本。监管机构要求商业银行应根据自身风险特征和运营复杂程度建立适合自身需要的资本充足评估程序,定期监测和报告银行资本水平和主要影响因素的变化趋势。内部资本充足评估报告应至少包括以下内容:评估主要风险状况及发展趋势、战略目标和外部环境对资本水平的影响;评估实际持有的资本是否足以抵御主要风险;提出确保资本能够充分覆盖主要风险的建议。

重大风险识别与评估工作在满足 ICAAP 监管要求的同时,能够进一步提升银行内部管理水平。在监管合规方面,重大风险识别与评估是商业银行 ICAAP 的重要组成部分,银行通过建立重大风险识别与评估机制,能为后续满足 ICAAP 监管合规打下坚实基础,完成向监管提交的 ICAAP 报告中"重大风险识别与评估"部分内容。此外,通过建立重大风险识别与评估的机制,能有效提升银行内部管理水平。

重大风险识别与评估工作涵盖三个部分内容:风险的分类、定义与识别,第二支柱风险的评估以及分析风险评估结果:

(1) 风险的分类、定义与识别:主要包含两类风险,第一支柱风险如信用风险、市场风险、操作风险等;第二支柱风险包括集中度风险、战略风险、银行账户利率风险、资产证券化风险、流动性风险、估值风险和声誉风险。

(2) 第二支柱风险的评估:包括集中度等风险评估模板的设计和评估,以及其他风险评估机制的建立。

(3) 分析风险评估结果:根据对风险概率和预期损失大小的评估,提出针对性处理策略。

## 二、重大风险识别方法

重大风险识别的管理流程包括风险分类与定义、风险全面识别、重大风险认定、持续重检更新四个步骤。

(1) 风险分类与定义分析根据相关监管指引文件与行业实践进行,同时

结合银行的风险轮廓进一步明确。

（2）风险全面识别由风险管理部门统筹组织并与各业务条线的专家完成，采用自下而上和组合层面两种方式对不同风险进行识别。

（3）重大风险认定需要建立重大风险认定标准，从风险事件发生可能性和影响程度两个角度判断哪些风险是重大风险。

（4）持续重检更新每年由风险团队和业务专家完成，基于内外部环境的变化对新的风险因素进行识别，并对已识别的风险进行再评价。

重大风险识别具体方案的确立包括两个步骤：首先分析监管当局的相关指引，参考专业机构的文件，建立对各类风险的明确定义；其次设定重大风险的判断标准，对银行的重大风险进行识别。可以采取自下而上的识别方法，即基于对各类风险内涵的理解，形成针对不同类别的风险的封闭式问题，业务专家通过回答这些问题来完成对本业务领域所存在风险的识别。也可采取组合层面的识别方法，即对某一类无法通过银行产品及非产品业务活动进行逐一判断的风险（如集中度风险），风险管理部门统筹组织相关主管部门专家在组合层面上对该类风险进行识别。

参考相关监管指引以及银行目前所采用的风险分类，并结合行业实践，可以对风险进行如下分类：第一支柱风险，包括信用风险、市场风险、操作风险；第二支柱风险，包括集中度风险、银行账户利率风险、流动性风险、声誉风险、战略风险、资产证券化风险和估值风险；其他风险，包括合规风险、国别风险、模型风险和结算风险等。

## 三、重大风险评估方法

### （一）重大风险评估方法论

国际先进银行的经验表明，银行应使用"4M"（Materiality-Measurement-Management-Mitigation）方法论对识别出的重大风险进行评估。"4M"方法论，包含风险水平评估和风险管理水平评估两大方面，其中风险水平评估包括衡量风险是否重大（Materiality）和如果是重大风险应该如何计量（Measurement）两部分，风险管理水平评估包括重大风险应如何管理（Management）以及重大风险应如何用资本来缓冲（Mitigation）两部分。

重大风险评估框架首先应区分风险是否可以量化。若可量化，应进行风险状况定量计量和管理情况定性评估，从而得出评估结论；若不可量化，应进行风险状况定性计量和管理情况定性评估，得出评估结论。其中管理情况定性评估又包括管理机制健全性和执行有效性评估两个方面。

对各重大风险的评估需要基于重大风险评估框架，结合成熟的风险评估模板，最终形成评估结果。以集中度风险为例，在风险评估模板的评估指标设计上，集中度风险状况评估维度包括借款人集中度、地区集中度、行业集中度、信用风险缓释工具集中度、资产集中度、表外项目集中度、贷款期限集中度和集中度风险状况等；风险管理情况评估维度包括政策制度、风险识别、风险计量、风险控制、压力测试、风险报告、资本配置、集中度管理情况等。

综合风险状况和管理情况，最终得到三级分类的风险评估结果矩阵（见表2-1）。该矩阵横轴维度为风险管理情况，从左到右分为强（管理情况好）、中、弱（管理情况差）三个等级；纵轴维度为风险状况维度，从低到高分为低、中、高三个维度。由矩阵的左下角到右上角，风险评估结果由好变差。

表2-1　　　　　　　　　　风险评估结果矩阵

| 风险状况维度 | 高 | | | 差 |
| --- | --- | --- | --- | --- |
| | 中 | | | |
| | 低 | 好 | | |
| | | 强 | 中 | 弱 |
| | 风险管理情况维度 | | | |

## （二）重大风险评估步骤和维度

重大风险评估工作步骤包括：一是设计风险评估模板；二是讨论确定模板指标及权重；三是收集相关数据、信息及资料；四是根据相关信息填写评估模板；五是讨论确定风险评估结果；六是撰写重大风险评估报告；七是审阅重大风险评估报告；八是确认重大风险评估报告。重大风险评估主要从风险状况和风险管理状况两个维度进行，其中，在两个大维度下又根据监管要求以及具体管理情况进行细分。

以集中度风险为例，风险状况定量评估细分维度包括：

（1）借款人：单一集团客户授信集中度、单一客户贷款集中度、最大十家客户集中度、政府融资平台贷款余额及比例等。

（2）地区：东北地区、华北地区、华东地区、华中地区、华南地区、西南地区、西北地区。

（3）行业：房地产、批发和零售业、租赁和商务服务业、采矿业、交通运输、仓储和邮政业、建筑业等。

（4）信用风险缓释工具：保证、信用、抵押、质押等。

（5）资产：贷款集中度、债券投资集中度、衍生工具类型集中度等。

（6）表外项目：不可撤销保函、不可撤销信用证、承兑汇票、未使用信用卡额度等。

（7）其他：贷款剩余期限等。

风险管理状况定性评估细分维度包括：

（1）风险管理政策制度：是否建立了书面的集中度风险管理制度，对面临的集中度风险作出明确定义并规定相关的管理措施。

（2）风险识别：是否在清楚理解不同业务条线的类似暴露所导致的整体集中度风险基础上有效识别各类集中度风险。

（3）风险计量：采用了哪些技术手段计量自身面临的主要集中度风险。

（4）风险控制：是否根据经营规模和业务复杂程度对集中度风险确定了适当的限额。

（5）风险压力测试：是否定期对面临的主要集中度风险进行压力测试，充分考虑、评估在经济下行和市场不具备流动性等压力市场条件下可能产生的风险集中情况，识别可能对经营带来不利影响的潜在因素，并根据压力测试结果采取相应的处置措施。

（6）风险报告：是否定期向董事会和高管层报告集中度风险状况，供其审查以确保相关风险得到有效的管理和控制。

（7）风险资本配置：是否根据自身集中度风险的计量评估结果，配置相应的资本以有效抵御集中度风险可能带来的损失。

### （三）对可量化的重大风险的评估

我们还是选取集中度风险为例：

1. 对风险状况的量化评估

选取关键风险指标，从指标阈值、与往年比较、与同业比较等方面进行分析，赋予相应的权重及分数，得出风险状况评估结果。例如，选取行业贷款额集中度作为集中度风险的关键风险指标。

（1）银行维度的评估模板

表2-2　　　行业贷款集中度（银行维度）风险量化评估模板

| 行业 | 本期 | 风险状况 | 分数 | 权重 | 风险状况阈值 | | |
|---|---|---|---|---|---|---|---|
| | | | | | 低 | 中 | 高 |
| 建筑行业（不含房地产业） | | | | | | | — |
| 房地产业 | | | | | | | — |
| 限制性行业 | | | | | | | |
| 黑色金属冶炼及压延加工业 | | | | | | | — |
| 纺织服装化纤行业 | | | | | | | |
| 水泥行业 | | | | | | | |
| 钢铁贸易制造业 | | | | | | | — |
| 制造业 | | | | | | | |
| 通讯设备、计算机及其他电子设备制造业 | | | | | | | — |
| 专用设备制造业 | | | | | | | |
| 工艺品及其他制造业 | | | | | | | |
| 农副食品加工业 | | | | | | | |
| 仪器仪表及文化、办公用品机械制造业 | | | | | | | |
| 皮革、毛皮、羽毛（绒）及其制品业 | | | | | | | |
| 塑料制品业 | | | | | | | |
| 文教体育用品制造业 | | | | | | | |

在运用表2-2模板衡量贷款的行业集中度风险时，先赋予不同行业不同的分数和权重，并确定风险状况阈值（分低、中、高三档），分数与权重的乘积落在哪个阈值内，就确定风险状况在哪一档，由此来衡量不同行业的风险状况。

(2) 同业维度的评估模板

表 2-3　　　　行业贷款集中度（同业维度）风险量化评估模板

| 行业 | 银行 A | | 银行 B | | 银行 C | | 银行 D | | 银行 E | |
|---|---|---|---|---|---|---|---|---|---|---|
| | 余额 | 占比 | 余额 | 占比 | 余额 | 占比 | 余额 | 占比 | 余额 | 占比 |
| 制造业 | | | | | | | | | | |
| 房地产业 | | | | | | | | | | |
| 批发和零售业 | | | | | | | | | | |
| 租赁和商务服务业 | | | | | | | | | | |
| 采矿业 | | | | | | | | | | |
| 交通运输、仓储和邮政业 | | | | | | | | | | |
| 建筑业 | | | | | | | | | | |
| 水利、环境和公共设施管理业 | | | | | | | | | | |
| 公共管理、社会保障和社会组织 | | | | | | | | | | |
| 教育和社会服务业 | | | | | | | | | | |
| 电力、热力、燃气及水生产和供应业 | | | | | | | | | | |
| 金融业 | | | | | | | | | | |
| 信息传输、软件和信息技术服务业 | | | | | | | | | | |
| 公共及社会机构 | | | | | | | | | | |
| 教育/文化及广播电影电视业 | | | | | | | | | | |
| 农、林、牧、渔业 | | | | | | | | | | |

通过表 2-3 中的横向比较，可以衡量各个银行在不同行业贷款的占比，从而分析贷款的行业集中度。

2. 对风险管理情况的定性评估

从风险的风险管理策略、组织架构、政策制度与流程、识别、计量、监测和控制程序、信息系统、报告与信息披露等维度，选取管理的重要环节，赋予相应的权重及分数，进行管理情况评估。

表 2-4　　　　　　　　风险管理状况的定性评估模板

| 评估维度 | 评估原则指标 | 机制健全性 | 执行有效性 | 自评说明 | 支持文档/事实 | 管理水平综合评估 | 分数 | 权重 |
|---|---|---|---|---|---|---|---|---|
| 政策制度 | 是否建立了书面的风险管理制度，对银行面临的风险作出明确定义并规定相关的管理措施？ | | | | | | | |
| 风险识别 | 是否能在理解各业务条线风险暴露所导致的整体风险基础上，有效识别各类集中度风险，如交易对手或借款人集中风险、地区集中风险、行业集中风险、信用风险缓释工具集中风险、资产集中风险、表外项目集中风险以及其他集中风险等？ | | | | | | | |
| 风险计量 | 采用了哪些技术手段计量自身面临的主要风险？ | | | | | | | |
| 风险控制 | 是否根据银行经营规模和业务复杂程度对风险确定了适当的限额，并采取有效措施确保限额在经营管理中得到遵循？ | | | | | | | |
| 压力测试 | 是否定期对面临的主要风险进行压力测试，充分考虑、评估在经济下行和市场不具备流动性等压力市场条件下可能产生的风险集中情况，识别可能对银行经营带来不利影响的潜在因素，并根据压力测试结果采取相应的处置措施？ | | | | | | | |
| 风险报告 | 是否定期向董事会和高管层报告风险状况，供其审查以确保相关风险得到有效的管理和控制？ | | | | | | | |
| 资本配置 | 是否根据自身风险的计量评估结果，配置相应的资本以有效抵御风险可能带来的损失？对于不同类别不同特征的风险，是否采用了不同的资本计量方法？ | | | | | | | |
| 总计 | | | | | | | | |

如表 2-4 所示，赋予每个维度不同的权重，分数乘以权重可以得到管理水平的综合评估结果；此外，还从机制健全性、执行有效性、自评说明、支持文档/事实等方面进行综合评估。

3. 风险图

通过对报告期内风险状况和风险管理情况评估，可以制作如表 2-5 所示的风险图来展示总体评估结果。表 2-5 所示风险状况评估级别分为低、中、高三个程度；管理情况的评估级别分为强、中、弱三个级别。

表 2-5　　　　　　　　　　风险图模板

| 风险状况评估维度 | 风险状况 |
| --- | --- |
| 借款人 |  |
| 地区 |  |
| 行业 |  |
| 信用风险 |  |
| 资产 |  |
| 表外项目 |  |
| 贷款期限 |  |
| 集中度风险状况 |  |
| 报告期内风险管理情况评估： | |
| 管理情况评估维度 | 管理情况 |
| 政策制度 |  |
| 风险识别 |  |
| 风险计量 |  |
| 风险控制 |  |
| 压力测试 |  |
| 风险报告 |  |
| 资本配置 |  |
| 管理情况 |  |

通过两个维度的组合，可以得到集中度风险管理的总体评估结果，结果可划分为三个级别，一级评估结果为好，三级评估结果为差（见表 2-6）。

表 2-6　　　　　　　　　　集中度风险评估分级

| 风险状况维度 | 高 | | | 差 |
|---|---|---|---|---|
| | 中 | | | |
| | 低 | 好 | | |
| | | 强 | 中 | 弱 |
| | 风险管理情况维度 | | | |

## 四、对不可量化重大风险的评估

与评估可量化的重大风险相比,评估不可量化重大风险对风险状况的评估无法根据量化指标进行,改进方案之一是从风险来源分析入手,评估银行风险发生的可能性及影响大小,并赋予相应的权重及分数。

以声誉风险为例,由于声誉风险不可量化,因此评估时可以从市场及公众对银行形象的认识和看法,以及银行合规情况两大维度进行评估。其中"市场及公众对银行形象的认识和看法"又可分为银行的公众形象、高级管理层的职业操守、银行财务状况、银行履行社会责任的情况四个小维度,"银行合规情况"可分为监管处罚记录、行内发现的合规事件数量及分布、合规事件引发的重大声誉风险事件三个小维度。针对每一个维度,都从自评说明、支持文档/事实、风险程度、分数、权重五个方面进行分析和评估,最终得到综合评估结论。

以表2-7所示的评估模板给出的一家银行声誉风险评估情况为例:该银行在公众形象包含的四个维度下风险程度都较低,因此得分均为零,综合评估风险程度为"低";在银行合规情况的三个维度中,监管处罚记录和行内合规事件两个维度风险程度适中,合规事件引发重大声誉风险事件维度风险程度低,整体评估风险程度为"低"。

总之,商业银行资本充足状况应与其风险状况相适应,要审慎评估银行表内和表外主要风险,实施资本规划管理,并维持与银行风险状况相适应的资本水平。监管机构也会对银行所面临的各类主要风险及其管理能力进行独立评估,根据评估结果、压力测试结果和经济周期等因素,确定监管资本要求,确保银行的资本能够充分覆盖其面临的各类风险。因此,商业银行应加快研究和

表 2-7　　　　　　　　　　不可量化风险的评估模板

| 一级评估维度 | 二级评估维度 | 评估原则与指标 | 自评说明 | 支持文档/事实 | 风险程度 | 分数 | 权重 | 综合评估结论 |
|---|---|---|---|---|---|---|---|---|
| 市场及公众对银行形象的认识和看法 | 银行公众形象 | 是否得到公众和专业机构普遍认可：近年获得媒体及专业机构奖项记录。 | | | 低 | 0 | 5% | 低 |
| | 高级管理层的职业操守 | 董事和高级管理人员是否有不良记录及违反职业操守的行为（如被监管机构约谈、警告等）。董事和高级管理人员的业务水平、学习与工作履历是否存在不符合监管要求及银行经营管理要求的情况。 | | | 低 | 0 | 4% | |
| | 银行财务状况 | 财务状况评价：从利润、资产规模、不良贷款以及资本充足率等方面评价财务状况。近年是否经历过丑闻或负面影响导致重大财务损失？ | | | 低 | 0 | 5% | |
| | 银行履行社会责任的情况 | 是否将履行企业社会责任纳入银行战略和核心价值观体系？近年银行履行社会责任的基本情况介绍，是否产生过严重负面社会影响？ | | | 低 | 0 | 3% | |
| 银行合规情况 | 监管处罚记录 | 近年银行因操作不合规被监管部门处罚记录，包括警告、罚款等。 | | | 中 | 60 | 4% | 低 |
| | 行内发现的合规事件数量及分布 | 近年内部合规管理过程中发现的合规事件数量、业务领域分布（信贷业务、资金业务、风险管理、计划财务、会计、信息系统等）、机构层级分布（总行、分行、支行；前台、中台、后台）等。 | | | 中 | 40 | 2% | |
| | 合规事件引发的重大声誉风险事件 | 监管部门检查发现的合规事件，是否引发过重大声誉风险事件？ | | | 低 | 0 | 2% | |

开发自己的内部资本充足评估程序，在有效实现对风险的识别、计量、监测和管理的基础上，计提相应的资本，确保银行资本充足水平能够有效抵御其所面临的风险。同时，作为我国银行业实施新资本协议制度安排的重要组成部分和第二支柱的具体体现，有效对重大风险识别与评估，将会推动建立全面风险管理框架和内部资本充足评估体系，提高资本管理水平，完善资本监管制度，保持银行业稳健运行和健康发展。

# 风险监测与预警之一：
# 构建有效的风险预警理念和框架<sup>*</sup>

受经济转型的影响，资产质量低下开始困扰着国内商业银行，成为银行面临的主要金融风险，直接威胁银行的生存和发展。为改善资产质量，适应经济新常态，面向利率的市场化，商业银行要解决资产质量问题还应靠自身的努力，建立和完善风险管理体系，提高自身的风险管理水平，这是商业银行持续发展的重要基础。其中，如何加强风险预警，提高风险预警管理水平，已经是国内商业银行面临的重要问题。

## 一、风险预警理论的起源发展与跨界浓缩的理论研究

### （一）"风险"一词的追本溯源

风险的概念经历了从认识到可控，再到量化的过程，古今中外的文献记载表明，风险的共性是可控可测的不确定性。认真追溯起来，在《周易》中传达了一种从微小的预兆中预测风险的思想。《荀子·仲尼》中也有"平则虑险"的警句，告诉了我们事前防范风险的重要性。《孙膑兵法》则让我们通过分析客观事实来计量风险。《说文解字》里解释：风险具有不确定性。西方对于风险的认识也经历了长时间的演变。最早风险被认为像是可能发生的海难，不受控制；到认为风险是可能发生的自然和人为灾害，是可控的；再到认识到风险可以通过概率计量，也会带来收益，以及风险虽然有其不确定性，但可以被控制和规避。

---

\* 本文写作于 2016 年 5 月。

虽然风险的认识经历了长时间的演化，处于不同时间、不同地域的人对风险的认识不尽相同，但古今中外对于风险的考量亦有其共性：一是前瞻性。风险是指未来的，用来衡量未来发展的可能性与不确定性，所以已经发生的事实是不具有风险的。二是双面性。风险与收益是共存的，单独考虑一方面不健全。而完整的风险概念包括可能的损失和可能的收益。三是不确定性。不确定性是风险的本质，是无法规避的。这包括事件发生结果的不确定性，也包括发生特定结果概率的不确定性。四是可测性。风险的认知和计量是有方法的，比如通过概率或其他高等数学方法。各种事物运动变化，通过经验找出偶然性后的必然性和规律。五是可控性。可控性包括两层：一是决策者对风险的事前识别或预测，二是利用一定方法防范、减小或者化解风险。

（二）预警思想古而有之并不断发展，可有效控制风险

预警起源于生物的趋利避害本性，在战争中得到了具体应用并在其他领域发展壮大，并通过预警来有效控制风险。最早预警起源于自然灾害预警，动物感知侦测自然信号，在灾害到达前进行躲避。古代战争时期，汉朝人利用烽火台向各方与上级预警敌情。发展到现在，预警体系已经发展为经济、社会、自然灾害预警三大领域。

风险预警具有可行性，可以控制风险，但需要风险预警理论研究的方法论。风险的爆发必然要经过一个蕴藏、生成、演化、临近、显现、作用、消散的阶段。每个阶段都存在遏制风险发生的可能性。因此需要有效预警，感知和测评风险所处状态，将风险转化、分解、控制和有效管理，使风险在爆发失控前得到制止或脱离其目标。

（三）风险预警的跨界研究凝练出其普适理念

有效的风险预警理论适用于各行业，跨界浓缩不同领域预警智慧，抽象出普适的风险预警思想。

1. 环境治理预警

18世纪，大量污水未经处理便流入泰晤士河，水质严重恶化。19世纪初，每天污染负荷达到2745万吨，水中溶解氧几乎为零，曾经美丽的泰晤士河变成了一条死河。

为了治理污染，当地对泰晤士河采取了全流程预警与治理措施。事前严格

把控污染的排放，实现排污许可制度，对排污企业进行准入管理，排放需符合水质标准；事中通过建设大型污水处理厂，组建了 15 个较大的处理厂，保持最大的污染处理能力，防止水质进一步恶化；事后持续监测并对河水定期充氧，对处理后的水质持续进行监测，对河流溶氧量最低点充氧，以降低污染负荷、恢复水体生态修复功能。另外，全流域 200 多个水管单位合并并建成了泰晤士河水务局，作为泰晤士河流域统一规划与管理的权力性机构。

经过了百年治理后，总污染负荷减少了 90% 以上，枯水季节溶氧量最低点依然保持在饱和状态的 40% 左右，20 世纪 80 年代，河流水质已恢复到 17 世纪的原貌，达到饮用水水源水质标准。泰晤士河经过事前预防、事中应急、事后跟踪的全流程动态预警管理恢复了往日的生机。

因此，从环境预警来看，事前、事中、事后的全流程预警配合统一的机构管理有效地治理了污染，提高了环境质量。

2. 地质灾害预警

1998 年以来，安徽省共发生各类地质灾害 14598 起，直接经济损失 36127 亿元。突发性地质灾害 70% 以上发生在皖西大别山区和皖南山区两大山区，损失占全省的 60%。

为了应对地质灾害，安徽省第一步实行了预警区域划分，根据平原、山区等不同的地理和气象条件，划分 5 个预警区域。按照各区域主要的灾害类型和强度，设定不同的预警指标和模型参数，并实行五级预警分级。第二步建立了地质灾害与临界降水量的统计关系图，统计分析每个预警区历史滑坡、崩塌和泥石流等事件和降水过程的相关性，确定地质灾害事件在一定区域爆发量的不同降水过程和降水过程临界值，作为预警判据。第三步确定了重点防控的高风险区域。在皖南山区等地质灾害易发区和人口稠密区，增加大量气象监测站和雨量监测站。同时建立动态地质灾害数据库，利用基于遥感技术、地理信息系统和全球定位系统的预警模型进行概率化处理，得出区域地质灾害等级预警预报图。

在实施了一系列预警措施后，2006—2010 年，在皖南山区共发布 Ⅲ 级以上预警 172 次（含 19 次 Ⅳ 级预警），预报平均准确率约为 40%，避免了近 3000 人伤亡，挽回经济损失近一亿元。安徽省实行预警区域划分，根据各区域风险状况合理配置资源，最大限度减少了地质灾害带来的损害。

因此，从地质灾害预警看，通过划分不同类型预警区域从而重点防控高危区域，可以实现资源的合理配置和平衡收益与风险。

### 3. 食品安全预警

1968年，日本北九州市发生米糠油混入多氯联苯事件，造成污染的米糠油流入市场，最终酿成13000多人中毒的严重食品安全事件。

事件发生后，日本建立了较为完善的食品安全预警管理体系，主要有以下几个方面的措施：一是对食品安全实行一元化管理。设立食品安全委员会，由内阁直接领导，作为负责食品安全的最高决策机构，对农林水产省、厚生劳动省实施监督、指导。二是完善过程化管理。从生产、加工、储藏、运输、批发零售等各环节设立安全阀，对食品链各环节进行监控。通过识别各环节可能发生的危害，采取及时适当的控制措施预防危害的发生。三是建立产品履历可追溯制度。在各个环节记录原材料、食品成分情况，利用条码技术等电子标签，详细记载产品的各种数据。确保第一时间发现问题，根据溯源信息进行有效控制和召回，并追查至源头。

在随后53万余件农产品残留农药检查中，只有2600多件检测出残留农药，占总数的0.5%，而残留农药超标只有29件，只占检测出残留农药部分的1.08%。近些年，日本基本上保持着这种低水平。日本对食品安全实行一元化管理，通过完善过程化管理及反向追溯制度，构建起了世界领先的食品安全预警体系。

因此，从食品安全预警看，通过从农田到餐桌的全链条监控预警和事后追溯制度，实现自上而下的监控机制和自下而上的反馈机制。

### 4. 流行疾病预警

2009年，甲型H1N1流感暴发的几周前，基于谷歌搜索的大数据分析，结合宏观和微观因素，谷歌流感趋势预测图成功预测了流感在美国境内的传播。但2011年到2013年，该系统一直高估与流感相关的就医量。在2012年/2013年流感季节，它预测的就医量是美国疾控中心最终记录结果的两倍；在2011年/2012年流感季节，它高估了逾50%。

导致谷歌流感趋势预测高估的主要原因是数据质量和宏观因素的影响难以把握，大数据优劣掺杂，统计结果的真实性、准确性大打折扣。有些人仅仅因为身体某些不适，根据自我估计便搜索了相关信息，这些搜索就构成了噪声。此外，宏观因素演化规律难以把握，例如媒体对流感的广泛报道，也可能会使很多未患病的人加入数据库。所以需要定期对模型进行维护和修正，以使模型更好地与宏观因素走势相拟合。同时，人类对未来的把控仍是有局限性的，因此任何预测都无法做到百分之百准确可靠。因此，从流行病预测来看，谷歌流感趋势预测图基于宏微观结合的大数据分析曾成功预测流感，但由于未定期进行模型维护，导致长期预测走向失败。

通过对以上各领域风险预警的应用研究，我们认为先进的风险预警理念应涵盖以下几点：（1）环境预警中，从危机管理的事后结果性管理与注重损失过程管理转向全过程、全方位的预警管理，防止风险后移问题，从而起到预警的超前性作用。应用到金融机构的风险预警体系中，预警应覆盖贷前、贷中、贷后信贷全流程。（2）地质灾害预警应从损失管理转向损失与机会并存的双向管理，灌输有效风险预警能够创造价值的理念，合理配置资源，平衡风险与收益。应用到金融机构的风险管理方面则是实施有效的资本配置，并监控风险与回报的匹配。（3）食品安全预警是从政策制定到下达执行的线性过程转向从政策指导到监控分析、再到政策调整的动态循环过程，实现自上而下的预警传导和自下而上的反馈传导相融合。应用到金融机构的风险管理中则预警应自上而下执行传导，与自下而上的反馈传导相结合。（4）流行病预测是从单一尺度、因素分析转向宏观与微观相结合的多尺度、多因素分析，实现更全面、更深刻的认识，从而更好地满足预警的需要。金融机构则可通过从宏微观多角度进行组合分析和模型预测，加强预警能力。

### （四）基于专家经验与人工智能管理决策的风险预警

跨界风险预警的技术方法差异揭示了风险预警体系发展必经的三个阶段，共同构成先进的风险预警理念和框架体系的基础。风险预警理念主要有四个方面：预警应覆盖全流程，实现预警功能前置；预警应合理配置资源，平衡风险与收益；预警应包含自上而下执行和自下而上反馈的动态循环；预警应采用宏微观结合的全面视角。

风险预警手段可以有以下几个方面：（1）制度完善治理：以清晰定位、权力完整的管理部门来制定统一、具有约束力的政策，以指导和监督预警信息的产生、传导和处置，在事后防止损失扩大并加以弥补。（2）数据科学分析：通过数据分析可以及时识别当下的存量风险，采取应对措施控制或降低风险，减少可能带来的损失。（3）模型有效预测：基于宏观到微观的传导模式，构建宏观预测模型，能够识别未来的增量风险，提前调整策略以规避风险，增加预警的前瞻性。（4）测导向管理：将预测结果结合专家和管理经验拓展应用至日常管理决策环节和相关全流程。

## 二、成熟市场经济的信用风险预警

### （一）信用风险预警的目标、原则与范畴

1. 信用风险预警的目标

信用风险预警主要有以下几个目标：一是预测信贷组合中潜在的风险，例如客户风险轮廓的变化；二是警示商业银行所面临的特定行业、特定区域等组合风险；三是对信贷风险进行早期监控与主动管理；四是对已警示的风险采取缓释措施以减少损失。

对于商业银行而言，通过有效和可靠的监控，可以主动降低风险和提升资产质量，从而达到降低信用损失和资本占用的目的。具备良好信贷监控职能的商业银行拥有较高的风险承受能力、权益回报率和资本使用效率。

2. 信用风险预警的原则

信用风险预警原则一般有：

（1）与信用风险管理框架整合原则。预警是信用风险管理框架的一部分，要与信用风险评级整合。要求信贷管理员与业务部门之间通力协作，确保及时有效的分析与强有力的执行风险缓释。

（2）与潜在的业务风险驱动因素和业务前景建立联系原则。预警应与信用风险评级体系中的潜在业务风险驱动因素进行挂钩，识别出客户或押品的潜在业务风险驱动因素与宏观经济的关联关系，对于预测客户风险轮廓的前景相当重要。

（3）重点关注领域建立起客户预警的触发点和限额原则。使用客户预警触发点在容忍度范围内监控外部措施的效果，以此来对客户风险轮廓的潜在变化提供预警功能，发挥监控的作用。

（4）建立良好的客户关系管理原则。对于潜在的原因与缓释措施需要与客户保持及时沟通，给予客户足够的时间来更正任何经营、管理或财务困难，尽量避免发生违约。

3. 先进商业银行的实践

先进商业银行通常定义预警为基于客户风险评级系统（CRG）发现借款人的信用恶化趋势。CRG 是一种 alpha 评级方式，每个 CRG 等级对应该等级

下借款人未来一年违约概率（PD），每一个 CRG 等级都有其特定的信用特征描述（见表 2-8）。

表 2-8　　　　　　　　　　CRG 各等级的特征描述

| CRG 等级 | 信用质量 | 描述 | PD |
|---|---|---|---|
| A | 可接受的信用质量 | 最低风险——违约是很遥远的事情。最佳投资级别 | 0.03%（AAA） |
| B | 可接受的信用质量 | 低风险——违约被认为不太可能。不错的投资级别 | |
| C | 可接受的信用质量 | 中等风险——违约有可能发生。已达到投资级别的边界 | |
| D | 可接受的信用质量 | 可接受风险——违约还不被预期。非投资级别 | |
| E | 次级信用质量 | 关注名单——这些是次级的信用，其信用质量低于新业务可准入的标准，并且有必要提高业务部门管理层对其的关注 | |
| F | 次级信用质量 | 特别关注——处于这个风险等级的客户正面临一些经营困难 | |
| G | 次级信用质量 | 次级——信用质量低于标准级别，但基于对其经济前景、现金流、资产变现能力、再融资潜力和管理层承诺的综合考量下，其并不一定会造成利息或本金的损失 | |
| H | 次级信用质量 | 可疑的和受损资产——次级贷款已经恶化到一定程度，利息和本金能够被完全收回的可能性很小 | |
| I | 次级信用质量 | 损失（违约）——贷款已经被认定为无法回收或被认为已经没必要再在银行的资产负债表中所体现 | 100% |

借款人信用的恶化可以被定义为借款人信用质量的下调，其信用等级从高向低下降。预警管理框架将重点监控那些信用质量为"可接受的信用质量"的借款人（信用等级为 D 及以上，在图 2-1 中的粗线条边框内）的等级下调上（见表 2-8）。一方面因为处于该信用等级的风险敞口（EAD）最大；另一方面是对于处于该信用等级的客户，可以通过提前采取主动管理或缓释措施以减

小潜在信用损失的效益最高。对于那些处于信用等级更差（信用等级 D 以下）的客户，预警管理框架的好处是能对潜在的、与回收与重组策略相关的事宜进行提示。同时，应针对信用恶化的程度而采取不同的管理与缓释措施（见表 2-9）。

**表 2-9　　信用恶化程度与对应缓释措施**

| 恶化程度 | 管理与缓释措施 |
|---|---|
| 评级下调 | • 与客户定时沟通以更好地了解他们的业务<br>• 通常对主要风险指标、触发点和合同为参考来识别信用恶化的迹象<br>• 定期对行业与地域的趋势变化开展评估<br>• 确保相关人员了解已发生或有可能发生的任何重大信用事件 |
| 关注名单 | • 监控客户现有的财务报表和其履约能力<br>• 与客户保持联系<br>• 在预警监控系统识别并更新合适的行业与客户信号<br>• 减少潜在的贷款规模<br>• 对于任何可能的违约研究制订化解方案<br>• 考虑让银行的法律部门重新审核相关文件，并要求客户提供更多的押品<br>• 不良贷款管理团队的早期参与 |

| CRG | | 时点 1 | | | | | | | | |
|---|---|---|---|---|---|---|---|---|---|---|
| | | A | B | C | D | E | F | G | H | I |
| 时点 0 | A | | D | D | D | W | PL | PL | PL | L/D |
| | B | | | D | D | W | PL | PL | PL | L/D |
| | C | | | | D | W | PL | PL | PL | L/D |
| | D | | | | | W | PL | PL | PL | L/D |
| | E | | | | | W | PL | PL | PL | L/D |
| | F | | | | | W | PL | PL | PL | L/D |
| | G | | | | | W | PL | PL | PL | L/D |
| | H | | | | | W | PL | PL | PL | L/D |
| | I | L/D | L/D | L/D | L/D | L/D | L/D | L/D | L/D | L/D |

分类：
W：关注名单
PL：不良贷款
L/D：损失/违约
D：评级下调

在此区域内预警能够产生更高的效益

在此区域内预警能够提供潜在效益

**图 2-1　　借款人信用评级预警**

风险偏好管理框架可以帮助银行识别并决定其风险能力、风险轮廓与风险偏好的动态平衡,并在可能失衡的关键时点及时采取缓释措施,先进商业银行经常使用类似交通灯信号体系作为揭示现有的风险轮廓是否突破所设定的限制点和触发点(见图2-2)。

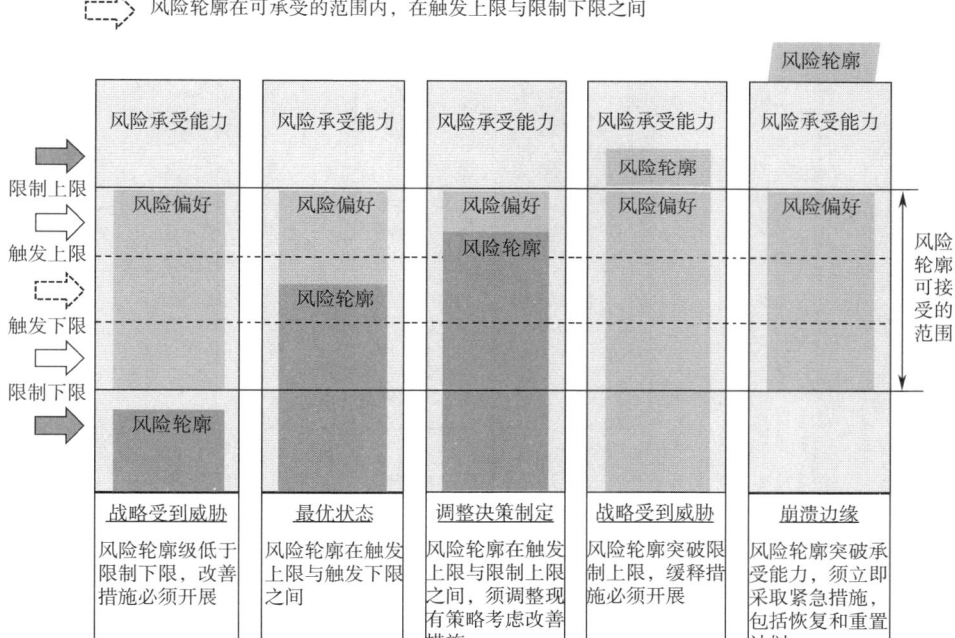

图2-2 风险能力、风险轮廓与风险偏好的关系

对于单一客户而言其风险轮廓主要通过风险敞口大小(EAD)、风险评级(PD与LGD)和期限(M)进行反映。银行对单一客户的风险偏好通常与其风险评级挂钩,当客户被降级时,银行对其风险偏好也会因其风险上升而下降。银行针对单一客户的风险承受力主要通过其大额敞口管理政策体现,在国内,原银监会建立了严格监管要求,单一客户的集中度不超过银行净资本的10%,集团客户则是15%。预警的主要目的是提前预测客户的风险轮廓从最优状态向其他较差的状态转移所发生的时间和深度,据此采取不同的缓释措

施。当然也可以基于客户的某些特征，将单一客户的风险轮廓累积成一个所关注的组合层面（如行业、区域、押品种类、客户评级等）进行考虑（见图2-3）。

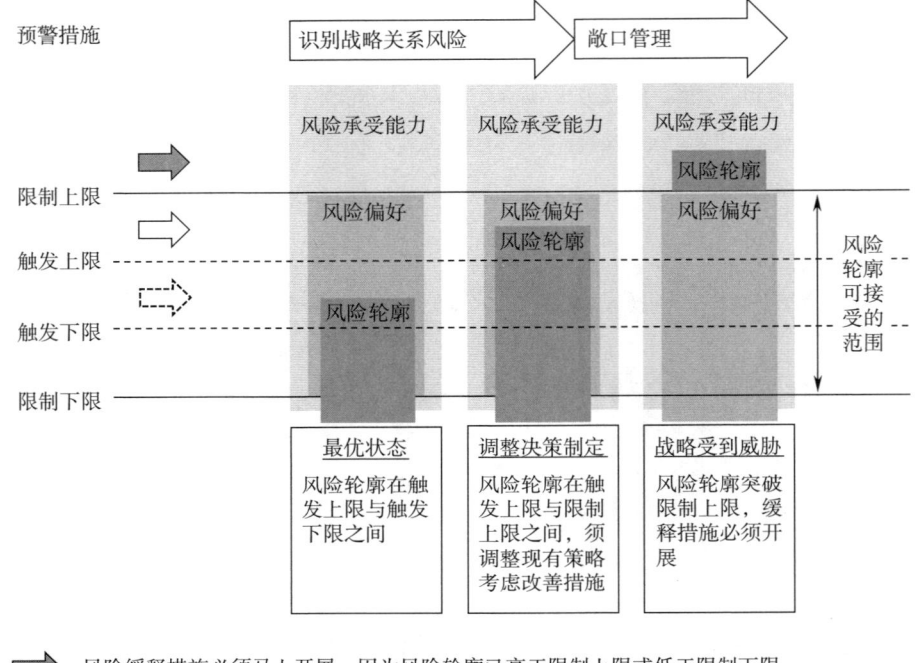

图2-3 单一客户预警和组合预警

（二）信用风险预警的维度与指标

图2-4为一个全球性银行的典型信用风险管理框架，预警作为信用风险管理框架中的一部分。

预警通常有两个维度：客户与抵押品。押品种类包括不动产、设备、车辆、现金、账户、投资所有等；维度取决于客户的共同特征（例如区域、行业、国家等），多个客户可以被作为一个组合进行预警。对于非零售客户，基于可观测到的系统性与特殊性的风险水平，加以区分很重要（见表2-10）。

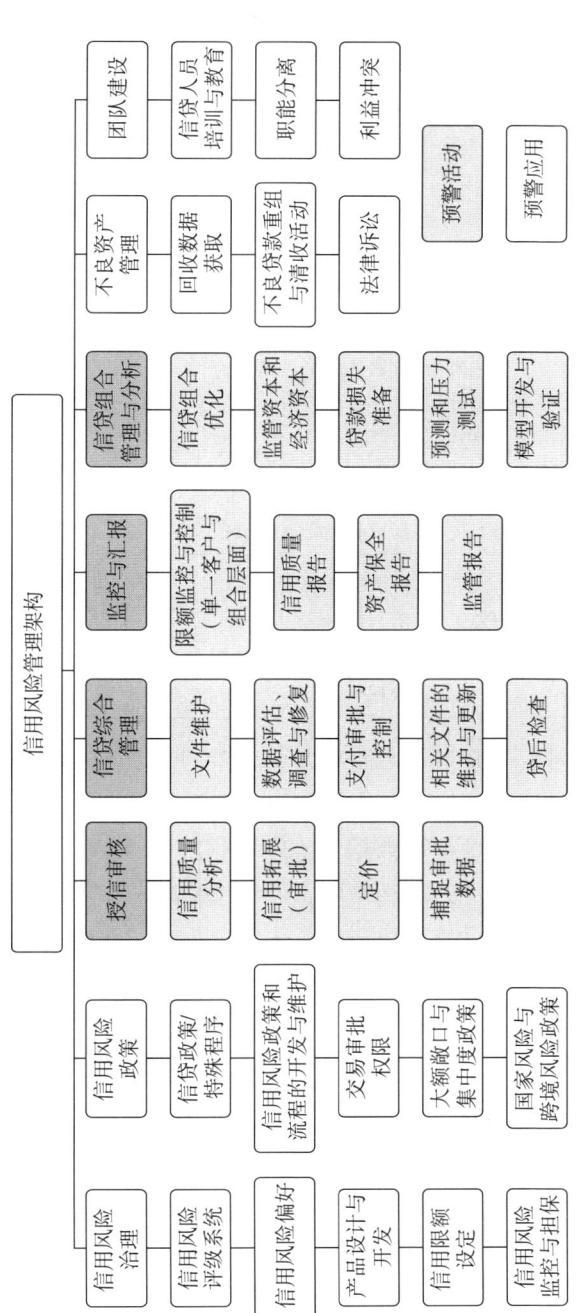

图2-4 典型的信用风险管理架构

对于抵押品，识别资产的流动性至关重要。在一个流动性的市场，监控抵押品价值的恶化比监控流动性较差的资产更容易。

表 2–10　　　　　　　　　　预警维度下的客户区分

| 客户种类 | 非零售 | | 零售 |
|---|---|---|---|
| | 上市公司 | 私有公司 | 零售客户 |
| 描述 | 上市公司将其证券（股票、债券等）卖给公众，通常经过一个证券交易所或经过一个在场内或场外运作的做市商 | 私有公司通常仅拥有少量股东且未上市，其股票的交易通常为私下进行 | 不能通过组合层面进行管理的零售个人 |
| 特征 | 受到金融市场严格的监管 | 因为公开披露较少，所以受到的监管有限 | |
| 数据的可获得性 | 财务报表可通过公开渠道获得 | 在大部分国家财务报表只和债权人分享。债权人不能将财务报表公开 | 信用信息只能通过信用机构获取（在获得本人同意之后）或者基于个人特征和信用行为 |

预警指标考虑因素一般有六大种类（见表 2–11），包括（1）抵押——与抵押品相关的因素（主要受抵押品价格和担保合同的影响）；（2）市场——与客户相关或行业相关的金融市场数据；（3）财务——财务指标，这些指标能够反映管理层的缺陷或业务的不利影响；（4）外部——普遍的行业或经济环境风险因素，通常超出客户的可控范围；（5）管理——管理能力的缺陷也许会导致客户易遭受业务因素的风险影响；（6）业务——业务因素的不利影响可能最终会威胁到业务的发展前景。

表 2–11　　　　　　　　　　预警指标的考虑因素和风险迹象

| | 考虑因素 | 风险迹象 |
|---|---|---|
| 市场因素 | • 客户的股价<br>• 信用波动/客户的保证金<br>• GDP<br>• 通胀率<br>• …… | • 股价下跌<br>• 被信用评级机构下调评级<br>• GDP 增速减缓<br>• 通胀率增加<br>• …… |

续表

| | 考虑因素 | 风险迹象 |
|---|---|---|
| 抵押因素 | • 类别（例如商业地产）<br>• 抵押品价值的预测<br>• 抵押证券的保险覆盖<br>• 抵押品市场的流动性<br>• …… | • 价值的剧烈下降<br>• 无或有限的保险覆盖<br>• 折旧<br>• 缺乏抵押品的流动市场<br>• …… |
| 场外因素 | • 技术<br>• 竞争对手、产品、供应商<br>• 行业竞争<br>• 政府、关税或管制变化<br>• …… | • 技术变化迫使我们的客户升级工厂或更换产品<br>• 监管变化对成本控制或定价灵活性造成新的压力<br>• 新的竞争者或替代性产品损害了行业的定价结构<br>• 行业危机<br>• …… |
| 业务因素 | • 产品集中度/多样化<br>• 定价策略<br>• 重大的并购<br>• 研发<br>• …… | • 过度的多样化而牺牲了专注于某一核心产品<br>• 无法回应客户和竞争对手的需求以及外部因素<br>• 闲置、多余或老化的设备和不动产<br>• 有限的研发水平增加了产品的过时风险<br>• …… |
| 财务因素 | • 销售量<br>• 利润率<br>• 流动比率<br>• 产生持续现金流的偿债能力 | • 销售量或销售额的减少<br>• 下降的利润率或报告的交易损失<br>• 现金平衡下降，账户缺乏流动性<br>• 资产质量恶化<br>• …… |
| 管理因素 | • 员工的忠诚度/管理层素质<br>• 战略可行性<br>• 管理层过往记录<br>• 所有者的财务状况、权益状况 | • 业务的规模与复杂程度已经超过单一客户/经理的能力<br>• 缺乏一个战略性的计划<br>• 主要管理层员工或总监的流动性较大，所有权的更换频繁<br>• 过度的个人消费、过量的管理费用或股票分红 |

预警指标与信用风险评级具有联动关系（见图2-5）。当进行信用审核（至少一年一次）时，上述指标被收集作为评估的一部分。在两个信用审核期间，银行依靠独立、公开可获取、对预测潜在信用质量恶化而且更容易接触的数据，包括定量指标与定性指标。客户私密的信息，如业务状况、财务和管理情况是审核的必要部分，与客户维持良好的关系并建立在平等合约的基础上将有助于获取这些信息。

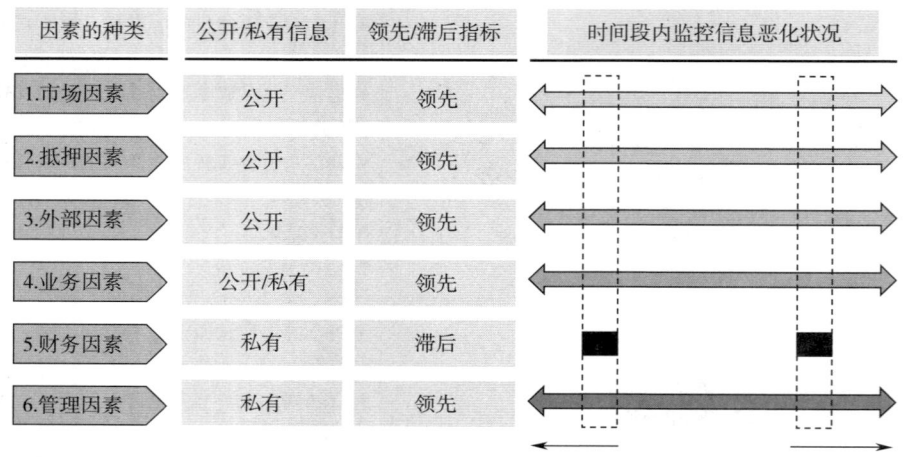

**图2-5 预警指标与信用风险之间的联动关系**

### （三）风险预警的方法与工具

预警模型的建立一般是基于过去的历史数据和对未来的预测以及意见相结合。通过对过去的违约历史、损失历史、市场/经济数据以及其他定性因素的分析得出信用风险的违约概率、损失模式、时间动态、相关性，再结合专家和管理层的意见，得出合理的模型。

模型通常将行业和内部模型结合在一起使用，由三个部分构成：

第一部分是宏观经济模型。选择相关的宏观经济驱动因素，开发一个时间序列模型或者随机模型，预测所选择的宏观经济驱动因素的走势。第二部分是违约和损失模型。了解并确定能使信用评级变化从而导致违约与损失的业务和风险驱动因素，开发模型将宏观经济模型的结果和所关注的结果相结合，包括违约和损失，数据的质量和长度等来决定具体的建模方法。第三部分是预测和管理层意见相结合的压力测试（见图 2-6）。

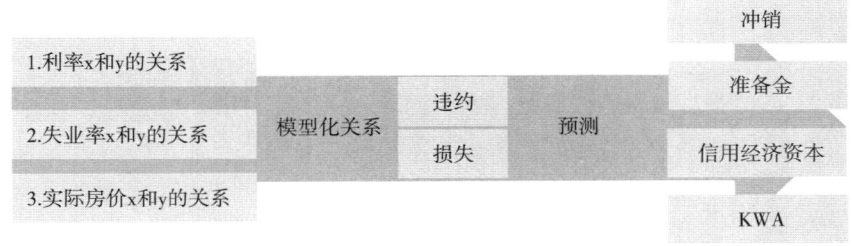

**图 2-6　模型预测简介**

然后基于未来的经济情况，可以通过结构性的方法保证结果被专家认可，在适当情况下，可以加入管理层的意见，预测未来一定时间的评级转移和损失。

### （四）风险预警的应用与组织架构

1. 风险预警的应用

对于一个具有代表性的信用风险管理框架，预警的结果可以反馈并应用到信用风险管理的不同部分，图 2-7 中的标示可以用来概述预警具体是如何应用于信用风险管理的其余各部分。

信用风险管理职能的职责在对信用风险进行定义、评估、管理和监督。信用风险管理框架通常采用"三道防线"的风险治理模式（见图 2-8）。

2. 风险预警的组织架构

信用风险管理是全面风险管理框架中一个重要组成部分，信用风险委员会是一个专门从事信用风险管理的委员会，其主要职责是承受和管理业务单元的信用风险，包括开展承担信用风险的业务活动；信用风险识别；采取行动来管理与缓解风险，以确保风险在限额和风险偏好内；提供信用风险信息和上报特定的信用风险事件给信用风险管理职能部门；与信用风险管理职能部门合作，与之共同积极参与商业和策略决策的制定过程；向信用风险管理职能部门提供潜在的风险和分析。

信用风险管理职能部门负责审批、监控与汇总，包括开发与业务部门信用风险相关的限额结构；批准限额的申请和所有超过授信权限的交易；制定信用

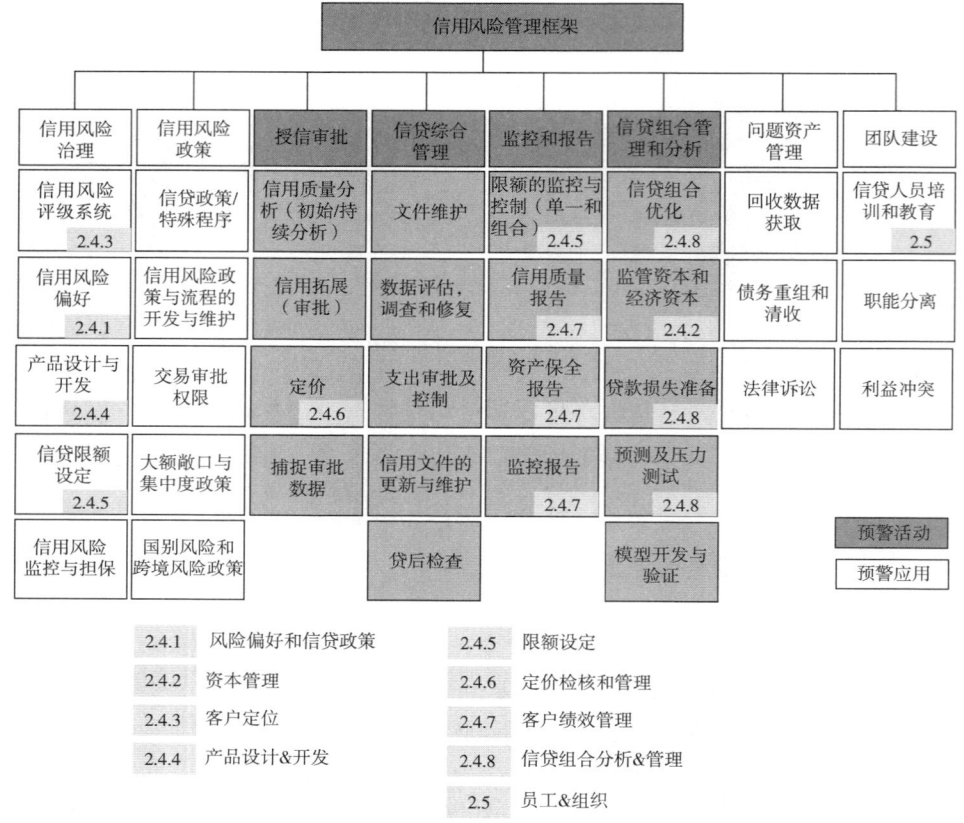

图 2-7 信用风险管理框架

风险政策；监控所有与被批准的信用风险限额与容忍度相违背的信用风险活动；监控银行的信贷组合，涵盖信贷的结构与质量（敞口与限额分析、关注名单、趋势分析等）；把超限或重大的信用风险趋势汇报给信用风险委员会。

信用风险委员会还有负责监督职责，包括监督并支持全球、区域和国家的信用风险管理治理架构的构建；审批银行的信用风险政策（包括信用风险计量与限额结构）；审批信用风险管理职能部门用来计量和监控风险的模型、工具和方法时所基于的重要假设；审核会影响银行信用风险组合质量的信用风险与经济发展的趋势；把超限或重大的信用风险趋势汇报给全面风险管理委员会。

全面风险管理委员会也负责审批，包括批准信贷政策和流程；监督包括区

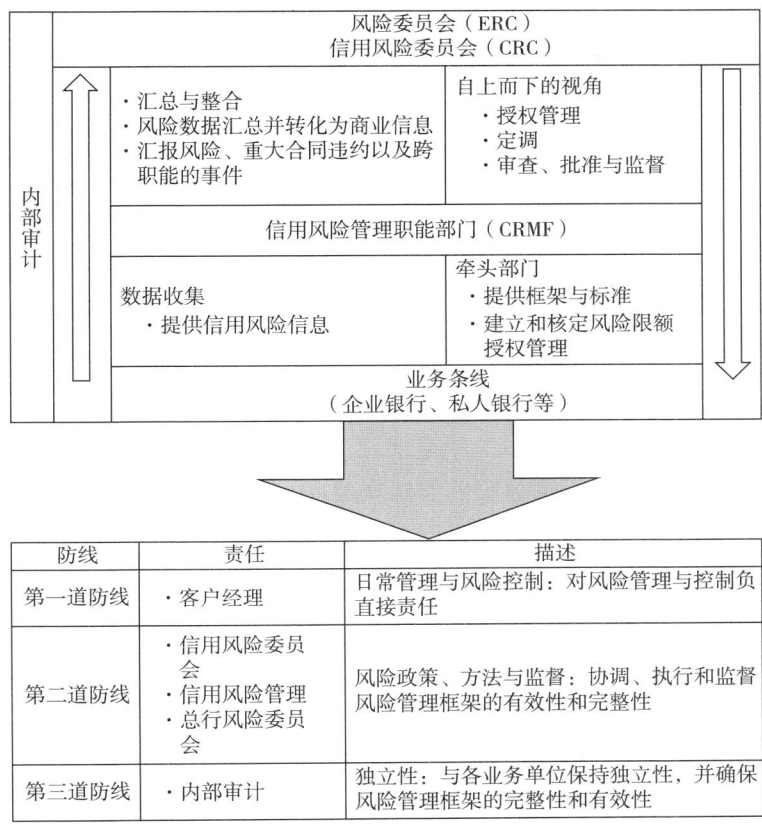

**图 2-8 "三道防线"的风险治理模型**

域和总行的信用风险委员会;审核重大的信用风险敞口事件、超限、损失和信用风险轮廓的变化;至少一年一次,审核用来测量、管理和缓解信用风险的信贷流程;向董事会风险管理委员会汇报认为会产生重大影响的风险事件;等等。

董事会的风险管理委员会则负责监督与审批,包括确定基调,并为信用风险程序提供指导与建议;批准信贷管理重要文件,比如风险偏好、与风险相关的委员会章程、政策;对信用风险敞口的季度报告进行审核,这些报告覆盖了管理层用来监控信用风险的工具与措施。

内部审计负责验证,包括:独立性验证与测试;内控;银行风险管理程序的质量;风险模型的质量与完整性;评估和确保管理层与董事会在风险暴露的报告、风险管理流程等相关活动的独立性。

3. 借鉴成熟市场经济风险预警管理经验，发展我国风险预警体系

与跨界领域和成熟市场经济相比，国内银行业风险预警起步较晚，理念和方法正开始形成，我们可以借鉴跨界和成熟市场经济风险预警管理的经验，将我国风险预警的发展分为三个阶段。

第一阶段是政策导向阶段。食品安全领域以及国内多数银行正处于该阶段。食品安全领域由于检测指标不完备、道德风险难以把控，导致分析不完善、模型缺失，只能以公权力强制企业实行严格内部审计使风险得到控制。同时，目前国内大多数银行尚未建立起有效的分析和模型体系，只能依靠政策的传导主导预警工作的实施。

第二阶段是分析导向阶段。环境领域及国内部分领先银行正处于该阶段。环境领域基于定性与定量多要素、宏观与微观的多个尺度，来构建完善的预警指标体系，并通过对影响环境质量因素变化的分析完成预测。大型商业银行目前也可以从区域、行业、客户规模、产品类型及担保品等多个维度对风险及收益状况进行组合分析。

第三阶段是模型导向阶段。地质灾害领域及国外领先银行处于该阶段。地质灾害领域通过对气象和降雨的监测分析，建立动态地质灾害数据库，利用预警模型进行数值化概率化处理，得出地质灾害等级预警预报图。目前，国内大中型商业银行将压力测试用于各种跨风险类别，以评估压力情景下受到的潜在影响；上述各家银行也同时进行反向压力测试，预测引致银行倒闭情况发生的因素与情景，等等。

总之，风险预警需要对大量的信息进行综合分析，落后的人工管理手段已经无法适应，只有依靠高科技手段，提高分析的自动化水平和处理能力，才能逐步提高风险预测的准确性和及时性。因此，建立一个高度智能化的风险预警系统，与银行其他系统密切配合，将在银行的风险管理体系中发挥出积极的作用。

# 风险监测与预警之二：
# 商业银行小微授信业务风险监测与预警[*]

小微授信业务风险监测与预警是指从客户实际使用授信后到该授信完全终止前的风险监测、预警、控制和信息统计及报告等多项工作的结合，检测与预警范围限于未移交保全清收的客户。小微授信业务风险监测与预警工作一般由小微业务部、分行及行内外相关协作机构共同协作实施，遵循批量管理、多元监测、定向报告、差异处理的原则，通过对影响小微授信业务风险的各类信息进行采集与分析，尽早揭示潜在风险隐患，合理判别风险严重程度并进行预警，及时采取相关控制措施，有效防范信贷风险发生。相关工作逐步采用量化管理工具，根据差异化监测的原则，对客户进行分类管理。小微授信业务风险监测与预警主要包括风险监测、风险预警、风险控制三个部分，除此之外，还需要辅以相应的监督措施。

## 一、风险监测

### （一）监测方式视角

小微授信业务风险监测分为非现场监测和现场监测，并逐步采取以非现场监测为主、现场监测为辅的监测模式。

非现场监测是指不与客户进行直接接触，通过内外部系统数据信息处理、总部调研分析、外部协作机构信息查询等手段和方式，对各类风险信息进行采集、分析、处理的管理行为与过程。其中，外部协作机构信息查询是指利用第

---

[*] 本文写作于 2016 年 3 月。

三方机构的渠道与平台来完成非现场监测工作。信息来源包括但不限于人民银行征信系统、工商行政管理信息系统、税务信息系统、公检法信息系统、水电气查询系统、远程视频监控系统、房地产权属查询系统等。外部协作机构信息查询是小微授信业务风险监测的重要组成部分。其平台建设采用总部、分行相互分工、委托外部机构协查的方式予以开展。

现场监测是指通过客户面谈、经营场所考察、担保措施核实等方式对其经营变化、信用变化、担保变化以及家庭变化等情况进行采集、分析与处理的管理行为与过程。本着提升效果、降低成本的原则，商业银行可根据区域特点和现状创新现场监测手段与监测方法。

（二）监测对象视角

风险监测对象分为小微授信项目与小微授信客户两个方面。

1. 小微授信项目的监测内容

（1）城市整体规划变更、城市商业核心转移、商圈管理方经营不善等可能引起商圈出现经营困难，进而导致商圈集群授信项目发生严重变化；

（2）核心企业生产经营、财务指标出现严重恶化，或其采购政策、销售政策发生剧烈变化，可能导致产业链集群授信项目发生严重变化；

（3）成员组成变更频繁、核心会员盲目多元经营、涉嫌多家银行超额授信等，可能导致行业协会或商会集群授信项目发生严重变化；

（4）国家政策、区域政策或行业政策变化可能导致城市开发区、产业园区内主要经营企业发生结构性变化，可能导致工业园区集群或产业集群授信项目发生严重变化；

（5）担保公司注册资金、担保限额、履约状况等变化，可能导致担保合作项目发生严重变化；

（6）其他可能导致小微授信项目发生严重变化的。

2. 小微授信客户的监测内容

（1）小微授信客户授信资金使用情况，存在资金回流或进入股市、期市等监管部门严令禁入领域；

（2）小微授信客户突发重大疾病或意外伤害、家庭结构发生重大变化、财富变化，可能导致小微授信客户发生严重变化的；

（3）小微企业所从事的行业经营情况变化，可能导致严重变化的；

（4）小微企业水、电、气等公共产品使用量的变化，反映小微企业经营状况发生严重变化；

（5）小微企业的现金流、物资流、信息流的变化，可能导致小微授信客户发生严重变化的；

（6）小微授信客户个人信用及还款意愿的变化，可能导致严重变化的；

（7）小微授信客户担保品价值变化、保证人信用变化，可能导致严重变化的；

（8）其他可能导致小微授信客户发生严重变化的。

### （三）组织实施视角

风险监测工作由总部与分行两个层面协同实施，总行其他相关部门或外部协作机构配合实施。总部风险监测工作主要通过非现场监测方式，对小微存量客户开展资产质量监测等工作。而分行风险监测工作主要通过非现场监测和现场监测方式相结合的方式对小微授信项目和小微授信客户进行监测，并根据不同的情况采取不同的监测频率和监测比例。现场监测和非现场监测原则上由经办客户经理负责具体实施。具备条件的分行贷后管理部门可以集中实施非现场监测工作，以及与符合准入条件的第三方专业机构合作实施委外现场监测。

1. 非现场监测

非现场监测工作主要包括授信资金流向监测、落实审批意见监测、押品价值监测、房产押品权属情况监测、征信记录和司法执行情况查询、工商信息查询。

（1）授信资金流向监测

授信资金流向监测是指通过行内系统监测授信资金的具体划转流向。对于受托支付的授信资金，重点监测短期内是否存在资金回流现象；对于自主支付的授信资金，重点监测资金流向是否符合约定用途，防止出现授信资金购买理财、流入股市等违规行为。授信资金流向监测工作按月进行，贷后管理部门按照监测清单组织调查、反馈及整改。经办客户经理应通过账户流水分析、凭证查验或现场调查等方式，检查借款人资金流向是否符合约定用途，并在汇总报告上签署意见。

（2）落实审批意见监测

落实审批意见监测是指在授信资金发放后，贷后管理部门督促客户经理对审批人员提出的需贷后落实的意见进行落实并监测落实情况。经办客户经理是落实审批意见的第一责任人，完成时限根据审批意见执行，审批意见未明确具体时限的原则上需贷款出账后 3 个月内完成。落实审批意见监测工作按季度进行，贷后管理部门按照监测清单组织调查、反馈及整改。

（3）押品价值监测

押品价值监测是对抵押物或质押物价值变动情况的监测，监测对象包括房产类押品价值、外币类质押品价值、经营权价值等。押品价值监测工作由商业银行根据内外部环境变化对押品价值影响的具体情况不定期地组织开展，每年不少于一次。贷后管理部门按照监测清单负责组织落实、反馈。商业银行可采取内部押品价值库查询、委托外部专业公司等方式开展押品价值的监测工作，除特殊情况外一般不强制要求现场查勘。

（4）房产押品权属情况监测

房产押品权属情况监测是指通过房地产登记部门对房产押品权属情况进行查询，防范出现抵押物未落实抵押权或已被查封、冻结而导致贷款抵押权悬空的风险。房产押品权属情况监测由商业银行根据房产押品权属监测需要不定期地组织开展，每年不少于一次。贷后管理部门按照监测清单负责组织落实、反馈。

（5）征信记录和司法执行情况查询

征信记录查询工作是指通过人民银行个人和企业征信系统，查询借款人个人和企业最新征信记录，重点监测信用卡、个人经营贷款、企业授信等是否出现逾期等负面信息。而司法执行情况查询是指登录全国法院被执行人信息查询系统，查询借款人个人和企业以及保证人等是否存在被法院执行的负面信息。征信记录和司法执行情况监测比例为 100%，并根据授信余额大小采取不同的监测频率。征信记录和司法执行情况监测由贷后管理部门按季度组织客户经理进行，并于下个季度首月内完成。

（6）工商信息查询

工商信息查询是指通过国家或省市地方工商行政管理局的工商信息查询系统，查询企业、个体工商户的企业登记、变更信息，重点监测股东结构、年检情况、营业状态是否存在负面信息。工商信息查询监测比例为 100%，由贷后管理部门按季度进行批量集中监测，并于下个季度首月完成。

部分非现场监测工作可委托外部协作机构开展和实施，并要求外部协作机构提供非现场监测台账和报告。风险监测人员应对非现场监测中发现的风险信号进行汇总和分析，并确定需要现场监测的项目和客户，制订有针对性的现场监测计划。

2. 现场监测

与非现场监测工作相对，现场监测工作主要包括两项内容：小微授信项目现场监测、小微授信客户现场监测。

（1）小微授信项目现场监测

小微授信项目现场监测按季度进行现场监测，贷后人员应抽取小微授信项目总数不低于20%的比例参与小微授信项目的现场监测。要点包括：①商圈管理方情况、客流量、交易额、商铺租金、商铺入驻率、商铺换手率等变化情况；②产业链核心企业管理、采购、销售以及上下游主要交易企业变化等情况；③行业协会/商会核心成员结构组成、授信会员商誉及日常经营变化等情况；④担保公司担保能力、保证金到位情况、担保履约代偿等情况；⑤小微授信项目审批意见中要求进行现场监测的风险要素变化情况。

经办客户经理或外部协作机构根据小微授信项目监测结果，填写相关监测报告，连同现场监测中收集的项目访谈记录、项目现场照片、核心企业经营资料等项目监测材料及时报送。

（2）小微授信客户现场监测

小微授信客户现场监测，一般根据主担保方式及授信余额两个维度确定监测比例，按季度组织现场监测，并要求客户经理在收到监测任务后3个月内完成；对于授信发放后未满1个月的，首季度可免于监测。现场监测要点包括：小微授信客户经营场所、管理人员、经营范围、日常用工、阶段性存货、上下游企业、销售盈利等情况变化；银行结算资金的变化情况；对现场监测人员现场拜访是否配合；小微授信客户健康状况、家庭稳定等情况变化；授信担保品现状、价值，担保人还款能力等情况变化；其他需要进行现场监测的情况。

经办客户经理或外部协作机构根据小微授信客户现场监测结果，填写相关监测报告，连同现场监测中收集的以下材料及时报送：①银行流水凭证：可包括借款人本人、配偶、所控制企业账号或经认可的虽是他人但实际用于借款人经营的银行流水。②现场照片：对小微授信客户经营场所现场拍摄的照片，必要时需附带抵押物现场监测照片，照片需体现门牌地址、周边状况、生产经营情况、现场检查客户经理、拍照日期等。③企业工商登记信息资料。④能反映企业经营状况并经贷后管理人员认可的以下任意资料之一，如近 3 个月内连续的财务报表、税单、发票、报关单、水电缴费凭证、出入库凭证等；经营状况资料的收集种类原则上应保持一致性。

在非现场监测过程中或其他授信后管理过程中发现客户存在潜在风险隐患，认为有必要进一步进行现场监测的，要组织经办客户经理或外部协作机构具体实施现场监测工作。

## 二、风险预警

风险预警是指根据风险监测的结果，分析风险信号对商业银行造成损失的可能性，形成相应风险预警报告，在特定范围内予以公告和警示，以达到防范、控制、降低小微授信风险损失的动态管理过程。按风险监测对象不同可分为：对小微授信项目监测结果的风险预警和对小微授信客户监测结果的风险预警。

1. 预警信号分级

根据风险信号对小微授信资产质量影响所涉及客户群数量与地域范围、风险暴露金额与比例、损失时间紧迫度等，商业银行可以将风险预警信号分为一级预警信号、二级预警信号和三级预警信号。一级预警信号指授信项目情况或授信客户经营情况出现异常或发生了不利事件，有可能影响贷款本息正常归还，需要进一步调查分析的风险状况；二级预警信号指授信项目情况或授信客户经营情况已经恶化或发生了重大的负面事件，已经影响到贷款本息的正常归还，需要重点关注并及时采取有效风险控制措施的风险状况；三级预警信号指涉及范围较广、客户数量较多、金额较大，有可能导致小微授信资产出现重大损失的风险状况。

2. 预警流程

（1）发起

经办客户经理或风险监测人员对于在各自风险监测工作中发现的预警信号，均需填写风险预警报告，并通过系统发起风险预警；一级、二级风险预警报分行小微贷后管理负责人审批，三级风险预警报总行小微信贷负责人审批。

（2）跟踪

应对预警项目、预警客户最新变动情况进行跟踪监测，定期将有关信息反馈总部风险监测人员。

（3）解除

风险预警应根据政策、市场、客户等风险状况的变化，适时进行解除。风险预警的解除，由原风险预警的发起人通过系统发起风险预警解除，由原风险预警发起时的审批人或代理人进行审批。对于预警后进入不良或移交保全清收的授信业务，预警自动解除，并按照不良客户或保全清收客户进行跟踪管理。

## 三、风险控制

风险控制是指小微贷后管理人员为降低风险预警信号对小微授信资产造成损失的可能性，而采取相应控制措施的管理行为。风险控制措施应依据风险预警的不同级别采取差异化风险控制措施。

1. 预警客户的风险控制

对预警客户，根据其具体情况可采取冻结授信额度、扣划账户资金、提前收回贷款、强化担保措施、提高现场催收和监测力度、实施贷款救济、资产保全提前介入等风险控制措施。

2. 预警项目的风险控制

对预警项目，根据具体情况可中止特定小微授信项目项下单笔授信受理、审批和出账；中止与商圈、产业链核心企业、行业协会/商会、特定专业担保公司等后续授信合作；其他可采用的风险控制措施。

## 四、监督管理

小微授信业务风险监测与预警工作必须体现小微业务的特点，采取"痕迹管理"和"后督核查"相结合的方式来监督风险监测与预警工作的有效实施。

1. 痕迹管理要求

非现场监测必须形成工作底稿或台账，并根据监测内容及监测时间妥善分类保存；现场监测必须对小微客户的经营场所或企业现场进行拍照，且照片中必须有现场监测人员，照片应与现场监测中收集的客户经营资料等材料共同作为现场监测报告的附件；风险预警工作中形成的各种预警报告及台账，应根据预警级别及发布时间妥善分类保存。

2. 后督核查要求

风险监测人员对客户经理提交的各类监测报告（除项目监测报告）一般按季度抽取不低于5%的比例进行复核；总部风险监测岗对上报的各项风险监测材料，如台账、底稿、报告等，不定期进行抽查、复核；总部检查小组通过授信客户电话回访、专项检查等方式定期或不定期对小微风险监测和预警组织和落实情况进行内部检查。

若出现未按规定进行非现场监测和现场监测的、未按规定进行风险预警发布的、未按规定采取风险控制措施的或其他违规违纪不尽职行为，总部贷后管理部门可发布工作风险提示书，并可根据员工违规处罚细则、业务资格认证、不良责任认定与追究等制度规定，发起相应流程追究相关人员责任。

# 风险处置：
# 我国的银行风险处置机制与制度安排<sup>*</sup>

金融机构处置机制指为行使处置权力相应的政策与法律框架的基本要素，作为稳健的金融体系重要组成部分，有效处置机制的形成和维护至关重要。金融稳定理事会（FSB）发布了《金融机构有效处置机制的关键特征》《有效处置框架的关键特征：实施评估方法论》及《恢复处置计划：关键特征实施操作指引》等监管文件与指引，对处置机制应具备的关键特征提出了具体要求。

一些基础性前提条件对于提高处置机制的有效性有着直接的影响，这些前提条件包括：完善的金融稳定、监督和政策制定框架；有效监督和管理金融机构的框架；有效地针对存款人、保险计划持有人和其他被保护客户的保护体系，以及处理客户资产的清晰准则；稳健的会计、审计和信息披露机制；完善的法律框架和司法体系。我国在上述各个方面都已经建立了一些基础，有的方面已经趋于成熟；但是在有关存款保险机制以及商业银行破产和清算方面，除了现有的基本法律和制度框架外，尚缺乏更为细化的法律法规及监管要求。

根据 FSB 发布的《金融机构有效处置机制的关键特征》《增强系统重要性金融机构监管强度和有效性》《有效处置框架的关键特征：实施评估方法论》以及《恢复处置计划：关键特征实施操作指引》等监管文件，为确保在对金融机构进行处置时可以保护关键功能，同时避免对金融系统造成巨大影响并使纳税人遭受损失。一个完善的处置机制应包括下述 12 个关键特征：范围，处置机构，处置权力，抵消、净额结算、抵押及客户资产分离，安全措施，被处置公司的融资来源，跨境合作的法律框架条件，危机管理小组，机构层面的跨境合作协议，可处置性评估，恢复与处置计划，信息获得及信息共享。下面围

---

\* 本文写作于 2014 年 12 月。

绕这 12 个处置机制的关键特征提供整体说明，分别阐述相应监管要求及国内现阶段的具体情况。

## 一、范围

### （一）监管要求

处置机制的监管范围包括面临倒闭时对金融系统和实体经济产生重大影响的金融机构，以及金融市场基础设施（FMI）。当金融机构面临倒闭并产生系统重要性或重大影响时，应该受到处置机制的制约，这一制度对其范围内的金融机构（以下简称公司）是明确清晰的。处置机制的适用范围应该延伸至：该公司的控股公司；金融集团或企业集团内对集团有重大影响的不在监管管辖内的经营实体；境外公司的分支机构。

FMI 应该受到处置机制制约，处置机制将根据不同类型 FMI 的具体特征以及其在金融市场中起到的重要作用，以适当的方式应用关键特征的目标和条款，处置权力的选择遵循维持 FMI 关键功能连续性需求的原则。处置机制要求至少所有在国内注册的全球系统重要性金融机构（G-SIFIs）达到以下要求：制订恢复和处置计划（RRP）；定期进行可处置性评估；签订机构层面的跨境合作协议。

### （二）国内现状

目前主要参照 FSB 每年公布的 G-SIFI 名单，确定对 G-SIFI 的监管范围。人民银行和银监会正结合 FSB、巴塞尔银行监管委员会（BCBS）等国际监管要求，逐步推进国内系统重要性银行（D-SIB）评估标准的起草工作。2014 年 1 月 8 日，银监会印发《商业银行全球系统重要性评估指标披露指引》，要求国内符合要求的银行披露全球系统重要性评估指标信息。其中，需披露指标信息的银行范围包括国内上一年度被 BCBS 认定为全球系统重要性银行的商业银行以及上一年年末调整后的表内外资产为 1.6 万亿元人民币以上的商业银行。此外，有关其他非银行金融机构、FMI 等在系统重要性方面的评判标准等内容尚待监管机构进一步明确。对范围内机构的要求，目前主要参照 FSB 发布的《金融机构有效处置机制的关键特征》等指引文件，对入选 G-SIFI 的金融机构要求编制恢复与处置计划，并推动机构层面的跨境合作协议签订等。

## 二、处置机构

### （一）监管要求

司法管辖区应指定明确的处置机构。当同一个司法管辖区存在多个处置机构时，应明确各个处置机构的职能职责，确保在对金融机构进行处置时，没有职能职责上的缺失或者重叠。每个司法管辖区应该有一个指定的行政机关或主管部门（处置机构）负责在处置机制的范围内行使处置权力。当一个司法管辖区域内存在多个处置机构时，应该明确并协调好各自的任务、角色以及职责。

当司法管辖区内同一集团的实体由不同的处置机构负责处置时，该司法管辖区的处置机制应确定一个牵头机构来协调对此管辖区内的法律实体进行处置。作为法定目标和功能的一部分，并在适当情况下与其他机构进行协调，处置机构应：追求金融稳定性，并确保系统性重要金融服务以及支付、清算和结算功能的连续性；根据相应保险计划的安排，保护被有关计划和安排所覆盖的储户，投保方以及投资者；避免不必要的价值破坏，并与其他法定目标一致时，寻求降低母国和东道国司法管辖区内的处置成本以及最小化债权人的损失；充分考虑处置措施对其他司法管辖区金融稳定性的潜在影响。

处置机构有权与其他司法管辖区的处置机构订立协议。处置机构具有与法定职责、透明程序、健全治理和充足资源保持一致的运营独立性，并在严格的评估与问责机制下，对处置措施的有效性进行评估。处置机构应具备对庞大且复杂的企业实施处置措施的专业知识、资源和业务能力。

处置机构在进行处置行动和履行职责范围内的处置义务时可能会涉及某些法律责任，其所在的法律框架应该提供适当的法律豁免权以保证处置主体的处置行动顺利进行，包括支持境外处置过程中所采取的行动。为了处置计划的制订以及具体处置措施的准备和实施目的，处置机构应当可以畅通无阻地获得被处置公司的数据信息。

（二）国内现状

法律尚未明确与处置机构直接对应的概念。在现有的法律框架之内，《中华人民共和国商业银行法》《中华人民共和国中国人民银行法》《中华人民共和国银行业监督管理法》《防范和处置金融机构支付风险暂行办法》《金融机构撤销条例》等法规中确立了中国人民银行及中国银行业监督管理委员会对中国银行业进行监督管理的法律框架，其中人民银行偏重于金融市场、货币稳定的职能，银监会偏重于对银行业机构的审慎监管职能，两个监管机构都可以根据各自监管职能对银行业监管颁布规章与政策。在这些监管规定中，包含了部分类似处置机构的职能描述。在分业监管的基础上，根据国务院《关于同意建立金融监管协调部际联席会议制度的批复》，人民银行将作为一行三会金融监管协调部际联席会议的牵头部门，在金融业监管领域发挥重要的牵头、协调作用。

根据《金融机构撤销条例》，如果金融机构出现违规经营、经营管理不善等情形，人民银行有权撤销金融机构，并负责组织成立清算组。清算组由人民银行、财政、审计等有关部门、地方政府的代表和被撤销的金融机构股东的代表及有关专业人员组成，清算组组长及成员需由人民银行指定或经人民银行同意。在清算期间，清算组行使被撤销的金融机构管理职权，清算组组长行使被撤销的金融机构的法定代表人职权。

根据《中华人民共和国防范和处置金融机构支付风险暂行办法》第二十六条："对于支付危机风险严重、资不抵债、有严重违规违法经营行为、股东无力承担损失或无力注入资金的金融机构，由人民银行省级分行商得地方政府同意后，依法实施行政关闭，并指定金融机构托管、清算。实施行政关闭的具体方案，由人民银行省级分行和地方政府共同提出，报总行核准。"人民银行有权对处于危机的公司实施行政关闭，并指定对危机公司进行托管、清算的金融机构。因此，在中国金融机构的处置过程中，人民银行较大程度上承担着关闭、撤销清算、委托托管被处置公司的职能职责。

同时，根据《中华人民共和国银行业监督管理法》第三十八条："银行业金融机构已经或者可能发生信用危机，严重影响存款人和其他客户合法权益的，国务院银行业监督管理机构可以依法对该银行业金融机构实行接管或者促成机构重组。"因此，对于中国金融机构的处置而言，银监会也承担一定的

"接管及促成机构重组"的职能职责。

此外，2013年底党的十八大审议通过了《中共中央关于全面深化改革若干重大问题的决定》，其中指明我国将建立存款保险制度。参与存款保险制度实施方案设计和《存款保险条例》起草的机构包括人民银行、银监会、发改委、财政部等，这些机构也可能成为银行业的处置机构。实际上，在现有为数不多的金融业机构清算或处置过程中，除了金融监管机构以外，其他包括财政部、审计署、当地政府在内的政府行政部门以及司法部门由于其所具有的不同职能均不同程度地参与了该过程，发挥了积极而重要的作用。

整体而言，上述各类监管机构及政府部门在各类型金融机构（尤其是银行业）的处置过程中的具体分工还有待明确，尤其是我国计划推出的存款保险机制也将有可能引起新旧监管体系之间的更迭，在此过程中需要持续关注不同机制项下的处置机构定位问题。

## 三、处置权力

### （一）监管要求

处置机构应被赋予一系列明确的处置权力，包括启动处置程序的权力和在处置过程中行使的常规处置权力等，确保处置机构可以有效地行使处置权力，对濒临破产的公司进行有序处置。

处置机构有权决定是否启动处置程序。启动处置程序的决定应基于对公司持续生存能力的评估，评估过程应有一套明确标准或者指标的支持。处置程序应在公司无法持续经营或很有可能无法持续经营的条件下启动，并保证在公司资不抵债和权益被完全冲销之前，及时地启动处置程序。

处置机构可以在一定范围内行使以下处置权力：罢免和替换高级管理层和领导层，追究责任人的经济责任，其中包括对分红的回收；为公司任命临时管理人员，其目标是恢复公司全部或部分业务，维持其持续经营；对公司进行接管、重组、撤销和破产清算等；在实施处置的过程中确保集团内其他部门继续为被处置公司、继承人或收购方提供关键服务，或者确保处置实体的剩余部分可以在短期内为继承人或收购方提供关键服务，或者确保无关联的第三方可以提供必要的服务；在处置过程中权力高于股东大会，包括批准兼并、收购以及出售核心业务等特别交易的权力、批准资本重组或其他重组或出售公司业务或资产及负债措施的权力；转让或出售资产及负债、法律权利和义务，包括向有偿付能力的第三方出售存款债务和股份所有权，转让前无须征求利益方或债权人的同意；成立临时搭桥机构，接管被处置公司的某些关键功能或可持续经营业务；成立单独的资产管理机构，将不良资产或难以估值的资产转让至该机构下；通过以下方式贯彻自救措施的实行以确保关键功能的运作：（1）对无法持续经营且提供关键功能的实体施行资本重组；（2）在被处置公司关闭后，将关键功能转让至新设实体或搭桥机构。

处置机构还可以行使早期终止暂时性停止权力，该权力有可能在公司启动处置程序时被触发，或与处置权力相关；对无担保债权人和储户宣告延期或暂停支付（向中央交易对手以及支付、清算和结算系统范围内的交易对手支付款项和进行财产转让的情况除外），暂时停止债权人对公司收回款项或以物抵债的权力，保护公司合格净额结算和抵押协议；及时支付或转让被存款保险覆盖的和在付款期限内的存款，将交易账户和客户资金分离，保证整个破产公司或其部分业务能够顺利实行有效关闭和有序清算。

处置机构有权力将倒闭公司的选定资产和负债转让至第三方机构或新设搭桥机构。资产和负债的转让无须通过任何利益相关方或债权人的同意或认可即可生效。处置机构应确保不会触发对转让资产及负债相关的任何义务或合同的提前终止。

处置机构有权成立一家或多家搭桥机构来接手并管理倒闭公司的某些关键功能和可持续经营的业务，主要包括：处置机构有权介入法定执行协议的制定，处置机构转移倒闭公司一些选定的资产和负债，并且搭桥机构作为指定资产及负债的受让方；为搭桥机构制定有能力持续经营的条款及条件，包括搭桥机构获得资本、营运资金或其他流动性支持的方法；适用于搭桥机构的审慎性监管要求；对搭桥机构治理和管理方式的选择；根据处置机构不定期规定而设置的其他临时性功能，考察搭桥机构的履行情况；在必要情况下根据安全措施的内容要求搭桥机构转出处置公司的资产及负债；为搭桥机构的部分或所有资产及负债寻找购买机构，或为整个搭桥机构安排出售或清算，从而最大限度地达到处置机构的目标。

处置计划的自救措施赋予处置机构以下权力：在清算中根据索赔顺序进行债务的减记，公司所有者权益、无担保和无保险的债权人优先吸收损失；将债务在处置过程中转换成权益或其他资本工具,清算时全部或部分无担保和无保险债权人服从索赔顺序;在进入处置时,将任何或有可转换资本工具或合约自救工具进行转换或减记,并且根据前两条内容处理资本工具。在与其他处置权力并存时,处置机制应该促进自救处置方案的可能性以确保公司或者实施自救后建立的实体的可持续经营。

处置机构应具备法定和操作方面的能力:应用一个或多个处置权利,同时结合合并或连续使用处置措施;对企业业务的不同部分运用不同类型的处置权力;在特殊情况下,对处置机构当局评价归类为对金融系统或是经济没有重大影响的运营部门启动清算程序。

在对司法管辖区内金融集团的单个组成部门行使处置权力时,处置机构应考虑到集团整体对其他司法管辖区金融稳定性的影响,以及尽量避免采取可能诱发集团或者金融系统不稳定因素的行动。

### (二) 国内现状

法律框架下尚未设置明确的处置机构,对应的处置权力也缺乏明确法规规定。对于可能作为处置机构的相关监管机构,相关的法律法规对其职能与职责进行了规定,其中与处置权力相关的职能举例如下:

1. 清算组职能

根据《金融机构撤销条例》,如果金融机构出现违规经营、经营管理不善等情形,人民银行有权撤销,并负责组织成立清算组。清算期间,清算组的职能主要包括:保管、清理被撤销的金融机构财产,编制资产负债表和财产清单;通知、公告存款人及其他债权人,确认债权;处理与清算被撤销的金融机构有关的未了结业务;清理债权、债务,催收债权,处置资产;制作清算方案,按照经批准的清算方案清偿债务;清缴所欠税款;处理被撤销的金融机构清偿债务后的剩余财产;代表被撤销的金融机构参加诉讼、仲裁活动;提请有关部门追究对金融机构被撤销负有直接责任的高级管理人员和其他有关人员的法律责任;办理其他清算事务。

2. 人民银行金融稳定局管理职能

人民银行下设金融稳定局,承担一定的金融稳定管理职能:综合分析和评估系统性金融风险,提出防范和化解系统性金融风险的政策建议;评估重大金融并购活动对国家金融安全的影响并提出政策建议;承担会同有关方面研究拟订金融控股公司的监管规则和交叉性金融业务的标准、规范的工作；负责金融控股公司和交叉性金融工具的监测；承办涉及运用中央银行最终支付手段的金融企业重组方案的论证和审查工作；管理人民银行与金融风险处置或金融重组有关的资产；承担对因化解金融风险而使用中央银行资金机构的行为的检查监督工作，参与有关机构市场退出的清算或机构重组工作。

3. 银监会监管职能

根据《中国银行业监督管理法》，银监会也承担着一定的与处置权力相关的职能，包括会同人民银行、国务院财政部门等有关部门建立银行业突发事件处置制度，制订银行业突发事件处置预案，明确处置机构和人员及其职责、处置措施和处置程序，及时、有效地处置银行业突发事件。

银行业金融机构已经或者可能发生信用危机，严重影响存款人和其他客户合法权益的，银行业监督管理机构可以依法对该银行业金融机构实行接管或者促成机构重组，接管和机构重组依照有关法律和国务院的规定执行；银行业金融机构有违法经营、经营管理不善等情形，不予撤销将严重危害金融秩序、损害公众利益的，国务院银行业监督管理机构有权予以撤销；银行业金融机构被接管、重组或者被撤销的，国务院银行业监督管理机构有权要求该银行业金融机构的董事、高级管理人员和其他工作人员，按照国务院银行业监督管理机构的要求履行职责。

在以上银监会的具体职责中，部分监管措施与处置机构将行使的职权相类似，比如对于金融机构的股权、业务及高管方面的措施以及接管重组的职权，但其规定相对较为原则性，对于实际操作的指引性相对缺乏。

## 四、抵消、净额结算、抵押及客户资产分离

（一）监管要求

应具有清晰、透明、具有强制性的关于抵消、净额结算和抵押担保协议以及客户资产分离的法律框架，确保在企业濒临倒闭或进入处置期间，相应的法律框架不会妨碍处置措施的有效执行。受到安全保障的制约，进入处置或行使处置权力时不应触发法定或约定抵消权，或不应赋予处置公司的任何交易对手行使合约抵消权以及加速或提前终止权的权力。

倘若由于公司接受处置或对该公司行使任何处置权力而加速合约进程或行使提前终止权时，处置机构应有权暂时停止该权利。该项权利的暂停应该：有严格的时间限定；有充足的安全措施来保障金融合约的完整性，并为交易对手提供确定性；当被处置公司发生与处置无关的违约事件时，或当在行使暂停权之前、之中或之后行使其他相关处置权力时，不影响该公司的交易对手对其行使提前终止权。

行使暂停权力可以通过处置机构决定或在业务中自动行使。在这两种情况下，司法管辖区都应确保行使该项权力有明确的开始和终止时间。处置机构在对金融合约使用暂停行使提前终止权力时，要确保暂停行侵提前终止权力不违反安全保障，并且不阻碍 FMI 业务交流安全有序的进行。

（二）国内现状

1. 关于抵消权的法律规定

针对抵消权的行使，法律有较为完备的规定。其中针对非破产的情形，《合同法》允许当事方行使法定抵消权和约定抵消权。对于法定抵消权，只要当事人互负到期债务，该债务的标的物种类、品质相同的，则任何一方可以将自己的债务与对方的债务抵消，但依照法律规定或者按照合同性质不得抵消的除外。对于约定抵消权，虽然当事人互负债务，标的物种类、品质不相同的，但双方在协议中达成抵消的约定的，也可以根据合同的约定进行抵消。除了上述规定，当事方也可以在其合同中对抵消权的行使进行相应的限制。

对于破产的情形，《企业破产法》也允许破产企业的债权方行使破产抵消权。根据《企业破产法》第四十条的规定，债权人在破产申请受理前对债务人负有债务的，可以向破产管理人主张抵消。根据最高人民法院 2013 年 9 月发布的《关于适用〈中华人民共和国企业破产法〉若干问题的规定（二）》的规定，如果破产管理人对债权人主张抵消权有异议的，需要在收到债权人主张抵消权的通知之后，在约定的异议期限内或者自收到主张债务抵消的通知之日起三个月内向法院提起诉讼，如果法院判决驳回管理人提起的抵消无效诉讼请求的，该抵消自管理人收到主张债务抵消的通知之日起生效。

尽管上述法律对债权人在破产过程中行使抵消权作出了规定，但主要限于在法院受理破产申请后债权人对于抵消权的主张。对于金融机构进入处置程序并在破产申请前的相关情形并未予以明确，对于监管机构如何暂停抵消权的行使也未予以明确。

2. 关于净额结算的法律规定

针对净额结算，尚无明确的直接法律规定。在操作中，交易方通常引用有关《合同法》和《企业破产法》中关于一般抵消权和破产抵消权的行使来对净额结算的相关法律关系提供支持。但由于《企业破产法》针对破产抵消权的行使规定了一系列限制，特别是规定了破产管理人有根据合同的有利程度决定承继或者撤销某些合同的权利，在破产的情形下，净额结算是否具有确定的法律执行力，存在疑问。国内监管机构是否有权力暂停金融机构的交易对手暂停实施提前终止有关交易并实施净额结算，尚待出台进一步规定予以澄清。

3. 关于抵押、客户资产分离的法律规定

目前法律对于金融机构处置过程中抵押协议的处理以及客户资产分离尚未建立明确规定。《金融机构撤销条例》对于处置过程中的债权申报进行了规范：（1）就债权申报时间，《金融机构撤销条例》第十四条分别规定了清算组发出债权申报书面通知以及债权人作出债权申报的有效期限；对于小额储蓄存款人，清算组可以决定其无须申报债权，由清算组根据被撤销金融机构会计账册和有关凭证，对储蓄存款予以确认和登记。（2）就债权申报内容，《金融机构撤销条例》第十五条明确规定，债权人申报债权，应当说明债权性质、数额和发生时间，并提供有关证明材料。（3）对未申报债权的处理，根据《金融机构撤销条例》第十六条，债权人未在规定期限内申报债权的：对于已知债权人的债权，应当列入清算范围；对于未知债权人的债权，在被撤销金融机构的清算财产分配结束前，可以请求清偿；被撤销金融机构的清算财产已经分配结束的，不再予以清偿。

## 五、安全措施

### （一）监管要求

处置机构应确保在处置过程中满足以下两个重要原则："同一层级债权人同等对待"，原则上尊重债权人的等级，但具有一定的灵活性；"债权人不应当比清算时变得更糟"，债权人在处置过程中能够获得的赔偿不应当低于清算时的赔偿。

处置机构在运用处置权力分配损失时应尊重债权人层级，但处置机构也有一定的灵活性背离"同一层级债权人同等对待"的一般性原则，只要其能够清晰说明背离的原因，如有必要这些原因可含公司倒闭的潜在系统性影响或者为了最大化所有债权人的利益，尤其是损失应当首先由股权持有人吸收，并且直到次级债务被完全减记后才分配给高级债权人。当其在处置中得到的比在适用的清算制度下公司清算中得到的还少时，债权人有权得到补偿（"债权人不应当比清算时变得更糟"原则）。

因遵从处置机构的决定而采取行动时，公司的董事和高级管理人员应在法律下受到保护，免于被股东或债权人起诉。基于受宪法保护的法律补救措施以及正当程序，处置机构应有能力以必要的速度和灵活性行使处置权力。在那些使用处置措施时仍然需要法院命令的司法体系中，当局应将此纳入处置计划流程中考虑以确保诉讼程序所需的时间不会破坏处置措施的有效实施。处置制度的法律体系不应有法律措施来限制处置机构在其法律权力内采取措施或导致该措施被推翻；相反，在理由充分时，应通过赔偿来提供补偿。

为了维护市场信心，例如当公司信息的披露可能影响处置措施的成功实施时，在市场报告、收购条款和上市规则下，司法体系应有一定的灵活性允许该公司对信息披露要求的暂时性豁免或者推迟披露。

### （二）国内现状

《企业破产法》以及《商业银行法》为包括金融机构破产与处置过程中的债权人保护等提供了基本的法律框架，对债权清偿次序提出了具体要求，一定程度上满足了"同一层级债权人同等对待"的原则。

就对债权人合法权益的保护，《企业破产法》以及《商业银行法》为包括金融机构破产与处置过程中的债权人保护等提供了基本的法律框架。根据《企业破产法》第十六条，"人民法院受理破产申请后，债务人对个别债权人的债务清偿无效"，企业进入破产程序前，所有债权人均同等对待，不允许出现个别债权人优先获得债务偿还的情况。这在一定程度上保障债权人的权益，反映了关键特征中"同一层级债权人同等对待"的原则。

同时，按照《企业破产法》关于债权清偿顺序的规定，破产财产在优先清偿破产费用和共益债务后，依照职工工资、社会保险费用、税款债权、普通债权的顺序进行清偿，前一顺位不足额清偿的，不得清偿后一顺位，同一顺位之间不能全部清偿的，按照比例分配。根据《企业破产法》第一百零九条的规定：对破产人的特定财产享有担保权的权利人，对该特定财产享有优先受偿的权利。因此担保债权对破产人的特定财产享有担保权利，对该特定财产优先受偿，如果担保财产在清偿担保债权后仍有剩余财产，则剩余财产仍应对其他债权人进行分配；若担保财产不足以清偿全部担保债权，则剩余担保债权转为普通债权加入普通债权组中一同受偿。另外，根据《商业银行法》第七十一条的规定，商业银行破产过程中，在支付清算费用、所欠职工工资和劳动保险费用后，应当优先支付个人储蓄存款的本金和利息。个人储蓄的清偿优先于其他普通债权。

在目前的法律框架下，对各类债权的排序如下：第一顺位是担保债权，包括重要担保责任。该担保责任的优先受偿范围限于担保物价值所能覆盖的范围。第二顺位是职工工资和社保费用。第三顺位是个人存款的本金和利息。第四顺位是税款债权，包括对政府机构的税收及其他义务，需要注意的是，并不是所有税务机关主张的行政征收都属于税款债权，税收滞纳金和罚金应属于普通债权。第五顺位是普通债权，对应非个人客户存款、无担保的套期和其他衍生品、关键的交易对手应付账款、重要的或有/未清算责任（包括诉讼）、公司之间的责任义务、对境外分支机构的索赔、共同债务人责任。

就"债权人不应当比清算时变得更糟"原则，由于目前专门适用于金融机构破产的特殊法规《金融机构破产条例》尚未出台，相关处置机制尚不明确，因此对于"债权人不应当比清算时变得更糟"这一更带有行业特性的处置原则，尚缺乏具体的法规指引进行明确与规范。此外，目前法律法规尚未对金融机构处置过程中对董事与高级管理人员的保护、金融机构信息披露的豁免等进行明确与规定。

## 六、被处置公司的融资来源

### （一）监管要求

处置机构在对金融机构进行处置时应具备一定的处置资金。处置资金来源可以多样化，包括股东及无担保债权人的损失、私人融资的存款保险、行业基金以及公共资金等。法律体系应有法定或其他政策使得当局不因受到限制而仅仅依赖于公有制或救助资金作为公司处置手段。

当完成有序处置需要有暂时性融资来源来维持基本功能时，延长暂时性资金支持的处置机构应该设置准备金来从以下来源收回发生的损失：股东以及受制于"债权人不应当比清算时变得更糟"的安全措施的无担保债权人；如有必要，更广泛地来源于金融系统。法律体系应有私人融资的存款保险或处置资金，或者从行业中为事后恢复进行融资的机制，以满足公司处置过程所需的暂时性融资需要。

提供暂时性融资的当局设定的任何准备金都应受制于严格的条件以尽量减少道德风险，并包括以下内容：一个判定，该判定能够决定暂时性融资的条款对于促进金融稳定是必要的，并且其允许能达到有序处置目的的处置措施的实施以及确定融资的私人来源已枯竭或不能达到这些目标；通过事后评估、保险费或其他机制，向股东分配损失并且在合适的时候向无担保且无保险的债权人以及行业分配剩余成本。

作为最后的手段，为了达到维持金融稳定的首要目的，一些国家可以决定有权将公司置于暂时性公有制控制之下以维持其关键功能，并寻求永久性解决方案，例如出售或被营利的私人购买者收购。在赋予其自身这些权利的国家，监管机构应设定准备金来从无担保债权人或在必要时从金融系统中获得资金以弥补国家发生的损失。

（二）国内现状

根据救助问题银行所动用的资金来源不同，大致可以分为公共资金救助和内部救助两类：（1）公共资金救助：目前世界各国动用公共资金救助问题银行的方式主要包括存款保险公司的救助、中央银行的最后贷款人救助和财政部的救助。财政部公共资金救助主要表现为通过各种形式对银行提供资金支持，如注资、担保、购买资产、增加贷款、减免税收、减免政府债务等。（2）内部救助：包括以问题银行自身为救助主体的银行自救和以同业银行及银行业协会为救助主体的同业救助。银行自救是指银行依靠健全的公司治理结构和内部控制机制、充足的资本和贷款的损失准备等，对经营中自身出现的问题迅速恢复的机制。银行同业救助是指银行同业之间或在银行业协会的组织协调下银行同业之间进行的组织安排并提供资金的流动性支持、促成与问题银行有关的收购、兼并等事宜的活动。

就几种主要的资金来源方式分析而言：（1）存款保险制度：尚未正式建立存款保险制度。但由于存款保险制度是推进利率市场化、汇率市场化、资本项目开放、金融机构准入退出机制、破产机制等一系列基本制度的前提或保障，在我国资本项目开放、利率市场化等金融改革措施迅速推进的情况下，存款保险制度已被有关机关列入议事日程。（2）央行作为最后贷款人的救助：人民银行发布了《中国人民银行紧急贷款管理暂行办法》，其中第三条指明央行紧急贷款用于"为帮助发生支付危机的金融机构缓解支付压力、恢复信誉，防止出现系统性或区域性金融风险而发放"。对于我国问题金融机构的处置资金来源可提供一定的支持。但其第二条指明其仅适用于"具有法人资格的城市商业银行、城市信用合作社和农村信用合作社（含农村信用合作社县联社）"，对于其他金融机构的支持尚缺乏明文规定。此外，人民银行发布了《中国人民银行对金融机构贷款管理暂行办法》，但其第七条指明贷款人应"信贷资金营运基本正常，贷款用途符合国家产业政策和货币政策的要求"，对问题银行的贷款要求亦缺乏相关规定。（3）政府财政资金救助：尚未针对使用政府财政资金救助问题金融机构颁布相关的规定或指引。（4）股东及无担保债权人的损失：《企业破产法》第十七条规定，法院受理破产申请后，债务人或者财产持有人应当向管理人清偿债务或者交付财产，可为债务清偿的资金来源。另外，《企业破产法》第七十七条规定，在重整期间，债务人的出资人不得请求投资收益分配。即经法院同意的除外，在重整期间，债务人的董事、监事、高级管理人员不得向第三人转让其持有的债务人的股权。该条法规限定了被处置公司股权所有人的资金转让自由，为处置资金来源提供了一定程度的保证。（5）行业保障基金：银行业尚未设立行业保障基金机制与体系。目前我国已建立的行业保障基金包括保险保障基金和证券投资者保护基金，保险保障基金用于救助保单持有人、保单受让公司或者处置保险业风险；证券投资者保护基金则在处置证券公司风险中对债权人予以偿付，并保护证券投资者利益。

我国目前针对问题金融机构的公共救助资金来源相关的规定或指引较为缺乏。相应地，问题金融机构目前在处置过程中除由股东及无担保债权人进行损失吸收外，对自身业务、资产的处置收入应作为重要的处置资金来源之一。

## 七、跨境合作的法律框架条件

### （一）监管要求

具有良好的跨境合作机制是处置计划制订和实施的关键要素，各司法管辖区域关于跨境合作的法律法规是形成跨境合作机制的根本基础，可能对其构建产生促进或者阻碍作用。法律框架应授权并且大力鼓励处置机构尽可能地与境外处置机构达成合作方案。司法管辖区的法律法规中不应该包含由于司法管辖区的官方干预，或由于在其他司法管辖区启动处置或破产程序而触发自动措施的有关条款，同时在缺乏有效的国际合作和信息共享并且需要实现国内稳定时，可以保留国家自由行使措施的权力。当处置机构采取国家自由行使措施时，还应该考虑此措施对其他司法管辖区金融稳定性的影响。

处置机构具有对境外公司的当地分支机构进行处置的权力以及有支持境外母国处置机构对境外公司的当地分支机构进行处置的权力（如通过命令将当地管辖区内的资产转移至境外母国处置机构建立的搭桥机构），或当境外母国处置机构由于它们的作为或不作为影响了当地的金融稳定性，管辖区内的处置机构有权自行采取措施。当处置机构作为东道国处置机构而采取国内自由行使措施时，应该提前公告并与境外母国处置机构沟通协调。国家法律法规规定在同一类债权人之间不能因他们的国籍、索赔或司法管辖区的位置不同而产生任何歧视。破产程序中的债权人的赔偿排序应该是透明的，并且应该将该排序信息对储户、保险保单持有人及其他债权人适当披露。

无论是通过相互承认的方式还是在国内处置机制下采取与境外母国处置机构处置措施一致的方式，司法管辖区应提供透明且能够加快进展的程序来使境外处置措施实行起来。当根据境外母国管辖区的法律来对公司进行处置时，这些认可或支持能够使境外母国处置机构迅速获得对公司的控制权或属于东道国管辖区范围内的资产。认可或支持境外处置措施，是对在管辖范围内处置公司的债权人境外处置诉讼的公平对待。处置机构应该有法律上的能力在做好充足的保密要求以及对敏感数据保护的前提下，并且当信息共享对于恢复与处置计划或者实施处置合作方案非常必要时，处置机构应与境外处置机构分享包括集团整体或单个分支机构的恢复与处置计划在内的信息。司法管辖区应当设定从境外处置机构收到信息的保密规定和法定保障措施。

（二）国内现状

监管机构与其他国家的监管机构主要通过双边条约、《谅解备忘录》或监管合作协议进行合作。根据银监会和证监会的公开数据，截至 2014 年 4 月，银监会已与近 50 多个其他国家和地区的银行监管机构达成了双边监管合作谅解备忘录和监管合作协议，证监会已与 54 个国家和地区的证券和期货监管机构达成了监管合作谅解备忘录。尽管这些备忘录对包括信息交换、市场准入和现场检查中的合作、人员交流和培训、监管信息保密、监管工作会谈等内容作出了规定，但对于处置过程中的跨境合作仍须补充进一步的内容。

针对跨境破产案件相关裁决的执行，就我国法律框架对境外破产判决或裁定在中国的执行问题而言，根据我国《破产法》规定，只要不违反中华人民共和国法律的基本原则，不损害国家主权、安全和社会公共利益，不损害中华人民共和国领域内债权人的合法权益，加上两个国家签署了相关的国际条约或双边司法条约，或是按互惠原则进行审查，我国法院就可裁定承认和执行外国的破产裁定。但从实证分析的角度考察，在《破产法》的领域内，承认和执行外国法院的破产裁定将比较困难。实践中案例也很有限，公开渠道仅查到广东佛山中院承认意大利法院破产判决案。其原因主要在于：（1）我国签订的双边或者多边条约中鲜有关于破产裁定承认和执行的条约。并且，由于破产案件的复杂性质，各国均不把破产案件视为一般的民事诉讼案件。因此在制定双边或者多边的司法条约时，往往将破产案件排除在外。（2）外国破产案件的裁定不同于外国一般民事案件的裁定，破产案件涉及的债权人众多，债权债务关系复杂，不同国家的破产法律制度存在较大的区别，境内债权人和境外债权人是否受到公平对待是一个较难考察的问题。因此，法院在使用"互惠原则"对外国破产裁定进行审查时，也很难掌握尺度。

2013 年 10 月 24 日，时任中国人民银行行长周小川与美国联邦存款保险公司主席马丁·格鲁恩博格在北京签署了《关于合作、技援和跨境处置的谅解备忘录》（以下简称《谅解备忘录》），对 2007 年 8 月双方曾经签署的谅解备忘录进行了进一步的更新。此次《谅解备忘录》就危机情况下双方管辖区内金融机构的金融服务、存款保险、金融风险管理、危机管理和恢复处置计划等方面的协作达成了诸多共识，旨在加强双方全球金融稳定的信息共享，特别是跨境金融机构恢复与处置方面的交流与协作。尽管《谅解备忘录》并无法律约束效应，但其签署有效推动了《中国人民银行法》和《商业银行法》等法律的修订和完善。

## 八、跨境危机管理工作组（CMG）

### （一）监管要求

针对每一个 G-SIFI 都应建立一个 CMG，其小组成员至少包括该 G-SIFI 的母国和关键东道国监管机构、中央银行、处置机构、财政部和在对集团处置有重要影响的实体的母国和东道国司法体系中负责担保计划的机构，并且还应与公司系统性存在的其他司法体系中的监管机构紧密配合。同时 CMG 需要与非 CMG 成员重要东道国监管机构建立密切的合作关系。

所有 G-SIFIs 的母国和关键东道国监管机构应维持 CMGs，旨在加强对影响公司的跨境金融危机的防范，并促进该公司的管理和处置。CMGs 应在以下方面向 FSB 审查委员会进行报告：与在 CMGs 内以及不在 CMGs 中的东道国当局的配合和和信息共享的进展；在特定机构合作协议下的 G-SIFI 恢复与处置计划过程；G-SIFIs 的可处置性。

### （二）国内现状

我国目前入选 G-SIFI 的金融机构包括中国银行、中国工商银行和中国平安集团（含平安银行），已分别针对这三家全球系统重要性金融机构在境内成立了 CMG，并推动跨境危机管理小组的成立，跨境危机管理工作基于整体框架下推行。

## 九、机构层面的跨境合作协议（COAG）

### （一）监管要求

具有良好的跨境合作机制是处置计划制订和实施的关键要素，针对每个 G-SIFI 特有的跨境合作协议应在该 G-SIFI 母国和主要东道国之间形成。对于所有的 G-SIFI，机构层面的跨境合作协议应该在母国以及相关的东道国处置机构之间落实到位。这些协议应该包括：通过 CMG 建立的合作目标和程序；金融危机前和金融危机发生中，明确当局的作用和职责；制定在危机之前和危机期间的信息共享程序，包括与东道国当局共享未在 CMG 表达出的信息，在相应的国家法律中有明确的信息共享的法律依据，以及坚守共享信息保密性的安排；制订恢复与处置计划中，被处置公司主体和处置过程中其他参与方之间的协调合作过程；制定母国处置机构与东道国处置机构在实行可处置性评估的协调过程；当公司在采取重要措施或灾备措施之前已经发生重大恶化趋势，母国处置机构及时向东道国监管当局通报并协商的过程；提供适当详细的跨境实施具体处置措施方案，包括搭桥机构和自救的权力；至少每年召开一次涉及母国监管当局和东道国监管当局高级管理层的会议，以评估 G-SIFI 总体处置策略的健全性。协议应对公众披露，如果协议中的一方同意公开披露，母国监管当局可以公开协议的大致框架。

（二）国内现状

截至 2014 年 5 月，尚未针对入选 G-SIFI 的金融机构与相关的东道国监管当局签订机构层面的跨境合作协议，跨境合作协议工作基于整体框架下推行。

## 十、可处置性评估

（一）监管要求

处置机构应定期以及在金融机构或宏观经济金融环境发生重大变化时对 G-SIFI 进行可处置性评估，旨在根据公司倒闭对金融系统和整体经济的影响程度，评估处置方案的可行性和可信度，同时可处置性评估的结论也应被纳入处置计划的修改完善过程中。处置计划的制订和可处置性评估是一个反复循环的过程。在进行可处置性评估时，处置机构应与其他相关监管机构配合进行评估，尤其是在以下方面：关键金融服务、支付、清算和结算功能能够持续进行的程度；集团内敞口的性质和程度，以及如果这些敞口被解除，则其对处置的影响；公司可以传送足够细致的、准确且及时的信息的能力；跨境合作以及信息共享协议的完善程度。

集团可处置性评估应由该 G-SIFI 的母国监管机构开展，并在考虑东道国监管机构的国内评估的基础上在该公司 CMG 范围内进行协调。对位于其司法管辖内的分支机构进行可处置性评估的东道国处置机构应尽可能与对集团整体进行可处置性评估的母国监管机构配合。

为了改进可处置性评估，监管机构或处置机构有权在必要时要求使用适当的措施来降低处置的复杂性和高昂成本，并考虑对业务持续经营的稳健和稳定造成的影响，这些措施包括改变公司经营方式、组织架构等。为了使系统性重要功能能够持续经营，当局应评估是否需要求对这些功能进行分割，使其成为独立的法律和经营实体从而免受集团问题的影响。

（二）国内现状

目前法律法规中，关于监管机构定期发起对系统重要性金融机构的恢复与处置计划开展可处置性评估的治理架构、流程等内容均未予以明文规定。就行业实践而言，我国入选 G-SIFI 的金融机构目前主要致力于编制恢复与处置计划，银监会、人民银行和证监会等监管机构对管辖范围内金融机构的恢复与处置计划进行审阅，初步提出可处置性评估建议，但尚未能按照 FSB 的要求开展全面的可处置性评估工作。

## 十一、恢复与处置计划（RRP）

（一）监管要求

G-SIFI 以及母国监管机构评估认为其倒闭会对金融稳定性产生影响的金融机构应制定完善的、可行和可信的 RRP。RRP 应考虑可处置性评估的结果和该公司的特质、复杂性、内部关联性、可替代性水平以及规模。

司法管辖应要求这些机构的高级管理层承担向处置机构提供必要信息的责任，这些信息用于恢复计划的评估和处置机构制订处置计划。这些机构应确保能在危机情况下以及在处置中维持关键服务水平协议，并且基础合约应包含在恢复或处置事件被触发后防止合约终止的条款以及促进合约向搭桥机构或作为第三方的收购方转移的条款。

对于 G-SIFI 来说，母国处置机构应牵头集团处置计划的制订，并在这个过程中与该公司 CMG 所有成员进行协调沟通。CMG 成员或者作为该机构系统性存在的司法体系的监管机构的东道国当局应被允许获得 RRPs、信息以及对其司法管辖有影响的措施。东道国处置机构可以为在其司法管辖内的机构业务维护自己的处置计划，并与母国当局合作以确保计划与集团计划一致。

监管和处置机构应确保 RRPs 被定期更新并被该机构的 CMG 定期审查，此更新应至少每年一次或者当业务或结构发生重要改变时。每个 G-SIFI 的实质性处置策略应至少每年被母国及相关东道国当局的高层审查，适当的时候该审查还涉及该机构的 CEO。实施各处置策略的操作方案应至少每年被母国和相关东道国当局合适的高级官员审查。如果处置机构对 RRP 不满意，该处置机构应该要求适当的措施来解决存在的不足，相关母国和东道国当局应被事前咨询。

（二）国内现状

目前尚未针对系统重要性银行制定具体的规定与指引。针对入选 G-SIFI 的金融机构，主要参考 FSB 相关指引进行可处置性评估，并相应制定 RRP。

国内现有的两家全球系统重要性银行，即于 2011 年入选的中国银行和于 2013 年入选的中国工商银行，均按照 FSB 的相关指引编制恢复与处置计划并进行定期更新。2013 年 7 月入选全球系统重要性保险机构的平安集团（含平安银行），自 2013 年 12 月起开始起草恢复与处置计划。

## 十二、信息获得及信息共享

（一）监管要求

司法管辖区的法律、监管或者政策制度不应阻碍对与恢复和处置计划相关的信息在特定的监管机构间进行信息交流。金融机构应具备一个完善的管理信息系统（MIS），确保在日常和危机情况下都能及时、有序地生成和恢复与处置计划相关的信息，并且信息可以在不同的层面进行汇总。

司法管辖应确保没有法律、监管或政策障碍来阻碍监管机构、中央银行、处置机构、财政部以及负责担保计划的部门之间的适当信息交流，包括公司的特殊信息。尤其是：在正常和危机时期，与恢复处置计划以及处置实施相关的所有信息在国内和跨境层面都可以进行分享；与 G-SIFI 相关的信息共享程序应依照特定机构合作协议设定；必要时根据信息的敏感性，信息共享可能受到一定限制，但在相关母国和东道国当局的最高领导层之间，信息共享应该是透明的。

司法体系应要求公司维护一套管理信息系统（MIS），该系统在平时和在处置中能有序地报送信息，信息在集团层面和法律实体层面都能被获得。对公司的要求如下：维护一个详细的清单，包括对其重要法律实体使用的关键 MIS 的描述和位置，该清单与其核心服务和关键功能相映射；识别并处理金融集团组成实体间管理信息交流的外在法律限制；作为恢复与处置计划过程的一部分，证明该公司能够在短时间内提供实施此计划所需的基本信息；在法律实体层面维护特定信息，包括集团内部担保和集团内部"背靠背"式记录的交易的相关信息。

（二）国内现状

因尚未制定具体的恢复与处置计划指引，对于相关信息与数据收集、报送与共享等也尚未建立相关的规定和要求。入选 G-SIFI 的金融机构主要参考 FSB 相关指引制订恢复与处置计划，针对制定 RRP 过程中所需的数据、信息等，各家金融机构主要通过现有系统提供、手工报送等方式收集与汇总。

总之，国际金融危机后，加强金融机构监管已经成为维护全球金融稳定的重要一环。FSB 也发布了一系列监管要求。作为发展中国家，随着相关进程的推进，为严格遵守国际化的监管标准，进一步提高信息披露的透明度，为国际、国内金融体系的稳定作出贡献，银保监会已经启动了一系列围绕着恢复和处置计划监管合规的工作。在我国存款保险制度和金融机构破产制度逐步明确的情况下，民营银行的风险管控和损失承担的制度安排问题也将得到更好的解决。借鉴国际实践，制订恢复和处置计划有助于进一步提升银行经营管理水平，强化风险管理和内控机制，构建更加安全、透明的运营体系，加快实现银行战略转型，使客户、交易对手和存款人的利益得到更为妥善的保护，在危机发生时，真正实现民营银行风险和损失自担原则。

# 第三部分

## 单一风险管理

# 市场风险管理：
# 银行账户利率风险管理之道[*]

长期以来，国内银行受存贷款利率管制的保护，存贷款净息差较为稳定，银行账户利率风险虽然规模较大但未暴露。在利率市场化改革背景下，商业银行面临的国内外市场利率水平波动性加大，加之商业银行不断创新产品线，国内银行长期因利率管制而潜伏的银行账户利率风险将浮出水面，利率风险重要性仅次于信用风险，是影响资本充足性的第二重要风险来源，成为稳健经营面临的实质性风险，给银行经营和风险管理带来严峻的挑战。面对利率市场化进程加快和银行账户利率风险监管日趋严格的双重压力，商业银行应顺势而为，将银行账户利率风险纳入全面风险治理框架，强化风险管理的基础实施，改进风险计量能力，丰富管理利率风险的工具，提升风险补偿能力，将银行账户利率控制在可接受的范围之内。

## 一、银行账户利率风险及其管理框架

### （一）银行账户利率风险的来源

银行账户利率风险是指利率水平、期限结构等要素发生不利变动，导致银行账户整体收益和经济价值遭受损失的风险，即由于利率变动，在非交易账户头寸上收益和经济价值遭受损失的风险。根据来源不同，其主要形式有四个方面。

1. 重新定价风险

重新定价风险指的是银行资产、负债和表外业务到期期限（就固定利率

[*] 本文写作于2017年1月。

而言）或重新定价期限（就浮动利率而言）所存在的差异带来潜在损失的风险，即由于利率敏感性资产与利率敏感性负债不匹配，利率变动导致银行净利差收入减少的风险。当利率敏感性资产大于利率敏感性负债（存在正缺口）时，利率下降将导致银行收益减少；反之，存在负缺口时，利率上升将导致银行收益减少。

2. 收益率曲线风险

收益率曲线风险指的是由于收益率曲线斜率、形态发生变化，即收益率曲线的非平行移动，给银行的收益或内在经济价值带来潜在损失的风险，即收益曲线的意外变动对银行的收入或经济价值产生不利影响的风险。

3. 基准风险

基准风险指的是银行对不同金融工具定价所依据的利率指数不同所导致的风险：（1）市场基准风险：相似利率的利差变动带来潜在损失的风险（如5年期的美元掉期点 VS 5年期的美元债券利率）；（2）利差风险：外部价差率和市场利率（包括模型风险）之间利差的变动带来潜在损失的风险。银行的利率敏感性资产和利率敏感性负债完全匹配时，也同样存在此类风险。

4. 期权性风险

期权性风险指的是银行资产、负债和表外业务中所隐含的期权性工具的不对称支付特征所带来潜在损失的风险。比如，大多数贷款合同都允许债务人提前还款，各国法律都规定存款人有随时取款的权利。一旦利率的变动对债务人或存款人有利，银行客户会选择重新安排存款、贷款而对银行产生不利影响。

（二）银行账户利率风险管理框架

中国银监会《商业银行资本管理办法（试行）》附件13：商业银行风险评估标准、中国银监会《银行账户利率风险管理指引》、巴塞尔银行监管委员会《利率风险管理和监管原则》等均对银行账户利率风险管理提出了框架性要求，总结起来，主要从四个方面展开，每个方面下又分为几个部分或步骤：（1）公司治理及组织架构，包括董事会职责、高级管理层职责；（2）政策与流程，包括政策流程的建立、新产品审批、主动的风险管理行为、内部控制；（3）风险计量、监控与报告，包括风险计量、限额管理、压力测试、风险报告；（4）监管要求，包括资本充足评估与补救措施、监管信息、公众披露。

## 二、银行账户利率风险的不同分析视角

### (一) 收益与经济价值视角

1. 收益视角下利率变动对净利息收益的影响

从收益视角看,分析的重点是利率变动对应计或定期报告中不受调整至市价影响的损益的影响。这是许多银行在评估利率风险时常使用的传统方法。盈利变化是利率风险分析的一个重点,因为收益减少或直接损失可以通过破坏市场信心对一个机构的财务稳定造成威胁。净利息收益将随重新定价的时差(重新定价风险)、重新定价所使用的变化率(基准和风险收益曲线)以及期权头寸的使用而变化。利差风险也可以从收益角度查看,因为报告损益一般包括所有客户的保证金。

2. 经济价值视角下利率变动对现值的影响

市场利率的变化也会影响到银行账户的经济价值(利率引起的现值)。因此,一家银行的经济价值对利率波动的敏感性是股东、管理层和主管非常重视的考虑因素。金融工具的现值代表了对其预期未来净现金流量净现值的估计。经济价值角度考虑了利率变化对所有未来现金流量现值的潜在影响,提供了一个比单从收益角度观察,对利率变化潜在长期影响更全面的看法。这一综合性的看法之所以重要是因为盈利角度传统的关注点在短期盈利上,短期盈利可能无法准确反映利率变动对银行整体状况的影响。

### (二) 银行内部和外部视角

1. 银行外部视角

从外部视角看,银行主要从事两种业务:存款与贷款。现假设业务部门1为客户发放了一笔面值为100元人民币的5年期固定利率贷款,年利率为10%;业务部门2吸收客户存款,面值也为100元人民币,期限为1年,利率为2%,这里的存贷款均为无期权特性的固定利率业务,这样银行就可以获得8%的净利息收入。在此情况下,银行外部视角下的利率风险如图3-1所示。5年内银行关于该业务的资产负债现金流如表3-1所示。

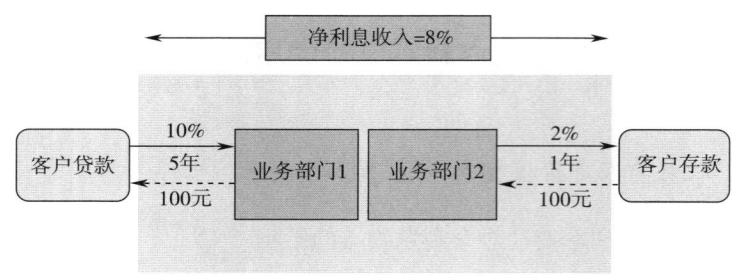

图 3-1　银行外部视角下的利率风险

表 3-1　　　　　　　　　内部视角现金流

| 现金流 | 资产 | | 负债 | |
|---|---|---|---|---|
| | 本金支付 | 外部利息 | 本金支付 | 外部利息 |
| 1 年 | 0 | 10 | -100 | -2 |
| 2 年 | 0 | 10 | | |
| 3 年 | 0 | 10 | | |
| 4 年 | 0 | 10 | | |
| 5 年 | 100 | 10 | | |

计算中值得关注的是这些成本不是都由资产负债管理部门/司库（Treasury）进行管理，而且就完全公允价值（$PV_{Full}$）而言，构建当前预期损失、当前服务成本、当前资本成本等 $PV_{Full}$ 不但不能够被计算出来，而且也不能作为银行账户利率风险的计量方式。

2. 银行内部视角

从银行内部视角看，存贷款利差的存在会压缩银行净利息收入。继续上面的例子，银行的存款和贷款都经过司库进行管理，即司库通过业务部门 1 对客户贷款，通过业务部门 2 吸收客户存款。考虑到包含资金成本、信用风险、服务成本、资本成本和净利差的贷款利差，业务部门 1 要花费大约 3% 的利息，这样内部的贷款利率为 7%；考虑到包含资金收益、服务成本、资本成本和净利差的存款利差，业务部门 2 要花费大约 1% 的利息，内部的存款利息支出则为 3%。内部贷款利率减去内部存款利率，银行内部视角下的净利息收入为 4%，也正是这一部分面临纯粹的利率风险。在此情况下，银行内部视角下的利率风险如图 3-2 所示。5 年内银行关于该业务的资产负债现金流如表 3-2 所示。

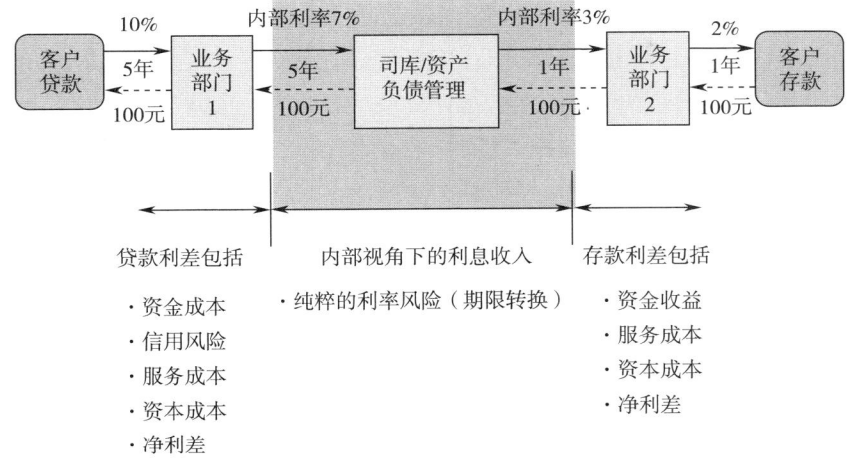

图3-2 银行内部视角下的利率风险

表3-2 外部视角现金流

| 现金流 | 资产 | | | 负债 | | |
|---|---|---|---|---|---|---|
| | 本金支付 | 内部利息 | 外部利息 | 本金支付 | 内部利息 | 外部利息 |
| 1年 | 0 | 7 | 10 | -100 | -3 | -2 |
| 2年 | 0 | 7 | 10 | | | |
| 3年 | 0 | 7 | 10 | | | |
| 4年 | 0 | 7 | 10 | | | |
| 5年 | 100 | 7 | 10 | | | |

就现值计算问题而言，$PV_{IR}$可以每日计算，由无风险收益曲线得出折现因子，如图3-3所示，$PV_{IR}$对应由司库（Treasury）管理的银行账户利率风险，因此可构建$PV_{IR}$，且使得银行账户利率风险的经济价值分析成为可能。

客户所负的利息现金流由无风险利率、利差与营业税三个部分组成，其中利差部分包括交易起始的融资成本、预期损失（信用风险）、服务成本、资本成本与利润空间，根据现值（PV）计算公式：

$$PV = \sum \frac{现金流}{贴现因子}$$

计算现值时，利息现金流（Cash Flow）各组成部分总要与所使用的贴现因子（Discount Factor）中的成本组成部分相对应（贴现现金流方式）。银行外

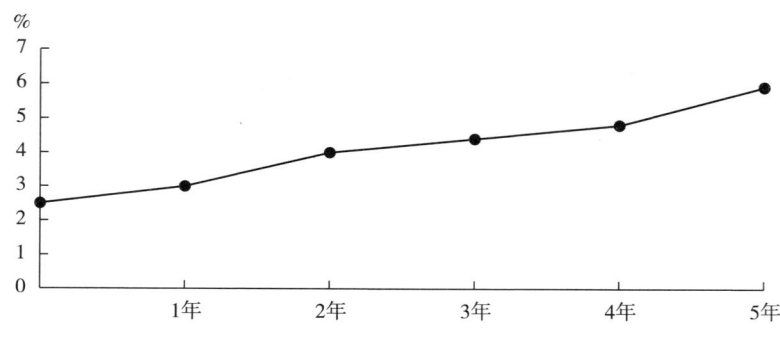

图 3-3　无风险收益率曲线

部视角下，完全公允价值（$PV_{Full}$）中利差各组成部分的折现因子无法确定；内部视角下以无风险收益率曲线（见图 3-3）为中心，总是使用该曲线进行贴现，因此，采用所谓"内部视角"产生无风险现金流（无利差的面值和利率现金流）。

3. 内部视角与资金转移定价

内部资金转移价格提供了资金使用的机会成本，其中包含期限、计结息等市场风险成本，在此基础上信用风险溢价、资本成本、服务成本等因素就可对产品进行合理定价。资金转移定价利率因此包含两个部分：FTP 基准利率与 FTP 调整项（信用风险调整、流动性溢价、准备金调整、期权性调整、战略性调整）。

4. 使用内部视角原因

（1）银行账户利率风险专门化管理的需要：依据一个职能中心负责主动管理一种金融风险的国际较佳实践，应有一个司库职能负责对纯粹的银行账户利率风险头寸进行主动管理，而不考虑信用及其他风险。相应地，风险计量应该同主动管理部门的职责保持一致；同时，采用内部视角进行银行账户利率风险计量保证了利率风险和不由司库职能部门管理的其他种类风险（信用和利差风险）的清晰界定。

（2）只有使用内部视角才可以计算出纯粹反映市场利率风险的现值：内部视角能够生成纯粹反映利率风险的头寸现值，使用无风险利率计算现金流，同时通过使用当前的无风险利率曲线对现金流折现计算得出。外部视角在理论上能够生成一个产品的完全公允价值，将除了利率风险之外的其他风险类别也考虑在内，因此其不能提供纯粹反映利率风险的现值结果；而在实际操作中，由于期望到期时间、当前信用风险、当前服务成本、流动性成本和资本成本都是未知的，所以基于外部视角计算出完全公允价值是非常困难的。

（3）内部视角使得通过资本市场对利率风险的完全对冲成为可能：通过运用内部视角，同一个币种的所有头寸都能通过同一种利率曲线（无风险曲线）相连接，使得对银行账户利率风险进行跨产品的集中积极管理成为可行，这同时也使风险管理可以通过用对冲具有相同到期日资产和负债的方式来进行。如果每种币种都存在能够在市场上进行交易的无风险利率产品，那么理论上司库可以通过内部视角对剩余的银行账户利率风险在资本市场上进行对冲，从而得到一个关闭的风险头寸，这种情形下，只有与司库职能部门运用同样的角度，风险计量部门才能检测对冲的表现。即使没有可利用的资本市场对冲机会存在，也可以通过内部视角、同一条内部利率曲线的使用以及对头寸利率锁定期的指定从利率风险角度对银行的资产和负债进行匹配，这给银行提供了一个影响资产负债结构的机会（比如减少短期贷款），并且能得到一个目标的利率风险状况。

5. 内部利率曲线的选择

在未实现所有产品的利率市场化的情况下，商业银行无法自由地对管制利率的产品定价，因而普遍在确定如图3-4所示的内部收益率曲线（FTP基准价格）的过程中分开考虑资本市场产品和非资本市场产品。对于人民币资本市场产品，使用市场收益率曲线（人民币）；对于人民币非资本市场产品，使用内部收益率曲线；对于外币产品，使用市场收益率曲线（外币）。

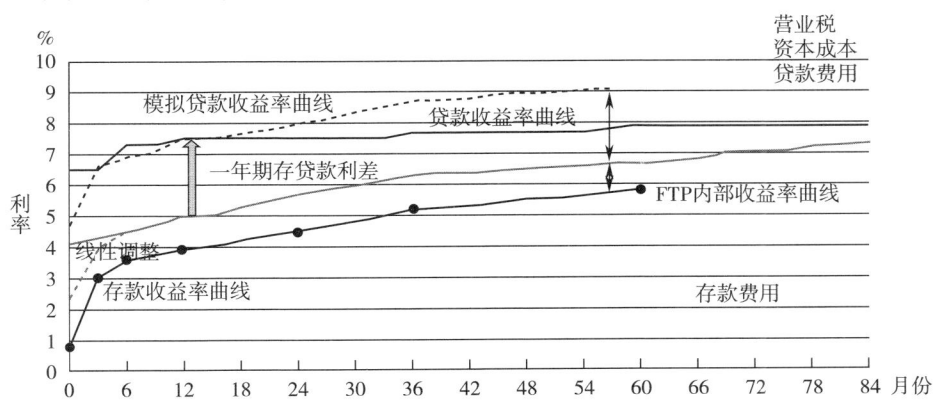

图3-4 内部收益率曲线举例

收益率曲线的分割，难以使银行对利率风险水平作出精确的计量，并依据计量结果进行有效对冲。但可以使用现金流模型将非资本市场产品转换为资本市场产品的等价物：

（1）外币币种：在发达的西方金融市场，利率掉期市场通常是对于利率而言最具有流动性的市场；通过担保协议的运用，利率掉期是无信用风险的。因此，使用利率掉期曲线作为内部的无风险曲线是银行账户利率风险管理的国际最佳实践，对于1年以内的到期日，通常会运用货币市场利率、利率期货价格和远期利率协议价格。

（2）人民币市场

选择一：参考 Shibor 的掉期曲线。中国利率掉期市场经历了快速稳定的成长，Shibor 的掉期曲线表现出最强劲的增长，预估参考 Shibor 的掉期曲线将会成长为掉期市场的主流产品。该曲线的缺点是同其他交易种类（比如人民币掉期组合套利工具，R07D 浮息债）相比，参考 Shibor 的掉期曲线还不是最具有流动性的产品。此外，因为 Shibor 还在发展中，这条曲线的稳定性还需定期进行检测。

选择二：参考回购利率的掉期曲线。支持这项选择的原因是参考 R7D 浮息债的掉期曲线仍然占据了中国大部分的掉期市场。举例说明，2013 年 2 月在掉期市场中交易的所有本金为 3540 亿元人民币，而且这些交易的参考利率 2/3 是回购利率（接近 2000 亿元）。缺点是通常参考回购利率的掉期具有较小的到期日，所以要找到合适的产品来构建一个较长期的到期日曲线是很困难的。

选择三：银行间固定利率的政府债券。与利率掉期市场相比较，债券市场具有更显著的流动性，在债券市场中交易的所有本金几乎比掉期市场高几十倍。另一个明显的优势是债券市场包括较长的到期日。此外，中国债券市场已经存在约 25 年了，所以市场机制已经成熟，市场上对于如何构建债券曲线是有共识的，而且历史利率的数据系列相对可靠和稳定。

6. 内部和外部视角的重要意义

（1）内部视角的特点及意义

内部视角具有以下 10 个特点：可构建现值计算方法；银行账户利率风险经济视角的标准国际实践；是单纯利率观点；所有业务映射到一条曲线；完全适用的净缺口分析；掌握所有头寸间的利率依赖性；允许司库部门主动管理；

司库部门可实现"零线位"（无利率风险）；限额是有意义的；不包括利差风险。

内部视角的意义在于：使用内部视角能计算利息导出的现值（$PV_{IR}$），控制资产与到期期权间的映射/对冲，为司库（Treasury）部门进行主动管理与风险控制。

（2）外部视角的特点及意义

外部视角具有以下8个特点：能够在考虑信用风险和信用价差的条件下进行现值计算；基于完全公允价值（$PV_{Full}$）的银行账户利率风险管理不符合国际实践；利率视角包含了其他风险类别（如信用风险）；业务基于大量曲线重新定价不能计算净值；净缺口分析假设央行利率平移；资金部门不能进行完整的对冲；允许利差和利差风险分析；允许完全净利息收入分析。外部视角的意义在于，使用外部视角主要为了利差风险的分析，因此可视作内部视角的补充。

## 三、风险计量及现金流模型

### （一）银行账户利率风险计量模型

利率风险计量一般有3种计量方法：重定价缺口分析、收益分析与经济价值分析。在内部视角与外部视角下，其具体的运用方式也不尽相同（见表3-3）。

表3-3　　　　　　　　　风险计量模型总结

| | 内部视角 | 外部视角 |
| --- | --- | --- |
| 重定价缺口分析 | 重定价时间表 | 重定价时间表 |
| 收益分析 | 净利息收入情景分析 | 净利息收入情景分析 |
| | | 风险利差收入 |
| 经济价值分析 | 现值敏感度 | |
| | 现值情景分析 | |
| | 风险价值 | |
| | | 风险利差价值 |

1. 重定价缺口分析

(1) 重定价缺口分析的内容

一个产品的重定价特性由以下构成：重定价数额（额定），重定价日期 = 最小值（到期日，利率重设日）和该产品当前支付的市场利率。重定价特性可表现在重定价时间表中，按币种归于不同的时间段。图 3-5 所示为某银行的重定价时间表。

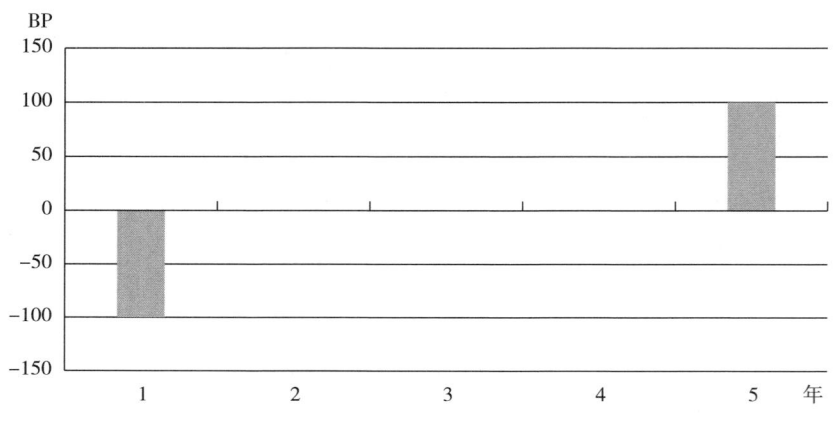

图 3-5 重定价时间表

我们可以发现银行的 1 年锁定期的负债超过了其资产，5 年锁定期情况相反；1 年期和 5 年期利率的变动会引起重大损益。一般可使用以下操作关闭重定价缺口：售出 5 年期政府债券，买 1 年期债券；或通过利率掉期，以 5 年期固定利率换取 1 年浮动利率。

(2) 对重定价缺口分析的评价

优点是可清楚地获取利率锁定期的缺口信息，可以估计利率平行移动的影响（捕获了重定价风险）；但缺点是过于简单的形式导致没有捕捉收益率曲线风险、期权性风险和基准风险。因此，不建议通过重定价缺口分析设置限额。

2. 净利息收入模拟

(1) 净利息收入模拟的内容

按模拟情景分析对净利息收入的影响，其中净利息收入 = 利息收入 - 利息支出；步骤是首先设定关于以下内容的情景：利率走势、营业额走势、新业务、外部利率、对冲战略等，然后按不同的情景进行净利息收入预测。表3-4

给出的是净利息收入预测的一个例子：

表 3-4　　　　　　　　　　　净利息收入预测举例

| NII | 1 年 | 2 年 | 3 年 | 4 年 | 5 年 |
|---|---|---|---|---|---|
| 情景 1 | 0.03 | 2.02 | 3.23 | -1.20 | 1.00 |
| 情景 2 | 0.00 | -1.00 | -1.00 | -1.00 | 0 |
| …… | …… | …… | …… | …… | …… |

（2）对净利息收入模拟的评价

优点是收入可以在易于理解的情景下被模拟，可应用内部和外部视角；缺点是结果完全依靠假设（尤其是新业务的发展），没有识别收入周期以外的走势。因此，不建议通过净利息收入模拟设置限额。

3. 现值敏感性（BPV01）

（1）现值敏感性的内容和步骤

现值（PV）= 未来收入在今天的价值 = 未来现金流折价（$PV = \sum_{i=0}^{n} DF_i \times CF_i$），式中，DF 是指贴现率（Discount Factor），CF 是指现金流（Cash Flow），外部现值计算要求流动的资本市场，因此客户业务无法使用外部利率的现值；BPV01 = 一个时间段上票面利率 1 个基点的变动引起的现值的变化。步骤是：利率曲线发生移动→完全重新估值→各市场利率曲线的敏感性矢量及图解（见图 3-6）。

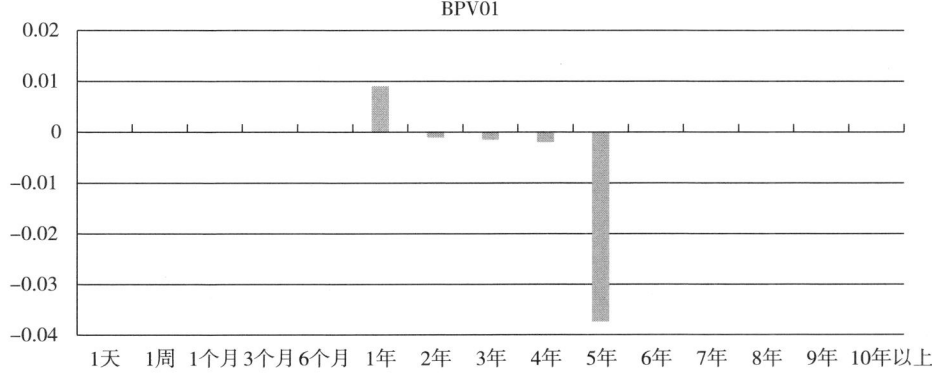

图 3-6　现值敏感性

（2）对现值敏感性的评价

优点是基于今天的头寸，是用于对冲的最好方法，特别是比久期更精确，市场风险计量引擎可用于计算；缺点是未考虑利率的波动。因此，可以通过现值敏感性设置限额。

4. 情景分析

（1）情景分析的内容与步骤

现值变动基于今天的头寸、按不同利率情景，包括市场利率的变动（压力情景，历史变动），步骤是：设定关于利率变动的情景→使用新曲线与现值计算公式完全重新估值→计算按不同利率情景的现值变动。

（2）对情景分析的评价

易于解释基于今天的头寸，由于压力情景，现值效果明显，内部模型法引擎可用于计算。因此，可以通过情景分析设置限额。

5. 风险价值（VaR）

（1）风险价值的内容与步骤

VaR_ 99%_ 1 year 表示在 99% 置信水平，基于 1 年市场利率变动预期的最大现值损失，时间范围要反映重组利率头寸所需的时间，1 – day – VaR 或 10 – day – VaR 可以按比例放大到 1 年的时间范围，步骤是：设立关于利率变动的历史情景→基于历史模拟 $\Delta PV$ 的分布→计算出 VaR 的值。

（2）对风险价值的评价

单一风险值反映 BPV01，波动性及利率间的相互关系，可以纳入《巴塞尔新资本协议》第二支柱内部资本充足率评估程序，在国际较佳实践中用于 VaR 限额，市场风险引擎可用于计算。综上所述，建议通过风险价值分析设置限额。

（二）现金流模型

1. 产品特性分析

应用现金流模型最初要对产品从利率定价属性、重定价特征和现金流特征三个维度进行分析：（1）维度一：产品的利率定价属性，包括产品币种和产品利率定价属性（公开资本市场定价、央行定价等）。（2）维度二：重定价特征，要考虑金融产品重新确定其利率水平的间隔时间或者频率；按此维度，产品可分为固定利率产品（例如固定利率贷款）、浮动利率产品（例如基于上海银行间同业拆借利率或者欧元银行拆借利率的浮动利率票据）、其他可变利率产品。对于固定利率的产品而言，重定价期限就是合同到期期限；浮动利率的产品重定价期限是指其价格浮动周期，而与产品本身的合同期限无关；其他可变利率产品无法直观确定重定价期限。（3）维度三：现金流特征，要考虑产品本息在产品生命周期内的期限分布情况；由于资金存在时间价值，即使对于相同重定价特征的产品，如果现金流分布不同，其实际收益率或者付息率也会不同，这就需要匹配不同的资金成本或者资金收益；按此维度，分为一次还本、分期还本和不确定现金流的产品（如含有期权性产品）。

2. 对国内银行一般产品特性的理解

将中国市场上的状况与相应的国际市场状况进行对比，可以得到如表 3－5 所示表格，理解这些状况对比对于建立现金流模型非常重要。

表 3－5　　　　　　　　　中国与国际产品特性对比

| | 中国市场上的状况 | 相应的国际市场状况 |
| --- | --- | --- |
| 1 | 所有银行都要给客户提供完全相同的产品（如存款） | 在多数市场中，不同银行的产品都可以归到相似的类别中 |
| 2 | 一些产品的到期日不确定，如活期存款 | 这是存款的典型特性（活期账户或储蓄账户）。已建立确定这些产品的利息锁定期的模型 |
| 3 | 其他产品中，客户拥有提前提取/还款的权利 | 这是某些贷款和存款的典型特性，也会在用以确定有效到期日特征的模型中加以考虑 |
| 4 | 客户支付或收取的利率由中国人民银行统一确定 | 从银行账户利率风险/资产负债方面考虑，这可被当作等同于其他国家的市场情况：客户利率由业务部门和客户协商，并参照市场利率 |
| 5 | 在一些/大部分产品中，客户利率的变化不仅仅适用于新业务，也适用于所有现有业务 | 这也是零售存款的典型特性。已经根据同风险的资本市场债券投资组合建立了重定价模型 |

3. 产品映射

在产品特性分析的基础上，按不同维度将产品进行分类，目的是根据产品所分到的不同类别采用不同的现金流模型将银行账户客户业务转换为资本性市场产品（见图 3－7）。

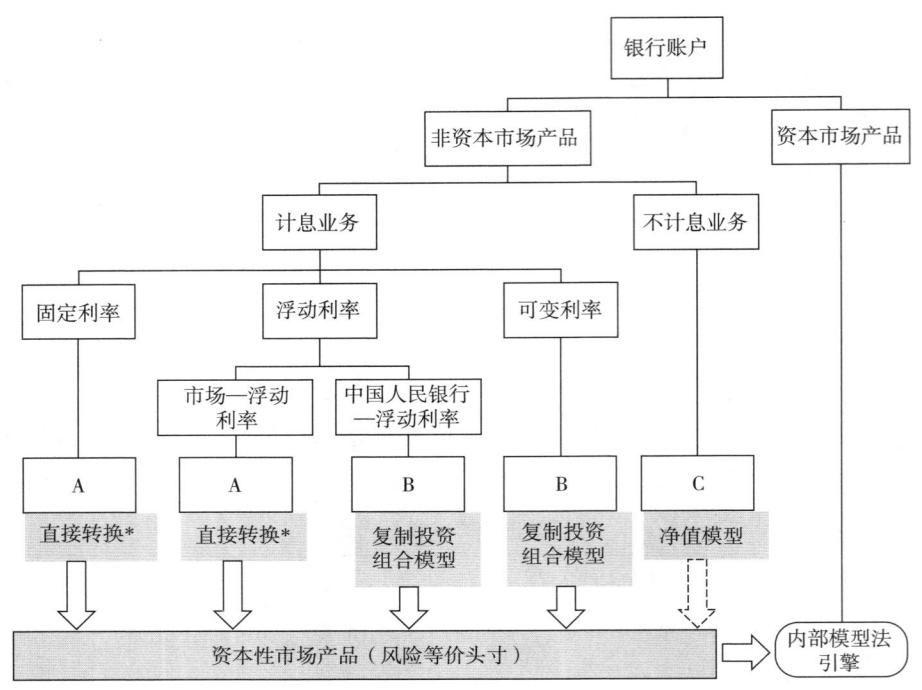

注：* 包括将期权剥离。

图 3-7　产品映射

**4. 直接转换模型**

（1）适用范围

客户产品相关的利率风险特征完全或非常接近资本市场产品。

（2）方法概述

该方法将客户业务直接转换为风险等价的资本市场产品，具有确定的重定价日程的固定利率或浮动利率产品可以表示为长或短头寸的债券，根据合约协议指定利率锁定期和依据历史无风险利率指定起始日的内部利率。对于复杂的产品（如含确定的摊销期限）可以通过普通产品（如固定利率债券）的线性组合或者通过含有相同特征（如摊销特性）的债券来展示，而赎回权、提前偿还权以及其他一些权利则表示为明确的期权（利率上限、利率下限、掉期期权和债券期权）。

(3) 模型评估

模型必须描述客户业务中的利率风险，且市场参数的所有潜在变化都将直接反映在对利率风险的计量分析中。

5. 复制投资组合模型

(1) 适用范围

模型适用于未定义到期日特征或者具有变化利率的复杂的银行账户产品，该模型可以识别和捕捉央行利率和市场利率变化的动态关系，具体适用产品包括央行浮动利率贷款、活期存款、定期存款、公司账户透支、信用卡等。

(2) 方法概述

用一个滚动的固定利率债券的投资组合尽量贴切地复制原始产品的现金流，同时尽量保持业务部门具有稳定的 Margin，这里的 Margin 指复制的投资组合的利率和客户利率之间的差异；如果可以找到一个这样的复制的投资组合，就可以将可变利率产品转换为一个由具有无风险利率现金流和有效锁定期的简单的固定利率的普通债券构成的投资组合。

回归分析历史头寸，将当前产品头寸分为波动部分和稳定部分（核心水平）（见图 3-8），多元回归可以对复制投资组合债券的权重进行优化；优化标准为使利率 Margin 的波动性最小化，使 Margin 长期保持在稳定水平：

Margin = 核心头寸 × 复制的投资组合收益率 + 波动部分 × 货币市场的收益率 - 当前头寸 × 有效客户利率的均值

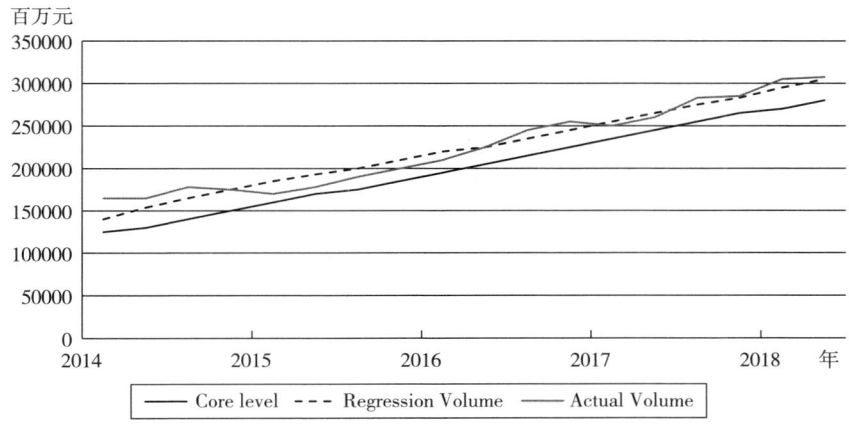

图 3-8 历史头寸分解

波动部分投资到短期的货币市场，稳定部分投资到一个包含不同期限固定利率债券的复制投资组合（见表3-6）。

表3-6　　　　　　　　　　　复制投资组合

| Rate | Weight factor |
|---|---|
| RMB Gov 1M | 26.48% |
| RMB Gov 6M | 0 |
| RMB Gov 1Y | 0 |
| RMB Gov 2Y | 18.39% |
| RMB Gov 5Y | 0 |
| RMB Gov 10Y | 55.13% |
| Check Sum | 100.00% |
| Result | Average Margin（bps） |
| Standard | -261.74 |
| Deviation（bps） | 23.51 |

（3）模型评估

从经济价值角度而言，由于信用风险、管理费用或利润预期带来的Margin不被考虑其中，产生了一个纯粹的利率角度；经济价值可以计算出来（通过贴现无风险利率的内部现金流）；存款、贷款和资本市场工具都与一种利率曲线相联系，对具有未限定到期日特征的产品的积极管理是可行的；在欧洲大部分的大型储蓄银行和零售银行中，都有对具有未限定到期日特征或者可变利率的产品进行建模的最佳实践。

6. 净资本模型

（1）适用范围

银行资产负债表的非计息的科目，如所有者权益等。

（2）方法概述

净资本模型从银行账户利率风险的内部管理角度出发，考虑净资本的融资成本（股东回报），避免司库部门享受"免费午餐"。司库部门应对净资本支付成本，而董事会负责设定权益头寸的收益期望。模型将净资本头寸复制成为一个由无风险的固定利率债券组成的滚动投资组合。净资本模型的关键在于对到期日或者利率锁定期的假设：

原则一：从对核心业务融资的角度出发。如果用权益对银行核心业务进行融资，净权益头寸的久期应该与银行核心业务的久期相同。比如，中小银行的核心业务是接收存款和发放贷款，存款主要是储蓄账户和短期存款，而贷款大部分则是每年对利率进行的再调整，考虑到这些情况，净值模型投资组合需要设定一个短期的到期日。

原则二：从风险管理目标的角度出发。如果目标为稳定净利息收入，那么应该鼓励模型投资组合有比较大的久期；如果目标为稳定银行净现值，那么应该鼓励比较小的久期。

净值模型的期限通常设定在 3 年到 10 年之间，对净值模型到期日或者久期的实际决策最终需要由董事会或者资产负债委员会来决定和批准。

（3）模型评估

银行内部主动管理利率风险的需要，使得利率风险的完全对冲成为可能，但与传统风险计量以及会计视角有差异，尚未被监管机构允许用于外部风险报告。

## 四、公司治理与职责分工

（一）银行账户利率风险管理职责分工与协作

银行账户利率风险管理可以分为三个部分的内容，这三个部分既各自分工又相互协作，下面先叙述每个部分的分工，再叙述相互协作中需要关注的点。

1. 银行账户利率风险管理职责分工

（1）贷款与存款（业务部门），是银行账户利率风险头寸的最初来源，风险计量方法论在新业务定价中的应用；

（2）银行账户利率风险的计量和监控，指独立进行风险计量，独立限额监控，正式报告银行账户利率风险；

（3）银行账户利率风险的主动管理，指基于风险计量结果对银行账户利率风险进行集中主动管理，运用资本市场工具调整资产负债结构或使用衍生产品对冲风险。

2. 银行账户利率风险管理职责协作

在业务部门与管理部门的衔接上，要注意损益特征运用的方法和数据需要与风险计量和模型运用的相一致；在计量与监控工作同管理工作的衔接上，要注意用于限额和报告的正式的风险数字在所有领域中共享；主动的风险管理者必须理解并接受这些风险计量，这是很重要的；在整个工作过程中，要注意银行账户利率风险的定义及其要素（包括利差风险）必须同相关领域的应用相一致，对于那些必须对利率风险特征进行建模的产品，在所有领域中需要应用一致的模型和参数，在所有领域必须应用相同的一致的头寸信息。

## （二）风险管理部门与资产负债部门的职责对比

表 3 – 7　　　　　风险管理部门与资产负债部门的职责对比

| 任务 | 风险管理部门的职责 | 资产负债部门的职责 |
| --- | --- | --- |
| 银行账户利率风险的积极管理 | — | 积极管理银行账户的利率风险；提供关于银行账户债券结构的方针；发起并执行对冲操作 |
| 银行账户利率风险的计量 | 开发并提供银行账户利率风险的计量方法；银行范围的识别、计量和监控；对银行账户利率风险进行压力测试 | 支持风险计量方法论的开发；采用多种计量方法来获得指导性决策 |
| 现金流模型建设 | 开发并提供能够获取利率风险头寸的现金流模型，尤其是对于无到期日产品、可变产品、股票和其他不计息资产 | 支持风险管理部门关于银行账户利率风险计量的现金流模型的研发，并与其一致 |
| 银行账户利率风险的报告 | 报告银行正式的银行账户利率风险头寸 | 可以提供用于内部目的的报告 |
| 银行账户利率风险的限额 | 开发并提供利率风险限额；检测利率风险限额的使用 | 负责管理银行账户利率风险以使得控制在限额以下 |

## 五、系统架构和数据要求

### （一）系统架构规划

银行账户市场风险和交易银行账户市场风险可共享同一个系统平台，这包括相同的数据源、资本市场交易数据库、非资本市场交易数据库、参考数据库和市场数据库。在利率风险计量的过程中，仍可使用内部评级模型的风险计量模块，包括情景生成器、VaR 和敏感度汇总引擎、回溯测试、资本计算、估值引擎、限额管理、报表报告等；当然，要考虑加入银行账户利率风险计量的特色功能，比如产品转换、缺口分析和净利息收入分析。

系统设计目标是全面整合市场风险，开发完成后，可满足新资本协议及中国银监会的合规要求，同时达到国际领先水平，全面提升市场风险内部管理，图3-9列示了市场风险管理系统架构。

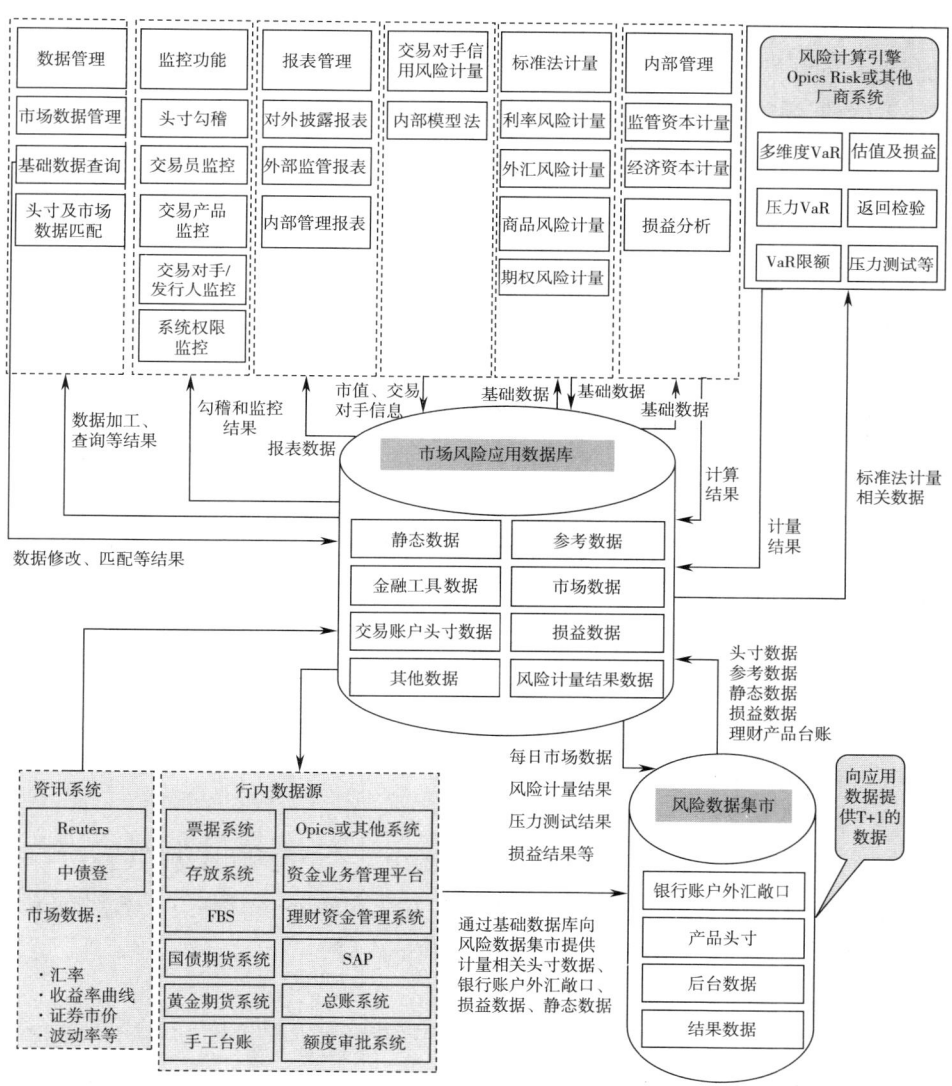

图3-9 市场风险管理系统架构

### (二) 基础支撑——市场数据

**1. 数据收集与存储**

交易头寸数据分为资本市场和非资本市场两大类。这些原始的市场风险头寸被存储在相同的源系统中,有必要对各类头寸统一收集并储存,避免为不同的风险目的开发不同的数据接口,由此避免数据可能不一致的问题。

**2. 数据颗粒度**

风险归因分析时,最终将细化至头寸层面。各业务部门在管理和监控各自的风险时,必须对底层的风险头寸有一致的理解。基于其上,依据相同的汇总维度,才能运用各自的风险管理和监控手段。这就要求在底层数据层面,必须具有相同的数据颗粒度——也就是头寸。

那么什么是头寸?过细的头寸定义是否会影响系统处理性能?(1)整合三种风险的情况:如果仅仅为了整合交易账户市场风险、银行账户利率风险、银行账户汇率风险,那么可以考虑以下选项:①对信用卡和活期存款,按照币种、卡类型(活期存款类型)来合并余额;②对定期存款,按照币种、存期、存款种类、到期日进行合并;③对公司贷款、个人贷款、信用证、保理和贴现票据等,获取逐笔借据作为头寸;④对债券/外汇即期,将不同买卖交易(币种)合并为头寸;⑤对衍生产品:一笔交易即是一个头寸。(2)构建FTP的情况:如果考虑在此基础上构建FTP,以及为实现利率风险管理的精细化,就需要加入分行(甚至更细)维度。(3)核算交易台损益的情况:如果计划核算交易台的损益,对债券和外汇即期来说,就要加入交易台的维度。

**3. 数据质量要求**

总行和海外的交易头寸存储在不同系统中,甚至是利用台账来手工维护。这些数据在导入市场风险管理模型 KRM 和 Risk Metrics 系统时,是否经过了足够的数据质量验证?一般来说,需要以下验证内容:

(1)非资本市场产品(银行账户)

该产品的机构代码是否准确?该产品适用的利率风险模型是否已经被指定?该产品对应的会计科目是否被识别?该产品是否匹配了正确的基础参数,例如金融台历、日期惯例、营业日惯例?计量该产品外汇敞口和利率风险的数据要素是否完备?按照会计科目汇总的产品余额与总账是否匹配?

（2）资本市场产品（银行账户及交易账户）

该产品是否被允许交易、是否由授权的交易员执行、是否簿记在指定的地方？该产品是否绑定了指定的估值模型、是否匹配了估值参数？该产品对应的会计科目代码是否被识别？该产品是否匹配了正确的基础参数？该产品计量汇率和利率风险的数据要素是否完备？按照会计科目汇总的产品余额与总账是否匹配？

在完成上述验证之后，如果是黄金拷贝（资本和非资本市场），则输送进风险系统；如果出现异常报告，则需人为跟进。

4. 数据在部门间的使用要求

市场数据对金融市场部、风险管理部、资产负债部、国际业务部、财务会计部等部门来说都非常重要。数据处理的过程分为4步：

（1）采集存储。每日日终筛选、采集、存储及维护多个市场数据源，建立同各个市场数据供应商的接口，集中存储各类市场数据。外部市场数据源包括路透、彭博等数据库，市场数据类型举例，有外汇即期、外汇远期、现金利率、利率期货、掉期利率、远期利率协议、公司债券、国债、风险债券曲线、基准掉期、外汇波动率、利率顶/利率底波动率、掉期波动率等。

（2）质量控制：质量控制功能，包括对 Tick 时点序列采用数学统计方法自动剔出异常值，同时允许手工增补或其他自动质量控制。

（3）曲线构造：定义市场数据优先顺序，以及曲线和曲面构造方法，如利率自展、内插外插、交叉汇率等。

（4）下游发布：根据设置，将市场数据、曲线曲面作为风险因子统一发布。各部门也可按需订阅经过质量控制后的市场数据；数据处理完成后输送给服务于全行的市场数据中央数据库，由中央数据库向各部门提供使用。

需要注意的是金融市场部门可以有自己对市场趋势的判断，选用不同的曲线和汇率，并据此执行交易；但用作风险日终计量和损益入账的市场数据以及构造方法必须在各部门达成共识，并由中后台执行。

（三）基础支撑——基础参数

基础参数对于全面整合市场风险管理平台起着基石的作用。因为它会影响到所有风险模块的正常运转，必须建立严格和统一的基础参数维护流程，并由专人负责维护。基础参数主要有投资组合架构、产品主数据、模型/参数定义、金融台历、情景设置、限额设置、其他各类基础参数。其他各类基础参数包括国家、行业、币种、评级、日期惯例、营业日惯例等。

1. 投资组合架构

站在全行的视角，必须建立交易账户与银行账户并存的、统一的投资组合架构，例如从集团向下，逐层分解为法人实体、部门/分行、交易账户/银行账户。对交易账户向下，分解为交易处室、交易目的、交易组合；对银行账户向下，分解为不同的产品类型（如债券、贷款、存款、信用卡）等。从而实现在相同汇总维度上，采用不同视角来管理和分析风险。

2. 产品主数据

通过产品主数据，对各类产品的数据要素进行硬性规定，通过此项功能来验证从上游捕获的交易头寸数据；同时，对每类型产品，指定其所适用的模型。对资本市场产品而言，主要是指定估值模型以及所需的估值参数；对非资本市场产品而言，主要是指定这些非资本市场产品将通过哪个现金流模型来产生利率风险等价的资本市场产品的投资组合，以及这些现金流模型所需要的模型参数。

3. 模型/参数定义

模型/参数定义需要统一维护。银行应拥有一个全行共享的估值引擎，负责对银行账户和交易账户各类资本市场产品进行公允价值的重估。对存贷款等非资本市场产品而言，通过现金流模型，可将其打包模拟成利率风险等价的债券/隔夜拆借等资本市场产品的组合，也可通过估值引擎来实现经济价值的计算。

4. 金融台历

金融台历对于估值引擎和重定价缺口都非常重要。建议采用与资金交易系统统一的金融台历，这主要是考虑现金流的实际收付。

5. 情景设置

除交易账户的压力情景外，银行账户利率和汇率的压力情景也可统一配置，因为它们都是基于相同的风险因子作出的压力假设（无论对银行账户还是交易账户，都需要建立统一的风险因子定义）。只有这样，才能做到整合性的压力测试。

6. 限额

对通过投资组合架构汇总出来的 VaR、敏感度、敞口等风险数据，可统一设置限额进行监控和报告。对交易账户而言，限额可以设在交易组合等各个层级上；对银行账户而言，可将限额设在法人和分行等层面。

### （四）基础支撑——估值引擎

银行需要建立统一和共享的估值引擎，前、中、后台可以通过各自的访问权限，实现对金融工具的估值。这意味着在估值方法论层面上（包括具体计算细节），虽然各部门有可能选用不同的估值参数，各个部门必须达成一致意见。

1. 工作原理

（1）数据输入，将 T 日（估值日）的资本市场产品数据、市场数据、风险因子输入引擎。

（2）估值引擎，包含针对不同资本市场产品的估值模型库，如 DCF 模型、Black-Scholes 模型、Hull-White 模型等。

（3）结果输出，指输出相应的价格与敏感度。

2. 应用场景

（1）风险整合，包括交易账户市场风险利用该引擎计算公允价值和情景损益；银行账户汇率风险将外汇敞口作为即期估值；银行账户利率风险将存贷款等产品转成债券等资本市场产品后，计算经济价值。

（2）其他应用，包括利用估值引擎和全行达成一致的估值参数核算交易员损益。

### （五）风险组件——整合综述

根据上面的描述，我们在对交易账户市场风险、银行账户汇率风险、银行账户利率风险进行计量时，分别将交易账户头寸数据、外汇敞口信息输入 Risk Metrics 模型，得到的风险计量结果为 VaR、敏感度、监管资本和经济资本；将银行账户头寸输入 KRM 模型，得到的风险计量结果为 VaR、NII 和经济资本。为实现对交易账户市场风险、银行账户汇率风险、银行账户利率风险的整体计量，对于共同使用的风险计量技术（如风险价值），要实现方法论、计量参数及头寸和市场数据的统一；银行应考虑在系统层面也应部署整合的风险组件，对三类风险实现统一计量。也就是说，我们将无论是交易账户头寸或者银行账户头寸，（银行账户头寸需要进行产品转换）共同输入整合的风险分析引擎中，该引擎可以输出一系列的风险计量结果，包括 VaR、NII、经济资本、敏感度和监管资本。

（六）风险组件——VaR

VaR 是一定置信区间和一定持有期下，投资组合可能产生的最大损失。计算 VaR 一共可分为三个步骤：第一步是估计风险因子的分布，估计风险因子分布的方法各类风险需保持统一，也即需要全行一致的风险计量方法。考虑到如银行账户利率风险需要更长的持有期间，相应的参数可能需要作出调整。第二步是将风险因子的分布转化为损益的分布，此步各类风险需要保持一致，即估值的方法和损益的计算方法均需要保持一致。第三步是在得到的损益分布上获得相应分位数的损失（VaR），在此步各类风险方法论需要保持一致，但允许使用不同的参数（分位数）。

（七）风险组件——经济资本/监管资本模型

1. 交易账户市场风险与银行账户汇率风险

对于交易账户市场风险与银行账户汇率风险经济资本的计算，第一步是监管资本计量，包括一般市场风险 VaR、一般市场风险 SVaR、调整系数计算、特定市场风险计算、监管资本计算；第二步是经济资本模型计算，通过上一步的结果计算出一般市场风险经济资本和特定市场风险经济资本，这一步中注意运用 Max（VaR，StressVaR）、不同的持有期间与置信水平选择对结果进行调整；第三步是根据第二步的一般市场风险经济资本和特定市场风险经济资本计算出经济资本。

2. 银行账户利率风险

对于银行账户利率风险，可以通过 VaR 或者情景分析两种方法来计算经济资本；基于整合后的 VaR 和情景分析等组件，可一并整合监管资本和经济资本计算组件：（1）VaR 方法，可直接计算出银行账户利率风险 VaR，根据不同的持有期间与置信水平计算出经济资本；（2）情景分析法，分别根据当前市场收益率曲线计算出银行账户当前情景经济价值，根据收益率曲线压力情景计算出银行账户压力情景经济价值，最后求出总的经济资本。

## 六、与国际实践的比较

由于银行账户利率风险主要由资产负债表重定价日的错配产生，因此传统上属于资产负债管理和财务管理的范畴。对国际银行的相关调研显示，有近一半的银行资产负债职能同时承担银行账户利率风险的计量监控和主动管理职能，这在监管认为是当前利率风险管理领域中可能存在的薄弱环节。但越来越多的银行开始将银行账户利率风险的计量和监控职能独立出来，由风险条线来承担相关职责。具体到解决方案层面，主要包括七个方面，并分别适用于不同规模的银行。

（一）识别银行账户利率风险

大部分小型银行不完全捕获银行账户利率风险，一些小型银行与中型银行可以识别除基差风险和 Margin 风险外的银行账户利率风险，大型银行的能力较强，可以识别包含基差风险和利差风险的银行账户利率风险。

（二）角色与职责

大部分小型银行未独立设置司库部门；一些小型银行、中型银行与部分大型银行隔离了司库部门和风险控制部门；一些大型银行分别设置了司库部门和资产负债部门，并分别进行独立的风险控制。

（三）银行账户利率风险的角度

小型银行中一部分仅从收益视角进行分析与管理，另一部分仅从经济价值视角进行分析与管理，而中型银行与大型银行一般从收益和经济价值的双重视角对银行账户利率风险进行分析与管理。

（四）银行账户利率风险的视角

大部分小型银行仅从外部视角管理银行账户利率风险，未剥离利差。小部分小型银行、中型银行与大型银行结合外部视角和内部视角进行银行账户利率风险管理。

### （五）从经济角度计量银行账户利率风险

从经济角度计量，小型银行一般只进行缺口分析，也有一部分小型银行与中型银行一样，进行 VaR 值分析及压力测试，而部分成熟中型银行与大型银行则会结合运用 VaR 值分析、Margin/VaR 值风险模型和大量的压力测试。

### （六）从收益角度计量银行账户利率风险

从收益角度计量，小型银行也一般只进行缺口分析，部分小型银行、中型银行与部分大型银行运用包含压力测试的静态 NII 模拟方法，大型银行则会进行动态计量，包括宏观经济模拟及压力测试。

### （七）对于不同业务的现金流模型

中型银行仅基于专家建议确定不同业务的现金流模型，小型银行、部分中型银行与大型银行采用静态投资组合复制模型作为适用的现金流模型，目前还没有银行使用对于流动性和利率风险的动态宏观经济模型。

## 七、面对的主要问题和挑战

### （一）预测未来现金流

银行账户的一些资产和负债未来的现金流很难预测。例如，核心存款没有确定的到期日，按揭贷款有提前还款的可能性，结构性产品的现金流会受到多种风险因素的影响以及基金投资没有预设的现金流期限等。

### （二）运用多重信息

在分析风险因素时，银行不可依赖单一的风险计量方式。例如，在风险测量时，可以使用多种风险指标和积极使用压力测试等方法；在风险管控的过程中，建立完整的机制并且确保信息在不同部门间的正确传达。

### （三）市场流动性风险

当金融产品的价格受市场流动性影响很大时，VaR 可能会低估风险值，因此关注市场流动性变化十分关键（可以通过分析买卖差价等方式来实现）。

（四）风险因素的验证

银行可利用前台部门获得的市场信息进行分析，确保影响投资组合价格变动的重要的风险因素未被忽略。

（五）信息的有效利用

同时使用定量（包括利润、价格和波动等）和定性的信息来保证银行可以在早期觉察到市场的变化。

（六）计量方法的使用

在使用不同的风险计量办法的时候应清楚意识到这些方法的优势和局限性。例如，如果 VaR 的观测时期很短，即使市场有大幅波动 VaR 也不会受很大影响。

（七）有效使用 VaR

较短观测期的 VaR 可以用于在早期鉴别市场的变动，但要区分 VaR 波动是否仅为短期效应。

借鉴领先实践，建立具有科学的前瞻性又符合监管要求的银行账户利率风险管理体系，量身设计利率风险管理的组织架构、完善符合日常管理要求的政策与制度、构建先进的管理技术方法、规划信息系统将有助于提高我国商业银行利率风险管理水平的提升，使商业银行能够不断适应利率市场化对管理水平提出的新要求，更加有效地应对各类不利的外部环境冲击，促进银行业健康稳定发展，并为经济社会平稳较快发展提供有效支持。

# 流动性风险管理：
# 商业银行流动性风险管理之道[*]

流动性风险是商业银行经营与管理过程中最基本的风险种类，是指商业银行无法及时获得或者无法以合理成本获得充足资金，以偿付到期债务或其他支付义务、满足资产增长或其他业务发展需要的风险。流动性风险可分为融资流动性风险和市场流动性风险，其中，融资流动性风险是指商业银行在不影响日常经营或财务状况的情况下，无法及时有效满足资金需求的风险；市场流动性风险是指由于市场深度不足或市场动荡，商业银行无法以合理的市场价格出售资产以获得资金的风险。

流动性风险因其具有较强的隐蔽性、不确定性、来源广泛等特点，对其的管理具有极大的挑战，流动性风险管理也成为商业银行持续经营管理的重要内容之一。虽然流动性风险不是银行特有的风险，但银行吸收存款与其他资金来源，提供贷款与其他融资的经营模式，使得流动性风险管理对银行而言尤为重要。2006年的美国次贷危机以及后来引发的全球流动性危机，更加深刻地暴露了全球银行流动性管理实践及各国流动性风险管理和监管制度中的一些弊端，也说明了对流动性风险的管理与监管更利于维持银行持续经营与整个金融体系的安全与稳定。商业银行和监管机构应该充分了解流动性风险并对其管理及监管措施进行反省和调整。

## 一、商业银行流动性风险现状

在货币政策保持定力，不采取大规模刺激政策的情况下，商业银行可能在

---

[*] 本文写作于2014年8月。

缓释流动性风险方面面临严峻挑战。

## （一）期限错配的风险

从负债方的客户存款看，稳定的客户存款是银行缓解期限错配的重要工具。国际金融危机后，欧美银行吸取经验教训，力争提高在危机中比较稳定的客户存款在银行资金来源的占比。但在国内银行客户对理财产品认识扭曲的情况下，客户存款在缓解银行期限错配风险发挥的作用仍然有限。一方面，零售存款客户把理财产品看成类似存款，但收益较高的替代品，认为银行发行的理财产品都由银行进行风险兜底。因此，客户存款在各银行的理财产品间转移以追求高收益，甚至向银行体系外的网络金融转移，这令银行难以评估存款的行为模式及其稳定性。另一方面，理财与存款业务混合经营，甚至理财产品的到期日设计是为了月末冲存款的监管指标，更人为加剧了期限错配。香港的迷你债券风波和国际金融危机中的 AAA 级证券化资产的低风险假象等前车之鉴显示，一旦投资者了解真正的风险，该类产品与业务的市场规模与流动性会出现急转直下的危机，并很快对银行的流动性与经营模式造成冲击。

从资产方的贷款资产看，国内银行的贷款期限与国际同业相比，中长期贷款的占比偏高。另外，有些贷款实际上是到期必须续借，或借新还旧，否则会引发违约风险，其实际贷款期限远长于合同期限。

从资产方的同业业务看，当短期融资的同业业务变相成为银行规避监管（资本、非标资产、拨备与贷款投向等），进行信贷和非标资产的工具时，同业业务对银行流动性可能造成的冲击不仅是对不稳定融资来源的过度依赖与期限错配，还可能扭曲信贷与同业资产的管理，加剧信用、声誉与系统性风险。

## （二）或有负债与突发的流动性风险

出于规避监管或提高收益的对传统资产负债表科目以及传统的贷款、存款、理财与同业业务的"创新"，实际上都加剧了银行所面临的或有负债、信用风险、声誉风险、系统性风险，最终都将体现为对银行流动性的冲击，即流动性风险。流动性风险的特点在于银行表内外经营业务中任何风险点都可能引发、体现在对流动性的冲击。而且，任何规避监管、粉饰报表的经营手法一旦落实到现金流就打回原形。

## 二、商业银行流动性风险的主要监管指标

根据《商业银行流动性风险管理办法》，流动性风险的主要监管指标有：

1. 流动性比例（LR）

LR 是简单、为银行熟悉的正常情况下的一个月内的流动性风险轮廓指标；但与基于现金流的监测方法相比，其主要局限是风险敏感度不够，未能提供真实、准确的风险轮廓。LR 未对客户存款作详细分类，并评估各类别层面的现金流假设与进行涵盖资产负债表内外主要科目的现金流预测。例如，两家银行的 LR 相同，但一家以储蓄存款为主、另一家以公司存款为主，其客户行为模式与风险轮廓的明显区别未能体现在 LR 上。即使是公司存款，小企业与中大型企业的存款行为模式也很不同。另外，由于客户的活期存款占银行流动性负债的很大比例，分子流动性资产的变化（例如贷款到期日、授信的使用率、还款计划等的不合理分布）与该分母相比，不易体现在 LR 的变化上。

LR 的流动性资产不等于一个月内的现金流入。如"一个月内到期的合格贷款"可能要求续借。流动性覆盖率（LCR）下假设一个月内到期的合格贷款有 50% 会得到续期（金融机构客户除外）。没有确定到期日的表外科目，如透支与其他可循环使用贷款，可能在任何期限内提取未使用的款项或归还部分使用的款项。同时，LR 的流动性负债不等于一个月内的现金流出，例如一个月内到期的"定期存款"，有一部分早于到期日流出，另一部分到期后续存，其现金流都有很大一部分与其合约的期限不同。

LR 的流动性资产与第三版巴塞尔协议的《流动性风险计量标准和监测的国际框架》（以下简称计量标准）的 LCR 下优质流动资产（以下简称 HQLA）不同，不是真正考虑当银行遇到压力情景时，这类资产是否能在危机初期提供银行一定的"喘息期间"。LR 的流动资产包括一些现金流入科目，例如"一个月内到期的同业往来款项轧差后资产方净额""一个月到期的合格贷款"等，这些科目实际上不是流动资产。另外，金融机构发行的债券在 LR 下获得认可，但在 LCR 下不被认可。

此外，LR 是银行正常经营情况（非压力情景下）的监测指标，但其部分假设比 LCR 下的严峻压力情景下的现金流假设还要严格。例如 LCR 下，假设活期储蓄存款在 30 天内的流失率是 5%～10%，而 LR 下假设所有非核心的活

期存款都列入流动性负债。由于银行的内部风险限额往往是基于 LR 或其他监管指标，监管要求的改变不仅影响银行的监管报表填报，还影响其内部管理方法。如若银行内部的两个风险限额分别基于 LR 与 LCR，银行需要核对基于 LR 的限额如果以 LCR 的角度去计量，是否与基于 LCR 的限额同样严谨与一致。

2. 存贷比

存贷比是传统的监控非银行客户的存款与贷款比例的指标，由于客户存款是相对稳定的资金来源，存贷比对银行维持一定比例的稳定资金来源有积极的意义。但是存贷比指标未能更详细地区分稳定与不稳定的存款类别，例如某银行拥有当地大部分零售存款，与其他主要持有波动性很大的企业存款的银行相比，不能以存贷比进行简单比较。此外，与国际同业相比，国内银行的贷款组合普遍存在期限长、在某类产品或行业如项目贷款、房地产行业的集中度比较高的情况，这些风险在存贷比未能得到有效的体现。

3. 流动性覆盖率（LCR）

LCR 是流动性风险管理原则（2008 年发出）与计量标准（2010 年发出）下的一个主要监管指标（另一个为净稳定资金比例，以下简称 NSFR）。银行在执行时应留意管理原则与 LCR 的主要区别及其对银行经营管理的影响。管理原则与流动性覆盖率的异同点主要有以下几个方面：

首先，LCR 下有关现金流的分类与假设是全球统一的，并且不允许银行根据自身的历史数据加以修订。这类似新资本协议下第一支柱风险的标准法，而银行在管理原则下所建立的 LRM 框架类似更具风险敏感度、更能反映银行自身风险轮廓的内部评级法。另外，两者的前提假设也不同。LCR 是指定的严峻压力情景下的一个月内的现金流预测，不包括银行在正常情景下的各期限（包括次日、2～7 日、8～15 日、16～30 日、1～3 个月……1 年）以及其他压力情景（例如银行自身危机的情景）下的各期限的现金流预测。与信贷、市场等风险相比，流动性风险是因银行而异的风险。由于同一个客户的行为模式可能因不同银行的市场地位、业务优势、服务网点及其在顾客心目中的形象等而不同。因此，统一的现金流分类与假设更不适用于流动性风险管理。

其次，LCR 下的现金流分类与假设可供银行参考，但全球统一的标准未必适用于各个银行，银行需要根据自身特点制定更恰当的现金流分类、假设与预测。国内未建立存款保险制度，因此，在 LCR 下个人与非金融类小企业客户的活期存款以及剩余期限在一个月内的定期存款都不能纳入稳定存款的现金流分类。但银行可考虑按照客户所提供的资金总额进行现金流分类。资金总额规模比较小、客户数目比较多的现金流类别，其存款流失率往往比较低，这是符合风险分散规律的。若数据足够，银行可进一步考虑更详细的分类，例如是否有理财产品账户、代发工资账户、住房贷款等。此外，LCR 下不允许银行评估定期存款的实际期限，但银行的自身历史数据分析显示合同期限到期的定期存款有颇高的比率到期续存，因此，各类客户、货币与存款产品的实际期限是有用的现金流预测与分析的资料。同时，LCR 下对表内贷款组合没有详细的分类，假设所有履约的一个月内到期的非金融机构客户贷款 50% 会获得续期。银行内部可进行更详细的分类，例如"包括住房贷款在内的分期贷款"（少有续期，但可能提早还款）、"定期放款"（有部分要求续期/再融资，银行应根据自身数据分析恰当的续期假设）、不可无条件随时取消的承诺（其现金流取决于其用款率的情况，以及到期的授信有多少获得续期）等。

再次，银行应持有多少 HQLA，取决于其在所有压力情景（包括 LCR 情景）下的最大净现金流出金额。LCR 要求银行必须持有不少于所指定压力情景与现金流假设下的一个月净现金流出金额的 HQLA。但银行究竟需要持有多少 HQLA 取决于银行在所有压力情景下的最大净现金流出金额及银行愿意接受的最低生存期间（不短于相关的监管要求）。例如在银行自身危机的压力情景下，由于现金流假设更为严峻，银行可能需要更多的 HQLA 才能支持其既定最低生存期间下的净现金流出金额。从分析 LCR 与管理原则的异同点来看，LCR 下只要求人民币等值的 HQLA，而在管理原则下，HQLA 的币种组合在一定程度上要与净现金流出的相匹配；LCR 未考虑其他风险轮廓转差，如信用风险转差对流动性的影响，银行内部的压力测试要包括其他风险对流动性的第二轮影响。

最后，合理的流动性溢价（LP）与流动性成本、收益的分配应建立在更适合银行自身情况、更能反映其风险轮廓的现金流分类与假设基础上。如上所述，LCR 是监管机构指定的压力情景下、在统一的现金流分类与假设下的一个月内的现金流情况，而合理的 LP 框架需要考虑银行自身历史数据所显示的现金流分类与假设。随着新监管要求的实施与对以往危机的经验教训总结，全球银行都在考虑如何加强资金结构并重检其经营模式。这将令银行面临更激烈的市场竞争，加大其增加稳定资金来源、控制资金成本的难度，而合理的 LP 机制是使银行内部相关部门自觉、有效执行融资战略的一个重要前提。同时，合理的 LP 框架是有效鼓励银行内部相关部门吸收更多稳定资金、扭转将流动性视为免费资源的经营模式的重要基础，是实施更为整合的业务、风险与融资战略的重要前提条件。

## 三、商业银行流动性风险管理体系

流动性风险管理体系可由稳定的资金来源、压力测试与相应的流动资产、流动性应急计划三道相辅相成的防线，加上日常与压力情景下的现金流预测，相应的治理架构、政策、制度，以及对内外的管理信息报告等组成。稳定的资金来源主要支持银行日常的资金需求；压力测试与相应的流动资产保证银行渡过危机初期的一段期间（可称为"最低生存期间"或"喘息期间"）；妥善的流动性应急计划能够保证银行能够应对流动性危机。下面针对这三道防线，进一步分析流动性风险管理体系。

### （一）稳定的资金来源

银行在内部管理中，要能够识别与区分稳定与非稳定资金来源，且能够有针对性地拓展稳定资金来源，而那些尚未能识别与区分稳定与非稳定资金来源的银行在日益激烈的市场竞争下，将处于不利地位。识别稳定的资金来源是重检与调整银行资金策略与各类资金来源的目标占比的重要前提，要想有效地识别与区分稳定与非稳定资金来源，就要能准确评估不同类型资金的行为模式，而对资金进行详细分类是准确评估不同类型资金行为模式的前提，因此有必要先根据常见的资金分类标准对资金进行分类。在分类的过程中，客户数目是否足够和资金金额占比是否足够将影响评估资金行为模式的准备性与稳定性，因此应注重考虑在每一类别下的这两个因素。如果在行为模式评估过程中发现两个类别的资金表现出类似的行为模式，则可合并在一个类别下。银行对资金进行详细分类和评估行为模式，使银行更有效地分析与监控其资金结构、变化情况及其原因。

### （二）压力测试与相应的流动资产

压力测试时，银行在考虑影响流动性风险的因素时，要注重评估与分析宏观经济环境、客户/交易对手的信用、银行的外部信贷评级以及市场利率等其他因素。如当经济与融资环境转差时,将出现客户往往更多地提取未使用的信贷承诺;业务增长率将放慢、坏账率将增加等问题。再如,一旦银行的外部信贷评级被调低,将影响存款客户与交易对手的信心造成存款流失率上升,核心存款占比减少;银行难以获得无抵押融资;银行需要接受更高的成本与大幅的折扣以获取有抵押融资;因银行外部信用评级被降级而触动的条款所造成的现金流出或可用的资产/抵押品减少等问题。同时,银行的资产和负债都面临着相应的风险因素,银行必须进行全面的分析与评估,才能科学合理地进行压力测试。另外,银行应积极将压力测试结果应用到银行日常管理中,用于识别银行的经营模式中存在的主要薄弱环节;用于重检银行内部的风险限额是否全面与恰当;用于评估其他类别的风险对银行流动性的交叉影响;用于支持流动性应急计划的制订与具体执行等。

压力测试要与相应的资产相匹配,即银行要具备优质流动资产储备及融资能力,金融与组成要恰当。但什么才是优质流动资产的适当水平?应该是以下两个评估结果的较高者。一是在流动性覆盖率的压力情景和监管机构给定的现金流假设下,可支持30天最低生存期间的优质流动资产水平。二是银行内部的各种类别的严重压力情景下,可支持银行既定的最低生存期间内的现金需求的优质流动资产水平。哪些因素会影响银行所需的优质流动资产的水平?从流动性风险管理体系的三道防线来看,增加银行的资金来源中,稳定资金的占比,可减少压力测试下,由于不稳定资金的流失率大幅增加而引起的现金流缺口大增,加大流动性覆盖率合规的难度(第一道防线);妥善、可行的流动性应急计划,可补足银行在日常情况下不会持有巨额的优质流动资产以应对性质、持续期间与严重程度不确定的流动性危机(第三道防线)。因此,银行要综合各种因素,采用相应的压力测试和流动资产。

### (三) 流动性应急计划 (CFP)

我们不能预测下一次危机的性质、持续期间与严峻程度。一方面,银行不可能在日常情况下持有巨额的优质流动资产以足以应付任何性质、持续期间的严峻的危机,这将在危机来临之前拖垮银行的盈利能力;另一方面,银行必须做好准备应付足以致命的流动性危机。因此,我们需要妥善的应急计划,包括有效的早期预警机制、阈值;及时的应急计划启动机制以及详细、可行的行动方案。

## 四、商业银行流动性风险管理应嵌入银行整体经营战略中

流动性将作为银行整体战略规划的主要考虑因素之一，下面从风险战略和业务战略两个角度进行分析。

### （一）风险战略

银行现行的风险战略主要考虑各类实质性风险对其资本充足率与盈利的影响，较少考虑到对银行流动性的影响。这将是未来银行重检与调整其风险战略的主要内容之一。目前来看，单靠资本充足率无法支持银行安然度过流动性危机，而增加稳定资金来源在融资组合的占比、通过压力测试来评估经营模式中的风险点、相应的 HQLA 以及应急融资方案才是流动性风险管理的重点。银行有必要开始在压力测试与逆压力测试下考虑各类实质性风险，尤其是信用风险与流动性风险之间的交叉感染及其对银行流动性的影响与冲击；并将压力测试结果纳入其经营模式与风险战略的重检与调整。

### （二）业务战略

银行在考虑各类业务战略时应考虑以下三个方面的因素，并对银行的经营模式与部分业务的战略进行重检。

一是评估各类业务与经营模式对银行流动性的影响，尤其当某些业务已偏离传统的性质，有不同的风险特征。这是主动、有前瞻性地进行流动性风险管理的必要前提。若银行在制定业务战略时未充分考虑其对流动性的影响，流动性风险管理只能是被动的。这将造成银行不得不更多地依赖不稳定的资金来源。

二是流动性风险可能来源于银行各类业务，尤其是回报偏高、增速偏快的业务。主动的流动性风险旨在找出这类业务与流动性风险轮廓之间的相关性，识别其影响模式，并制定相关的监控指标。

三是流动性很可能比资本更能限制业务增长。在年度预算与未来数年的业务规划过程中，银行不仅要考虑其对资本的占用，还要考虑其对流动性的占用，并视需要作出调整。银行在年度预算过程中，考虑各项业务战略时主要考虑其对资本的占用与风险调节后的资本回报率。但较少前瞻性地全面考虑其流

动性与现有的融资战略是否能够支持其未来数年的业务战略。银行在评估各项业务的风险调节后的收益与资本回报率时若未充分考虑其所占用的资金的流动性溢价，将导致银行过度拓展长期贷款；不重视承诺性授信的使用率情况；贷款的再融资比率与还款计划等对流动性的影响。这不利于资金的合理使用与流动性风险管理，也高估了业务的回报率。

# 信用风险管理之一：
# 信用风险量化模型建设和管理技术[*]

为了保证风险量化模型的开发质量和实施效果，金融机构所有的风险量化模型都应该参考模型建设和管理技术行业标准进行开发、评估和文档归档。从系统化角度来看，有必要总结国内外信用风险量化模型建设和管理的先进经验，为模型管理和建设提供全面、系统和科学的指导，确保模型的建设、使用、监控、审批、上线符合监管要求。

## 一、模型设计（Model Design）

模型的设计对模型最终是否能实现其目标起着举足轻重的作用。为了保证模型的设计可以满足模型的目标，审批人员应主要从以下七个方面对模型的设计进行评估。

模型的设计是建模工作的第一阶段，建模工作的后续工作如数据处理、模型的选择应该在得到审批人员对模型设计的认可后再开展，以避免返工和劳动浪费。为了加强指引在实际操作中的可行性，在技术指引实行的初期，模型设计的审批不要求正式报送，可以口头或书面（如邮件）沟通。

（一）要解决的业务问题（Business Problem Addressed）

建模人员应该用简单易懂的语言对模型要解决的业务问题进行描述。这些描述应该包括一个或多个已达成共识的业务原则或核心价值，如客户的行为、银行员工的参与度、竞争对手的动作、经济形势的变动、合规的需要、公司战

---

[*] 本文写作于 2015 年 8 月。

略的考虑等。例如，信用卡部门要设计一个申请评分模型来测算新客户出现不良贷款的风险。这个模型在新客户审批过程的应用中，需要审批人员和客户进行沟通，手动输入一些关键的模型变量数值，在很多情况下还需要对模型的评分结果进行覆盖。这种模型在业务中的应用方式就需要在模型设计开发的过程中，考虑如何解决验证客户提供信息的真实性、员工手动输入数据的可靠性、对模型评分结果覆盖的审批案例如何进行表现监控等问题。

## （二）目标变量的定义（Definition of Dependent Variable）

建模人员应该对目标变量的定义进行如下描述：

（1）明确描述目标变量的定义，并说明为何这样的定义与要解决的任务问题是相关的；

（2）明确定义目标变量的表现时间窗（Performance Window）和观察时间窗（Observation Window）：例如，目标变量可以定义为未来 12 个月贷款出现至少一次 60 天或 60 天以上逾期的概率。在这个定义里，"未来 12 个月"为表现时间窗，"贷款出现至少一次 60 天或 60 天以上逾期"为观察时间窗。

（3）如果模型需要满足监管部门的要求，此定义是否满足监管部门的要求；

（4）为何选择这样的定义而不是其他定义；

（5）对定义可能产生的误解进行澄清，如定义是在客户层面还是账号层面的，定义是在观察期之间的表现还是在观察期结束的时间点的表现等。

## （三）样本的选择（Sample Selection）

建模人员应该对建模样本的选择进行如下描述：

（1）样本选择的方法，如有随机抽样和非随机抽样（有目的抽样），其中随机抽样方法包括简单随机抽样、等距抽样、分层随机抽样、整群抽样几种常用类型；非随机抽样也称为有目的抽样，包括全面抽样、最大差异抽样、极端个案抽样、典型个案抽样几种常用类型。

（2）样本的大小，为了增强可测性和检验的准确性，应该尽量增大样本容量，但同时还应考虑可行性和经济成本。

（3）建模样本（Training Sample）、保留样本（Test Sample）、验证样本（Validation Sample）的划分。

(4) 样本可能有的偏差，如必须通过审批的条件限制、经过客户自然流失后的样本、外部因素变化对样本的影响如产品特征、竞争对手的策略、经济周期、季节性因素等。

## （四）分析方法（Analytic Approach）

分析方法的描述应该包括以下内容：

(1) 数据获取渠道的描述，主要分为直接渠道和间接渠道：直接渠道主要指通过统计调查获得的第一手统计数据，如办理信用卡业务时客户填写的个人信息资料，当下十分流行的大数据方法等；间接渠道通常指通过查阅资料或者通过其他网站、平台获取的二手数据，如通过 Wind 或 Bloomberg 获得数据。

(2) 模型的结构，根据所做的假设分析对象的因果关系，利用对象的内在规律和适当的数学工具，构建各个量间的等式关系或其他数学结构。同时，在建模过程中还应注意细节问题，如客户的分群、子模型的架构等。

(3) 建模技术，在建模过程中常用到的数学方法和计算机技术，如 logistic 回归、决策树、普通线性回归、分层分析（Hierarchical Analysis）、聚类分析（Clustering）、时间序列等。

(4) 变量的处理，如变量的剔除、转换、最大值或最小值的设置、缺失值的处理、变量相关性的处理等。

## （五）模型验证过程（Model Validation）

验证模型是否有效的描述应包括：

(1) 随机保留样本的描述，如选取记录集中的一部分（通常是2/3）作为训练集，保留剩余的部分用作测试集。选取随机保留样本的标准、比例、特征等方面的描述。

(2) Bootstrap 验证，是非参数统计中的一种重要的统计方法，在执行上常需借助计算机技术得以实现。举例来说，当总体可用正态分布描述时，其 Sampling Distribution 服从正态分布或服从 t 分布；但当总体不服从正态分布或未知时，我们采用计算机模拟或用渐进分析的方法更加有效。

(3) 交叉验证（Cross Validation），基本思想是在某种意义下将原始数据（Dataset）进行分组，一部分作为训练集（Train Set），另一部分作为验证集（Validation Set），首先用训练集进行测试，再利用验证集来测试得到的模型，以此作为评价模型的性能指标。常见方法有 Hold-Out Method，K-fold Cross Validation，Leave-One-Out Cross Validation。

（4）外来样本的验证，通过外部获取的样本对已有的模型进行检验，判断模型的有效性。

### （六）模型的局限性（Model Constraints）

一般来说，模型的局限性可以分为客观的、不能加以修正的局限性和可以通过人为修正的局限性。验证客观局限性的描述主要包括系统的局限性、模型的局限性等。验证主观局限性的描述主要包括：建模时间的规划，建模人员的配置、人员水平等，业务和数据的理解上的局限性，样本的局限性，外部因素对模型的影响，如竞争对手的压力、合规时限的压力等。

### （七）建模进度（Model Timeline）

主要包括有限资源的有效配置，在可以利用的资源数量一定的条件下，通过调配进度使项目工期尽可能短；建模时间的规划，几个有效时间节点的把控，如是否有外部竞争或合规方面的压力而需要在短时间内完成建模等。

## 二、数据处理（Data Exploration）

### （一）建模数据的描述分析（Data Sample Review）

建模数据的评估主要包括：数据的获取渠道，如内部数据集市、历史数据存档、第三方公司提供的数据等；数据的样本记录数及每一条记录所代表的含义；数据的变量的个数；数据的收集时间。

### （二）模型变量的描述（Definition of Candidate Variables）

模型变量的描述应该包括对每一个变量定义的准确描述及变量的值所对应的含义。定义和使用变量时，通常要把变量名定义为容易使用阅读和能够描述所含数据用处的名称，而不要使用一些难懂的缩写如 A 或 B2 等。例如：编写一个销售苹果的软件时，我们需要两个变量来存储苹果的价格和销量。此时，可以定义两个名为 Apple_ Price 和 Apple_ Sold 的变量。每次运行程序时，用户就这两个变量提供具体值，这样看起来就非常直观。

### （三）建模样本大小和目标变量分布（Sample Size and Distribution of Dependent Variable）

对此部分的描述应该包括：建模样本的大小是如何决定的；如何获得各个细度的数据记录并有效地控制成本；目标变量的分布，包括异常值、多峰性分布、负值的处理等。

### （四）数据时间窗定义（Time Period of Data Collected）

此部分的描述应该包括：目标变量表现的观察时间（采用滚动时间窗或固定时间窗的方法）；模型独立变量的观察时间；模型目标变量和独立变量数据是否有时间不足的情况，如有些样本的目标变量表现观察期不足、模型变量的观察时间不足等。

### （五）有效数据频率描述和缺失值处理（Data Hit Frequency and Missing Values）

对此部分的描述应该包括：样本变量数据的有效频率；样本记录中有效记录的频率；某些变量或记录数据缺失的原因，这些缺失原因是否会对模型产生影响或偏差；在建模过程中，如何对各种数据缺失原因进行考虑。

每个模型独立变量的缺失值频率；模型独立变量的缺失值是否有具体的含义；缺失值出现的频率是否稳定；有缺失值的变量在模型中的重要性及表现的稳定性；每一个变量对缺失值的处理方法，包括采用中位数、平均数、最大或最小值、最好或最坏值替代，单变量处理，多变量处理，以变量减少、建模或评分，或拒绝原因算法为目标的处理等。

### （六）变量最大值（Caps）和最小值（Floor）处理

对此部分的描述应该包括：每个变量的最大值或最小值；对最大值或最小值的处理方法；处理后对这些变量取值范围的影响以及数据记录表现的影响；以变量减少、建模或评分，或拒绝原因算法为目标的最大值或最小值设置；这些设置是否能防止所有可能出现的取值错误。

### (七）变量转换（Transformations）

对此部分的描述应该包括：
（1）单变量转换，如反正弦、对数、开方、Box-Cox 等。
（2）多变量转换，如变量之间相除、相减、相加、相乘等。
（3）对变量取值的划分或归成大类；变量转换的处理程序及编程方法；这些设置是否能防止所有可能出现的取值。
（4）采用 Weight of Evidence 方法（该方法在生态风险评估 ERA 领域使用多年，能结合多方面数据给出总体风险评估）进行分栏并计算 Information Value 来验证。

### （八）外部因素（Environmental Factors）

可能影响目标变量表现的外部因素主要有国家或区域的经济环境、宏观经济指标、产品特征、获客渠道、主要竞争对手的策略、天气因素、季节性周期因素等。

## 三、模型的选择（Model Selection）

模型审批人员应该对建模的方法及模型的表现是否能够达到预期的目标进行诊断和评估。评估应该至少包含以下九个方面内容。

### （一）子模型分割方法（Segmentation Scheme）

模型分割（子模型）的方法应该包括以下内容：
（1）分割优化的标准及目的：如对无数据记录的处理、模型表现的连续性考虑、变量相关性的区格、变量预测能力的区格等。
（2）选择分割的手段，如历史数据分析、CART 分析、贝叶斯树等。
（3）采用分割后对模型的表现所带来的提升的数据支持，尤其要说明表现的提升足以覆盖由于分割所带来的模型复杂度增加的负担。

### （二）变量剔除（Variable Reduction）

（1）模型独立变量剔除或合并的考虑因素包括：变量缺失的频率；变量

的波动性；变量组合；变量聚类，将集合分成由类似的对象组成的多个类。

（2）变量之间的相关性检验，如采用相关系数矩阵，Pearson 相关系数或者 Spearman 相关系数方法。

（3）不同分割模型（子模型）变量的同质性检验，用卡方统计量验证不同子模型是否来自同一总体。

（4）变量选择的方式：如向前选择、向后选择、逐步选择等；变量的交叉验证。

## （三）模型优化标准（Model Optimization Criteria）

（1）对此部分的描述应该明确定义模型优化的标准，进而说明为何候选模型是最佳的选择。

（2）如果选择多个指标，应说明多个指标的选择标准，例如，KS 值（Kolmogorov-Smirnov），决策边际变现（如 5%、10%、15%），$R^2$，Somer's D（or Gini）等。

（3）对于需要满足监管要求的模型，要将监管要求融入选择模型优化的过程中。

## （四）模型参数的确定方法（Model Selection Methodology）

（1）对此部分的描述应该明确模型选择的方法，包括如何确定模型的参数、如何从众多的候选模型中选择最终的模型。

（2）VIF（Variance Inflation Factor）检验，判断模型是否存在多重共线性问题，经验判断方法表明：当 $0 < VIF < 10$，不存在多重共线性；当 $10 \leqslant VIF < 100$，存在较强的多重共线性；当 $VIF \geqslant 100$，存在严重多重共线性，此时模型效率低。

（3）如何对模型的参数进行平滑处理；如何确定模型的变量及结构是简单适用的；如何防止拟合不足或拟合过度。

## （五）建模程序（SAS 或其他工具）的结构

（1）对此部分的描述应该说明建模使用程序的结构，包括处理原始数据的所有的程序，从开始到结束。

（2）程序是否具有恰当的标注和结构说明，如数据处理部分、变量选择部分、候选模型比较部分等。

（3）程序是否被妥善统一存档，存档是否可以被访问，程序是否可以被其他人运行这些具体备注说明。

（六）建模程序（SAS 或其他工具）细节

对此部分的描述应该选择一段建模程序进行评估，评估内容包括：程序的标注是否充分，程序的结构是否容易理解；变量的名称、标识是否简单易懂；容易误解或复杂的部分是否有特殊标注；程序引用的模块是否有相应的文档；程序格式是否恰当使用缩进和空格；程序的作者是否标注；在程序的开发、运行和程序的重复使用之间是否保持恰当的平衡。

（七）模型的表现（Model Performance）

对此部分的描述应该评价模型对目标行为预测的能力，主要包括：建模样本的表现；非建模样本（Out of Sample or Out of Time）的表现；如果和建模样本表现不同，要解释表现不同的原因；对未来样本表现的预期；对所有未来可能影响模型表现的不确定性因素是如何考虑的。

（八）模型是否拟合不足或拟合过度（Assessment of Model Overfit / Underfit）

任何模型都可能会有拟合不足或拟合过度的问题，对拟合度的评估可以在几个不同的层面展开，如使用可决系数对模型进行拟合优度检验，使用模拟数据或其他历史数据对模型进行再次验证，是否有以往的经验或数据来验证模型等。

（九）残差分析（Residual Analysis）

残差分析主要是：用残差证实模型的假定，如用残差图判断模型效果与样本数据的质量，检验模型是否满足基本假定，以便对模型做进一步的修改。

用残差检测异常值和有影响的观测值，如果异常值是一个错误数据，若是由记录错误造成，应该修正数据，以便改善模型效果；如果是由于模型的假定不合理，使得标准化残差偏大，应该考虑修正模型；如果完全是由于随机因素造成的，则应该将该数据视为有效观测值，予以保留。

同时应注意的问题有残差是否是随机分布的、一个或几个记录的变化是否会对整个模型有较大的影响、不同的取样方法是否会产生不同的模型或不同的残差分布。

## 四、模型的最终审批（Final Signoff）

模型审批人员在最终批准模型之前，应对以下三个方面进行评估：

### （一）模型替换分析（Swap Set Analysis）

任何模型都会有几个不同的版本，如原有模型、简单的业务逻辑替代的模型和第三方公司的模型。模型审批人员应该就最终的模型版本和其他版本进行比较，进行优劣分析，包括：

（1）如果不用这个模型，业务模式会如何展开？

（2）对原来被否决，新模型会批准的样本（swap in 样本）进行分析并评估对业务的影响。

（3）待审批的模型和其他模型相比，有哪些优势？这些优势是如何获得的，它们是否符合基本的业务逻辑。

（4）模型在应用的目标客户群内的主要独立变量的分布是否符合业务逻辑？和其他模型的版本相比，它们是否和上述的新版本的模型优势相吻合？

（5）应用测试技术对现有模型进行挑战（Campaign Challenger），模型上线的版本策略如过渡阶段和原模型或其他规则共用等。

### （二）监控策略（Monitoring Strategy）

模型的监控策略应包括以下内容：

（1）监控的主要指标，频率；监控报告的审阅人员及存档流程。

（2）对于监控的指标来讲，稳定性指标（Population Stability Index）和准确性指标（Validity）通常只是最低标准；稳定性指标应该包括模型目标变量和独立变量的稳定性监控。

（3）模型指标的参考客群是如何定义的。

（4）模型的目标应用客群如果发生变化，如何能够识别目标客群的变化？如何对模型的表现进行有效的跟踪？

（5）监控程序是否经过调试和验证。

（6）如果数据导入出错，如何对错误信息进行识别和报警？如果模型运行失败，业务开展的备用方案是什么？识别模型失败的流程和重新启动模型运行的流程各是什么？

（7）在什么情况下，建模人员需要对模型进行重新评估或重新建模？明确定义这些情况下主要表现指标的临界值。

### （三）未来规划（Future Plan）

模型的未来规划应描述模型如何进一步提高，具体包括：

（1）如何获得更客观全面的样本？客观全面的样本应该包括正常业务运营之外的样本，例如申请审批的样本应包括所有申请客户的表现而不仅仅是通过审批的客户的表现。

（2）对于审批模型的临界值附近的样本，业务是否需要加大样本收集的力度为未来的建模作准备；样本收集的经济成本和流程成本各有多大？投入是否值得？

（3）未来的业务规划的大方向是什么？模型的样本采集策略应如何配合业务发展的需要？是否有其他数据源或建模技术能够进一步提升模型的表现？

# 信用风险管理之二：
# 金融机构合格信用风险缓释认定、计量与分配[*]

一般来说，金融机构采用内部评级法计量信用风险监管资本，内部评级法的结构包括敞口分类、风险缓释及其应用三部分。就敞口而言，账户分为公司、金融机构、主权、股权、零售和其他等。就缓释而言，第一维度是客户评级，估计违约概率，通过以定性数据、定量数据以及历史违约数据等作为模型基础，开发建立不同的模型，从而对客户进行评级，将客户评定为多个主标尺级别。第二维度是债项评级，估计违约损失率（LGD），在之前模型数据基础上，初级内部评级法中采用监管当局规定的违约损失率参数，高级内部评级中采用内部模型估算的违约损失率参数，进行违约损失率级别的评级。第三维度是估计违约风险暴露（EAD），初级法中采用监管当局规定的违约风险暴露参数，高级法中由采用表内估计和表外估计等方法自行估计违约风险暴露参数。

信用风险缓释由信用风险缓释认定、处理和管理三个部分工作组成：信用风险缓释认定指从接受的风险缓释品中识别出可在风险加权资产（RWA）计算中用于抵减资本的合格的风险缓释工具；信用风险缓释处理主要包括信用缓释品的计量和分配分摊；风险信用缓释管理为缓释品的持续合格制定管理原则。

信用风险缓释的框架包括信用风险缓释的认定、计量与分配三个部分。合格缓释品种类包括保证、金融质押品、应收账款、商用房地产、居住用房地产和其他抵（质）押品等。监管对合格风险缓释可用于缓释的价值的计量有一

---

[*] 本文写作于 2017 年 11 月。

系列的要求,包括期限错配、币种错配、金融质押品折扣系数、最低抵(质)押水平、超额抵(质)押水平(初级法与高级法同时适用)。缓释作用(分配)规则指在初级内部评级法下,缓冲作用的规则要求包括保证规则、单种抵(质)押规则、多种抵(质)押规则、保证+抵(质)押规则;在高级内部评级法下,银行在一定限制条件下可自行确定相关规则。

## 一、风险缓释认定

### (一) 风险缓释认定工作方法的框架

首先,汇总认定对象,主要指认定接受的风险缓存种类(来自 IT 业务系统)。其次,形成认定条件并筛选合格缓释工具,通过合格性认定指标来筛选合格抵(质)押品、合格净额结算、合格保证与信用衍生品。再通过政策、操作手册、产品、系统进行审阅、检视与研究。然后监管类型匹配与映射,内部评级法初级法下合格信用风险缓释的认定,包括合格抵(质)押品[金融质押品、商用、居住用房地产、应收账款和其他抵(质)押品]、合格净额结算、合格保证与信用衍生工具等来减少先加权资产(RWA)。最后,提出合规建议。

### (二) 风险缓释认定监管要求

银监会《商业银行资本管理办法》附件6(《信用风险内部评级法风险缓释监管要求》)规定合格的信用风险缓释工具要满足监管提出的一般管理要求和认定要求。信用风险缓释应遵循合法性原则、有效性原则、审慎性原则、一致性原则和独立性原则。信用风险缓释管理的一般要求包括有效的法律审查,明确约定信用风险缓释覆盖的范围,不能重复考虑信用风险缓释的作用,保守地估计信用风险缓释工具与债务人风险之间的相关性,制定明确的内部管理制度、审查操作流程和信息系统。其中:

1. 合格抵(质)押品的认定要求

合格抵(质)押品包括金融质押品、应收账款、商用房地产和居住用房地产以及其他合法合规、权属清晰、可执行的且能有效处置的抵(质)押品。再资产证券化不属于合格的金融抵(质)押品。金融机构应建立相应的抵

（质）押品管理体系，包括健全完善的制度、估值方法、管理流程以及相应的信息系统。

2. 对存货管理的额外要求

存货为合格信用风险缓释工具要建立如下程序监测存货风险：合法的主体资格、完善的管理制度和技术、合格的管理人员、高效的进出库信息传递系统及定期实物检查；分析确定存货的市场价值，采用成本价值和市场价值孰低法。

3. 对应收账款管理的额外要求

认定应收账款为合格信用风险缓释工具要满足如下风险管理要求：确定应收账款价值时应当减去坏账准备；建立应收账款信用风险的认定过程；建立应收账款的监控制度及其他法律要求；书面规定清收应收账款的程序，应有权不经过应收账款债务人同意，出售或转让该质押的应收账款。

4. 合格保证的认定要求

主要有：保证人资格应合法，具备代为清偿贷款本息能力；保证应为书面形式，且保证数额在保证期限内有效；应对保证人的资信状况和代偿能力等进行审批评估；确保保证人履行债务时，可以获得资金汇出汇入的批准；定期对保证人的资信状况和代偿能力及保证合同履行情况进行检查；具有实质风险相关性的保证不应作为合格的信用风险缓释工具。

5. 合格信用衍生品的认定要求

应满足以下要求：信用衍生工具提供的信用保护必须是信用保护提供方的直接负债；除非由于信用保护购买方的原因，否则合同规定的支付义务不可撤销；在违约所规定的宽限期之前，基础债项不能支付并不导致信用衍生工具终止；允许现金结算的信用衍生工具，应具备严格的评估程序，以便准确估计损失。

### （三）合格风险缓释认定工作步骤

首先，按系统押品种类进行认定，制定合格性认定指标，包括权属是否清晰、抵（质）押法律手续合法及完备、变现能力、相关性、价值、估值频率、保险情况、押品被合格监管方监管、期限错配情况等。满足上述全部条件，该类押品认定为合格；对于金融类质押品，还需要识别判断监管折扣系数所需的信息。然后制定合格性判断的系统实现方式，提出系统数据需求。

### (四) 合格风险缓释认定流程

将合格条件部署在系统中逐笔自动识别，首先，将抵（质）押品关联到债项，根据预设的合规性判断条件进行判断，不符合预设合规性判断条件的不合格抵（质）押品不参与风险加权资产计算。其次，对于符合条件的合格抵（质）押品，再根据监管子类的映射条件进行判断，不满足监管子类映射条件的不合格抵（质）押品不参与风险加权资产加权。最后，将符合条件的合格抵（质）押品分为合格（质）押品、合格应收账款、合格商用房地产和住房用房地产以及其他合格抵（质）押品；其中，合格质押品可依据折扣系数条件再分为合格金融质押品细类。

### (五) 合格抵（质）押品要求示例

**1. CMS 系统抵（质）押品种类——以金融债券为例**

合格金融抵（质）押品主要包括：(1) 财政部发行的国债；(2) 中国人民银行发行的票据；(3) 政策性银行、公共部门实体和商业银行发行的债券、票据和承兑的汇票；(4) 金融资产管理公司定向发行的债券；(5) 其他国家或地区政府及其中央银行、国际清算银行和国际货币基金组织，多边开发银行所发行的 BB（含 BB-）以上级别的债券；(6) 其他实体发行的 BBB（含 BBB-）以上级别的债券；(7) 评级不低于 A-3/P-3 的短期债务工具；(8) 公开上市交易的股票及可转换债券；(9) 虽无外部评级，但同时满足下列监管条件的债券：①银行发行；②交易所交易；③具有优先债务的性质；④具有充分的流动性；⑤虽没有外部评级，但发行人发行的同一级别债券外部评级为不低于 BBB- 或不低于 A-3/P-3（含 A-3/P-3）。

除了满足最低的管理要求外，还要建立合格条件进行筛选，包括权属是否清晰、抵（质）押法律手续合法及完备、变现能力、相关性、价值、估值频率、期限错配。而数据需求方面则需要了解债券发行人、债券发行人所在地、债券发行人主体类型、债券外部评级、债券期限、债券价值、债券币种、债券估值频率、债券类型（非次级债）、债券交易场所。

**2. 贸易融资货押业务抵（质）押品——以应收账款为例**

确定应收账款价值时，应当减去坏账准备。应收账款信用风险的认定过程包括定期分析债务人行业、经营和财务状况等。商业银行通过借款人确定应收账款风险时，应检查借款人信用政策的合理性和可信度。应收账款的监控制度包括账龄报告和贸易单据的控制等，定期检查贷款合约的履行情况及其他法律要求。应书面规定清收应收账款的程序，如借款人发生财务困难或违约，应有权不经过应收账款债务人同意，出售或转让该质押的应收账款。即使一般情况下通过借款人清收应收账款，也应制定完善的清收措施。

除了前文提到的通用的合格条件［权属是否清晰、抵（质）押法律手续合法及完备、变现能力、相关性、价值、估值频率、期限错配］进行筛选外，合格应收账款还需要满足应收账款债务人评级高于借款人评级和应收账款已购合格信用保险两个合格条件。且数据需求包括押品种类、押品名称、押品所在地、押品数量、押品价值、押品币种、估值频率、权属情况、抵（质）押法律手续合法及完备、变现能力、相关性、保险情况、押品被合格监管方监管、期限错配、应收账款债务人评级应收账款出口信用保险。

3. 贸易融资货押业务抵（质）押品——以存货为例

首先，确保保管存货的仓储公司或现货交易市场等具有合法的主体资格、良好的商业信誉、完善的管理制度、专业的管理设备和技术、合格的管理人员以及进出库信息传递系统。其次，充分分析市场供求关系和市场前景，确定存货的市场价值（价值评估应采用成本价值和市场价值孰低法）。此外，对存货应定期进行实物检查。

合格存货应投入资源做贸易融资的操作配套、货押业务的管理符合监管的最低要求，要从以下几个方面建立合格条件进行筛选，包括权属是否清晰、抵（质）押法律手续合法及完备、变现能力、相关性、价值、估值频率、保险情况、押品被合格监管方监管、期限错配。且合格存货的数据需求应包括押品种类、押品名称、押品所在地、押品数量、押品价值、押品币种、估值频率、权属情况、抵（质）押法律手续合法及完备、变现能力、相关性、保险情况、押品被合格监管方监管、期限错配。

## 二、风险缓释计量

监管对合格风险缓释可用于缓释的价值的计量有一系列的要求，包括最低抵（质）押水平和超额抵（质）押水平期限错配、币种错配、金融质押品折扣系数。各种风险缓释计量方法的应用对象框架如表 3-8 所示。

**表 3 – 8　　风险缓释计量方法的应用对象**

| | 初级法 | | | | | 高级法 | | | | |
|---|---|---|---|---|---|---|---|---|---|---|
| | 系数标准 | 保证 | 金融质押品 | 应收账款 | 商用房地产和居住用房地产 | 其他抵(质)押品 | 系数标准 | 保证 | 金融(质)押品 | 应收账款 | 商用房地产和居住用房地产 | 其他抵(质)押品 |
| 期限错配 | 监管给定 | ✓ | ✓ | ✓ | ✓ | ✓ | 使用监管标准或自行估计 | ✓ | ✓ | ✓ | ✓ | ✓ |
| 币种错配 | | ✓ | ✓ | ✓ | ✓ | ✓ | | ✓ | ✓ | ✓ | ✓ | ✓ |
| 折扣系数 | | | ✓ | | | | | | ✓ | | | |
| 最低抵(质)押水平 | | | | | ✓ | ✓ | | | | | | |
| 超额抵(质)押水平 | | | | ✓ | | ✓ | | | | | | |

### （一）最低抵（质）押品水平和超额抵（质）押水平

举例来说，流动资金贷款 1000 万元，借款人提供了：（1）现金质押 200 万元；（2）应收账款 300 万元；（3）房产 150 万元。对表 3 – 9 的应用（现金＞应收账款＞房产）：现金（金融质押品）没有 $C^*$ 和 $C^{**}$ 的限制，200 万元都可以用，被现金覆盖的流动资金贷款 200 万元的最低 LGD 为 0；应收账款：没有 $C^*$ 的限制，$C^{**}=300/125\%=240$ 万元，被应收账款覆盖的流动资金贷款 240 万元的最低 LGD 为 35%；剩下的贷款（1000 – 200 – 240）＝560 万元继续考虑合格房产的缓释作用。房产适用的 $C^*=30\%$，则 $560×30\%=168$ 万元，房产原值 150 万元＜168 万元，不合格。

**表 3 – 9　　最低抵（质）押品水平和超额抵（质）押水平分析**　　单位：%

| | 最低违约损失率 | 无担保违约损失率 | 最低抵（质）押水平（$C^*$） | 超额抵（质）押水平（$C^{**}$） |
|---|---|---|---|---|
| 金融质押品 | 0 | 45 | 0 | 不合适 |
| 应收账款 | 35 | 45 | 0 | 125 |
| 商用房地产和居住用房地产 | 35 | 45 | 30 | 140 |
| 其他抵（质）押品 | 40 | 45 | 30 | 140 |

### （二）期限错配

缓释工具的剩余期间小于暴露的剩余期间时，即发生期限错配，可用的缓释价值为期限错配调整后的价值（适用于所有合格缓释工具）。出现期限错配时，若用信用风险缓释工具原始期限不足1年，或剩余期限不足3个月，则不具有信用风险缓释作用。其余情况下，期限错配折扣后的缓释品价值计算规则如下：

$$Pa = P \times [(t - 0.25)/(T - 0.25)]$$

式中，Pa：期限错配因素调整后的信用缓释价值；P：期限错配因素调整前，经各种折扣系数调整后的信用缓释价值；T：为风险暴露的剩余期限与5之间的较小值，以年表示；t：为信用保护剩余期限与T之间的较小值，以年表示。

数据需求包括缓释工具价值（如押品评估价值、保证金额）、押品估值[银行对抵（质）押保证的价值评估，并应符合监管要求]、缓释工具的保护剩余期限（如金融质押品、应收账款的剩余期限、保证人的保证期限等）。

针对应收账款抵押贷款应慎重考虑期限错配情况，《应收账款质押担保授信业务管理办法》规定用于质押的应收账款要满足："应收账款尚未到期，且到期日不得晚于所担保债务到期日倒推前30日"；"应收账款汇款应汇入于开立的质押应收账款收款专户，当所担保的债务出现逾期时，有权从应收账款专户中直接划扣质押应收账款的已收回款项"。按照实际业务情况，应收账款到期日早于债务到期日是可以有效预警损失并降低损失风险，并且当应收账款到期后，实质上可以视为是收到了由应收账款转换而来的"保证金"，因此在现行业务操作下，应收账款到期早于债务有利于风险降低，不建议对应收账款进行期限错配调整。缓释处理上，可以将应收账款质押贷款的缓释工具视为"应收账款＋保证金"（应收账款到期后缓释工具变为保证金），不存在缓释工具与暴露的期限错配。举例：A公司（标普评级为BBB＋），向银行贷款5000万元人民币，剩余期限6年，另提供B公司5年期，但剩余期限3年的3000万元（折人民币的美元债）的公司债（标普评级为BBB）作为担保，此时期限错配调整系数：[（t－0.25）／（T0.25）] = [（3－0.25）／（50.25）] = 0.58。

### （三）币种错配

如缓释工具与风险暴露的币种不同，即存在币种错配[适用于保证、金融质押品、应收账款、商用房地产和居住用房地产、其他抵（质）押品的价值]。金融质押品：折扣系数与币种错配调整后价值 = C × (1 - $H_c$ - $H_{fx}$)，C

为金融质押品的当前价值，$H_c$ 为金融质押品的折扣系数，$H_{fx}$ 为金融质押品和风险暴露币种错配折扣系数。保证与其他抵（质）押品：币种错配调整后价值 = G × (1 – $H_{fx}$)，G 为工具当前价值或保证的名义金额，$H_{fx}$ 为缓释工具适用的币种错配折扣系数。其中，$H_{fx}$ 的标准取值：逐日盯市、逐日调整保证金，且最低持有期为 10 个交易日时，标准折扣系数为 8%；不同最低持有期限，或再评估频率的交易，需根据平方根公式调整：0.08 × $\{[N_R + (T_M – 1)] / 10\}^{\frac{1}{2}}$ [$N_R$ 为对资本市场交易保证金调整或对抵押贷款重新估值的实际间隔交易天数；$T_M$ 交易最低持有期（当日调整保证金回购交易 5，当日调整保证金其他交易 10，当日重新估值抵押贷款 20）]。

数据需求包括缓释工具价值（如押品评估价值、保证金额）、押品估值[银行对抵（质）押保证的价值评估，并应符合监管要求]、缓释工具的原始币种、风险暴露敞口币种、暴露的交易类型（回购、其他资本市场交易、抵押贷款）。举例：A 公司（标普评级为 BBB +），向银行贷款 5000 万元人民币，剩余期限 6 年，另提供 B 公司 5 年期，但剩余期限 3 年的 3000 万元（折人民币的美元债）的公司债（标普评级为 BBB）作为担保，此时币种错配调整系数 $H_{fx}$ = 0.08 × $\{[1 + (20 – 1)] / 10\}^{\frac{1}{2}}$ = 0.08 × 1.41 = 0.113。

### （四）金融质押品折扣系数

计算金融质押品可用于缓释的价值时，需要适用金融质押品的折扣系数。折扣系数与币种错配调整后价值 = C × (1 – $H_c$ – $H_{fx}$)，C 为金融质押品的当前价值，$H_c$ 为金融质押品的折扣系数，$H_{fx}$ 为金融质押品和风险暴露币种错配折扣系数。其中，$H_c$ 的标准取值是监管给定初级法下金融质押品标准折扣系数表，$H_{fx}$ 的标注取值参见"币种错配"。如果金融质押品为一篮子资产，该篮子资产的折扣系数按资产份额加权平均计算 H = $\sum a_i H_i$（$a_i$ 为资产份额）。

数据需求包括金融质押品评估估值、类型以及发行等级（A + 级国债、股票等）、金融质押品发行人、金融质押品剩余期限。举例：A 公司（标普评级为 BBB +）向银行贷款 5000 万元人民币，剩余期限 6 年，另提供 B 公司 5 年期但剩余期限 3 年的 3000 万元（折人民币的美元债）的公司债（标普评级为 BBB）作为担保，此时押品折扣系数调整系数 $H_c$ = 0.06 × $\{[1 + (20 – 1)] / 10\}^{\frac{1}{2}}$ = 0.06 × 1.41 = 0.085。

## 三、风险缓释分配

### (一) 风险缓释分配算法——运筹学方法

优化的风险缓释分配算法和核心思想是尽可能将最优质的风险缓释品，以最低的损耗分配给最差的风险暴露。从运筹学的角度看待风险缓释分配的示例如图 3-10 所示。左边为风险暴露金额，右边为风险缓释品金额，箭头的数字分别是缓释效果和缓释折扣代价，这样就构成了典型的资源分配问题，只要应用如图 3-10 所示的线性规划算法即可得到最优分配结果。

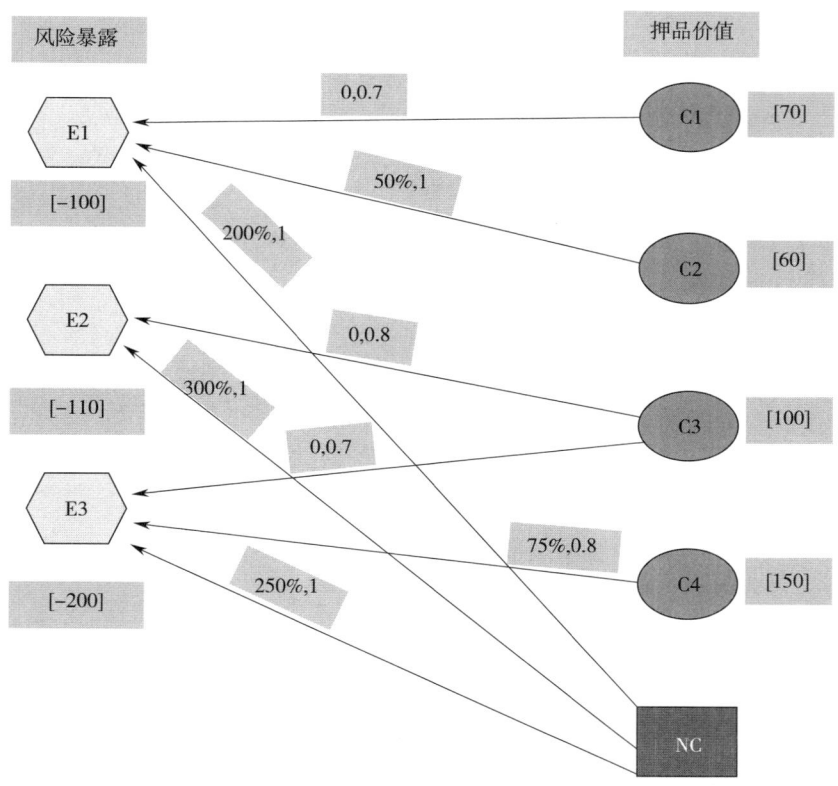

图 3-10　风险缓释分配的运筹学算法

## (二) 风险缓释（作用）分配规则

缓释分配的基础数据是基于额度或合同关系，确定债项和缓释工具的对应关系，在此基础上进行分配。初级法下，监管与抵（质）押品保证的缓释作用（分配）有一系列的规则要求；高级法下，金融机构在一定限制条件下可自行确定相关规则（见表3-10）。

表3-10　　　　　　风险缓释（作用）分配规则

|  |  | 保证 | 金融质押品 | 应收账款 | 商用房地产和居住用房地产 | 其他抵（质）押品 |
|---|---|---|---|---|---|---|
| 初级法 | 调查对象 | PD替代 | LGD | LGD | LGD | LGD |
|  | 同类叠加使用 | 将暴露拆分，分别计算RWA；保证期限不同需要拆分同一暴露，不同时考虑多个保证，可选最优 | 将暴露拆分，分别计算RWA | 将暴露拆分，分别计算RWA | 将暴露拆分，分别计算RWA | 将暴露拆分，分别计算RWA |
|  | 不同类叠加使用 | 可与抵（质）押同时缓释 | 将暴露拆分，分别计算RWA | | | |
|  | 抵（质）押拆分顺序（1~4） | 不适用 | 1 | 2 | 3 | 4 |
| 高级法 | 调整对象 | PD替代或LGD | PD替代或LGD | PD替代或LGD | PD替代或LGD | PD替代或LGD |
|  | 同类叠加使用 | 将暴露拆分，或在有历史数据证明时可叠加 | | | | |
|  | 不同类叠加使用 | 将暴露拆分，或在有历史数据证明时可叠加 | | | | |
|  | 抵（质）押拆分顺序（1~4） | 不适用 | 无规定，给出多重缓释处理程度与方法即可 | | | |
|  | 保证缓释作用限制 | 使用保证降低LGD得到的资本不得低于对保证人直接风险暴露的资本，不得反映"双重违约"效果 | 不适用 | 不适用 | 不适用 | 不适用 |

**1. 保证规则**

风险缓释作用体现为PD替代，替代借款人作为保证所覆盖的风险暴露的PD主体，在RWA计算中使用保证人PD；同一风险暴露由两个以上保证人提供保证,且不划分保证责任的情况下,不能同时考虑多个保证人的信用风险缓释作用,可以选择最优保证人;如保证人为该笔保证采用了其他风险缓释工具,可继续对标准违约损失率进行调整。举例:PD 为 3% 的借款人流动资金借款 100 万元,该借款下同时提供一个 PD 为 1.5% 的保证人全额担保,无其他抵(质)押物,该 100 万元暴露的 RWA = 12.5 × k(PD,LGD)× EAD = 12.5 × k(1.5%,45%)× 100。

2. 单种抵(质)押规则

表 3 – 11　　　　　不同类型抵(质)押品的抵(质)押规则　　　　　单位:%

| | 金融质押品 | 应收账款 | 商用房地产和居住用房地产 | 其他抵(质)押品 |
|---|---|---|---|---|
| 最低 LGD | 0 | 35 | 35 | 40 |
| 最低抵(质)押水平($C^*$) | 0 | 0 | 30 | 30 |
| 超额抵(质)押水平($C^{**}$) | 不适用 | 125 | 140 | 140 |

(1)抵(质)押品为金融质押品

金融质押品的信用风险缓释作用体现为对标准违约损失率的调整,调整后的违约损失率为 $LGD^* = LGD × (E^*/E)$,其中,LGD 为考虑质押品之前、优先的无担保风险暴露的标准违约损失率(45%);E 为风险暴露的当前值(EAD);$E^*$ 为缓释后风险暴露 $E^* = \max\{0, [E × (1 + H_e) - C × (1 - H_c - H_{fx}) × H_m]\}$;$H_e$ 为风险暴露折扣系数(一般只适用于回购交易);$H_c$ 为金融质押品折扣系数;$H_{fx}$ 为融质押品与风险暴露币种错配系数;$H_m$ 为金融质押品期限错配系数。

举例来说,A 公司(标普评级为 BBB + ),向银行贷款 500 万元人民币,剩余期限 6 年,另提供 B 公司 5 年期,但剩余期限 3 年的 300 万元(折人民币的美元债)的公司债(标普评级为 BBB)作为担保,则

$H_m = [(t - 0.25) / (T - 0.25)] = [(3 - 0.25) / (5 - 0.25)] = 0.58$

$H_{fx} = 0.08 × \{[1 + (20 - 1)] / 10\}^{½} = 0.08 × 1.41 = 0.113$

$H_c = 0.06 × \{[1 + (20 - 1)] / 10\}^{½} = 0.06 × 1.41 = 0.085$

$H_e = 0$(不适用)

缓释品可用缓释价值:$C × (1 - H_c - H_{fx}) × H_m = 300 × [1 - 0.113 - $

$0.085) \times 0.58] = 139.55$,$LGD^* = LGD \times (E^*/E) = 45\% \times (500 - 139.55)/500 = 32.44\%$。

（2）抵（质）押品为应收账款、商用房地产和居住用房地产、其他抵（质）押品

表 3 – 12　　　　　　非金融抵（质）押品的抵（质）押规则

| 单种抵（质）押规则 | LGD 取值 | |
|---|---|---|
| $C/E < C^*$ | 债项无担保 LGD（45%） | |
| $C^{**} \leq C/E$ | 最低 LGD | |
| $C^* \leq C/E < C^{**}$ | 全额抵（质）押部分 $C/C^{**}$ | 最低 LGD |
| | 无抵（质）押部分（$E - C/C^{**}$） | 债项无担保 LGD |

其中，C 为抵（质）押品经期限错配、币种错配、金融质押折扣系数后价值（监管条文无明确说明规定是调整前还是调整后，同业普遍实践为调整后价值）；$C^*$ 为最低质押水平；$C^{**}$ 为超额抵（质）押水平。

举例：流动资金贷款 100 万元，居住用房地产作抵押，银行认可抵（质）押价值为 150 万元（无期限错配与币种错配），$C/E = 150/100 = 150\% > 140\% \geq LGD = 35\%$；流动资金贷款 100 万元，居住用房地产作抵押，银行认可抵（质）押价值为 100 万元（无期限错配与币种错配），$30\% < C/E = 100\% < 140\%$，将债项拆分为 2 个暴露敞口：（1）全额抵（质）押部分：$100/1.4 = 71.43$（万元），$LGD = 35\%$；（2）无抵（质）押部分：$100 - 71.43 = 28.57$（万元），$LGD = 45\%$。

3. 多种抵（质）押规则

利用多种形式抵（质）押品对同一风险暴露共同担保时，将风险暴露拆分为由不同抵（质）押品覆盖的部分，分别计算风险加权资产；拆分顺序：金融质押品 > 应收账款 > 商用房地产和居住用房地产 > 其他抵（质）押品。

表 3 – 13　　　　　　多种抵（质）押品的抵（质）押规则

| | |
|---|---|
| 金融质押品 | $E_F = C_f$ |
| 应收账款质押 | $E_A = C_A/1.25$ |
| 商用房地产和居住用房地产抵押 | $E_R = C_R/1.4$ |
| 其他抵（质）押品 | $E_O = C_O/1.4$ |
| 无抵（质）押 | $E_N = E - E_F - E_A - E_R - E_O$ |

### 4. 保证 + 抵（质）押规则

一项风险暴露存在多个信用风险缓释工具时，初级内部评级法下，应将风险暴露细分为每一信用风险缓释工具覆盖的部分，分别计算 RWA。保证与抵（质）押品缓释作用在同一风险暴露敞口中叠加使用时，即使使用保证人 PD 替代借款人 PD，在债务违约情况下，借款人提供的抵（质）押仍然可以起减低损失作用。

表 3-14　　　　多种抵（质）押品的抵（质）押规则

| | 金融质押品 | $E_F = C_f$ |
|---|---|---|
| | 应收账款质押 | $E_A = C_A / 1.25$ |
| | 商用房地产和居住用房地产抵押 | $E_R = C_R / 1.4$ |
| 保证（保证金额 G） | 其他抵（质）押品 | $E_O = C_O / 1.4$ |
| | 无抵（质）押 | $E_N = E - E_F - E_A - E_R - E_O$ |

### 5. 多种抵（质）押规则和保证 + 抵（质）押规则

当一个债项存在多个信用风险缓释工具时，尽可能将最优质的风险缓释品，以最低的损耗分配给最差的风险暴露（缓释品的"损耗"是指缓释品由于期限、货币错配以及缓释比例要求导致实际分配缓释品价值的下降）。

案例：风险暴露 E=1000，保证 Ga=200，保证 Gb=300，金融质押物质押 C=100，应收账款质押 P=600（原估值 600×1.25），住宅楼抵押 H=700（原估值 700×1.4）。保证额和抵（质）押物价值都已经经过所有可能的错配调整。

步骤1：使用保证对风险暴露进行划分并排序，降序排序；Ga 覆盖部分 Ga（200）、Gb 覆盖部分 Gb（200）、保证未覆盖部分 U（500），假设资本 K（U）＞K（Ga）＞K（Gb）。

步骤2：对抵（质）押物排序，升序，根据监管规定的抵（质）押品缓释效果：K（C）＜K（P）＜K（H）。

步骤3：进行风险缓释的分配，顺序：金融质押品 C＞应收账款 P＞职工住宅楼 H。

表 3–15　　　　　　　　　风险缓释的分配顺序

| 抵(质)押升序 / 保证升序 | C (100) | P (600) | H (700) |
| --- | --- | --- | --- |
| U (500) | 100 | 400 | 0 |
| Gb (200) | 0 | 200 | 0 |
| Gb (200) | 0 | 0 | 300 |

步骤 4：计算划分后各暴露敞口的 PD、LGD。

表 3–16　　　　　　　划分后各暴露敞口的 PD 与 LGD 计算

| PD | LGD | 0 | 35% | 45% |
| --- | --- | --- | --- | --- |
| PD | 抵(质)押升序 / 保证升序 | C (100) | P (600) | H (700) |
| 借款人 PD | U (500) | 100 | 400 | 0 |
| 保证人 PD | Gb (200) | 0 | 200 | 0 |
| 保证人 PD | Gb (200) | 0 | 0 | 300 |

## 6. 债项与抵(质)押保证交叉对应规则

首先对债项按风险排序，其次对担保缓释能力排序，再确定债项缓释对应关系，然后债项与缓释按金额和规则拆分，最后拆分颗粒的违约损失率计算。当多笔债项对应多笔缓释工具时，情况将更为复杂，但原则不变，即尽可能将最优质的风险缓释品，以最低的损耗分配给最差的风险暴露。

由于存在一系列监管要求，例如期限错配、币种错配、不允许多个保证同时使用等，同时也要考虑业务应用的相对稳定性要求，因此基本不可能达到理论最优分配，只能是有条件的局部最优分配。

抵(质)押担保下授信，包括保证(150)、国债(50)、住房(150)等，与授信下放款形成暴露，包括流动资金贷款(100)、固定资产贷款(200)等，通过额度关系，建立同额度下的债项信息和缓释信息对应关系，相互关联。其中，抵(质)押担保下授信根据缓释工具缓释作用进行排序，初级法是基于监管标准，高级法是根据历史数据估计。授信下放款形式暴露根据债项风险排序，初级法仅基于期限，高级法基于产品类型。最后将抵(质)押担保下授信和授信下放款形式暴露依据分配规则(初级法与高级法同时试用)来比较其缓释效果、风险高低和错配折扣等。

## 四、万丈高楼平地起：打好基础

### （一）做好风险缓释预期工作

风险缓释预期工作主要是从合格风险缓释产品出发，根据缓释分配分摊原则，进行风险加权资产计算，最后再依据计算结果进行应用。风险缓释预期工作效果主要包括四个部分：（1）信息系统：建立押品管理系统/模块；（2）数据字段：规范补充系统数据项；（3）政策流程：优化缓释管理相关的书面政策和流程；（4）风险文化：各相关业务/功能条线逐步养成对风险和资本的敏感性。

### （二）充分风险缓释的重要性

采用内部评级法的金融机构应确保内部评级和风险参数量化的结果应用于信用风险管理实践，如授信审批、限额、风险定价、绩效考核等。初级法下，对风险缓释的认定和处理将影响风险参数的取值，从而影响审批、限额、风险定价、绩效考核的结果。风险缓释的重要性，主要体现在授信的各个阶段：（1）授信申请阶段：包括押品实地考察与调查、押品价值评估、押品基本信息收集与录入。其中押品价值评估和押品基本信息收集与录入一般采用RWA试算系统，主要是押品种类、押品名称、押品数量、押品剩余年限、押品币种和押品价值等数据。（2）授信审批阶段：押品种类、押品名称；押品质量、数量、型号等要求；再评估频率要求；抵（质）押率等。（3）授信执行阶段：包括抵（质）押权落实、抵（质）押信息录入；押品或凭证入库、文件归档等。（4）贷后监控阶段：包括押品状况持续监控、价值变动管理等。（5）清收处置阶段：包括押品回收价值、押品清收成本等。

### （三）重视风险缓释落地的后续工作

在提供的认定方案的基础上，风险管理部门和业务部门需要进一步完善，在数据方面上，新增数据项，提升数据可获得性、准确度；在系统方面上，进行业务系统改造，押品管理模块/系统优化开发；在制度方面上，健全相关押品管理政策、制度，产品管理办法；在流程方面上，将合格信用风险缓释认定流程内嵌到工作流程、系统流程中。

# 信用风险管理之三：
# 金融机构非零售信用风险量化管理之道*

随着《巴塞尔新资本协议》在国内的推广应用，在信用风险量化上着重强调内部评级法，以内部评级法为核心的信用风险管理体系建设成为各商业银行的重点工作。对于数据质量、技术储备和各项投入等处于弱势的商业银行而言，其内部评级体系建设相对存在诸多困难，如何建立内部评级体系已成为一项十分重要的工作，需要有明晰的思路和完善的实施路径。

本文分析了我国金融机构非零售信用风险内部评级的一般方法，针对现存问题，结合机构实际业务发展的需要，就客户评级和债项评级两大评级方法做了详细设计，包括内部评级治理架构、内部评级政策制度体系、非零售内部评级计量和管理工具与内部评级的应用等内容，提供值得借鉴的信用风险内部评级方案。

## 一、内部评级与信用风险管理

信用风险是金融机构面临的主要风险。信用风险管理包括对风险的识别、评估、计量、预警以及管理策略与手段等多个方面，如何有效实现对信用风险的识别、计量将是信用风险管理的重要关键环节。

### （一）信贷风险类型和信用风险计量

金融机构信贷业务中存在多种风险类型，包括信用风险、合规性风险、操作风险、市场风险、流动性风险等。信用风险是指由于客户或交易对手未能履

---

\* 本文写作于 2015 年 8 月。

行义务而导致本集团蒙受财务损失的风险。合规性风险是指因没有遵循法律、规则和准则可能遭受法律制裁、监管处罚、重大财务损失和声誉损失的风险。操作风险是指由不完善或有问题的内部程序、员工和信息科技系统，以及外部事件所造成损失的风险。市场风险是指由于市场价格（利率、汇率、股票价格和商品价格）的不利变动而使银行发生损失的风险。流动性风险是指不能以合理的成本取得资金来偿还债务或者投资资产组合的风险。其中，信贷业务中面临的最主要风险是信用风险，按照新资本协议体系，信用风险计量有三大参数：违约概率（PD）、违约损失率（LGD）、违约风险暴露（EAD）。

金融行业对信贷业务信用风险的评估和计量是一个逐步发展成熟的过程，主要包括以下三个阶段的发展和演变过程：第一阶段是传统的风险评估方法，主要通过定性的评估和判断，用笼统语言来描述风险程度，这种方法下的风险区分度很低。第二阶段基于专家经验判断法的客户评级，将风险程度分级别表述，但各级别定义仍以定性描述为主。第三阶段基于定量分析和金融模型开发的评级体系，用量化语言描述风险程度，具体体现为违约概率（PD）、违约损失率（LGD）和违约风险暴露（EAD）等核心风险参数。

整体来看，金融行业对信用风险的评估和计量总体上是由传统的定性风险评估向构建内部评级体系发展和演变。风险需要通过资本抵御，在新资本协议体系下，信用风险核心参数计量的方法如表 3 – 17 所示。

表 3 – 17　　　　　　　　信用风险核心参数计量方法

|  | 标准法/权重法 | 内部评级初级法 | 内部评级高级法 |
| --- | --- | --- | --- |
| 违约概率（Probability of Default，PD） | 监管给定风险权重 | 银行内部估算 | 银行内部估算 |
| 违约损失率（Loss Given Default，LGD） | | 监管给定 | 银行内部估算 |
| 违约暴露额（Exposure at Default，EAD） | | 监管给定 | 银行内部估算 |

### （二）内部评级体系要素

实施内部评级法，对于金融机构来说具有以下几个重要意义：（1）监管要求：监管不断推动和完善大中小型金融机构的新资本协议实施，满足合规要求。（2）模式创新：内部评级法是对传统风险管理模式的革命性变革，代表了国际化大银行先进的信用风险管理理念和技术。（3）技术提升：为金融机构改进信用风险计量技术、健全信用风险管理组织框架、重构信用风险管理流程提供了直接借鉴。(4) 强化风险管理：内部评级法建立在信用风险管理理论和实践发展的基础之上，能够及时揭示、动态监测信用风险；有助于金融机构信用风险管理的科学化和精细化。(5) 业务变革：通过风险与资本计量可以规范及约束金融机构信贷业务粗放发展行为，促进盈利模式转变和经营行为理性化，推动金融业可持续和科学发展。

通过内部评级体系可以建立先进的计量手段支持信用风险管理，内部评级体系应包括以下四个要素内容：

第一个要素内容：风险暴露分类。按照中国银保监会下发的《商业银行资本管理办法》附件4《信用风险内部评级法风险暴露分类标准》，银行账户风险暴露分类主要划分为公司风险暴露、金融机构风险暴露、主权风险暴露、股权风险暴露、零售风险暴露、其他风险暴露。

第二个要素内容：风险计量。它包括三个维度：一是客户评级（PD），估计过程主要包括收集定性数据、定量数据、历史违约等模型基础工作，模型开发工作和主标尺的确定及映射工作。二是债项评级（LGD），在估计的时候可以使用监管给定的 LGD 参数（初级法），也可以使用内部模型估算 LGD（高级法）。三是违约风险暴露（EAD），同样可以使用监管给定的 EAD 参数（初级法），也可以使用自行估计 EAD 参数（高级法）。

第三个要素内容：资本计量。主要包括监管资本（RWA）、经济资本（EC）的估算。

第四个要素内容：内评应用。主要包括审批授权、监测预警、限额管理、风险定价、风险报告、组合管理、准备金计提、绩效考核等应用。

上述四个要素贯穿在内部评级体系治理结构和流程中，辅之以内部评级体系验证，并结合数据管理与 IT 系统的基础，最终达到内部评级初级法乃至高级法的目标。

与国内银行以往所普遍采用的贷款评审体系所不同的是，内部评级体系将信用风险区分为相互独立的两个维度：第一个维度是借款人层面的风险，第二个维度是债项层面的风险，形成了特色鲜明的二维评级结构。借款人评级主要是针对借款人违约风险维度所建立的评级维度，是建立量化的针对客户信用的评级体系，并将客户评级明确对应到违约概率（PD）。债项评级主要是度量交易或债项本身的风险，是针对不同债项的风险进行分析和优化，债项评级的结果一般量化表示为违约损失率（LGD）或者预期损失率（EL）。一个良好的内部评级体系应具有以下特点：一是评级必须是可以被理解的；二是评级结果须具备足够的区分能力；三是形式简洁；四是评级可以校正至违约概率；五是评级结果须经过充分的检验。

## 二、内部评级治理架构

关于金融机构内部评级治理架构，中国银保监会在《商业银行资本管理办法》附件5《信用风险内部评级体系监管要求》中作了相关规定，金融机构应按照如下要求建立完善的内部评级体系治理结构：（1）董事会及其授权委员会：承担内部评级体系管理的最终责任；（2）高级管理层：组织内部评级体系的开发和运作，明确对内部评级和风险参数量化技术、运行表现以及监控措施的相关要求，制定内部评级体系设计、运作、改进、报告和评级政策，确保内部评级体系持续、有效运作；（3）信用风险相关部门：负责内部评级体系的设计、实施和监测，信用风险主管部门应独立于贷款发起及发放部门，负责人应直接向高级管理层汇报，并具备向董事会报告的途径；（4）内部审计部门：负责对内部评级体系及风险参数估值的审计工作。

表3–18和图3–11介绍了部分国际先进银行和国内银行内部评级治理结构情况。

表3–18　　　　　　国际先进银行内部评级治理架构介绍

| 银行名称 | 职能描述 |
| --- | --- |
| HSBC 汇丰银行 | 集团信贷风险分析监察委员会（CRAOC）负责管理风险分析模型，向风险管理委员会汇报。委员会主要负责监督汇丰批发及零售银行业务的风险评级模型框架，以及通过地方的集团信贷风险分析监察委员会监督地区模型发展。 |
| | 集团风险管理部是监督信贷风险的最高层级。该部门主要负责独立审查较大额及较高风险的授信申请、大额风险的政策、监控集团批发及零售信贷风险管理情况、信贷风险政策和信贷系统，并将管理现状汇报给高级行政管理人员和监管机构。 |
| | 集团风险管理部均设有向地区及综合风险管理部汇报的信贷风险管理办事处。信贷风险管理办事处担当独立风险监控组的重要角色，并不隶属业务管理层，负责就风险评级的评估、信贷申请及其他风险事项提供客观审查。 |
| | 集团风险管理部还负责开发汇丰的环球信贷风险模型监测模型的表现和使用情况，以推进集团内部评级高级法的目标。 |

续表

| 银行名称 | 职能描述 |
| --- | --- |
| Citi Bank<br>花旗银行 | 花旗银行风险管理组织架构的建立是为了更好地促进风险管理。主要业务条线都设立了业务首席风险执行官负责业务条线下风险管理的相关决策，包括限额的设定和交易审批。 |
| | 首席风险执行官负责建立风险管理、风险计量及风险报告的核心标准，在全行范围内识别、评估、审议与监控存在的风险。 |
| | 风险管理部门的职能包括开发及运用与业务复杂程度和业务量相匹配的计量工具，并配备相关资源进行风险管理。 |
| Ned Bank<br>莱利银行 | 区域信贷委员会（DCCs）负责审批信贷政策并提出审议意见，同时监控业务单位的信贷组合、风险参数、贷款损失、预期损失和信贷资产水平。 |
| | 集团信贷风险独立监控部门（GCRM）隶属于集团风险管理的范畴，负责监控集团内信用风险管理的持续发展和完善、管理集团信用风险管理框架和高级内部评级法的体系、监控日常信贷组合，并向高级管理层、区域信贷委员会及董事会层面委员会报送风险报告。集团信贷风险独立监控部门以及资产负债部门（BSM）负责在集团范围内推广《巴塞尔新资本协议》高级内部评级法体系的方法论。集团信贷风险独立监控部门也会确保评级流程的连贯性，也模型验证承担一定责任。根据监管相关要求，模型验证将由独立的信用模型验证部门（CMVU）开展。 |
| | 各区域拥有独立的信贷风险管理部门，负责监控辖内内部评级体系的设计、实施、验证和内部评级系统的表现情况，并由信用模型验证部门进行年度独立验证。 |
| Deutsche Bank<br>德意志银行 | 隶属于风险执行委员会的集团信贷政策委员会负责审批内部评级方法论，奠定信贷决策和资本计量基础。 |
| | 信贷风险管理部在授权范围内负责建立限额管理方法。而信贷审批授权的制定是基于专业审批人的资质和经验。信贷审批授权需进行定期检查，确保与被授权专业审批人的绩效和履职相符。检查结果应提交至集团信贷政策委员会。 |
| Barclays<br>巴克莱银行 | 信用风险管理核心委员会包括董事会风险管理委员会、金融风险管理委员会、批发信用风险委员会和零售信用风险委员会。金融风险委员会、批发信用风险管理委员会和零售信用风险管理委员会作为高级管理层和业务条线在风险管理的代表负责委员会负责监控信用风险管理，审批集团内信贷政策，审议重大信贷政策议题。 |
| | 集团风险管理部负责制定集团管理方向、监控并承担信贷风险面临的挑战。集团风险管理部在集团信贷风险管理政策的框架下还负责建立信贷风险监测体系，并对集团内的信用风险计量模型提供技术支持，包括检查和验证。 |
| | 集团风险管理部负责审批和管理规模限额和触发机制，从而降低集中度风险，并确定特定组合业务的风险偏好，如商业性房地产业务。 |

图 3-11 所示的治理架构基本符合银保监会颁布的《商业银行资本管理办法》的要求，内部评级体系治理架构包括董事会、高级管理层、信用主管部门及其下属的业务和支持部门。在建立治理架构的同时，设计职责职能权限矩阵，使得繁冗的职责职能描述简明具体，可操作性高且职责明确。

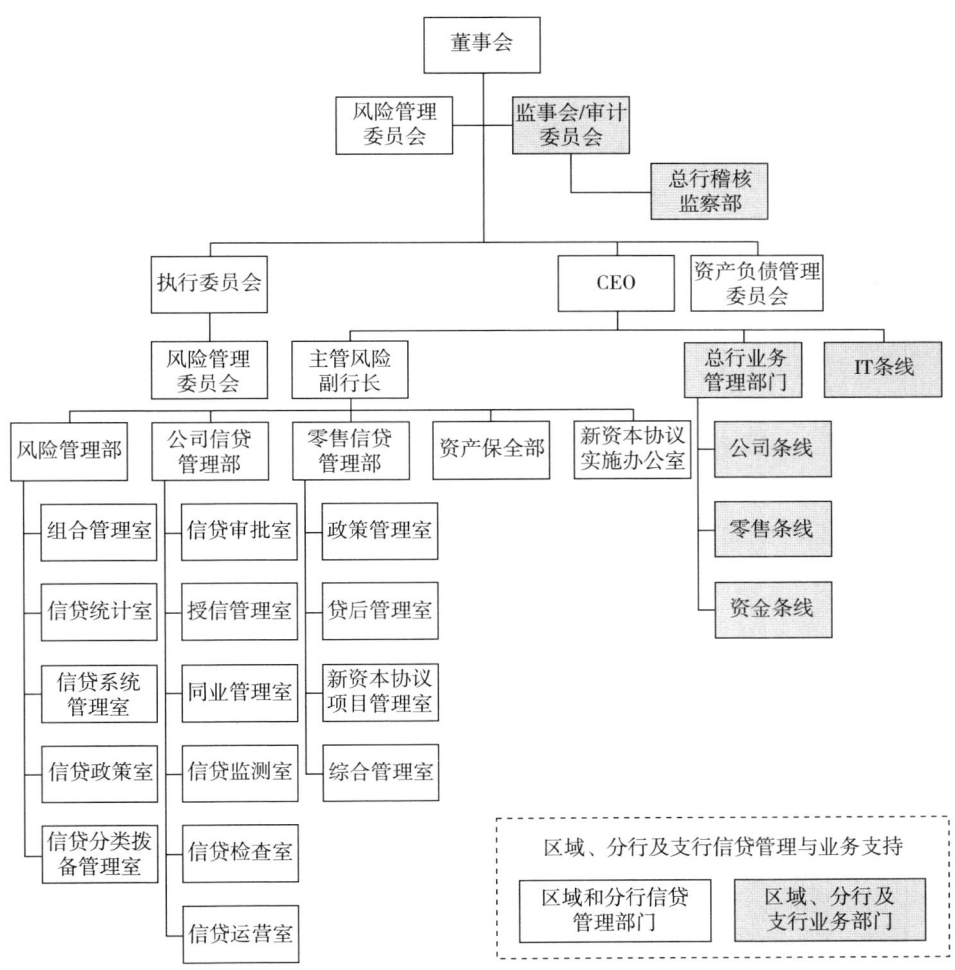

图 3-11 ××银行内评体系治理架构

## 三、内部评级政策制度体系

国际先进银行在内部评级体系的实践方面,已经形成了系统的运作模式。建立内部评级体系是国际化竞争的发展趋势,是开展全面风险管理的必然要求,也是实现跨越式发展的重要机遇。

### (一) 内部评级政策制度制定的目标和原则

内部评级政策制度体系建设应满足以下主要目标:(1) 满足信贷业务风险评估和控制的需要:信贷政策反映了业务战略,但同时也划定了金融机构经营的安全边界。(2) 在全辖范围内维持适当的可以接受的风险管理标准:信贷风险政策的执行必须保持一致性。同时,应鼓励所有的信贷人员在理解全部信息和能够判别风险的基础上作出决定。(3) 将风险限制在合理的范围内:不同机构的风险偏好不同。风险越高,收益越高,但随之而来的损失也越高。金融机构在利润最大化的目标驱动下,需要确定可以承受的风险值。(4) 通过定期地评审客户信贷使用和行为状况,将风险控制在最小。(5) 根据监管和法律的变化适时调整信贷政策:金融机构必须意识到监管和法律的变动对其经营产生的影响。比如,中央银行或其他国家货币政策、法律法规的改变,都可能对自身或客户的信贷行为产生影响。

内部评级政策制度体系建设基本原则是完整性、及时性、前瞻性、操作性、定期更新、有效传达。

### (二) 内评政策体系框架

明确内评政策体系框架的主要目的有两个:一是建立符合监管要求的信用风险内部评级体系,提高内部评级体系管理的效率和质量;二是建立金融机构信用风险内部评级体系开发、验证、运行、应用、压力测试和审计等相关的一系列政策和管理制度,以保证内部评级体系的有效运行。图3-12是一份比较完整的内部评级政策体系框架展示。

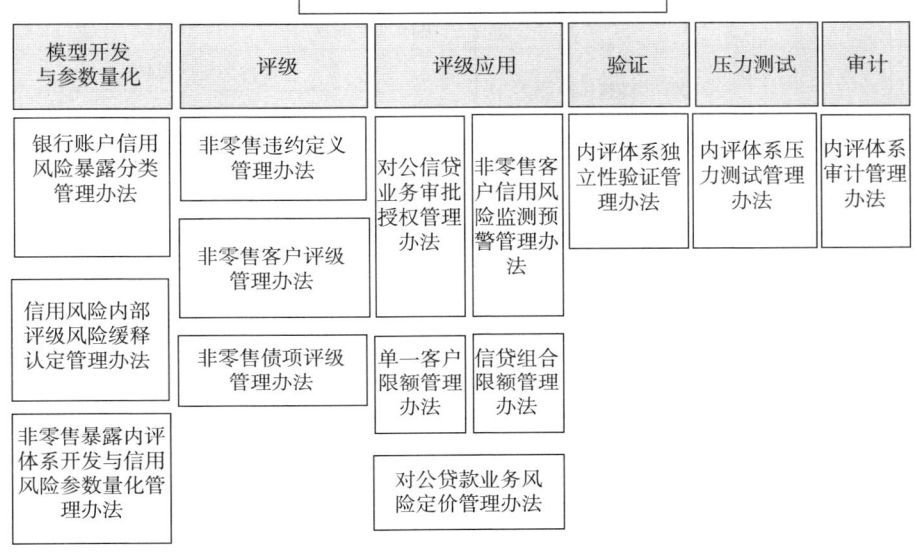

图 3-12 信用风险内部评级总体政策

## 四、非零售内部评级计量和管理工具

新协议的核心内容是全面提高风险管理水平,即准确地识别、计量和控制风险,坚持以风险为主的监管战略,注重信用风险的评估与控制,对信用风险管理提出了更高、更严格的要求。

### (一) 风险暴露分类

风险暴露分类是从权重法向内部评级法转变的第一步,风险暴露分类工作需要对金融机构各类敞口重新进行梳理和划分。

《商业银行资本管理办法》附件4《信用风险内部评级法风险暴露分类标准》将银行账户信用风险暴露分类分为表3-19所示的监管类别。

表 3-19　　　　　　　　　银行账户信用风险暴露：监管分类

| | 银行账户信用风险暴露分类（大类、子类） ||
|---|---|---|
| 一 | 主权风险暴露 ||
| 二 | 金融机构风险暴露 | 银行类金融机构 |
| | | 非银行类金融机构 |
| 三 | 公司风险暴露 | 中小企业 |
| | | 专业贷款 |
| | | 一般公司 |
| 四 | 股权风险暴露 ||
| 五 | 其他风险暴露 | 合格购入公司应收账款 |
| | | 合格购入零售应收账款 |
| | | 资产证券化 |
| 六 | 零售风险暴露 | 个人住房抵押贷款 |
| | | 合格循环零售风险暴露 |
| | | 其他零售风险暴露 |

《商业银行资本管理办法》附件 4《信用风险内部评级法风险暴露分类标准》关于银行账户信用风险认定管理要求如表 3-20 所示。

表 3-20　　　　对银行账户信用风险暴露分类政策和程序的要求

| | |
|---|---|
| 1 | 银行应制定银行账户信用风险暴露分类政策，明确开展风险暴露划分与调整的程序和内部控制要求，完善相应的报告制度和信息系统管理。 |
| 2 | 银行应结合本行的管理架构、资产结构和风险特征确定风险暴露分类的标准和流程。商业银行分类标准与本办法要求不一致的，应报银监会备案。 |
| 3 | 银行应指定部门牵头负责全行风险暴露分类工作，并由两个相对独立的岗位或部门分别负责风险暴露的划分和认定。 |
| 4 | 银行开展风险暴露分类时，应根据不同风险暴露类别的划分标准，将资产划入相应的风险暴露类别。对不符合主权风险暴露、金融机构风险暴露、零售风险暴露、股权风险暴露、其他风险暴露划分标准且存在信用风险的资产，应纳入公司风险暴露处理。 |
| 5 | 银行应根据风险暴露特征的变化，调整风险暴露类别。在出现风险暴露类别调整特征后的半年内，商业银行应完成暴露类别的调整。 |
| 6 | 银行应建立银行账户信用风险暴露分类和调整的报告制度，定期向董事会和高管层报告分类状况和风险情况。 |
| 7 | 银行应在相关信息系统中对每笔业务的风险暴露类别进行标识。 |
| 8 | 银行应建立银行账户信用风险暴露分类的内部审计制度，对银行账户风险暴露分类实施情况定期开展审计。 |

其中，银行账户信用风险暴露分类可设立如图 3-13 所示的实施步骤。

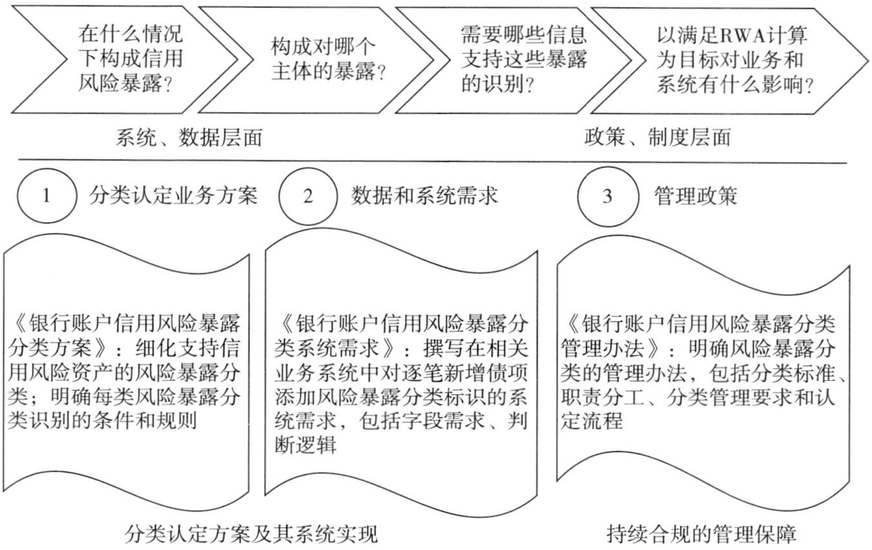

**图 3-13　银行账户信用风险暴露分类实施**

流程步骤：
- 在什么情况下构成信用风险暴露？
- 构成对哪个主体的暴露？
- 需要哪些信息支持这些暴露的识别？
- 以满足 RWA 计算为目标对业务和系统有什么影响？

系统、数据层面 / 政策、制度层面

1. 分类认定业务方案
《银行账户信用风险暴露分类方案》：细化支持信用风险资产的风险暴露分类；明确每类风险暴露分类识别的条件和规则

2. 数据和系统需求
《银行账户信用风险暴露分类系统需求》：撰写在相关业务系统中对逐笔新增债项添加风险暴露分类标识的系统需求，包括字段需求、判断逻辑

3. 管理政策
《银行账户信用风险暴露分类管理办法》：明确风险暴露分类的管理办法，包括分类标准、职责分工、分类管理要求和认定流程

分类认定方案及其系统实现　　持续合规的管理保障

### （二）银行账户信用风险暴露分类与风险计量方法

银行账户信用风险暴露一般可以划分为零售风险暴露和非零售风险暴露，其中非零售风险暴露包括金融机构风险暴露（银行类、非银行类）、公司风险暴露（中小企业——收入小于 3 亿元、一般公司、专业贷款、合格购入应收账款）、主权风险暴露、股权风险暴露、其他风险暴露等；风险计量方法包括 STC（标准法）、FIRB（初级内部评级法）、IRB（内部评级法）等；对于金融机构、公司类风险暴露一般使用 FIRB（初级内部评级法）进行风险计量，对于主权、股权、其他类等风险暴露一般使用 STC（标准法）进行风险计量，对于零售类风险暴露一般使用 IRB 进行风险计量。

### （三）客户评级（PD）

国外银行的风险管理经过几十年的发展，积累和总结了许多先进的管理理念和方法。从信用风险定量管理技术来看，先后发展了如下新技术：KMV 模型、信贷矩阵（Credit Metrics）、Credit Risk + 等。掌握和吸取这些方法和理

念，有利于提高我国金融业的信用风险管理水平。

1. 违约概率定义及计算

违约的一般定义是指以下两种情况的一种或者两者同时出现：一是金融机构认定除非采取追索措施，如变现抵（质）押品（如果存在的话），借款人可能不能全额偿还对金融机构的债务；二是借款人对金融机构的主要信贷债务逾期 90 天以上。违约概率是指上述两种情况的一种或两种同时出现的概率。

要计算违约概率，金融机构须先利用信用风险内部评级体系将借款人分配到不同的风险级别中，一个风险级别是一个信用状况相同的借款人的集合；接下来，需要对每一个风险级别计算违约概率。根据新资本协议，金融机构必须自己估计每类借款人相对应的违约概率（除主权敞口外最低为 0.03%）。违约概率的计算方法有历史违约经验法、统计模型法和外部评级映射法。

2. 客户评级

金融机构客户的评级一般指债务人评级，债务人评级是指通过对债务人一定经营时期内的偿债能力和意愿进行定量和定性分析，对债务人本身的违约概率进行计量和评价，以反映债务人的违约风险，并在此基础上对债务人实施分级管理的方法。实现评级的核心组件是评级模型，不同风险特性客户应采用不同的评级模型。

专家模型：在缺少违约数据、风险动因因素数据时常采用专家模型，在没有或仅有有限历史违约数据情况下，通过专家经验、试运行、基准测试等方法找出可以准确对客户按违约风险进行排序的指标，形成客户评级打分卡。该模型主要步骤内容是确定关键定义、制定数据标准、借助外部经验开发，评级模型和流程系统化，持续收集违约和风险数据；详细而言，先初步拟定备选指标清单（包括指标分类、指标名称、指标定义等），由金融机构业务专家讨论确定关键指标，然后下发专家指标权重调查问卷进行权重设定（包括财务、非财务指标权重分配，非财务指标之间的权重分配），业务专家填写问卷初步确定指标权重（以初步确定指标权重），回收专家反馈意见进行分析（确定权重初始值），然后开发打分卡模型（档位划分/标准值设定），最后模型试运行（抽取试运行样本，专家对样本各指标打分，并进行主观评级），并对试运行结果进行分析（包括对单个风险因素的分布及相关性分析、档位划分调整、权重调整及分数优化、分数与违约概率的校准曲线等），进而最终确定模型。

结合模型：在可确定违约样本、风险动因数据不足时常采用结合模型，该模型主要步骤内容是完善关键定义，制定数据标准，为数据集市作准备；借助外部经验开发评级模型并将评级映射到违约概率，评级模型和流程系统化，收集违约和风险数据；持续监控模型表现，待数据充足后开发统计模型。

统计模型：在已标识违约样本、风险数据满足统计要求时常采用统计模型，该模型主要步骤内容是完善关键定义、完善数据标准，开始数据集市建设，开发统计模型并进行统计验证；完善系统中的评级模型和流程以满足监管要求；建立完善的内评验证体系，持续监控、验证和优化模型，保证模型准确性、审慎性和稳定性。

以下为××银行客户评级模型流程示例，分别经过定量指标评分、定性指标评分、特例调整、外部支持调整和人工调整后，得到最终评级，具体如图3-14所示。

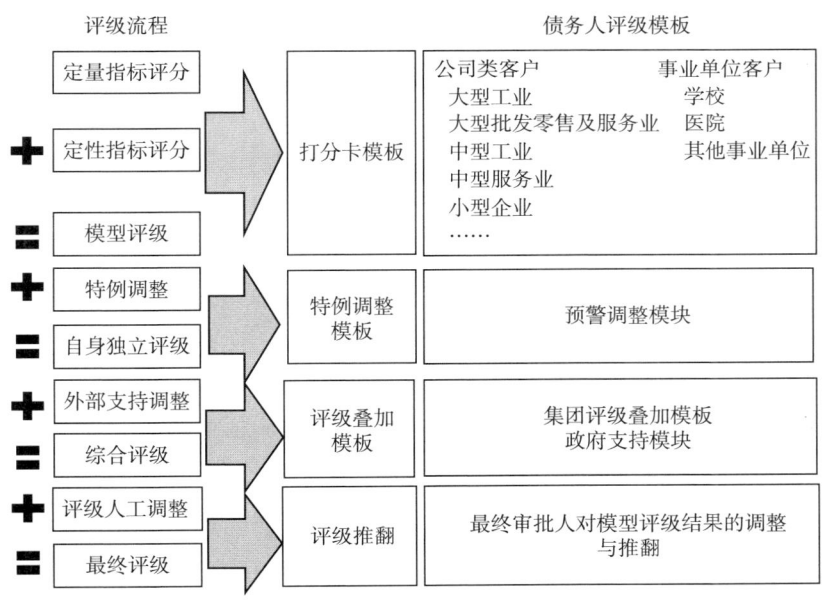

图3-14 ××银行客户评级模型结构

## （四）债项评级（LGD/EAD）

我国银行业的信用风险管理水平相较国际先进银行尚存在差距，主要在于信用风险计量的准确度方面，因此信用风险计量一直是国内商业银行研究的重点，成为衡量现代商业银行风险管理水平的关键。内部评级法源自于《巴塞尔新资本协议》，是借鉴了国际大型银行和信用评级机构的先进模型及管理经验，提出的一套全面可行的银行风险管理方法和框架。

1. 定义及核心

债项评级是指计量债项违约时银行承担风险的暴露大小，然后通过估计这些承担风险的暴露可能的损失程度，进而确定债项评级，其核心要素及组件如下。

违约损失率（LGD）：某一债项违约导致的损失金额占该违约债项风险暴露的比例，即损失占风险暴露总额的百分比。违约损失是指当借款人发生违约，银行执行回收措施后，实际发生的全部经济损失，损失包括直接和间接损失以及成本，同时考虑债项回收金额的时间价值和商业银行自身处置和清收能力对贷款回收的影响。从实际回收的角度看，上述经济损失就是违约时点敞口加上银行采取回收措施过程中发生的直接和间接成本后与违约后清收期内债项全体回收现金流现值（折现至违约时点）的差额，回收现金流的组成包括本金、利息和复息的回收。

违约风险暴露（EAD）：违约风险暴露是指债务人违约时预期表内和表外项目的风险暴露总额。违约风险暴露应包括已使用的授信余额、应收未收利息、未使用授信额度的预期提取数量以及可能发生的相关费用等。

评级核心组件：LGD 模型与 EAD 模型。

2. 初级法下债项评级

初级法下债项评级与风险缓释的处理、分配是密不可分的（见图 3 - 15）。

3. 高级法下债项评级：LGD 模型

高级法下债项评级金融机构可以自行建立缓释分配算法、LGD 模型、EAD 模型（CCF 参数）；高级法 LGD 建模高度依赖于与 LGD 相关的损失数据以及债项属性数据的情况，不同的数据特点需要采用不同类型的模型和建模过程（见图 3 - 16）。

LGD 模型需要充分反映金融机构清收行为特点，包括保证金、产品自偿性、抵（质）押品、借款人与保证人四个部分（见图 3 - 17）。

为了准确估计模型参数，金融机构需要持续积累的清收数据如表 3 - 21 所示。

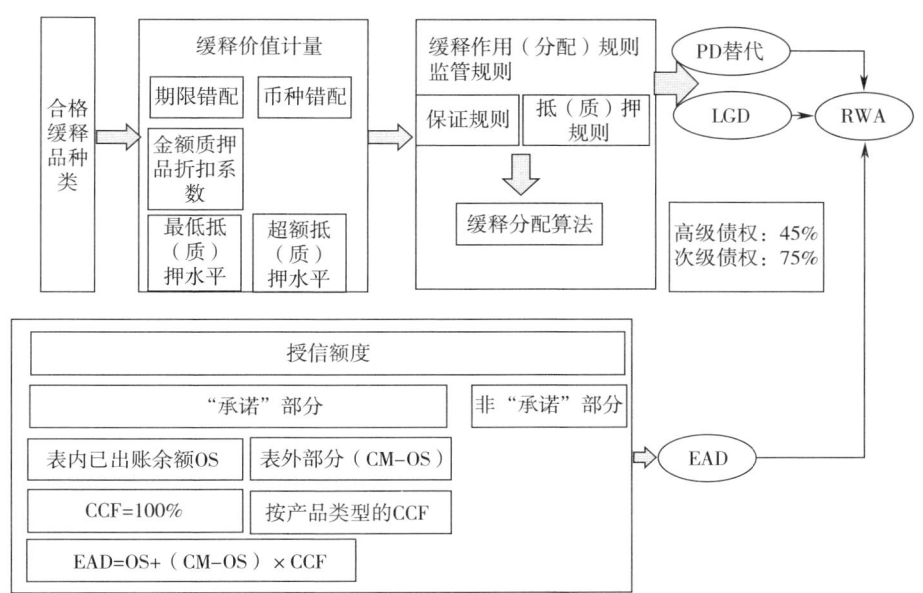

图 3-15 初级法下债项评级与风险缓释的处理

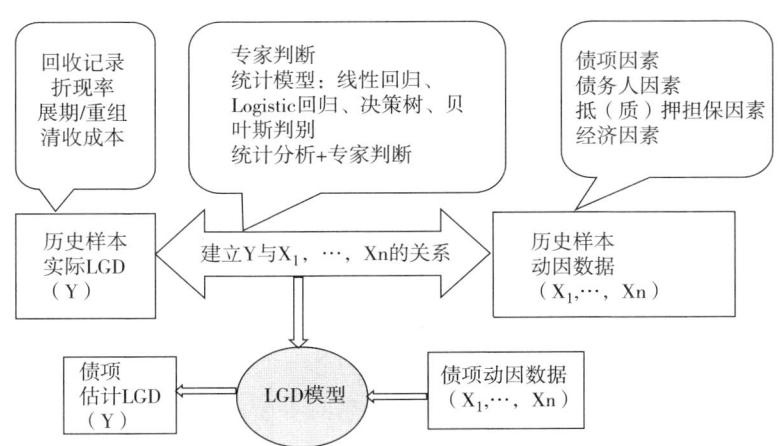

图 3-16 LGD 模型

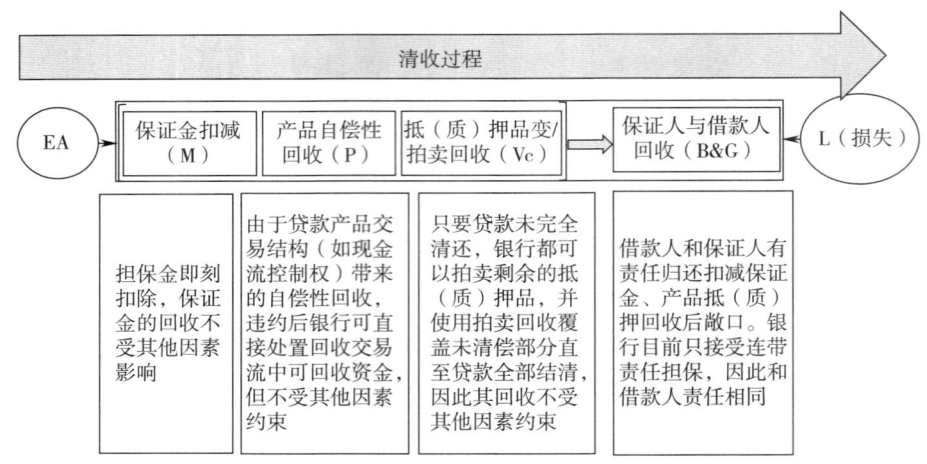

图 3-17 清收过程

表 3-21　　　　　　　　金融机构清收数据

| 借据 | EAD | 全体回收 R | 保证金 M | 产品回收 P | 抵（质）押回收 C | 借款人回收 B | 保证人回收 G | 抵（质）押物拍卖银行回收的价值 Vc | 抵（质）押物原始估值（授信时）Va |
|---|---|---|---|---|---|---|---|---|---|
| FAC-1 | E1 | R1 | M1 | P1 | C1 | B1 | G1 | Vc1 | Va1 |

高级法下 EAD 主要是对参数 CCF 的估计，CCF 是用于估计债项一旦违约，贷款承诺转为风险暴露敞口的部分。EAD 模型需要综合考虑产品特性、债务人因素、债项因素、机构管理因素等。

EAD（CCF）模型可用于建模的历史违约一般很少，在不支持统计模型建立时，采用打分卡模式；EAD 打分卡一般以产品为分类，根据其他 CCF 驱动因素，建立各个产品的 CCF 打分卡。

4. 抵（质）押品管理和风险缓释

在新资本协议下，信用风险缓释管理是金融机构传统押品管理的提炼与优化，押品的一般管理（风险层面）是风险管理和合规的基础；《巴塞尔资本协议》框架下新增了合格信用风险缓释的管理（资本层面）的内容，其中合格信用风险缓释技术（如 RWA 引擎、认定技术、处理技术）是核心内容。

信用风险缓释的"合格性"是指金融机构在采用相应方法计算信用风险加权资产（RWA）时，有条件参与 RWA 计算、能够发挥降低 LGD 或 EAD 效力的缓释品，是资本层面对机构接受的押品"再提炼"。

新资本协议提出的信用风险缓释方式主要可归集为四大类，包括抵（质）押品、保证、净额结算和信用衍生工具等，对于其认可的合格信用风险缓释方式，金融机构可以通过对其进行有效的管理和计量而获得相应的资本减让，这就是合格风险缓释工具的具体作用。

合规抵（质）押品包括抵押品和/或质押品的担保交易，其作为债务人违约时偿还债务的其中来源之一，可以有效地降低或抵补债务人违约时带来的损失，从而起到降低信用风险的作用；合规抵（质）押品的风险缓释作用体现为贷款违约损失率（LGD）的下降。这就是合规抵（质）押品的基本概念及对 PD、LGD、EAD 的影响。

净额结算指允许银行将对同一债务人的债权和债务对冲，有效地降低了信用风险头寸暴露；净额结算对信用风险监管资本要求的抵减作用体现为违约风险暴露（EAD）的下降，这就是净额结算对 PD、LGD、EAD 的影响。

保证和信用衍生工具是指可以将信用风险转嫁给保证提供方和信用衍生产品交易对手，起到信用保护和信用风险转嫁作用。对于采用高级内部评级法的商业银行，可以通过估计不同保证情形下的 LGD 估计风险缓释对监管资本要求的抵减效应；允许采用替代法，即用保证人的违约概率（PD）代替债务人的违约概率（PD）。保证和信用衍生工具的基本概念及对 PD/LGD/EAD 的影响在于此。

5. 合格风险缓释认定监管要求

《商业银行资本管理办法》附件 6《信用风险内部评级法风险缓释监管要求》对基本原则的规定如表 3 - 22 所示。

表 3 - 22　　　　　　　　　信用风险缓释应遵循的原则

| | | |
|---|---|---|
| 1 | 合法性原则（管理层面） | 信用风险缓释工具应符合国家法律规定，确保可实施。 |
| 2 | 有效性原则（管理层面） | 信用风险缓释工具应手续完备，确有代偿能力并易于实现。 |
| 3 | 审慎性原则（计量层面） | 银行应考虑使用信用风险缓释工具可能带来的风险因素，保守估计信用风险缓释作用。 |
| 4 | 一致性原则（计量层面） | 如果银行采用自行估计的信用风险缓释折扣系数，应对满足使用该折扣系数的所有信用风险缓释工具都使用此折扣系数。 |
| 5 | 独立性原则（计量层面） | 信用风险缓释工具与债务人风险之间不应具有实质的正相关性。 |

《商业银行资本管理办法》附件6《信用风险内部评级法风险缓释监管要求》对一般要求的规定如表3-23所示。

表3-23　　　　　　　　信用风险缓释管理的一般要求

| | |
|---|---|
| 1 | 银行应进行有效的法律审查，确保认可和使用信用风险缓释工具时依据明确可执行的法律文件，且相关法律文件对交易各方均有约束力。 |
| 2 | 银行应在相关协议中明确约定信用风险缓释覆盖的范围。 |
| 3 | 银行不能重复考虑信用风险缓释的作用。信用风险缓释作用只能在债务人评级、债项评级或违约风险暴露估计中反映一次。 |
| 4 | 银行应保守地估计信用风险缓释工具与债务人风险之间的相关性，并综合考虑币种错配、期限错配等风险因素。 |
| 5 | 银行应制定明确的内部管理制度、审查和操作流程，并建立相应的信息系统，确保信用风险缓释工具的作用有效发挥。 |

对于合格风险缓释的认定方法，可参考如图3-18所示的流程框架。

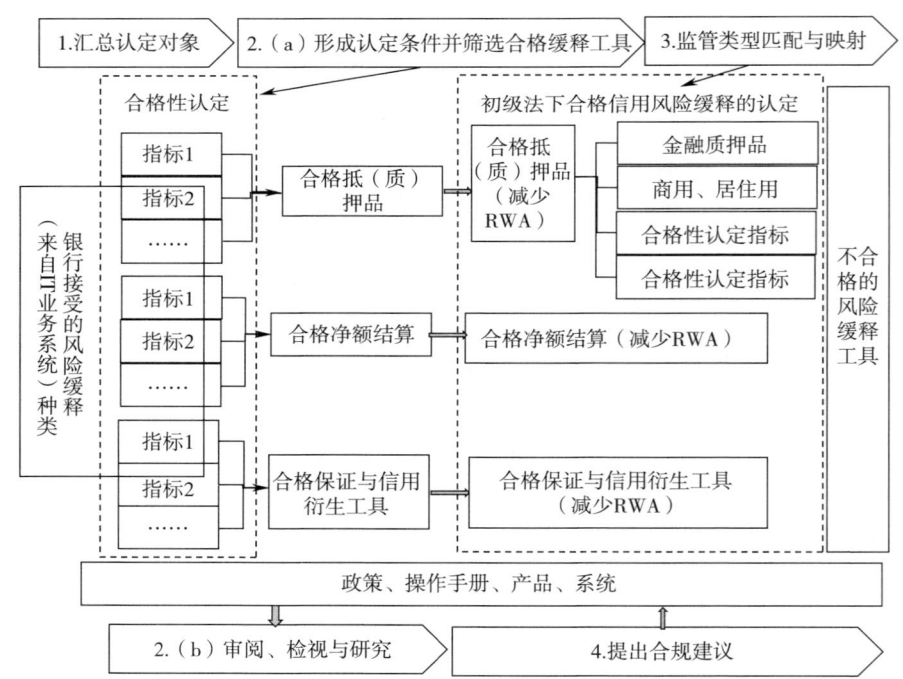

图3-18　合格风险缓释认定方法框架

风险缓释工具的资本减让作用示例：合格的抵（质）押品

例1：根据银保监会指引要求，采用初级内部评级法的商业银行，金融质押品的信用风险缓释作用体现为对标准违约损失率的调整，调整后的违约损失率为：

$$LGD^* = \max\{0, LGD \times [(E^*/E)]\}$$

式中，$LGD$ 是在考虑质押品之前、优先的无担保贷款的标准违约损失率；$E$ 是风险暴露的当前值；$E^*$ 是信用风险缓释后的风险暴露。

$$E^* = \max\{0, [E \times (1 + H_e) - C \times (1 - H_c - H_{fx})]\}$$

式中，$E^*$ 为风险缓释后的风险暴露；$E$ 为风险暴露的当前价值；$H_e$ 为风险暴露的折扣系数；$C$ 为金融质押品的当前价值；$H_c$ 为金融质押品的折扣系数；$H_{fx}$ 为处理金融质押品和风险暴露币种错配的折扣系数。

某银行对信用风险采用初级内部评级法，某笔贷款的基本信息如下：借款人评级 AA-；违约概率（PD）为1.8%；贷款性质为无抵押信用贷款（高级债权）；贷款金融（EAD）为1000万元人民币；违约损失率（LGD）为45%。

根据《商业银行资本充足率计算指引》的相关规则，上述贷款的资本需求为891710元；若借款人提供了价值500万元人民币的10年期我国财政部发行的国债作为质押品，经评估该质押品产权清晰，无其他抵押关系。

经查表，Hc = 4%，He = 0，无币种错配。

$$LGD^* = \max\{0, LGD \times \max\{0, [E \times (1 + He) - C(1 - Hc - H_{fx})]\}/E\}$$

$$LGD^* = \max\{0, 45\% \times \max\{0, [1000 \times (1 + 0) - 500(1 - 4\% - 0)]\}/1000\} = 23.4\%$$

以考虑了缓释工具后的 $LGD^*$ 重新计算得到的资本需求为463689元，资本占用减少了428021元。

例2：仍以上述债项为例，即使客户仍然提供价值500万元的抵（质）押品，经过评估后均可以认定为合格的金融质押品，若该金融债券的发行者不同，或剩余期限不同，则对资本的减让作用也会有所不同，对比如表 3-24 所示。

表 3-24　　　　基于借款人评级差异的资本减让差异

| 借款人评级 | AA - | 无风险缓释工具的 LGD |
|---|---|---|
| 违约概率（PD） | 1.8% | 45% |
| 贷款性质 | 无抵押信用贷款（高级债权） | 资本需求（K） |
| 贷款金额（EAD） | 1000 万元 | 891710 元 |

条件改变后的最终结果如表 3-25 所示。

表 3-25　　　　条件改变后的资本减让结果

| 金融质押品 | 剩余期限 | Hc | LGD* | 资本需求 | 资本减让 | %↓ |
|---|---|---|---|---|---|---|
| 财政部发行的国债 | 10 年 | 4% | 23.4% | 463689 元 | 428021 元 | 48% |
| | 2 年 | 2% | 22.95% | 454772 元 | 436938 元 | 49% |
| 某公司发行的 BBB 级公司债券 | 10 年 | 12% | 25.2% | 499358 | 392352 | 44% |

例 3：仍以上述贷款业务为例，若贷款客户没有提供金融抵押品，而是得到了另一家外部评级为 AAA 级公司的全额担保承诺，经调查，该担保公司与贷款客户不存在关联关系，担保协议真实有效，可以认定为合格的担保。在满足相关监管要求的前提下，银行采取"替代法"计算考虑了上述有效担保之后的资本需求，具体如表 3-26 所示。

表 3-26　　　　考虑有效担保的资本需求

| 借款人评级 | AA - | 无风险缓释工具的 LGD |
|---|---|---|
| 违约概率（PD） | 1.8% | 45% |
| 贷款性质 | 无抵押信用贷款（高级债权） | 资本需求（K） |
| 贷款金额（EAD） | 1000 万元 | 891710 元 |
| 担保人评级 | AAA | LGD = 45% |
| 担保人违约概率 | 0.21% | PD = 0.21% |
| 担保金额 | 1000 万元全额担保 | K = 360580 元 |

在上述案例中，若上述银行没有根据银保监会的相关指引要求，建立起合格抵（质）押工具的认定标准和程序，则在计算资本充足率的时候将不能享受上述风险缓释工具带来的资本减让作用，因此建立、完善风险缓释工具管理体系对银行的资本管理而言至关重要。

## 五、内部评级的应用

结合国内外先进银行中内部评级与信贷业务流程相结合的信用风险管理流程先进实践，内部评级存在以下应用：（1）信贷风险审批：建立全面并遵从一致的信用风险管理标准的信用审批流程；通过差别授权，使得流程支持更为专业的信用风险决策框架；建立内部评级在授信审批中的充分应用机制。（2）信贷风险监控：建立全面的信用风险监控流程；建立支持预警机制的贷后监控流程；建立内评与预警的交换作用。（3）风险资产管理：支持风险资产的集中化和专业化管理；支持按照风险水平区别处置风险资产；内部评级应用与资产分类相结合。（4）客户评级、限额管理与监控、抵（质）押管理：建立客户评级流程与信用风险审批，监控流程以及客户限额设定流程的衔接和应用；建立单一限额/组合限额监控和报告流程，及超限额审批流程；建立抵（质）押物价值评估流程、合格缓释认定与相关流程的衔接，并为债项评级体系的建立打下基础。

可以看到，内部评级的应用贯穿到银行信贷业务全过程，图 3-19 到图 3-21 将全面展示内部评级在信贷业务中全流程的应用。

### （一）审批授权

银行通常将客户评级和债项评级应用在授信审批流程，根据违约概率、违约损失率准确地作出决策。在设置审批授权时，一般遵循以下几个基本原则：考量客户层面的总风险暴露而决定其审批授权；应用一致的方法设置不同审批层级的审批授权；设置固定的审批授权，并实现系统自动化。

考虑到银行对于评级差的授信审批将可能全都上收总行（区域）的做法有所顾虑，可以考虑采用以下建议的审批授权设置方法：以风险暴露为审批授权设置目标的模式；以预期损失为审批授权的区分模式；以 RWA 为审批授权的区分模式；以基数乘数为审批授权设置目标的模式。

表 3-27、表 3-28 和图 3-22 是各种不同设置目标模式下的审批授权示例。

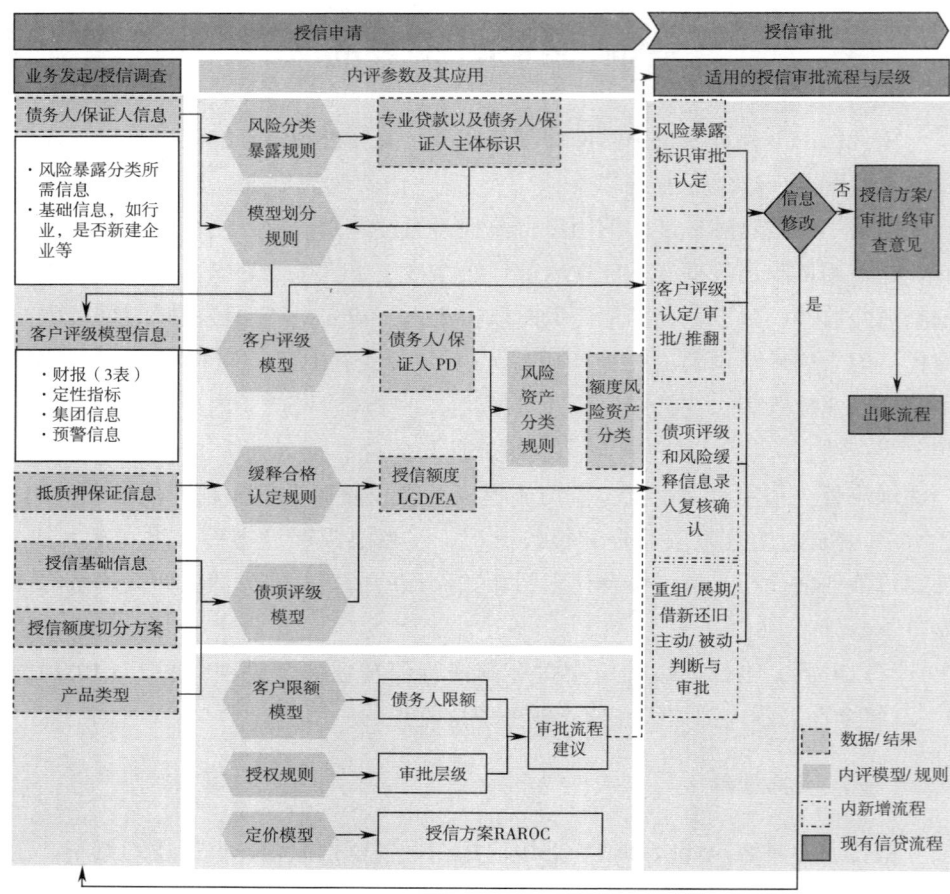

图 3-19 内部评级的应用贯穿于业务发起/授信调查—授信审批—放款—贷后全流程

表 3-27 以风险暴露为审批授权设置目标的模式的授信审批授权示例

| 单一客户 | 授信审批金额（客户的风险暴露总额人民币万元） | | | | | |
|---|---|---|---|---|---|---|
| | 客户评级 | 分行 | 总行风险管理部 | 总行首席风险官 | 总行 | 董事会 |
| | 1~4 级 | 80000 | 150000 | …… | …… | 法定限制 |
| | 5~6 级 | …… | …… | …… | 600000 | |
| | 7~9 级 | …… | …… | …… | …… | |
| | 10~12 级 | …… | …… | …… | …… | |

注：表内所示的审批授权金额仅为示例，具体金额需要通过数据测算才可以确定。

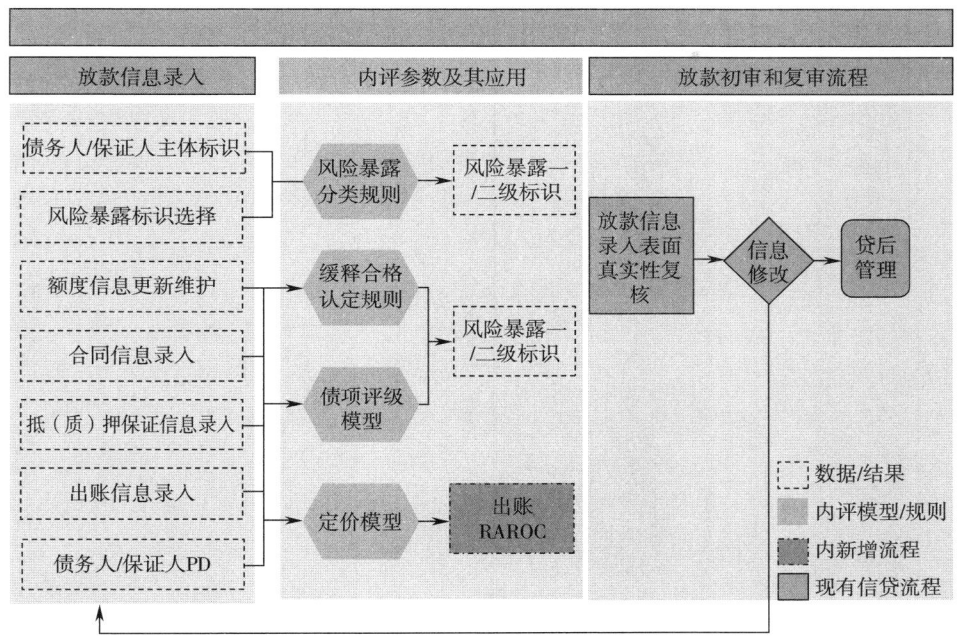

**图 3-20　内部评级的应用贯穿于业务发起/授信调查—授信审批—放款—贷后全流程**

**表 3-28　以 RWA 为审批授权设置目标的模式的授信审批授权示例**

| 风险权重 | 违约风险暴露（人民币万元） | | | | |
|---|---|---|---|---|---|
| | 分行 | 区域信贷审批部，总行信贷审批 | 总行首席风险官 | 总行行长 | 董事会 |
| <14% | 27000 | …… | …… | …… | |
| >14%～35% | …… | 37674 | …… | …… | |
| >35%～57% | …… | …… | 160681 | …… | |
| >57%～74% | …… | …… | …… | …… | |
| >74%～87% | …… | …… | …… | 149209 | 超出银监会对于单一客户集中度风险的限制 |
| >87%～110% | …… | …… | …… | …… | |
| >110%～140% | …… | …… | …… | …… | |
| >140%～172% | …… | …… | …… | …… | |
| >172%～200% | …… | …… | …… | …… | |
| >200% | …… | …… | …… | …… | |

注：表内所示的审批授权金额仅为示例，具体金额需要通过数据测算才可以确定。

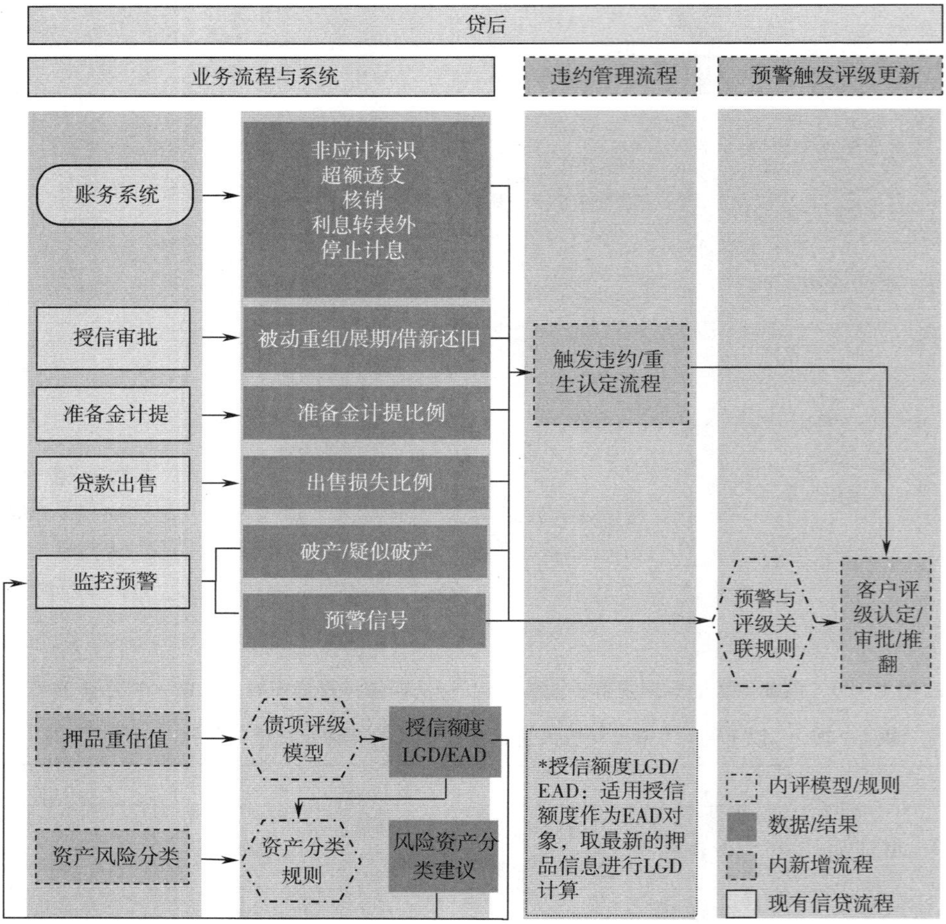

图 3-21 内部评级的应用贯穿于业务发起/授信调查—授信审批—放款—贷后全流程

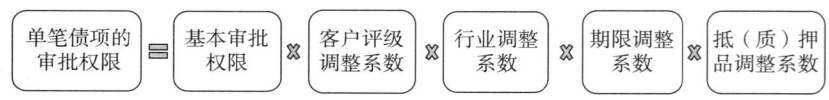

图 3-22 以基数乘数为审批授权设置目标的模式的授信审批授权

在设定各个审批层级的基本审批授权的基础上，加上对于客户评级、行业、产品、期限、抵（质）押品等调整因素，主要针对单笔债项而设定审批层级的审批授权。这种模式属于最为动态的审批授权设置模式,并按照债项的属性而计算审批层级的审批授权,所以灵活性比较高。

但由于这种模式的调整因素比较多,调整系数的变化也是各式各样,在对各个系数进行估算时会常常涉及主观判断的因素,比较容易出现人为的估算误差。而且,这种审批授权的设置模式在实际应用上也比较困难,因为审批授权是动态的,透明度不高,审批人员需要针对每笔债项计算其审批授权,操作比较复杂,加上系统实现也不太容易,造成在实际应用上对审批效率有所影响。而相对较优的审批授权应用是以达到系统自动化为目标,减少人为判断审批授权的误差,图3-23为审批授权设置示例。

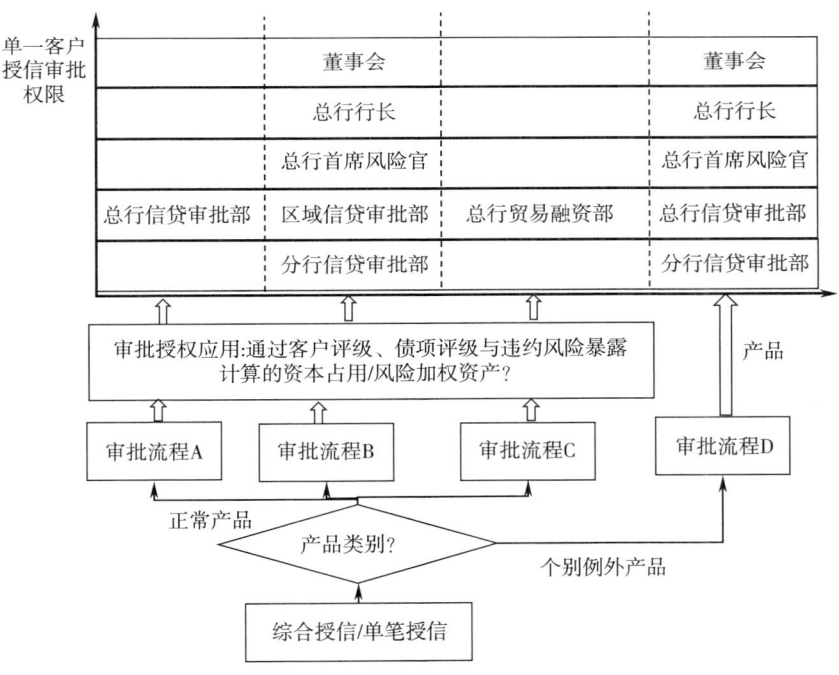

图3-23 审批授权设置

(二) 限额

内部评级法的引入,为风险管理提供一个更为全面的指导原则,导致我国商业银行的信用风险管理在技术层面和制度层面上发生重大变化。

## 1. 信用限额管理主要目标和集中度风险监管要求

限额代表金融机构内部所能够且愿意承担的对组合单元和单一客户的最大风险敞口，即代表风险敞口的上限；其中信用限额体系是组合管理体系控制集中度风险的重要手段。图 3-24 为全面风险管理框架下的限额管理示意图。

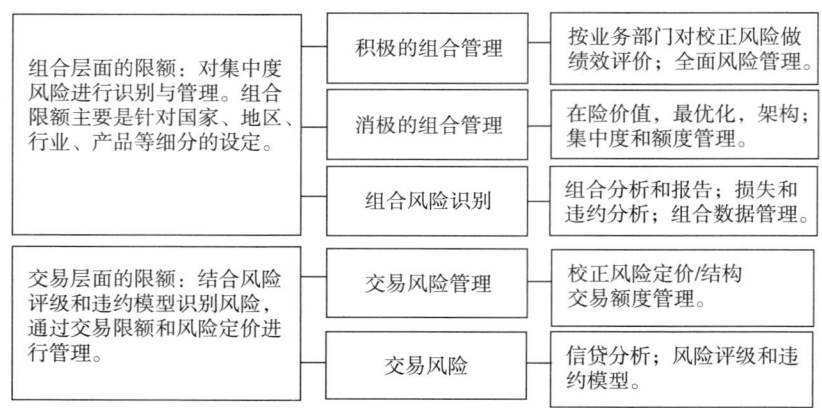

图 3-24 限额管理

信用集中度风险管理是组合层面限额管理的最主要目标，除此之外，在集中度风险控制的基础上，组合限额还可以考虑其他目标。

表 3-29 限额管理主要目标

| | |
|---|---|
| 风险偏好 | • 同银行的风险承受能力及风险偏好保持一致 |
| 资本管理 | • 反映银行的目标资本充足率<br>• 保持可用资本与资本需求之间的平衡<br>• 银行接受的最低资本充足率（兼顾投资者期望、外部评级目标及监管要求） |
| 风险管理 | • 谨慎的风险管理，以及对例外情况的及早关注<br>• 针对个别地区、产品、行业的特殊考虑 |
| 组合管理 | • 组合优化配置 |
| 集中度风险 | • 组合的风险分散化 |
| 风险回报 | • 通过组合优化配置，提升 RAROC 和 SVA 指标；激励各业务单元提升 RAROC 和 SVA 指标 |
| 战略规划 | • 宏观经济因素和监管要求<br>• 银行的整体战略<br>• 业务发展计划 |

续表

| | |
|---|---|
| 特殊考虑 | • 地区、产品或行业的发展预期和制约条件<br>• 流动性风险的考虑<br>• 分行的风险管理能力<br>• 历史限额占用情况 |
| 一致性 | • 单一限额同计划相一致<br>• 各组合限额加总同全行非零售总体限额<br>• 各组合限额之间的一致性 |

中国银保监会在信用集中度风险管理层面设置了一系列监管要求，包括借款人、地区、行业、风险缓释等各个维度，具体如表3-30所示。

表3-30　　　　　　　集中度风险的监管要求

| 1. 借款人集中度 | 4. 风险缓释集中度 |
|---|---|
| （1）单一集团客户集中度风险：最大一家集团客户授信总额/资本净额×100%　≤15%<br>（2）单一客户集中度风险：最大一家客户贷款总额/资本净额×100%　≤10%<br>（3）最大十家客户集中度风险：最大十家客户贷款总额/资本净额×100%　≤50% | （1）银行对房地产抵押的依赖比率：以房地产为抵押的贷款总额/贷款总额×100% |
| 2. 地区集中度 | 定性要求（摘要） |
| （1）境外贷款占比：境外贷款总额/总贷款×100%；指标标准值：同质同类机构平均值（下同）<br>（2）地区贷款占比：某省（市、自治区）贷款总额/贷款总额×100% | 商业银行是否制定了书面的集中度风险管理制度对集中度风险的定义、集中度风险的计量和限额等作出了明确规定。<br>商业银行是否对相关集中度风险设定了明确的限额，该限额相对于银行规模的业务复杂程度是否适当且是否在业务活动中得到了遵守。对于违反限额的行为，该银行是否采取了有效的处理措施。<br>商业银行是否定期对面临的主要集中度风险进行压力测试，识别可能对银行经营带来不利影响的潜在因素，并根据压力测试结果采取相应的处置措施。 |
| 3. 行业集中度 | |
| （1）行业贷款占比：某行业贷款总额/贷款总额×100%<br>（2）房地产贷款占比：（房地产开发贷款总额+建筑业贷款+土地储备开发贷款）/贷款总额×100% | |

2. 内部评级结果在组合层面和单一客户限额管理的应用

内部评级结果在组合层面限额管理主要存在以下应用：

（1）组合层面限额的主要目标是有效地识别和管理金融机构的集中度风险

以行业为例，行业限额通常表达为单一行业的资本占用不超过全行资本总量的一定百分比：①为各个主要行业设定一个统一的百分比（例如10%或15%），或者为各个行业设定一系列的不同百分比；②每个行业的实际资本占用占全行资本总量的比例不能够超过为该行业设定的限额百分比；③每个行业的百分比限额加总之和超过100%；④行业限额的设定需要行业经验和专家判断的支持。

（2）经济资本为组合层面限额的设定和监控提供了更为有效和准确的方式

①风险计量的准确性——基于内部评级体系的输出结果；②更为有效地处理表内和表外项目；③提高对不同组合的风险区分能力；④考虑了风险分散化作用；⑤可以同利润数据相结合，用于对风险和回报进行综合评价。

在单一客户限额管理层面，内部评级结果存在如图3-25所示的应用。自下而上为主的限额设定：风险程度+偿还能力；限额设定：鼓励（好客户）

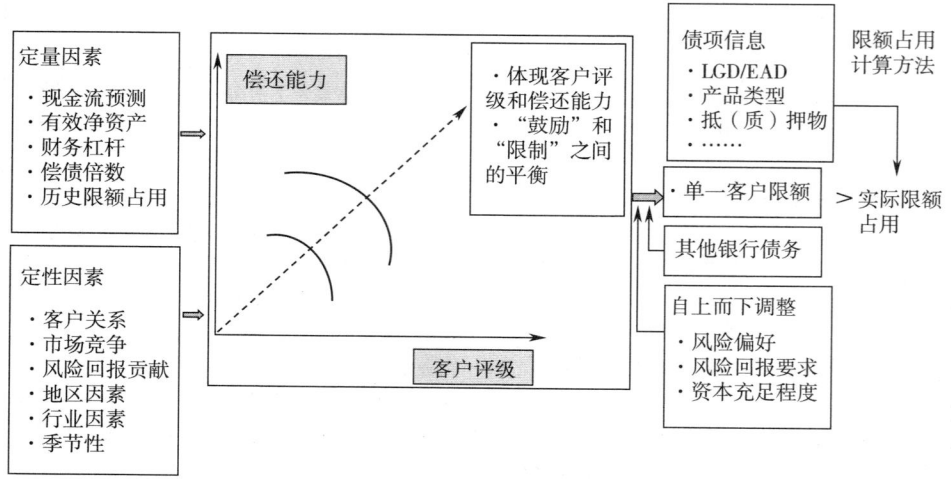

图3-25 单一客户限额管理

与限制（差客户）之间的平衡；限额计算：定量与定性相结合；限额表达方式：余额、敞口、资本占用；限额占用计算：直接运用 LGD/EAD，或考虑产品类型、抵（质）押物、期限等。

### （三）定价

信用风险定价具有如下特性：（1）设定方法多样化：信用风险定价模型在各行都不完全相同；因为风险定价模型需要考虑银行自身规模、客户特性、风险偏好和历史数据分析等因素。（2）只是参考因素：信用风险定价是通过固定的公式自动计算出贷款的风险定价，在银行进行授信审批时只能将其作为一个参考因素。

信贷风险定价应遵循以下原则：流动性、安全性和盈利性原则；经营成本下限原则；风险等级定价原则；市场竞争原则；监管合规原则。表 3-31 展开了国际先进银行的信贷风险定价模式。

表 3-31　　　　　　　　　　　风险定价模式

| | 模式 | 贷款定价原始方式 | 特点 |
|---|---|---|---|
| 1 | 成本加成模式<br>根据贷款成本来确定价格的方法，考虑贷款资金所消耗的成本以及管理费用，并对每笔贷款的成本构成有充分分析 | 贷款保本利率 = 资金成本 + 贷款费用 + 风险补偿费<br>贷款保利利率 = 资金成本 + 贷款费用 + 风险补偿费 + 目标利润 | 优点：充分考虑各种成本、费用和风险<br>局限性：忽略银行与客户之间的互动关系，没有包含市场环境的竞争形势，容易造成价格脱离市场的现象 |
| 2 | 价格领导模式（基准利率加点模式）<br>首先选择某种利率作为"基价"，然后根据信用等级、风险程度的不同来确定利差 | 贷款利率 = 基础利率 + 风险加点 | 优点：非常具有市场竞争力<br>局限性：基准利率的选择比较困难，风险加点的幅度也难以精确估计 |
| 3 | 客户盈利分析模式<br>全面考虑客户与银行之间各种业务往来的成本和收益，然后再根据目标利率进行定价 | 客户总利益 = 为客户提供服务的总成本 + 目标利润 | 优点：从银行与客户的整体关系中寻求最富有竞争力的价格<br>局限性：要求精准计算各个环节的成本与收入 |

续表

| | 模式 | 贷款定价原始方式 | 特点 |
|---|---|---|---|
| 4 | RAROC 定价模式<br>用于衡量银行信贷组合的风险以及测算风险暴露损失所需要的权益资本 | RAROC =（贷款净收益 – 预期损失）/ 经济资本<br>贷款利率 = 资本风险溢价 + 资金成本率 + 管理费用率 + 预期损失率 | 优点：（1）以银行经营的安全性和盈利性为目标，在整体考虑了银行的经营成本、预期损失以及信用风险溢价；（2）充分考虑各贷款部门的风险度，使贷款定价与风险密切相关；（3）对不同风险程度的客户制定不同的贷款价格，让银行更好地优化贷款客户的结构和合理地承担风险 |

RAROC 是贷款定价及风险调整后的绩效考核的基础，而 RAROC 的计算需要 PD 和 LGD 输入，通过 RAROC 可以将定价与风险和资本更紧密地结合起来。RAROC 定价模型公式如下：

RAROC = 经风险调整后的税后收入/经济资本 = （贷款收入 – 资金成本 – 经营费用 – 预期损失）/经济资本

### （四）监控和预警

金融机构同业监测预警实践示例如表 3 – 32 所示。

表 3 – 32　　　　　金融机构同业监测预警示例

| 银行 I |
|---|
| 常规方式频率：<br>X 级 – X 级（A）：不低于每半年 1 次<br>X 级 – X 级（B）：不低于每季度 1 次。担保现场检查频率原则上不低于每年 1 次。<br>重点方式（日常和现场检查方式）频率：<br>X 级 – X 级（A）：不低于每季度 1 次<br>X 级 – X 级（B）：不低于每月 1 次。 |
| 银行 II |
| X 级 – X 级（A）：半年检查 1 次，不足半年按半年计；<br>X 级 – X 级（B）：每季度至少检查 1 次，不足一季度按一季度计；<br>X 级 – X 级（C）：每季度检查不少于 2 次，不足一季度按一季度计；<br>X 级 – X 级（D）：每月必须检查 1 次，不足一月按一月计；<br>X 级 – X 级（含）以下（E）：加大授信后检查频率，实施提出催收方案和措施。<br>对低风险业务，原则上比照 X 级 – X 级（A）类，重点是检查低风险担保。 |

续表

| 银行Ⅲ | | | |
|---|---|---|---|
| X级-X级（A）客户 | X级-X级（B）客户 | X级-X级（C）客户 | |
| 现场监督 | 一次/季度 | 一次/季度 | 一次/半年 |
| 非现场监督 | 一次/月 | 一次/季度 | 一次/半年 |
| 索取基本资料 | 一次/季度 | 一次/季度 | 一次/季度 |
| 从第三方获取核实信贷资讯 | 一次/季度 | 一次/半年 | 一次/年 |
| 收集客户评级等信息 | 一次/年 | 一次/年 | 一次/年 |

银行可以根据内评结果建立差异化的贷后检查机制（见表3-33和表3-34），具体可分为三个方面内容：

（1）将客户的评级与信息采集和实地拜访频率相联

对于评级好，例如AAA、AA+、AA级客户，银行每年收集财务报表进行分析，并实地拜访客户一次。拜访的目的是为了确认客户的业务经营和财务状况，获取最新的授信需求信息等。对于评级较好，例如AA-、A+、A级的客户，银行每六个月收集财务报表并分析，实地拜访客户一次。

（2）有针对性地上报信息

根据客户的优劣有选择性地对发生问题或有变化的情况进行汇报，而不是笼统地上报所有信息。

（3）评级更新以及信贷检查的力度和深度与客户的评级相挂钩

通常是每年一次，但银行可以根据客户的评级以及授信资产分类情况适当调整间隔。

表3-33　　　　　　差异化的贷后检查机制内容示例之一

| 客户类型 | 重点型 | | | 一般类客户 | | 风险类客户 | |
|---|---|---|---|---|---|---|---|
| | 一级 | 二级 | 三级 | 一级 | 二级 | 重大 | 一般 |
| 访谈频度 | 一次/月 | 一次/月 | 一次/月 | 一次/季度 | 一次/季度 | 不少于一次/月 | 一次/季度 |
| 检查频率 | 一次/半年 | 一次/半年 | 一次/半年 | 一次/季度 | 一次/季度 | 一次/月 | 不少于一次/季度 |
| 信息采集 | 一次/年 | 一次/年 | 一次/年 | 一次/半年 | …… | …… | …… |
| …… | …… | …… | …… | …… | …… | …… | …… |

表 3-34　　　　　　　差异化的贷后检查机制内容示例之二

| 工作内容 | 客户类型 | 频率 |
| --- | --- | --- |
| 实地拜访客户并录入拜访记录报告 | 客户评级为 AAA、AA+、AA、AA-、A+级的客户 | 每季度一次 |
| | 客户评级为 A、A-、BBB、BB 及 B 级的客户 | 每月一次 |
| 定期检查及监测报告 | 所有授信客户 | 每季度一次 |

### （五）风险报告

国际先进金融机构风险管理强调全面的风险管理范围，全球的风险管理体系，全程的风险管理过程，全员的风险管理文化和全新的风险管理方法。近 20 年来，国际信用风险计量管理领域逐渐发展出了一套完整的模型体系。这些模型对我国信用风险量化管理具有一定的借鉴意义。

1. 风险管理报告体系目的和原则

（1）风险管理体系报告的目的

风险管理报告体系（以下简称报告体系）是金融机构控制风险的重要管理工具之一。建立报告体系的意义在于保证高级管理层或董事会全面、准确、及时地了解机构风险轮廓和资本需求。

①从管理层的监控角度来说，应能够支持风险管理层对银行风险管理的现状进行恰当的内部评估，了解当前信贷组合的健康情况。

②通过风险管理报告体系所获得的对于全行风险管理状况的信息，应可以帮助管理层进行进一步的战略规划和决策。

③通过审阅风险管理报告，管理层应可以简洁明了地了解银行风险轮廓以及与之相关的风险收益情况。

（2）风险报告体系设计原则

①风险关注原则：风险管理报表/报告是银行风险管理的重要工具和手段之一。因此，每一张表都应与风险有关，而不是与风险无关的单纯的统计报表的罗列。②信息明晰原则：组合层面的各类报表所包含的信息均应相对明确，避免过量信息集中在一份报表中。③全面性与适度性相平衡原则：在考虑报告的数量时，既要全面，又要有所取舍。风险管理报告要注意全面性，在考虑主要的风险控制因素的前提下，提供适量的报告，即不是为了突出全面性而设计

太多的报告。④用户分类原则：为特定的读者设计特定的报告结构，不同层面的报表阅读者对相关信用风险的关注内容和角度不同，因此，应综合考虑不同层次的需求设计相应的报告。

2. 风险报告体系基本要素、框架和分析维度

（1）风险报告体系的基本要素

①报告目的：简明阐述该报告的主要意图，揭示主要风险点和/或分析点；②报告内容：报告的主体部分，以具体数字或图表、分析等展示报告的主要内容；③报告撰写者：报告的撰写人员或单位/职能；④报告阅读者：报告的首要阅读者，一般按报告层次划分；⑤报告频率：报告的生成频率，根据报告的阅读者不同而变化。阅读者的层次越高，频率越低。

（2）风险报告的维度组合和内容框架

风险报告层次、报告内容和敞口类型三个维度进行组合：①报告层次：含高级管理层、风险管理职能部门以及业务单元层面；②报告内容：含组合风险集中度、趋势变化、重大风险变化及大额风险暴露；③敞口类型：含全行信贷组合、新增和违约客户授信。还可根据需要，将不同的报告组合成一个报告。

表 3-35　　　　　　　　　　信用风险报告的内容框架

| | |
|---|---|
| 组合分析（Concentration Risk Analysis） | 宏观分析银行整体（包括新增客户的授信业务）信用风险的分布、集中度等。从客户评级、所处行业、负责分行以及授信产品等角度，来显示不同的风险衡量数据，有助于了解银行分配的风险资本是否充足。 |
| 趋势分析（Trend Analysis） | 分析信用组合（包括新增客户的授信业务）在一定时期（通常为两年）的变动情况，并特别关注大额客户的授信余额变化趋势和稳定性，使机构有能力识别信用风险恶化或改善的风险趋势而调整信贷策略。 |
| 重大变动/例外情况报告（Significant Change/Exceptional） | 关注相关指标的重大异常变化。从客户评级结果、抵（质）押率等因素的异常变化来分析和识别潜在的风险，真正做到事前预防。 |

针对不同的管理层次，组合合适的分析维度以及选择适当的报告形式，来形成相应的报告（见表 3-36）。

表 3-36　　　　　　　　　信用风险报告体系的结构示例

| 分类 | 报告生成者 | 报告阅读者 | 报告频率 | 报告描述 | 备注 |
|---|---|---|---|---|---|
| 高级管理层综合类报告 | 总行信用风险管理职能 | 总行相关风险管理委员会和行级领导层 | 季度 | 以图形的形式对全行范围的授信信息进行组合分析 | 对高级管理层的特定需要或者报告生成者认为需要高级管理层知晓的信息进行不定期报告 |
| | 一级分行信用风险管理职能 | 本行层面主管信用风险的行级领导和相关风险管理委员会 | 季度 | 以图表的形式对本分行辖内的授信业务信息进行组合分析 | 根据分行领导层的要求提供不定期分析报告 |
| 信用风险管理组合类报告 | 总行信用风险管理职能 | 总行主管信用风险的行级领导、总行信用风险管理部负责人、总行其他相关职能部门等 | 月、季度 | 以表格的形式汇总并分析总行各分支机构的授信情况在各组合层面（行业、地区、评级级别等）的具体表现 | 新增客户、新增违约客户和新增不良资产等相关报告可按季度生成 |
| | 一级分行信用风险管理职能 | 本行层面主管信用风险的行级领导、信用风险管理部门负责人和分行内其他相关职能部门等 | 月、季度 | 以表格的形式汇总并分析本分行辖内的授信情况在各组合层面（行业、地区、评级级别等）的具体表现 | 新增客户、新增违约客户和新增不良资产等相关报告可按季度生成 |
| 单一客户授信管理报告 | 业务单元风险管理职能 | 分行行级领导、业务单元负责人 | 月 | 以明细表的形式对辖内客户的授信信息进行汇总分析，作为向上级行信用风险管理汇报的依据 | 各上级行级领导可根据信用风险管理需要要求提供相应的组合层面的报告 |

## (六) 贷款分类和准备金计提

随着金融全球化、跨国银行竞争的加剧，银行业务的更加复杂，技术创新和金融衍生品的发展，对先进的、更为精确和出色预测能力的信用风险量化、预测和控制方法的要求更为迫切。银行业的全球化发展，使得我国商业银行在国内国际将面临越来越激烈的竞争。由于我国在经济制度、金融发展水平上与国际活跃银行存在差异，所以不能照搬国外银行模型和经验。

1. 贷款分类的含义和监管要求

按照相关会计准则和监管指引的要求，商业银行应当将信贷资产按照风险程度划分为五个级别，称为贷款五级分类体系，表3-37列示了一些监管机构的五级分类标准。

表3-37　　　　　　　　　　　五级分类标准表

| 五级分类 | 中国银保监会 | 香港金融管理局 | 美国货币监管署 |
| --- | --- | --- | --- |
| 正常 | 借款人能够履行合同，没有足够理由怀疑贷款本息不能按时足额偿还 | 借款人目前能履行合同义务，没有足够理由怀疑其不能按时全额偿还本金和利息 | 不包括在以下定义之内的贷款为"正常"贷款，正常贷款没有正式的官方定义，即监管评级不适用于区分正常贷款 |
| 关注 | 尽管借款人目前有能力偿还贷款本息，但存在一些可能对偿还产生不利影响的因素 | 借款人目前面临困难，这些困难有可能会影响其财务状况。在目前没有足够理由预计会最终发生贷款损失，但如果不利局面长时间得不到改善，损失有可能会发生 | 贷款存在潜在的缺陷，有必要引起管理层的严密注意。如果不及时纠正，这些潜在的缺陷有可能会影响贷款偿还或影响借款人的未来信用评级 |
| 次级 | 借款人的还款能力出现明显问题，完全依靠其正常营业收入无法足额偿还贷款本息，即使执行担保，也可能会造成一定损失 | 借款人表现出某种明显的缺陷，此缺陷有可能会影响贷款的偿还。次级贷款包括那些在考虑贷款担保后仍有可能发生贷款本金或利息损失的贷款 | 贷款没有合理有效地受到债务人目前价值和偿付能力或任何抵押品的保护。这类贷款须有明确的会影响债务偿付的缺陷 |

续表

| 五级分类 | 中国银保监会 | 香港金融管理局 | 美国货币监管署 |
|---|---|---|---|
| 可疑 | 借款人无法足额偿还贷款本息，即使执行担保，也肯定要造成较大损失 | 全额回收的可能性很小，同时在考虑贷款担保后仍有很大可能性会发生本金和/或利息损失的贷款 | 可疑贷款有次级贷款所有的缺陷，同时这类贷款的缺陷使贷款的全额回收变得非常可疑和不可能 |
| 损失 | 在采取所有可能的措施或一切必要的法律程序之后，本息仍然无法收回，或只能收回极少部分 | 在采取包括抵押品变现、法律诉讼等所有方式后仍无法收回的贷款 | 这类贷款视为无法回收的贷款，这类贷款的价值已变得非常小以至不能作为银行可融通承兑的资产。即使在将来还有可能回收部分这类贷款，这样基本已无价值的资产应尽快核销 |

从表 3-37 可以看出，各地区监管机构对贷款分类标准是基本相近的，正常和关注贷款主要关注的是借款人的偿还能力，而其他级别的贷款还要分析次级和第三级还款渠道，即质押物的价值和担保人的状况；除了借款人的财务状况和实力以外，还应考虑外部经济环境、管理层能力以及机构风险控制机制等因素；在确定贷款评级时，一般为问题贷款设定了 90 天的逾期期限；同时监管机构还对不同级别贷款的准备金计提比率设定了标准（见表 3-38），但应注意的是，此标准未必等于现时中国或国际会计准则的拨备要求。

表 3-38　　　　　　　监管机构设置的准备金计提比率标准

| 五级分类 | 中国人民银行/财政部 | 香港金融管理局 | 美国货币监理署 |
|---|---|---|---|
| 正常 | 可根据风险状况自主确定专项准备 | 1% 的一般准备 | 官方没有为各级贷款设定准备金计提比率<br>因此，准备金计提比率的确定需进行重大的判断 |
| 关注 | 2% 的专项准备 | 2% 的一般准备 | |
| 次级 | 25% 的专项准备（允许在此基础上上下浮动 20%） | 20%~25% 的专项准备 | |
| 可疑 | 50% 的专项准备（允许在此基础上上下浮动 20%） | 50%~75% 的专项准备 | |
| 损失 | 100% 的专项准备 | 100% 的专项准备 | |

五级分类是金融监管要求，在早期为金融机构的风险管理确定了统一的标准和可行的方法，也为差异化的贷后管理奠定了一定的基础。但随着金融机构

的逐步发展，五级分类已经不能满足机构精细化管理的需求，其中存在的问题也日益凸显：一是五个级别的划分过于粗放，无法满足机构精细化管理的需求；二是分类标准都是比较定性的描述，对人员的素质和理解程度依赖很高，分类结果的客观准确性容易受到质疑。

越来越多的银行对五级分类体系采取了优化改进的措施，包括但不限于：（1）建立更为精细的分级体系，例如贷款十级分类、十二级分类等，满足精细化管理的需求；（2）同时明确更精细的分级体系与监管五级分类的对应关系，以满足监管报表的报送要求；（3）用尽量量化的方式确定级别定义，部分已经建立了内部评级体系的银行则逐步以内部评级结果（包括客户评级、债项评级等）作为分类依据，分类的结果广泛应用于贷后管理中，包括开展差异化的贷后重检、贷后监控、风险报告等；（4）基于优化后的分类结果或其他方式计提准备金，而基于监管五级分类的各档次准备金要求实际上只是准备金的底线。

2. 准备金的定义与计提方法

（1）准备金的定义

国内监管政策、国际会计准则和《巴塞尔新资本协议》都对准备金作出了明确定义（见表3-39）。

表3-39　　　　　　　　　　准备金的定义

| | |
|---|---|
| 国内相关监管规定 | 贷款损失准备是指银行业金融机构按企业会计准则和有关财务制度对贷款类资产计提的贷款减值准备，以及按《金融企业财务规则》对风险资产计提的一般风险准备金。<br>减值准备针对贷款类资产计提，包括贷款（含抵押、质押、担保等贷款）、银行卡透支、贴现、信用垫款（含银行承兑汇票垫款、信用证垫款、担保垫款等）、进出口押汇、拆除资金、应收融资租赁款等。 |
| 国际会计准则 | 如果金融资产的账面价值大于其预期可收回金额，则表明该金融资产发生了减值。<br>贷款减值损失是贷款的账面价值和按实际利率贴现后的预计现金流现值之间的差异，并要求实际利率与最初用于确认资产收入的"实际利息率"相同。<br>如客观减值证据出现于某贷款，该贷款的拨备数额将是贷款的余额及对未来还款现金流的贴现值的缺数。贴现值是由贷款合同约定的始算日利息为准。 |
| 《巴塞尔新资本协议》 | 全部合格的准备金是IRB法下风险暴露的各项准备金之和（专项准备、部分冲销、资产组合的一般准备金，如国别风险准备金或一般准备金）。此外，各项合格的准备金还包括违约资产的折扣。专为防范股权暴露和资产证券化暴露的专项准备不包括在全部合格准备金之内。 |

准备金计提的方法有很多种，依据各国监管和会计准则的不同而有所区别，目前国内大部分银行都从以下两个方面考虑贷款损失准备。

一是单项减值准备金：单项减值分析的范围包括已经发生减值且金额重大的贷款，该部分需要对每笔贷款进行贴现现金流分析（见图3-26）。

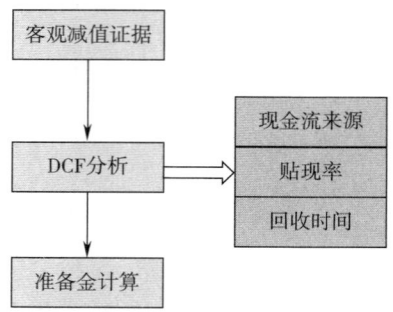

图 3-26　单项减值准备金分析

二是组合减值准备金：没有进行单项评估的贷款均属于集体减值分析的范围，此外，经过单项评估但尚未识别减值迹象的贷款也会纳入相应具有相同信用风险特征的信贷组合中进行集体减值分析（见表3-40）。

表 3-40　　　　　　　　组合减值准备金分析

| | |
|---|---|
| 历史损失情况 | • 迁移模型<br>• 滚动比率模型<br>• 重建历史损失 |
| 通过 LIP（损失识别期间）调整的方法将以往损失转化为已发生损失 | • 专业判断<br>• 经验证据<br>• 统计分析 |
| 调整以反映当期情况 | • 专业判断<br>• 统计分析 |

从风险角度来看，须关注准备金与预期损失的关系，两者差额部分将会影响银行的资本充足率。根据中国银保监会发布的《商业银行资本管理办法》，超额贷款损失准备将作为二级资本的组成部分，这与《巴塞尔新资本协议》关于资本的定义是一致的，具体要求如表3-41所示。

表3-41　　　　　　　　　　　超额损失准备的计算

| | | |
|---|---|---|
| 1 | 超额贷款损失准备可计入二级资本 | • 商业银行采用权重法计算信用风险加权资产的，超额贷款损失准备（超过150%贷款拨备覆盖率的部分）可计入二级资本，但计入部分不得超过对应贷款信用风险加权资产的1.25%；<br>• 商业银行采用内部评级法计算信用风险加权资产的，超额贷款损失准备（超过预期损失的部分）可计入二级资本，但计入部分不得超过对应贷款信用风险加权资产的0.6%。 |
| 2 | 贷款损失准备缺口从核心一级资本中全额扣除 | • 商业银行采用权重法计算贷款信用风险加权资产的，相应贷款损失准备低于150%贷款拨备覆盖率的缺口；<br>• 商业银行采用内部评级法计算信用风险加权资产的，相应贷款损失准备低于预期损失的缺口。 |

注：预期损失（EL）= 违约概率（PD）× 违约损失率（LGD）× 违约风险暴露（EAD）。

### 3. 内部评级 PD/LGD 在准备金计提的应用

借助内部评级法对风险参数 PD/LGD 的量化，可以进一步细化对风险资产进行分类，提高风险敏感度。例如，根据内部评级法计算出的 PD 与 LGD，将风险资产从监管五级分类进一步划分为十级分类（将正常类划分为正常类1~5级，关注类细分为关注1级和关注2级，其余不变），辅之以不同的准备金计提系数，可以达到更加精细化、符合实际情况并满足监管的准备金计提及资本管理要求。表3-42和表3-43分别展示了五级分类的标准风险系数和基于标准风险系数的资产分类示例，表3-44则展示了内部评级 PD/LGD 在准备金计提中的应用。

表3-42　　　　　　　　　　　五级分类标准风险系数

| 分类级别 | 正常 | 关注 | 次级 | 可疑 | 损失 |
|---|---|---|---|---|---|
| 标准风险系数 | 1.50% | 3% | 30% | 60% | 100% |

表3-43　　　　　　　　　　　基于标准风险系数的资产分类

| 分类级别 | 正常1 | 正常2 | 正常3 | 正常4 | 正常5 |
|---|---|---|---|---|---|
| 标准风险系数 | 0.06% | 0.30% | 0.50% | 1.20% | 2.30% |
| 分类级别 | 关注1 | 关注2 | 次级 | 可疑 | 损失 |
| 标准风险系数 | 5.50% | 9.60% | 35.00% | 70.00% | 100.00% |

表 3-44　　内部评级 PD/LGD 在准备金计提中的应用

| 客户评级 | 债项评级 | 1级 10% | 2级 15% | 3级 20% | 4级 25% | 5级 30% | 6级 35% | 7级 45% | 8级 60% | 9级 80% | 10级 100% |
|---|---|---|---|---|---|---|---|---|---|---|---|
| AAA | 0.16% | 0.02% | 0.02% | 0.03% | 0.04% | 0.05% | 0.05% | 0.07% | 0.09% | 0.12% | 0.16% |
| AA+ | 0.55% | 0.05% | 0.08% | 0.11% | 0.14% | 0.16% | 0.19% | 0.25% | 0.33% | 0.44% | 0.55% |
| AA | 1.20% | 0.12% | 0.18% | 0.24% | 0.30% | 0.36% | 0.42% | 0.54% | 0.72% | 0.96% | 1.20% |
| A+ | 1.68% | 0.17% | 0.25% | 0.34% | 0.42% | 0.50% | 0.59% | 0.76% | 1.01% | 1.34% | 1.68% |
| A | 2.27% | 0.23% | 0.34% | 0.45% | 0.57% | 0.68% | 0.79% | 1.02% | 1.36% | 1.81% | 2.27% |
| BBB+ | 3.06% | 0.31% | 0.46% | 0.61% | 0.77% | 0.92% | 1.07% | 1.38% | 1.84% | 2.45% | 3.06% |
| BBB | 3.67% | 0.37% | 0.55% | 0.73% | 0.92% | 1.10% | 1.29% | 1.65% | 2.20% | 2.94% | 3.67% |
| BB | 4.41% | 0.44% | 0.66% | 0.88% | 1.10% | 1.32% | 1.54% | 1.98% | 2.64% | 3.53% | 4.41% |
| B | 5.29% | 0.53% | 0.79% | 1.06% | 1.32% | 1.59% | 1.85% | 2.38% | 3.17% | 4.23% | 5.29% |
| CCC | 8.46% | 0.85% | 1.27% | 1.69% | 2.12% | 2.54% | 2.96% | 3.81% | 5.08% | 6.77% | 8.46% |
| CC | 15.23% | 1.52% | 2.28% | 3.05% | 3.81% | 4.57% | 5.33% | 6.85% | 9.14% | 12.18% | 15.23% |
| C | 27.41% | 2.74% | 4.11% | 5.48% | 6.85% | 8.22% | 9.59% | 12.34% | 16.45% | 21.93% | 27.41% |
| D | 100.0% | 10.0% | 15.0% | 20.0% | 25% | 30.0% | 35% | 45.0% | 60.0% | 80.0% | 100.0% |

注：表中共有 11 个区域，不同的数字表示方式和不同底色的单元格分别表示不同客户评级及债项评级所对应的风险系数。

# 信用风险管理之四：
# 完善商业银行授信后管理[*]

商业银行要实现长期、健康、稳定发展，守住风险底线是基本前提。在供给侧结构性改革过程中，银行要承担起信贷风险管控的第一责任，授信前后相关各方要共同出力建好风险分担机制，不断加强风险管理能力建设，把握好防风险和助经济发展的平衡，事前扎牢防控风险的"篱笆"，事中加强监测预警，事后理性应对、审慎处置，防止风险积累、传染和放大，避免处置不当引发新的风险，力争做到"大音希声，大象无形"。本专题就银行授信后管理体系、积极的授信后管理理念和主要工作内容在日常工作中的实践和思考加以介绍和分享。

## 一、授信后管理体系简介

商业银行授信后管理体系通常包括组织、政策、流程、技术和文化五个方面。从组织层面来说，为了实现更好地授信后管理，总行有信用风险监控中心，分行下设授信后管理中心；从政策方面来看，银行应制定《授信后管理工作手册》，具体包括明确和细化职责、规范工作内容及流程、分解重要岗位角色等来帮助落实授信工作中的要点；从流程来看，授信后管理的工作主要流程包括授信后检查流程、平行作业流程、风险排查流程、督导检查流程、外包作业等。在技术层面，有监控系统和外部预警系统来进行授信后管理；在文化层面，需要培育积极的授信后管理文化，进行绩效宣导、案例编写和培训等。通过这五个方面来建立一个专业化、规范化和集约化的授信后管理体系。

---

[*] 本文写作于 2016 年 7 月。

从组织层面来看，总行信用风险监控部门负责全行授信后管理工作组织与管理。分行授信后管理中心负责分行业务授信后管理工作的组织与监督检查，开展持续的风险排查，客户经理与经营单位是授信后管理第一责任人及防范风险第一道防线。图 3-27 是一个代表性商业银行的组织架构图。

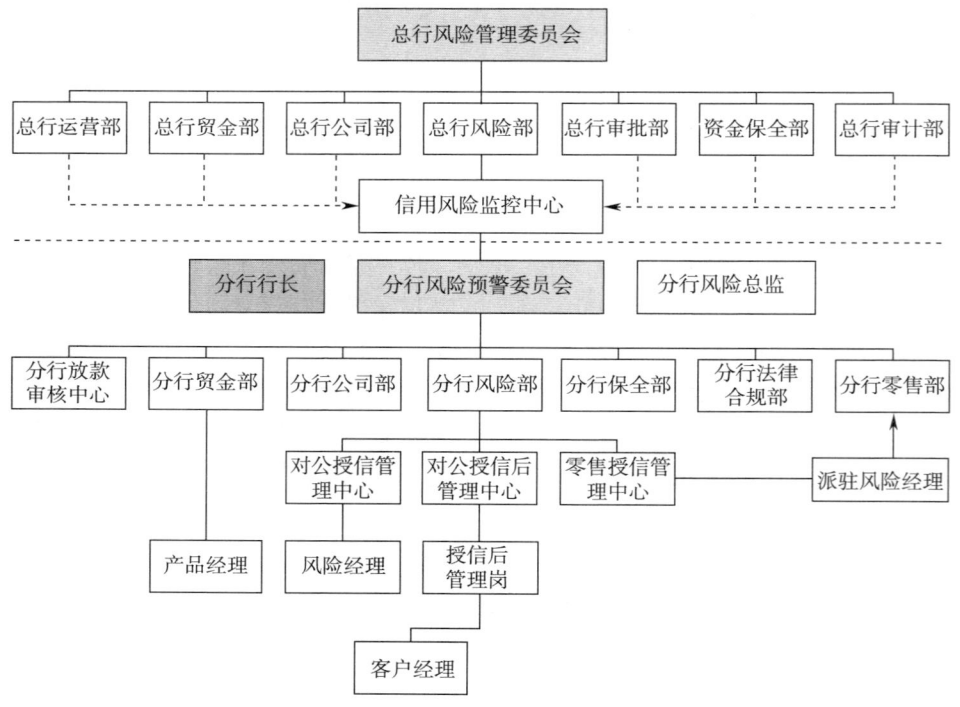

图 3-27　代表性商业银行的组织架构

从授信后管理的政策层面来看，授信后管理工作手册需要包含明确的工作职责、规范的工作内容和有效的工作方法，从而解决谁来做（WHO）、做什么（WHAT）、什么时间做（WHEN）、怎么做（HOW）这四个问题。分层的政策体系中应有授信风险管理政策手册（包括操作风险管理政策、合规风险管理政策、产品管理办法）、授信后管理操作手册（包括授信后检查及管理办法、信贷资产风险分类及预计损失管理办法、风险预警管理办法）以及对公和零售授信后管理工作手册（包括客户经理、授信后管理岗和风险经理、管理层手册）。

从授信后管理的流程方法来看，流程体系是为了能够发现风险隐患，加强客户关系管理，达到充分了解客户（KYC）的目的，具体包括：（1）风险预警制度：预警会例会制度、系统及外部预警信号发布；（2）授信后管理履职状况管理：授信后检查到位率、平行作业质量；（3）逾期、欠息及新发生不良贷款监控：跟踪分析原因、及时采取风险化解措施；（4）低质量及特别关注客户风险化解：确定名单、化解方案及跟踪执行情况；（5）持续的授信风险排查：针对行业、地区、客户类别等维度进行排查；（6）风险分类及拨备管理：组织风险分类认定及预计损失的测算。

从管理理念来看，授信后管理并不完全等同于查找坏客户，授信后管理是客户关系管理的一部分，如果授信后管理简单化为"抓贼"，那么对于不良率只有1%~2%的银行来说，即使加上预警客户，95%以上的授信后管理工作将失去直接的目的和成果。因此，授信后管理是动态的过程，客户关系是永续经营的，今天的贷后检查就是明天的贷前调查，如此循环往复。客户情况是不断变化的，充分了解你的客户（KYC）的工作也永不会停止。授信后管理是一项全员的工作，无论客户经理、风险经理、授信后管理岗都需要尽职尽责，相互配合形成整体。图3-28展示了典型的风险管理的各个环节以及不同岗位在授信后管理工作中的分工。

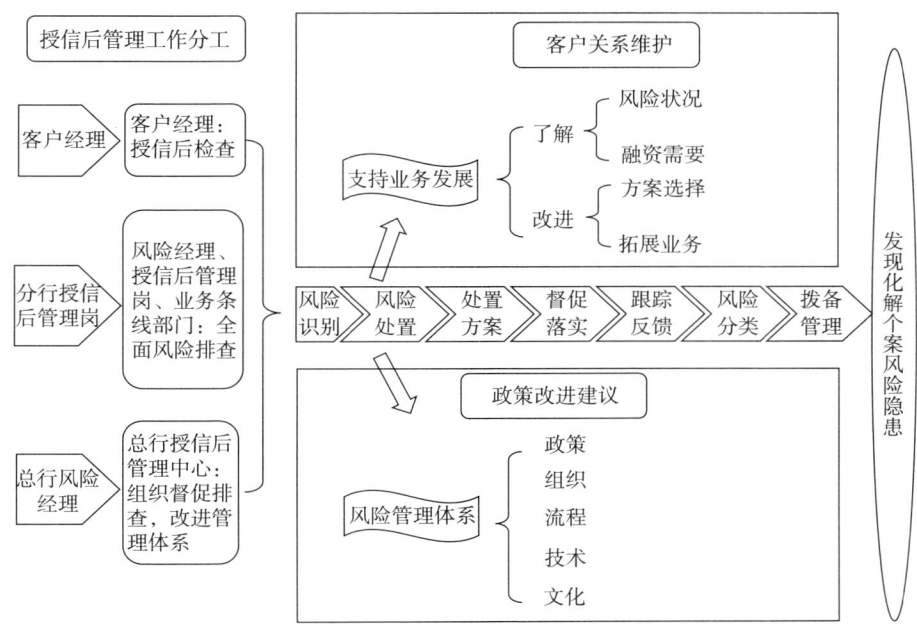

图3-28 风险管理环节及授信后管理的岗位分工

## 二、主动的授信后管理理念

过去的授信后管理工作主要采取了以风险防范和风险化解为核心的管理方式，这与当时所处的防御型风险管理阶段相适应，对解决不良贷款额与不良贷款率双高问题起了重要作用。而主动的授信后管理是在以往授信后管理工作成果的基础上，银行为适应内外部环境的变化，在供给侧结构性改革背景下，基于信贷资产质量显著改善、信贷风险管理体系建设取得了长足的进步、各项业务开始步入适度发展时期，对授信后管理理念和方式的主动尝试和选择。进行积极的授信管理也是为了确保信贷资金安全、强化客户关系、提高市场竞争力和价值创造能力。

### （一）主动授信后管理的特点

在主动型风险管理的理念下，强化区域营销指引，实施积极稳妥的信贷投向政策，势必带来授信总额以及客户数量和种类的较快增长。信贷业务要对标同业，实现做强、做大的目标，无疑对授信后管理工作提出了更高的要求，授信后管理工作未来须更加积极和主动。主动的授信后管理强调对客户授信关系的持续管理过程，具有以下特点：

一是以客户关系为中心：既重视客户的风险防范，又强调通过加深对客户的了解，为客户提供量体裁衣式的多产品组合，不断深化与客户的合作关系。

二是时间跨度长：主动的授信后管理不局限于单笔授信的发放与收回，而是放眼整个客户关系存续期，是循环往复的持续性过程。

三是内容丰富：既包括合规性检查、风险预警、风险分类、收息收贷等侧重风险防范的内容，也包括客户经营分析、融资需求分析、产品组合设计等旨在深化客户关系的内容。

四是过程控制：每个岗位持续的尽职尽责，各个环节协调配合。

### （二）主动授信后管理中需要正确处理的关系

一是主动授信后管理和风险防范的关系：及时发现风险隐患，控制新发生不良贷款是授信后管理的最基本、最重要的工作任务，实施主动的授信后管理不意味着对风险防范的丝毫放松。

二是主动授信后管理与信贷审查审批的关系：从长期的客户授信关系来看，今天的贷后就是明天的贷前，贷前贷后是一个周而复始、循环往复的过程。

三是授信后管理与业务营销及价值创造的关系：对于正常的存量客户而言，授信后管理就是二次营销或持续营销的过程；而缺乏市场营销内容的授信后管理，很难长期保持工作的主动性和积极性。

### （三）客户授信关系持续管理的特点

就工作内容而言，主动的授信后管理包括客户授信关系的持续管理与授信后管理过程的管理，具体而言，客户授信关系的持续管理包括：

一是授信后检查：定期的常规性授信后检查，也包括不定期的风险排查。

二是授信后分析：通过平行作业，借助信贷分析、统计分析、数据挖掘、穿行测试等分析手段，对客户及客户授信组合等进行动态的综合分析。

三是检查分析结果运用：依托风险预警平台进行。

### （四）主动的授信后管理的工作要点

一是稳定授信后检查履职到位率，提高授信后检查报告质量：加强风险经理的平行作业；加大总分行授信后管理岗对授信后检查报告质量的抽查范围，对授信后检查报告内容要点、分析模板进行优化并组织案例编写。

二是持续开展风险排查，切实做好风险防范：加强针对性，在坚持统筹安排的前提下，减少"一刀切"的检查频次；各分行风险排查主题有所区别，发挥分行风险排查的主动性和积极性，更多地体现区域性风险特征。

三是改进和完善授信后管理工作流程，提高专业化和精细化水平：尝试对客户的分类管理，按照战略客户、重点客户、一般正常客户、低质量、特别关注及预警客户等划分标准，划分授信后检查频率及检查重点；改进平行作业方式，完善大客户授信后管理机制，根据客户分类，对平行作业等授信后管理工作试行分层管理，提高平行作业等授信后管理工作层级，尝试建立大客户授信后管理主责任人制度；建立中长期抵押贷款的抵押物定期评估机制；进一步完善风险分类的认定方法。

四是加强授信后管理队伍建设，完善授信后管理考核评价机制：充实人员（每增加100个一般风险授信客户，一般应相应增加1名专职授信后管理人员）；考核评价的标准化；将客户经理授信后检查报告质量以及风险经理、授信管理岗报告评价的履职情况纳入授信后管理考核评价范围。

## 三、主要工作内容介绍

（一）贷后检查：贷款用途检查和全面检查

贷款用途检查是指贷款出账后的授信用途检查和贷款存续期间的授信用途检查。客户经理通过调阅借款人用款流水或相应的用款认定记录对贷款直接用途跟踪检查，并录入监控系统，直至资金使用完毕，生成完整报告。贷款用途检查，一是对合同约定用途的检查，二是对批复落实情况的检查。

全面检查内容包括批复落实情况检查、借款人所在行业变化情况分析、借款人经营情况及财务分析、担保情况分析、总体评价、风险分类。根据客户分层管理原则，不同级别客户全面检查频率不同：战略客户、重点客户、低质量及特别关注客户、存在定性预警信号客户及一般正常客户检查频率应各有不同。

（二）平行作业

授信后管理平行作业是指客户经理和风险条线人员、业务条线管理人员一起在授信后管理流程中，通过岗位制约与团队合作，重检客户风险状况与授信方案，从而实现平衡风险与回报的授信后管理运作机制。

平行作业的目的在于保障业务运行质量，实现业务发展与风险控制的有机统一，具有客户关系管理和风险防范的双重作用。

平行作业实行分层管理，具体来说对于战略客户、重点客户，对于一般正常客户，对于低质量及特别关注客户或预警信号客户授信后管理应有所不同。平行管理的具体工作流程如图 3-29 所示。

（三）风险排查

授信后管理专项风险检查由总行、分行风险管理部门组织、实施。总行布置的专项检查均采取分行自查与总行检查结合方式进行，分行自行组织的专项检查应将检查结果及时上报总行风险部。为提高专项检查专业性，需要相关业

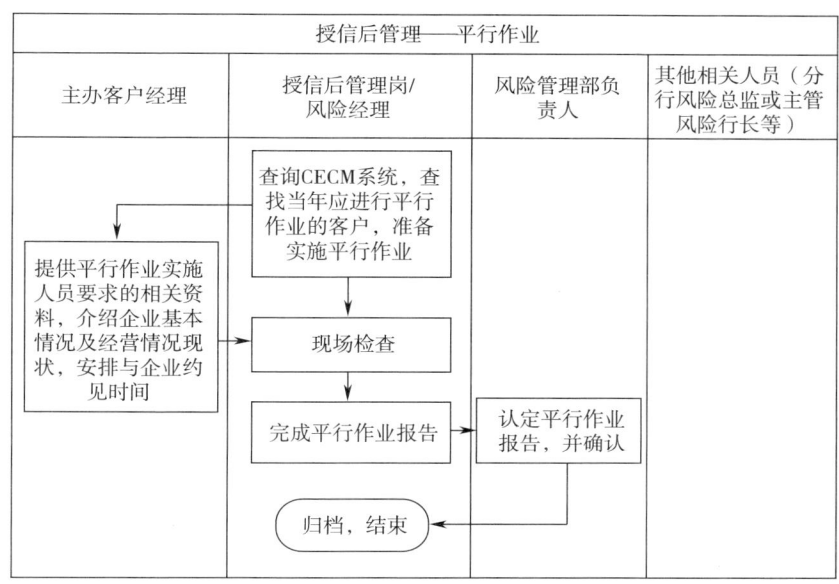

**图 3-29 平行作业管理流程**

务管理部门配合，充分体现专业性和团队协作，主要表现为：产品经理、风险经理参与检查方案制订及具体实施检查，最终沟通检查结果，形成检查结论。

风险排查包括三个阶段，分别是准备阶段、实施阶段和报告阶段。准备阶段包括的工作事项有确定检查项目、成立检查组、下发检查通知、制订检查方案、资料收集分析和编制抽样方案。实施阶段包括访谈、审阅档案、账表核对和意见反馈；报告阶段包括形成报告、检查结果通知书、档案整理、跟踪整改和后评价。

### （四）风险预警

风险预警是指运用多种信息渠道和分析方法，收集风险预警信号，对预警信号进行识别、整理和衡量，并采取适当措施，以化解风险潜在的风险隐患。风险预警是授信后管理体系的重要组成部分，是一项对授信客户进行主动、系统和动态的管理过程。进行风险预警管理需要遵循以下三个原则：

一是全面预警原则：风险预警工作涉及从支行、分行到总行多个层面、多个岗位，银行全员都有预警职责。

二是及时报告原则：相关人员须及时发现各种预警信号，并尽快报告。

三是快速反应原则：对于生效预警信号必须采取应对行动，在紧急情况下，可以本着有利于保全信贷资产原则，采取紧急应对程序。

风险预警委员会应实行月例会制度，其职责包括以下六个方面：听取个案或系统性预警信号发现及处理情况的汇报；批准预警行动方案；批准跨区域集团客户预警行动方案；有权指定某单位或个人开展专项预警调查或执行预警行动方案；有权批准或修改本办法；负责建立并维护全行风险预警体系。具体而言，风险预警委员会例会上规定的议题有：上次预警会决议落实情况；研究和跟踪低质量、特别关注客户风险排查和清收化解情况；下两个月即将到期不能正常还款授信的风险状况及处置方案；上期预警信号的处置情况；本期系统新增定性、定量预警信号风险状况；预警信号生效或解除决定及处置方案；等等。

### （五）低质量及特别关注客户管理

通过履职检查和专项检查得到风险隐患客户名单，从中进行筛选得到低质量及特别关注客户名单，根据客户具体情况对其采取压缩退出、风险化解、风险分类及拨备管理等不同的措施。低质量及特别关注客户名单具体来源为预警名单、审计条线名单、公司条线名单、审批条线名单、逾期欠息名单和重点排查结果。

低质量及特别关注客户名单维护应及时增补调整，风险经理负责协助客户经理制订清收转化方案，授信后管理岗负责跟踪督导客户经理落实清收转化方案，应视清收转化进展情况及时调整风险分类及预计损失金额。

### （六）风险分类认定

1. 风险分类的概念和认定原则

信贷资产风险分类是指按照信贷资产风险程度将信贷资产划分为不同类别的过程。风险程度的评估主要通过分析借款人的还款能力、还款意愿、信用风险缓释等因素，综合评估第一还款来源和第二还款来源，以判断贷款本息及时足额收回的可能性。信贷资产风险分类应在五级分类的基础上，根据风险程度的变化及时进行动态调整。进行风险分类时需遵循真实性、及时性、重要性、审慎性等原则。在客户评级时应遵循基本原则全面性、专家认定、有效性、时效性、规范性和重要性等原则，以客观审慎地确定客户评级。在信用风险缓释时应遵循合法性、有效性、审慎性和独立性原则，以客观合理地确定债项的担保评级。担保安排必须达到信用风险缓释的相应标准，否则在担保评级中不予考虑。

2. 五级风险分类

五级风险分类的核心定义如下：

（1）正常：借款人能够履行合同，没有足够理由怀疑贷款本息不能按时足额偿还。

（2）关注：尽管借款人目前有能力偿还贷款本息，但存在一些可能对偿还产生不利影响的因素。

（3）次级：借款人的还款能力出现明显问题，完全依靠其正常营业收入无法足额偿还贷款本息，即使执行担保，也可能会造成一定损失。

（4）可疑：借款人无法足额偿还贷款本息，即使执行担保，也肯定要造成较大损失。

（5）损失：在采取所有可能的措施或一切必要的法律程序之后，本息仍然无法收回，或只能收回极少部分。

3. 风险分类认定的考虑要素

（1）借款人的还款能力及还款意愿：对贷款进行分类时，要以评估借款人的还款能力为核心，把借款人的正常营业收入作为贷款的主要还款来源，包括借款人现金流量、财务状况、影响还款能力的非财务因素等。

（2）贷款项目的盈利能力。

（3）借款人的还款记录：在我行和他行还本付息情况及其他信用记录。

（4）贷款的担保：担保手续是否完整有效，保证人经营活动和财务状况，抵/质押物状况。

（5）贷款偿还的法律责任：信贷档案和重要文件是否保存完整。

（6）银行的信贷管理状况等。

4. 风险分类认定及调整流程

信贷资产风险分类及预计损失实行分级审定的原则，后一级人员有权调整前一级人员的认定结果，但应明确阐述理由。为确保风险分类及预计损失认定的独立性、准确性，在批复时审批机构负责出具初次认定意见，在授信后管理阶段，进行滚动分类及最终认定。

授信批复阶段初步认定的流程如下：

（1）主办客户经理负责信贷资产初分，并录入《授信业务调查报告》，随授信流程逐级上报。

（2）风险经理负责对主办客户经理的初分结果进行复核，保全部门负责人负责对保全部门经办人员的初分结果和预计损失进行复核。

（3）风险分类及预计损失测算结果经复核后，随授信流程逐级上报，由审批机构进行初次认定，初次认定权限同审批权限。

（4）审批机构初次认定结果，随授信批复导入系统。

授信后管理阶段认定的流程如下：

（1）客户经理要按照授信后管理的要求对客户进行跟踪检查，滚动进行一次风险分类及损失预计测算。

（2）授信后管理岗进行复核，部门负责人进行审核；审核结果如与前次认定意见一致，则由风险管理部门负责人进行最终认定。

（3）审核结果如与前次认定意见不一致，需进行调整时，视调整情况，最终认定权限。

（七）拨备管理（预计损失测算）

1. 拨备的概念

拨备在会计上称为资产减值准备，其增加或减少影响银行当期损益。适用企业会计准则主要有金融资产（如贷款、应收款及证券等）为第 22 号《金融工具确认和计量》；非金融资产（如房屋等固定资产）为第 8 号《资产减值》。

2. 计提方法

对于金融资产和非金融资产有不同的拨备计提方法，对于金融资产而言有以个案为基准进行计提和以组合为基准进行计提这两种方式。一般对于单项金额重大、具有独特信用风险特征的金融资产应当以个案为基准进行计提，对公后三类贷款、存在"系统性风险"个贷采用个案基准，方法是预计未来现金流量按原实际利率折现的现值低于其账面价值的差额确认为资产减值损失。

对于已以个别方式评估但没有客观证据表明已发生减值的金融资产以及没有单独进行减值测试的单项金额不重大的具有类似信用风险特征的金融资产以组合方式进行评估，一般计提方法为将金融资产组合根据类似的信用风险特征分类及进行减值测试。减值的客观证据主要包括虽无法辨认该组金融资产中某项资产的现金流量是否已经减少,但根据已公开的数据进行总体评价后发现,该组金融资产自初始确认以来预计未来现金流量已减少且可计量。

对于非金融资产主要是以个案为基准进行计提,除商誉外,通常采用下列计量方法:对存在减值迹象的资产进行减值测试,估计其可收回金额。可收回金额是指资产的公允价值减去处置费用后的净额与资产预计未来现金流量的现值两者之间较高者。资产减值损失一经确认,在以后会计期间不会转回。

3. 贷款减值准备的计算方法

根据以上计提方法,对于对公次级、可疑、损失类贷款进行逐笔估计,以估计的未来现金流量的现值为基础计算减值。对于对公类正常、关注类贷款,零售贷款,表外授信进行组合测算,以历史损失经验为基础计算减值。

预计未来现金流量公式:预计未来现金流量 = 抵(质)押物和已查封的资产可变现净值的现值 + 预计未来从借款人或保证人处获得除抵(质)押物和已查封资产以外的现金流量现值。现金流量现值公式:$NPV = \sum A_i / (1+r)^I$。

估计未来可回收金额的步骤:分析还款能力、分析还款意愿、推算其未来可用来偿债的现金流量。具体而言,分析还款能力是对未来现金流的测算,根据还款计划的实际执行情况估计未来现金流,根据借款人/保证人实际情况,客观判断其发展前景、预测业务量、未来现金流量及流入时间,再减去借款人/保证人需要优先支付的债项;如借款人/保证人有其他银行贷款,按比例计算现金流。分析还款意愿是在测算的现金流基础上打一定的折扣。了解借款人和保证人的还款意愿,分析和评估借款人、保证人的资信状况。

4. 修正正常类贷款滚动损失率

组合基准下预计损失率的测算方法框架:

$$预计损失率 = 加权平均滚动损失率 \times 宏观经济调整因子$$

$$对公正常类滚动损失率 = \left( \sum \frac{上期正常类贷款中在本期}{转入后三类贷款后计提的拨备} \right) / 上期正常类贷款总额$$

对公正常类流动损失率未考虑正常类滚动到关注类的情况。

近年来银行风险预警体系不断完善,风险管理关口前移,发现预警信号后授信评级及时转入关注类,正常类进入不良类贷款的数量越来越少,继续使用原有的损失率计算模型,正常类贷款拨备比率将越来越小,与关注类差异逐渐增大，正常类贷款拨备水平会被低估。

《企业会计准则》第二十三章《金融工具确认和计量》及准则讲解："在对某金融资产组合的未来现金流量进行预计时，应当以与其具有类似风险特征组合的历史损失率为基础。对于'发生但没有报告'的损失确认为减值损失是恰当的做法。"《关于贷款准备计提和监管指引》："第十一条对于非单笔重大贷款，以及经测试没有客观证据表明发生减值的单笔重大贷款，金融机构应采用组合方式计提减值准备。""第十二条已具备完善风险管理政策和能力，并积累了充分历史数据的金融机构，应对第十一条所指贷款进行分组，以各组贷款的历史损失率为主要依据，综合考虑影响贷款损失的相关因素，组合计提减值准备。""第十六条金融机构应建立减值准备审核校正机制，评估减值准备计提方法和模型的有效性。在评估和检查的基础上，及时对方法和模型进行校正。"

以上调整可作为会计估计变更采用未来适用法（《企业会计准则》）："企业据以进行估计的基础发生了变化，或者由于取得新信息、积累更多经验以及后来的发展变化，可能需要对会计估计进行修订。""会计估计变更应当采用未来适用法处理"。

5. 贷款成本管理

贷款成本是银行在授信过程中为了获取贷款利息收入，所发生的用于补偿风险损失的资源代价；一般指当年计提的贷款损失准备（或称为信贷资产减值准备）。

信贷成本率 = 当年计提贷款损失准备/[（期初贷款总额 + 期末贷款总额）/2]

信贷成本具有以下几个成本特征：

（1）信贷成本与银行信贷结果直接相关，是直接成本，也是变动成本。

（2）在计提期间需要使用科学的方法进行估计，属于估计成本；可以通过对信贷过程的管理对信贷成本进行间接控制，属于可控成本。

（3）信贷成本可以进行分解从而进行信贷成本的动因分析。根据公式：拨备（EL）= 风险敞口（EAD）× 违约概率（PD）× 违约损失率（LGD）× 期限（M）。

对信贷成本进行分解，其中风险敞口可以分解为年度贷款增加额（X1），违约概率可以分解为正常关注类贷款结构变化（X2）和新发生不良贷款（X3），违约损失率可以分解为存量不良清收数量（X4）、新增不良贷款损失率（X5）、存量不良贷款损失率（X6）、正常关注类贷款损失率（X7），还有公式中的期限（X8）。

由此可得到公式：拨备（EL）= f（X1，X2，X3，X4，X5，X6，X7，X8，…）

防范风险是商业银行发展的永恒主题。各家银行所处的地域环境差异较大，面临的风险环境各不相同，自身承担风险的能力不一，授信流程相关各方必须把守住风险底线作为各项工作的重中之重，努力把坚守底线的原则性和支持发展的灵活性结合起来，提升管理能力，化解存量风险和防控增量风险。授信管理部门作为风险防控的主体责任，要提高风险识别的前瞻性和风险应对的敏感性，及时解决苗头性风险、倾向性问题，分析日常经营情况，常做压力测试，及时化解风险隐患，构建有效的全面风险管理体系。

# 内控管理之一：
# 中小商业银行上市中的内控体系建设[*]

商业银行在遵循依法、合规、稳健经营的指导思想，在努力发展各项业务的同时，要十分注重内部控制体系的建立和健全。当前，在强资本约束下，尽管上市长路漫漫，中小商业银行的热情依然高涨。尤其在混合所有制改革之下，为应对市场化竞争，银行还可能分拆资产上市，如理财、信用卡、私人银行等业务较为市场化，作为银行一个部门运作，将会做银行资产的分拆（成立独立公司）乃至最终上市。

实践中，所有计划上市的商业银行都要依照《中华人民共和国公司法》《中华人民共和国商业银行法》等法律法规，以及中国银行业监督管理委员会和上海、香港两地证券交易所的要求，参照《巴塞尔新资本协议》的有关标准，制定内部控制的目标和原则，建立由内部控制环境、风险识别与评估、控制措施、信息交流与反馈、监督评价与纠正五大要素组成的内部控制体系，要能够有效地对银行各项经营管理活动进行全方位覆盖、全过程控制，并持续在业务实践中不断提升和增强银行内部控制体系的充分性、有效性，以促进银行稳健经营和长远发展。这里就商业银行需要建立什么样的内控体系才能满足监管和交易所的要求并就商业银行实践进行分析。

## 一、商业银行内部控制目标

商业银行内部控制的目标是合理保证企业经营管理合法合规、资产安全、

---

[*] 本文写作于2015年4月。

财务报告及相关信息真实完整，提高经营效率和效果，促进企业实现发展战略。具体包括：一是确保国家法律、法规和银行内部规章制度的贯彻执行；二是确保银行发展战略和经营目标的全面实施和充分实现；三是确保银行风险管理体系的有效性；四是确保银行业务记录、财务信息和其他管理信息的及时、真实和完整。

## 二、商业银行内部控制原则

商业银行的内部控制贯彻全面、审慎、有效、独立、重要、制衡、适应、成本效益原则，具体包括：

全面性原则。银行内部控制应当贯穿决策、执行和监督全过程，渗透银行及其所属单位的各项业务过程和各个操作环节，覆盖所有的部门和岗位，并由全体人员参与，任何决策或操作均应当有案可查。

审慎性原则。银行内部控制应当以防范风险、审慎经营为出发点，银行的经营管理，尤其是设立新的机构或开办新的业务，均应当体现"内控优先"的要求。

有效性原则。银行内部控制应当具有高度的权威性，银行任何人不得拥有不受内部控制约束的权力，内部控制存在的问题应当能够得到及时反馈和纠正。

独立性原则。银行内部控制的监督、评价部门应当独立于内部控制的建设、执行部门，并有直接向董事会、监事会和高级管理层报告的渠道。

重要性原则。银行内部控制应当在全面控制的基础上，关注重要业务事项和高风险领域。

制衡性原则。银行内部控制应当在治理结构、机构设置及权责分配、业务流程等方面形成相互制约、相互监督，同时兼顾运营效率。

适应性原则。银行内部控制应当与经营规模、业务范围、竞争状况和风险水平等相适应，并随着情况的变化及时加以调整。

成本效益原则。银行内部控制应当权衡实施成本与预期效益，以适当的成本实现有效控制。

## 三、商业银行内部控制基本要素

### （一）内部控制环境

1. 内部控制政策

商业银行应依据财政部等五部委《企业内部控制基本规范》、银监会《商业银行内部控制指引》和上海证券交易所《上市公司内部控制指引》等法律法规，制定本行内部控制基本规定，建立了由内部控制基本规定、各类内部控制办法和各分行区域内部控制制度组成的内部控制制度体系，各项制度的制定和业务管理均体现内控优先原则。

2. 公司治理结构

商业银行应根据《中华人民共和国公司法》《中华人民共和国商业银行法》等法律法规，建立较为完善的以股东大会、董事会、监事会、高管层相互分离、相互制衡的公司治理结构，并制定公司章程、三会议事规则、专门委员会实施细则、信息披露制度、投资者关系管理制度、关联交易管理办法、重大事项向董事会备案制度等相关规章制度。

商业银行的控股股东或实际控制人不应越权干预银行的公司治理和日常经营。股东大会是商业银行最高的权力机构，下设董事会和监事会，所有股东通过股东大会行使股东权利。商业银行实行董事会领导下的行长负责制，董事会对股东大会负责，负责组织制定银行的内部控制政策，审议和批准重要的内部控制制度、程序和方法，评估内部控制体系的有效性并监督高级管理层改进和完善内部控制体系。监事会监督董事会、高级管理层完善内部控制体系，监督董事会及董事、高级管理层及高级管理人员履行内部控制职责。管理层负责建立和完善内部组织机构，保证内部控制的各项职责得到履行，建立识别、计量、监测并控制风险的程序和措施，监测和评估内部控制体系的充分性与有效性，纠正并报告存在的问题。

3. 企业文化

商业银行董事会和高管层应通过其言行来强调内部控制的重要性，秉持业务发展，内控先行的原则。同时，经过长期积累和不断发展，在银行形成了良好的企业文化，包括经营理念、合规理念、人本理念等。同时，银行应积极参与赈灾扶贫等社会公益活动，自觉履行企业公民的责任和义务，教育员工主动回馈社会、服务社会，得到社会各界的好评，树立良好的企业形象。

4. 组织架构

商业银行应建立符合自身特点的组织结构；明确内部控制和相关职能部门的责任、权限和信息报告路线；专门设立履行内部控制和风险管理职能的部门，能够对银行的各级部门和各项业务实施有效的管理控制。

5. 人力资源

商业银行应制定规范的员工招聘、调配、教育和培训、考核、岗位轮换等流程，建立各业务部门、各岗位之间相互衔接配合、相互监督制衡的关系。同时，银行应注重把员工的自我发展、价值实现与企业发展结合起来，重视对员工职业道德和专业胜任能力等方面素质的培养和选拔，建立卓有成效的激励机制、培训机制以及福利机制，为员工实现自我价值提供广阔的发展空间。

（二）风险管理

商业银行应建立涵盖各项业务、全行范围的风险管理体系，开发和运用风险评估的方法和工具，对信用风险、市场风险、流动性风险、操作风险、合规风险等各类风险进行识别、计量、监控和缓释。

1. 信用风险方面

商业银行应根据信贷管理水平、借款人信用等级、授信担保条件三个维度制定完整的信贷审批授权体系，并制定切实可行的授权标准、授权方法和权限调整规定。商业银行应遵循审贷分离的原则，严格执行贷前调查、贷时审查、贷后检查"三查"流程，根据信贷业务各风险控制环节，制定相互制约的工作岗位及职责。同时，每年制定信贷政策指引和区域信贷政策，利用客户准入、分行业审贷、信贷资产分类、信贷客户信用评级、集团客户统一授信、风险信息提示共享以及适时的风险退出等管理手段，并应用信贷信息管理系统，保持了良好的资产质量。

2. 市场风险和流动性风险方面

商业银行应设立资产负债管理委员会，负责制定全行市场风险和流动性风险的管理政策，审议全行涉及市场风险和流动性风险的重大事项，并由总行计划财务部具体履行管理全行市场风险和流动性风险的职能。商业银行还应在日常业务的管理操作中建立严格的授权授信和岗位分离制度，设计一套完整的市场风险计量报表，涉及各项风险监测指标、业务结构特点、情景模拟等内容，开发计量程序、改进估值技术、深入定量研究，建立估值模型，加强对市场风险程度的定性和定量预测分析；通过内部资金转移定价体系对流动性实行统一管理，对每日资金头寸、每月流动性比率、流动性缺口比率等进行密切监控，采用压力测试评判银行是否能应对极端情况下的流动性需求。此外，商业银行还应建立流动性风险预警系统并制订流动性应急计划，以备流动性危机的发生。

3. 操作风险方面

商业银行应制定相关操作风险的识别、计量、监测和管理的制度；同时，还应通过强化内部控制、完善制度体系、进行操作风险和案件排查、提升员工风险防范意识和能力、实施严格的问责制和实施新资本协议操作风险管理项目等措施，来管理和降低操作风险。

4. 合规风险方面

商业银行应建立完善的合规风险管理框架，制定商业银行合规政策、合规工作管理规定等合规规章和制度，健全合规管理组织架构，明确董事会、监事会、高级管理层、合规管理委员会、合规部门以及业务部门的合规职责，建立合规风险识别、提示、纠正和报告制度、程序，完善合规风险管理体系。

5. 在反洗钱管理方面

商业银行应根据《反洗钱法》和中国人民银行发布的相关法规，编制本行反洗钱规定，建立反洗钱工作组织架构和专业的反洗钱工作管理队伍，建立和完善客户尽职调查制度和内部操作流程，开发大额交易和可疑交易监测分析报送系统、反洗钱名单数据库及过滤系统等，加强反洗钱管理和可疑交易的监测分析工作。

6. 计算机信息系统控制方面

商业银行应建立明确的信息技术组织架构并制定信息技术管理制度，建立信息安全管理机构以加强信息安全管理工作，建立信息系统的开发和变更管理流程。信息系统构建完善的运行和操作管理体系，制定计算机信息系统的持续运作管理机制，建立灾备中心。

（三）内部控制措施

商业银行应依照内部控制体系建设的总体目标和原则，以防范风险和审慎经营为宗旨，在授信业务管理、资金业务管理、存款和柜台业务管理、中间业务管理、财务管理、会计管理、信息系统管理、人力资源管理、合规风险与反洗钱管理、内部审计和监察保卫以及授权管理等方面，建立比较系统、完整的规章制度和控制措施，并且随着客观实际的变化和管理要求的提高，持续地进行修订、完善和补充。商业银行的内控制度应基本覆盖全行各项业务管理过程和操作环节，各项内部控制措施在强化管理监督、规范业务行为、有效防范和化解风险、保护资产安全等方面体现出较好的完整性、合理性和有效性，促进银行内部组织机构正常高效运作，保证各项业务依法、合规、稳健经营。

## （四）信息交流与反馈

### 1. 信息技术系统

商业银行应建立全行统一的业务操作系统，实现全行数据的大集中，搭建数据仓库系统，收集整合包含负债、资产、中间业务等主要业务领域的各级机构业务数据，并以数据仓库为核心，集成管理信息平台、管理会计、客户关系管理、营销管理、监管数据上报、风险建模、专项数据分析挖掘等管理相关应用系统，贯穿总分支行机构，覆盖各类业务，为银行内部经营管理活动，包括对公信贷业务、零售业务、人力资源管理、日常办公系统、审计工作和信息技术开发等提供有利决策和技术支持。

### 2. 交流与沟通

商业银行应建立并保持信息交流与沟通的程序，应明确对财务、管理、业务、重大事件和市场信息等相关信息识别、收集、处理、交流、沟通、反馈、披露的渠道和方式。

## （五）监督评价与纠正

商业银行应建立完善的内部审计体系。内部审计部门具有较强的独立性，独立于接受其检查和监督的运营单位之外，有权获得银行所有经营信息和管理信息，并对各个部门、岗位和各项业务实施全面的监督、评价并督促纠正。总行审计部直接向董事会、监事会和管理层报告审计结果，其负责人的任命由董事会批准。银行应建立以本行内部审计章程为基础，由一般准则、作业准则、工作规范等组成的完整的制度体系；建立现场审计与非现场审计相结合的检查体系和系统。

近年来，商业银行内部审计部门一直在积极探索建立风险导向审计模式。一是从业务、机构、系统和控制点、人员五个维度进行固有风险评估，每年根据风险评估结果和管理需要来确定对分支机构、附属公司的审计频率；根据风险程度优先安排对新产品、新业务、新机构以及高风险业务领域和关键控制环节的审计项目；在审计实施过程中，自始至终以风险评估为导向，根据风险状况确定审计范围与重点、审计人员的投入等。二是将对银行的风险管理审计作为重点，审计包括评估银行风险管理体系的完备性、各类风险识别的充分性、风险防范措施的有效性、风险管理目标的完成情况等，并从审计角度提出改进风险管理和内部控制的咨询建议。三是银行的审计范围已覆盖了信用风险、市场风险、操作风险、信息科技风险等各类风险。

同时，商业银行要基本建立总分行内部控制状况评审会议制度，定期召开内部控制状况评审会议，针对经营管理中存在的内部控制问题与缺陷，研究制定解决措施和改进办法，并现场落实责任。基本在全行范围内建立年度内部控制自我评估制度，银行内部各级机构和各单位每年对内部控制进行至少一次自我评估。商业银行还要基本建立相应的整改纠正机制，针对内部审计检查发现的问题和各单位自身检查发现的内部控制缺陷，管理层会根据内部控制的检查情况和评价结果，提出整改意见和纠正措施，督促各业务部门和分支机构落实，并对相关的责任人进行处罚。

# 内控管理之二：
# 有效的商业银行内部控制评价体系[*]

1992年美国COSO颁布五要素的内部控制框架（简称COSO报告），引发了全球性内部控制高潮，也开启了我国商业银行内部控制体系的建设。为控制全球普遍存在的金融风险，1998年9月巴塞尔银行监管委员会发布了银行内部控制系统框架（Framework for Internal Control Systems in Banking Organizations）。我国商业银行全面内部控制建设虽然对降低运营成本以及控制金融风险等方面起到了一定的作用，但实施的内部控制制度建设还存在许多待完善的地方。

## 一、内部控制的理论发展和监管要求

国际上有关内部控制理论的发展大体可以分为四个阶段：内部牵制理论、内部控制系统理论、内部控制结构理论和内部控制整体框架理论（见图3-30）。

### （一）内部牵制理论

1936年美国注册会计师协会在《注册会计师对财务报表的审查》文稿中提出了以内部控制为基础的审计程序，首次定义了内部控制："内部稽查与控制制度是指为保证公司现金和其他资产的安全，检查账簿记录的准确性而采取的各种措施和方法。"1947年美国注册会计师协会在《审计准则暂行公告》中重申了这一内容。

---

[*] 本文写作于2015年4月。

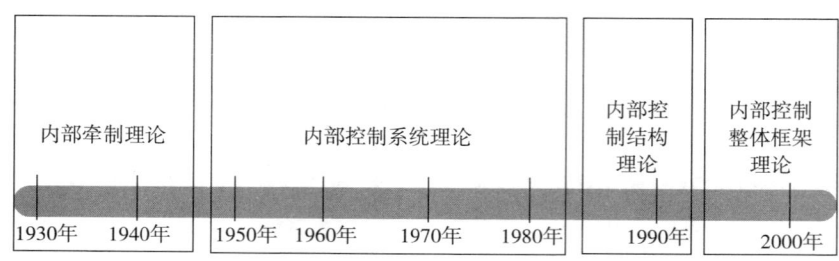

**图 3-30　国际上有关内部控制理论的发展**

这一时期，内部控制处于以查错纠弊为导向的理论初级阶段，被称为内部牵制理论。"相互核对"是此阶段内部控制的主要内容，而"设定岗位分离"则是内控的主要方式。

（二）内部控制系统理论

自 20 世纪 40 年代末以来，包括美国审计程序委员会、美国注册会计师协会在内的多家机构在实践中对内部控制的定义进行了不断修正和充实。1972 年，美国准则委员会在之前理论发展的基础上，经过深入探讨，在该委员会 1972 年第 1 号公告中，对内部控制作出了定义，将内部控制分为内部会计控制和内部管理控制。其中，内部会计控制由组织结构计划与保护资产和保护财务资料可靠性有关的记录和程序构成，致力于保护资金安全及会计记录的可靠性，而内部管理控制包括但不限于组织结构的计划以及与管理部门授权办理经纪业务的决策过程有关的程序及记录，致力于提高经营效率和确保既定的管理政策。

（三）内部控制结构理论

1988 年，美国注册会计师协会发布《审计准则公告第 55 号》，首次使用"内部控制结构"一词，指出"内部控制结构包括为合理保证企业特定目标实现而建立的各种政策和程序"，并确定内部控制结构包含三个要素：控制环境、会计制度和控制程序。

内部控制结构理论的特点：一是将控制环境纳入内部控制领域；二是考虑到会计控制与管理控制的不可分割性，不再细分会计控制和管理控制。表 3-45 展示了内部控制结构理论的主要内容。

表 3-45　　　　　　　　内部控制结构理论的主要内容

| | 内部控制 | 会计制度 | 控制程序 |
|---|---|---|---|
| 主要内容 | • 经营管理理念<br>• 组织结构<br>• 董事会及其所属委员会和审计委员会发挥的职能<br>• 授权和分配责任的方法<br>• 管理监控方法（经营计划、预算、预测、利润计划、责任会计和内部审计）<br>• 人事政策和实物 | • 规定各项经济业务实务的方法，包括鉴定、分析、归类、登记和编报<br>• 明确资产和负债的经营管理责任<br>• 对经济业务按货币价值计价<br>• 确定经济业务的发生日期<br>• 在财务报表中恰当表述和揭示经济业务 | • 经济业务和经济活动的批准权<br>• 明确人员职责分工，防止徇私舞弊<br>• 职责分工<br>①批准、记录和财产保管工作的职责分离<br>②凭证和账单的设置和使用必须保证业务活动记载正确<br>③对接触和使用财产及其记录有保护措施<br>④已登记的业务和计价有复核程序 |

（四）内部控制整体框架理论

内部控制整体框架理论认为，内部控制是由董事会、管理层和员工共同设计并实施的，旨在为财务报告的可靠性、经营效率与效果、相关法律法规遵循性等目标的实现提供合理保证的过程。内部控制的三类目标是合规性、操作和财务报告，五个要素是控制环境、风险评估、控制活动、信息与沟通以及监督。

（五）近年来影响广泛的内部控制理论框架、法案及应用指引

1. 美国《联邦存款保险公司修正法案》（FDICIA）

美国自 20 世纪 30 年代建立联邦存款保险制度以来，对维护美国金融秩序起到了明显的作用。然而 1983 年，43 家银行倒闭，使得联邦存款保险公司（FDIC）的存款赔偿支出首次超过了存款保险费收入。至 80 年代末，超过 1000 家银行因经营失败而倒闭。1991 年 FDIC 首次预计存款保险基金将出现 70 亿美元的净资产负数。分析师、研究机构及联邦政府对大量银行倒闭事件会使 FDIC 的资源枯竭进行了预警。股票市场也将各大银行的股价大幅调低至低于净资产价值。1991 年，美国国会通过了《联邦存款保险公司修正法案》（FDICIA），该法案带来了当时所急需的金融监管体系和联邦保险存款制度的

改革。

FDICIA 的主要影响有：(1) 定义了 5 类资本水平，建立了迅速采取纠正行为的框架，资本水平不足的商业银行将接受更多的监管，同时针对不同的资本水平设定了对银行业务的具体限制条款；(2) 指示联邦存款保险公司建立基于风险的保险费率制度；(3) 加强对银行的检查，强化信息报告制度，管理层被要求提交对内部控制有效性的评价报告以及遵循法律法规的报告，审计师相应出具对管理层内控自我评价的意见及按商定程序测试及评价商业银行合规的报告；(4) 强化了管理层、董事会、审计委员会对内部控制及合规的责任和风险；(5) 实施《外国银行加强监督法》（FBSEA），加强美联储对外国银行的监管。

2. COSO（反虚假财务报告委员会下属发起人委员会）

1985 年，由美国注册会计师协会、会计协会、财务主管协会、内部审计师协会、管理会计师协会联合创建了反虚假财务报告委员会，该委员会旨在探讨财务报告中舞弊产生的原因，并寻找解决措施。基于该委员会的建议，成立 COSO 委员会，专门研究内部控制问题。1992 年，COSO 提出了纲领性文件《内部控制整合框架》。1994 年，COSO 提出了报告修改版，扩大了内部控制涵盖的范围，增加了与保障资产安全有关的控制，得到美国审计总署（GAO）的正式认可。与此同时，美国注册会计师协会全面接受 COSO 内部控制框架。该框架指出内部控制是由董事会、管理层和员工共同设计并实施的，旨在为财务报告的可靠性、经营效率与效果、相关法律法规遵循性等目标的实现提供合理保证的过程。

3. 巴塞尔银行监管委员会《银行机构内部控制体系框架》

1998 年，巴塞尔银行监管委员会发布《银行机构内部控制体系框架》这一重要文件，提出了建设银行内控体系的基本原则。在内部控制定义中，进一步强调了董事会和高级管理层对内部控制的影响，要求组织中所有人员都必须参加和影响内部控制过程，而且将"缺陷纠正"也归入内部控制范畴，并增加了金融监管当局对被监管组织内部控制状况的检查和评价，把它作为内部控制的另一项不可忽视的内容。

《银行机构内部控制体系框架》描述了一个健全的内部控制系统和各基本要素，提出了若干原则供监管当局用于评价银行的内部控制系统：(1) 内部控制活动应成为银行日常经营必不可少的一部分，高级管理层必须建立适当的控制结构以确保内部控制有效，对各个业务面的控制活动予以规定；（2）内部控制的实施操作状况应该始终得到有效的监督，高级管理层应不间断地监视银行内部控制的整体效果；（3）金融监管当局应适时对内部控制系统作出客观的评价，应要求所有银行，无论规模大小，都拥有有效的内部控制系统，此系统应与其表内表外业务的性质、复杂程度以及风险相一致，并反映银行环境和状况的变化。

4. 《萨班斯—奥克斯利法案》（Sarbanes-Oxley Act）

2002年7月30日颁布的《萨班斯—奥克斯利法案》，对在美国上市的公司须承担的责任建立了新的规范。该法案明确了公司首席执行官、首席财务官和财务委员会的职责，要求他们承担比以往更高层次的义务和更多的参与。始于2001年安然事件的一系列商业事件暴露了企业内控系统中的严重问题。《萨班斯—奥克斯利法案》颁布的初衷是为了保护上市公司股东、养老金福利受惠人和公司员工利益，以及令投资公众可以增强对美国资本市场稳定性与公正性的信心。

该法案有两条值得注意，其一为第404条，由美国证监会（SEC）发布条例，要求就内部控制及财务报告程序的有效性提交年度管理报告及审计师验证意见，其二为第302条，管理层须证明所申报的材料在所有重大方面反映了公司的财务状况，披露控制的有效性已作出评估。

5. PCAOB AS2（上市公司会计监管委员会第2号审计准则）

2004年3月，依照《萨班斯—奥克斯利法案》成立的上市公司会计监管委员会（PCAOB）发布第2号审计准则《与财务报告审计协同进行的对内部控制的审计》，并于2004年6月得到美国证监会（SEC）的批准，成为内部控制审计的法理依据。

该准则要求审计师明确发表两项意见：（1）针对管理层自己的流程评估，评价其结论是否在合理的基础上得出，是否令人心服；（2）独立测试内部控制的有效性，以确认管理层的评估是否正确，并得到公允表达。

6. COSO全面风险管理（Enterprise Risk Management，ERM）框架

2004年10月发布的COSO全面风险管理框架是在1992年报告的基础上，结合《萨班斯—奥克斯利法案》的相关要求扩展研究得到的。全面风险管理框架拓展了内部控制，更广泛地关注于企业风险管理这一更加宽泛的领域。风险框架文本中指出风险管理框架将内部控制框架涵盖在其中。风险管理框架拓

展了内部控制的 5 个要素，包括 8 大要素：内部控制环境、目标设定、事项识别、风险评估、风险应对、控制活动、信息与沟通和监控。

7. PCAOB AS5（上市公司会计监管委员会第 5 号审计准则）

2007 年 5 月 24 日，美国上市公司会计监管委员会（PCAOB）一致投票通过了审计准则第 5 号以替代有争议的内部控制审计准则第 2 号。

PCAOB 的审计准则第 2 号由于给遵循《萨班斯—奥克斯利法案》的公司带来极端高昂的审计费用而备受谴责。自从审计时开始应用审计准则第 2 号，公司一直抱怨对准则的解释通过支持"为了工作而工作"和严格的检查清单方法，而使审计变得繁重复杂。PCAOB 承认，审计准则第 2 号引起了使用该准则作为内部控制评估指南的公司管理层的担忧。监管者和会计师事务所认为，PCAOB 的新准则将降低首次遵循《萨班斯—奥克斯利法案》所带来的高昂审计成本和挫折感。新准则也令小公司对 404 条的遵循变得更容易。

审计准则第 5 号要求审计师采用从上到下的、风险导向的方法，并将精力集中于那些可能导致重大错报的领域。PCAOB 还剔除了几个不必要的步骤，使新准则可以适用于各种规模和复杂程度的公司，并简化了文字。最重要的是，考虑到对审计准则第 2 号的批评，新准则豁免了审计师对管理层内部控制评价程序的适当性发表意见的要求。

## 二、什么是有效的内部控制

### （一）内部控制的定义

根据 COSO 的内部框架，内部控制的定义为一个受到董事会、管理层和其他人员共同影响的过程，该过程的设计是为了实现以下三类目标的合理保证：经营的效果和效率、财务报告的可靠性、法律法规的遵循性。

### （二）内部控制的要素

根据 COSO 内部框架，内部控制由控制环境、风险评估、控制活动、信息与沟通和监督五个要素组成（见图 3-31）。

控制环境是影响、制约企业内部控制建立与执行的各种内部因素的总称，

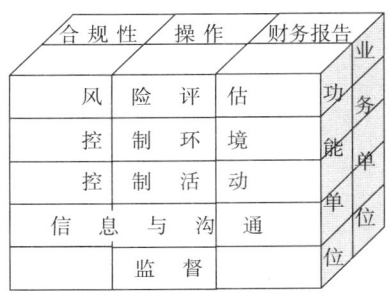

图 3-31 COSO 内控框架

是实施内部控制的基础。内部环境主要包括治理结构、组织机构设置与权责分配、企业文化、人力资源政策、内部审计机构设置和反舞弊机制等。一般从识别及评价公司业务和财务报表的风险的能力、按照公认会计准则编制高质量的财务报表、保证财务报表可靠性的基本控制及监控措施三个方面评价控制环境的有效性。

风险评估指及时识别、科学分析和评价影响企业内部控制目标实现的各种不确定因素并采取应对策略的过程，是实施内部控制的重要环节。风险评估主要包括目标设定、风险识别、风险分析和风险应对，包括正式建立和广泛公布公司层面的目标及价值观、风险评估的程序；对重大问题的预计、识别以及作出反应的机制；识别公认会计原则变更、商业惯例及内部控制的步骤和程序等。

控制活动是根据风险评估结果、结合风险应对策略所采取的确保企业内部控制目标得以实现的方法和手段，是实施内部控制的具体方式。控制活动结合企业具体业务和事项的特点与要求制定，主要包括职责分工控制、授权控制、审核批准控制、预算控制、财产保护控制、会计系统控制、内部报告控制、经济活动分析控制、绩效考评控制和信息技术控制等。

信息与沟通是及时、准确、完整地收集与企业经营管理相关的各种信息，并使这些信息以适当的方式在企业层级之间进行及时传递、有效沟通和正确应用的过程，是实施内部控制的重要条件，主要包括管理层有效地传达员工的岗位职责和应负有的控制责任、建立渠道收集和处理内部投诉及不满、充分的沟通交流、指定人员或部门收集和处理外部的评论和投诉、已建立上下各部门之间的汇报路线和沟通渠道。

监督是企业对其内部控制的健全性、合理性和有效性进行监督检查与评估，形成书面报告并作出相应处理的过程，是实施内部控制的重要保证。监督主要包括对建立并执行内部控制的整体情况进行持续性监督检查，对内部控制的某一方面或者某些方面进行专项监督检查，以及提交相应的检查报告、提出有针对性的改进措施等。企业内部控制自我评估是内部控制监督检查的一项重要内容。

（三）内部控制的层面

内部控制有流程和公司两个层面。图3-32描述了内部控制流程层面结构。

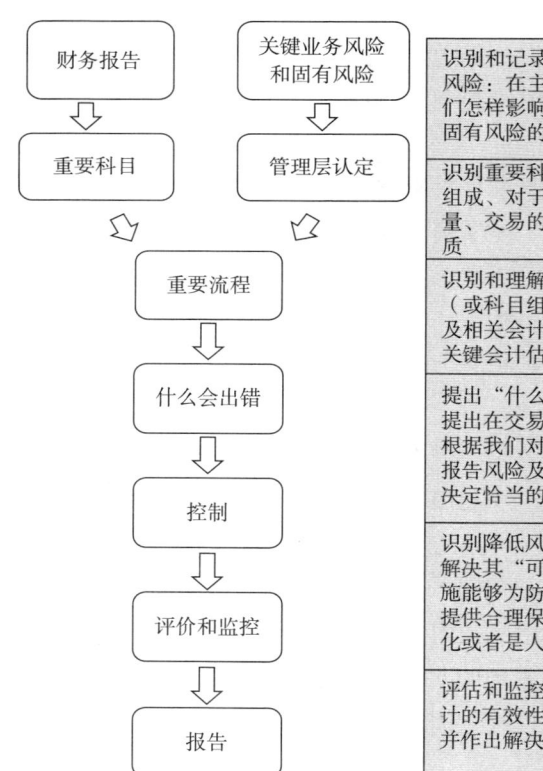

图3-32 内部控制流程层面结构

内部控制在公司层面需考虑的五个方面和相应的因素如表3-46所示。

表 3-46　　内部控制的层面：公司层面需考虑的因素

| 方面 | 需考虑的因素 |
|---|---|
| 控制环境 | ■ 企业的管理文化，对员工诚信、道德和行为的要求<br>■ 控制意识和经营风格<br>■ 董事会或审计委员会的监督<br>■ 组织结构、权限和责任 |
| 风险评估 | ■ 风险评估流程<br>■ 对重要事件的预测、识别和反应机制 |
| 控制活动 | ■ 重要流程的政策和程序手册<br>■ 明确的财务目标，并对其主动监控<br>■ 合理的职责分离<br>■ 预算与实际情况的定期比较<br>■ 对文件、记录和财产的适当保管 |
| 信息和沟通 | ■ 清晰的沟通渠道和汇报路线<br>■ 完整、详细和及时的财务和管理报告<br>■ 持续开发、测试和监控计算机系统和程序<br>■ 计算机业务持续性系统和应急计划 |
| 监控 | ■ 对内部控制的定期评估和监督<br>■ 实施改进建议<br>■ 建立内部审计职能以实施监控 |

公司层面应考虑的 13 个关键控制领域为：员工行为守则、反舞弊程序、人力资源程序、风险识别、评估与管理、经营计划与经营业绩分析、内部审计、审计委员会与董事会、管理层基调与态度、公司政策与流程、内部控制活动、信息与沟通、投资策略与管理和财务报告与信息披露。表 3-47 显示了公司层面内部控制评价介绍，这些关键控制领域概述如下。

1. 员工行为守则

员工行为守则是指员工行为的基本准则和指引。公司层面的内部控制在这一领域主要强调员工守则的基本内容、公司与员工之间就员工准则建立的沟通、汇报与监督机制等。

2. 反舞弊程序

反舞弊程序侧重强调检举揭发制度。检举揭发制度向员工提供了向上汇报的各种渠道，公司员工有责任也有义务就其所知晓的潜在的舞弊或违规事件向适当的管理层汇报，管理层（包括董事会、审计委员会）应就所收到的汇报及时反馈并开展必要的调查、评估。

3. 人力资源程序

该部分从人力资源管理的各方面阐述了公司层面控制的相关要求——公司组织架构、人力资源政策、人力资源招聘、人力资源培训、人力资源管理等。

4. 风险识别、评估与管理

公司建立一套行之有效的风险控制体系，使得能够适时识别所面临的潜在风险，对潜在风险进行全面的评估并考虑采取相应的措施预防风险或减低、转移风险所带来的影响。

5. 经营计划与经营业绩分析

该部分从经营计划业绩预算指标的编制和经营业绩分析两方面阐述了公司层面内部控制的相关要求。

6. 内部审计

应从内部审计部门组织结构上保证其独立性与客观性，其工作职责范围必须有书面的章程作出明确的指引，并且制订详细的工作计划。内部审计部门的工作应由具备胜任能力的人来完成。内部审计部门承担了对内部控制的建立与实施情况进行监督检查的工作，并应定期出具评估报告。

7. 审计委员会与董事会

董事会作为公司最高监管机构，可以通过设立专门委员会的方式明确并实现董事会的监管职能。审计委员会委员应具备适当的独立性和胜任能力，并在公司内部控制建立和实施中承担重要职责。

8. 管理层基调与态度

管理层基调与态度是公司道德规范和公司文化环境建设的基础。

9. 公司政策与流程

公司应制定一套全面的制度政策与标准化的流程，并将该制度与流程全面下发并实施。制度政策与标准化流程的建立与更新需要特别关注新旧制度政策的衔接问题，以及相悖内容的解释方式等。

10. 内部控制活动

控制目标需要通过日常活动中具体的内部控制活动来实现。关键岗位职责分离、资产安全、适当的授权与审批等重要的内部控制活动应该体现在流程层面的具体的控制环节并保证其有效的实施。

11. 信息与沟通

适当的内部控制能够确保信息系统能够识别、获得、处理和报告各种信息。沟通贯穿于信息处理的整个过程中。沟通更广泛的意义在于适时处理个人和团体的期望和职责。有效的沟通必须在整个公司内进行，也包括与外部进行的沟通。

12. 投资策略与管理

有效的资产管理必须针对公司的经营特点，制定与公司的公司文化相结合的投资管理政策和程序，通过提前对风险进行识别和规避，有效管理投资，以改善投资效益和增加投资回报。

13. 财务报告与信息披露

管理层应建立适当机制以获得会计准则的变化以及其他涉及财务报告要求的法规的更新，管理层应建立政策和程序以识别和正确记录重要的非常规交易，并确保财务报告和信息披露制度的准确和完整。

表 3-47　　　　　　　　公司层面内部控制评价介绍

| 编号 | 重要的控制领域 | COSO 五要素 | | | | |
|---|---|---|---|---|---|---|
| | | 控制环境 | 风险评估 | 控制活动 | 信息和沟通 | 监控 |
| A | 员工行为守则 | ✓ | | | ✓ | ✓ |
| B | 反舞弊程序 | ✓ | | | ✓ | |
| C | 人力资源程序 | ✓ | | | ✓ | |
| D | 风险识别、评估与管理 | | ✓ | | | |
| E | 经营计划与经营业绩分析 | | ✓ | | | |
| F | 内部审计 | ✓ | | | | ✓ |
| G | 审计委员会与董事会 | ✓ | | | | |
| H | 管理层基调与态度 | ✓ | | | ✓ | ✓ |
| I | 公司政策与流程 | ✓ | | | | |
| J | 内部控制活动 | ✓ | | ✓ | | ✓ |
| K | 信息与沟通 | | | | ✓ | |
| L | 投资策略与管理 | ✓ | | | | |
| M | 财务报告与信息披露 | | | ✓ | ✓ | |

## 三、内部控制的评价

### (一) 公司层面的内部控制的评价

巴塞尔银行监管委员会关于内部控制评价的 13 个原则被广泛采用（见表 3-48）。

表 3-48　　巴塞尔银行监管委员会关于内部控制评价的 13 个原则

| 要素 | 13 个原则 |
| --- | --- |
| 管理层监控和控制环境 | 1. 董事会负责批准及定期符合银行的经营战略和重要政策，了解银行经营的主要风险并设定合理的风险接受水平。董事会同时确保高级管理层采取行动对这些风险进行识别、测量和监控。董事会对建立和维护充分有效的内部控制体系最终负责 |
| | 2. 高级管理层对实施战略和政策，建立识别、衡量、监控风险的流程负责。必须建立权责明晰的组织机构，管理层应设定合理的内部控制政策，并监控内部控制体系的充分有效性 |
| | 3. 董事会及高级管理层应致力于培育良好的内部控制文化和道德标准，强调银行内所有员工在内部控制中的重要作用，银行内的所有员工了解他们在内控流程中担当的角色并切实履行相应的职责 |
| 风险识别和评估 | 4. 有效的控制系统应识别并持续评估阻碍银行实现目标的重大风险，该风险评估应包括银行机构所面临的全部风险（信用风险、国家和转移风险、市场风险、利率风险、流动性风险、操作风险、法律风险以及声誉风险） |
| 控制活动和职责分离 | 5. 控制活动应融入银行的日常经营活动。有效的内部控制体系要求建立适当的控制结构，并在银行的各个层面设定控制活动，包括高层检查、适当的活动控制、实物控制、限额合规检查、审批和授权以及验证与核对 |
| | 6. 有效的内部控制体系要求存在适当的职责分离，对可能存在利益冲突的领域应加以识别、减至最低并进行独立谨慎的监控 |
| 信息与沟通 | 7. 有效的内部控制系统要求提供充分复杂的内部财务、运营及合规性数据，同时能够获取与决策相关的时间及情况等外部市场数据。这些信息应可靠、及时、可获取并以统一格式提供 |
| | 8. 应存在能覆盖银行所有重要活动的可靠信息系统。这些系统必须安全，被独立监控并存在充足的应急措施支持 |

续表

| 要素 | 13 个原则 |
|---|---|
| 信息与沟通 | 9. 应建立有效的内部沟通渠道确保员工了解和遵守与其职责相关的政策和程序并获取相关的信息 |
| 监控活动及缺陷纠正 | 10. 银行内部控制的总体有效性应被持续监控。重要风险的监控以及业务线和内部审计的定期评估都应成为银行日常经营活动的一部分 |
| | 11. 应由独立工作，经适当培训的有能力的员工执行对内部控制体系的有效内部审计。内部审计职能作为内部控制体系监控要素的一部分应向董事会或其审计委员或高级管理层汇报 |
| | 12. 内部控制缺陷应向适当的管理层及时汇报并加以纠正。内部控制的重大缺陷应向高级管理层和董事会报告 |
| 监管当局的内部控制系统评估 | 13. 金融监管机构应要求所有银行，无论规模大小，都拥有有效的内部控制系统，此系统应与其表内表外业务的性质、复杂程度以及风险相一致，并反映银行环境和状况的变化；当监管当局判定一家银行的内部控制系统不充分或不有效时，应采取适当行动 |

　　而对公司层面的内部控制评价时涉及内控缺陷，当某个控制的设计或运行使管理层或公司员工在正常执行分派给他们的职责过程中，不能及时预防或者发现错误。内控缺陷可能包括设计缺陷或者运行缺陷。设计缺陷是指必要的控制或者控制的必要成分缺失，或者某个现存的控制不是经过适当的设计，以至于即使这个控制如设计般运行也不一定能达到控制目的。运行缺陷是指一个完好设计的控制没有如设计那样实际运作。

　　内控缺陷主要有一般的内部控制缺陷、重大缺陷和实质性漏洞（最严重）。一般的内部控制缺陷：如果内控设计或者运行无法使管理层或员工在执行指定任务的正常过程中及时防止或发现错报，那样就存在一般内部控制缺陷。重大缺陷是一种具有严重影响的缺陷，它由一个或者多个内部控制缺陷组成。通常重大缺陷可能导致出现错报、漏报而不能被防止或发现的可能性大于"微小"。实质性漏洞是指可能导致年度或中期财务报告中重大的实质性错报未被防止或发现的可能性大于"微小"的控制缺陷。如果出现实质性漏洞，管理层不能发表声明，声称与财务报告有关的内控是有效的。

　　国际上一般缺陷评估的基本数据包括：整体重要性水平，5%的税前收入用来决定实质性漏洞；不严重金额上限（Inconsequential），20%的整体重要性水平；缺陷影响类别，缺陷（≤不严重金额上限），重大缺陷（＞不严重金额上限，但＜整体重要性水平），实质性漏洞（＞整体重要性水平）。

### （二）流程层面的内部控制评价

对内部控制体系的评价，除以上介绍的公司层面控制评价外，流程层面控制评价也是其中的重要环节。根据商业银行实际情况，在流程层面控制检查中，主要是按照已有流程以及相应的风险，检查相应的控制是否存在及合理的有效运行（见图3-33）。

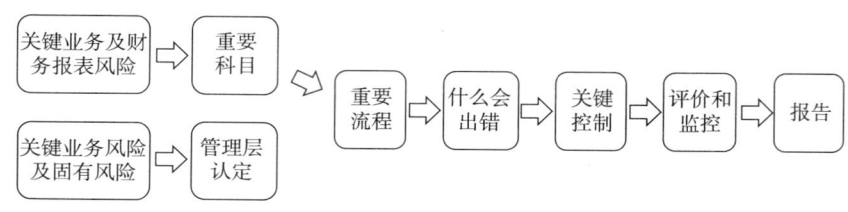

图3-33　流程层面的内部控制评价

图3-34给出了流程层面控制的评估工作范围确定和方法，图3-35给出了流程层面控制具体步骤，图3-36给出了流程层面控制评估的一般方法。

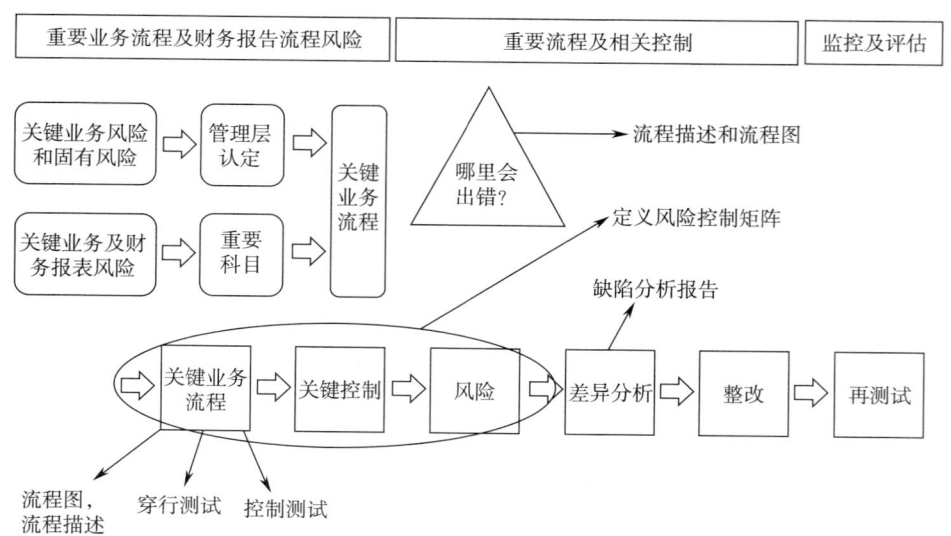

图3-34　流程层面控制的评估工作范围确定和方法结构

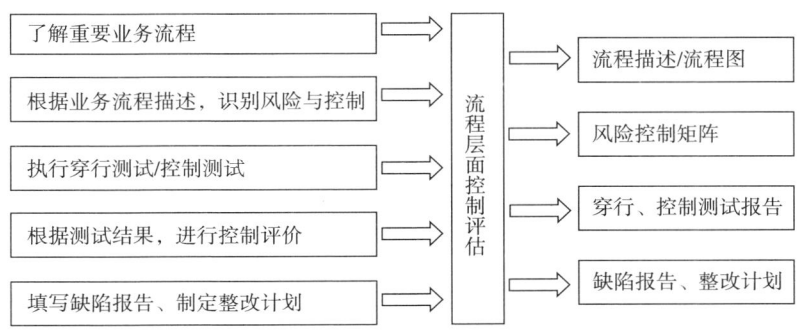

图 3-35　流程层面控制具体步骤结构

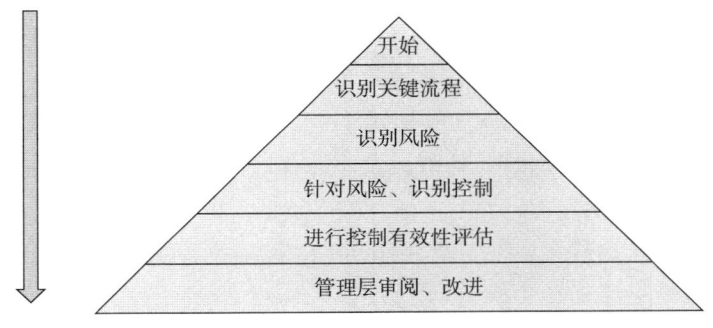

图 3-36　流程层面控制评估的一般方法

其中，各评估方法中需注意的重要事项如下：

一是识别风险和针对风险并识别控制过程中需要用到风险控制矩阵，风险控制矩阵应包含控制目标（控制目标的概括描述）、哪里会出错（控制对应的风险）、控制活动提纲简介（对实际的控制进行简要的描述）、谁执行此控制（控制执行者的岗位）、控制存在的证明性材料（可以证明控制存在的一些支持性文档）。

二是进行控制有效性评估应包括穿行测试（控制设计的有效性）和控制测试（控制实施的有效性）。进行控制有效性评估涉及控制设计和控制执行两个方面：（1）控制设计：若这方面出现缺陷，是指控制活动在拟定时即存在明显的漏洞与不足，如无法做到适当的不相容职位分离、无法做到适当的审批等。（2）控制执行：若这方面出现缺陷，是指控制活动未按设计的步骤执行、不能满足控制设计的目的,如在信用证开证需要对开证申请人的资格进行审核,但在实际操作中未按要求制度中规定逐项审核开证人的各项资料。

1. 穿行测试的目的与内容

控制穿行测试的目的如图 3-37 所示。

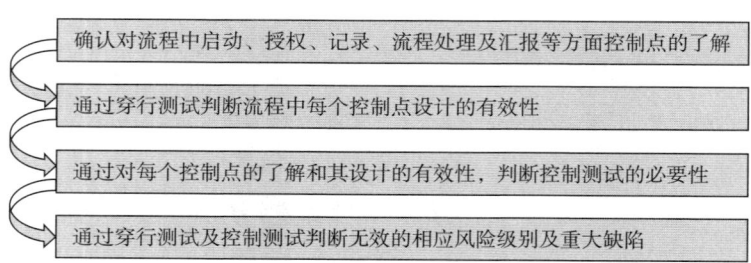

图 3-37　控制穿行测试的目的

控制穿行测试内容如图 3-38 所示,包括样本描述、测试的详细记录、对控制实施的有效性作出结论。其中,设计的有效性应看实际工作中是否按照制度中定义的控制点执行。

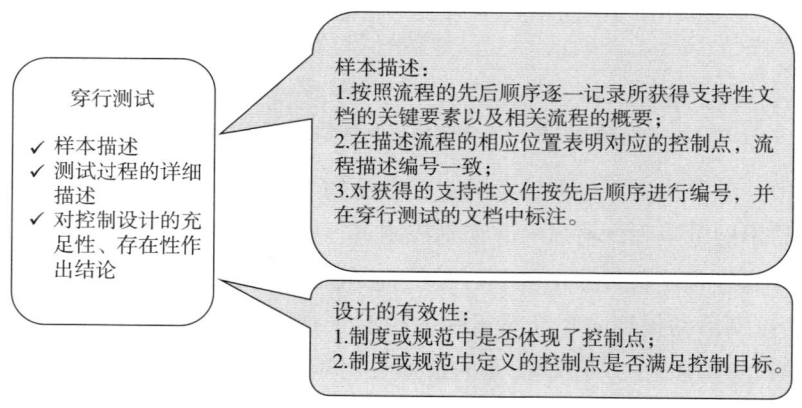

图 3-38　控制穿行测试内容

表 3-48 是一个控制测试内容的例子,其中:

(1) 控制点:住房信贷合同,相关纸质的档案在专门的档案管理库进行保管,只有信贷管理部门的签字、盖章才能有权限调阅。

(2) 穿行测试方法:选取测试期间的一份住房信贷合同申请作为样本,

检查在纸质档案调阅之前是否经过了相关部门的负责人审批签字。

（3）穿行测试结果：我们查看到分行信贷部门甲与 2014 年 2 月 1 日提交的贷款档案申请，该申请表内记录了档案调阅申请的部门、申请人、申请时间及申请目的。同时，查看信贷部门经理乙的审批签字信息。

表 3-49　　　　　　　　　一个控制测试内容的例子

| 控制编号/描述 | 控制点：CL1，CL2，CL3 |
|---|---|
| 流程 | 公司贷款——企业信用评级 |
| 相应风险与控制编号 | R1：与虚假或实际不存在的客户建立了信贷关系。<br>R2：借款人提供的基本资料和财务数据不真实。 |
| 测试负责人 | 甲 |
| 审阅人 | 乙 |
| 测试控制点 | CL1：需要向贷款申请人取得背景资料包括营业执照，法定代表人的身份证复印件，验资报告和审计后的财务报表等。<br>CL2：客户经理须通过信贷系统核实贷款人提供信息的真实性。<br>CL3：要求借款申请人提供当期已审计的财务报表。 |
| 控制测试部门/系统 | 涉及部门：信贷管理部门<br>涉及系统：贷款卡查询系统 |
| 抽样标准 | 本次抽样期间为：2014/01/01—2015/06/31<br>共发生：120 次抽取：12 个样本 |
| 控制测试步骤 | 1. 在分行信贷管理部门的配合下，获得流程抽取的样本。<br>2. 由客户经理提供相关控制点应收集的贷款申请人资料。 |
| 控制测试结论 | CL1：有效<br>CL2：有效<br>CL3：无效 |

（4）管理层审阅、改进的缺陷报告应包括差异涉及的部门和岗位、问题名称、问题描述、支持性文件、解决方案。整改计划应做到将现有的缺陷分成设计和实施方面的缺陷，根据缺陷的性质及其对公司的影响分成高、中、低三个风险级别，针对不同风险级别和缺陷类别制定整改方案、制定具体的整改措施。

（5）测试需提交文档，流程层面控制评估的具体步骤和流程见图 3-39。

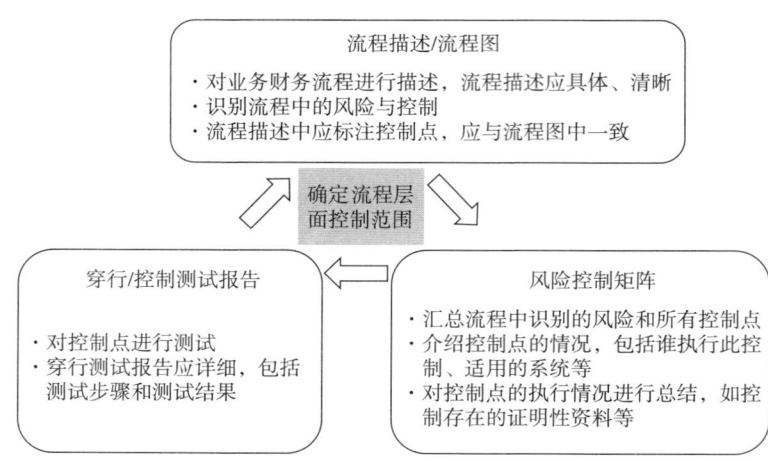

图 3-39　流程层面控制评估的具体步骤和流程

## 四、全面风险管理框架中的内部控制新发展

### (一) 从内部控制到全面风险管理的框架变迁

图 3-40 演示了内部控制整体框架向全面风险管理整体框架的变迁，COSO 把全面风险管理定义为：全面风险管理是一个过程，它由一个主体的董事

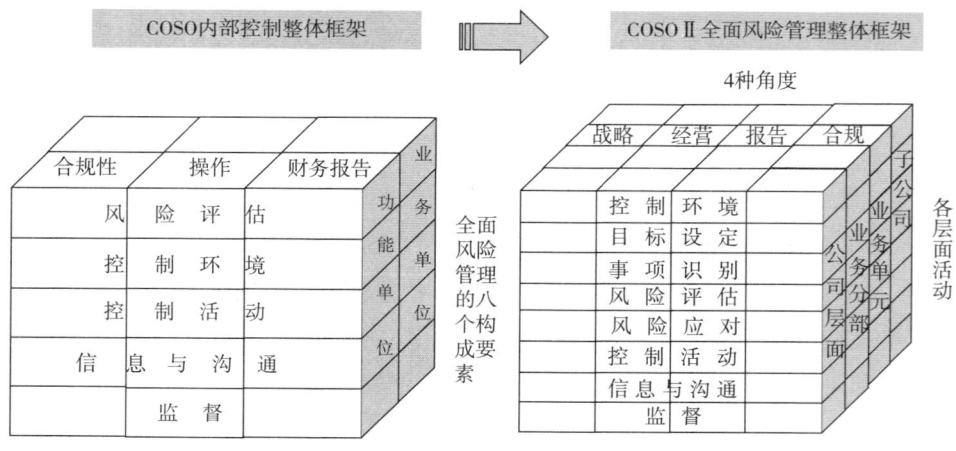

图 3-40　内部控制整体框架往全面风险管理整体框架变迁

会、管理当局和其他人员实施,应用于战略制定并贯穿于企业之中,旨在识别可能会影响主体的潜在事项,管理风险以使其在该主题的风险承受能力之内,并为主体目标的实现提供合理保证。

理解全面风险管理的要点是:(1)一个过程,它持续地流动于主体之内;(2)由组织中各个层级的人员实施;(3)应用于战略制定;(4)贯穿于企业,在各个层级和单元应用,还包括采取主体层级的风险组合观;(5)旨在识别一旦发生将会影响主体的潜在事项,并把风险控制在风险承受能力以内;(6)能够向一个主体的管理当局和董事会提供合理保证;(7)力求实现一个或多个不同类型但相互交叉的目标。

## (二)全面风险管理与内部控制的比较

内部控制则是一个受到董事会、经理层和其他人员影响的过程,该过程的设计是为了提供实现以下三类目标的合理保证:经营的效果和效率、财务报告的可靠性、法律法规的遵循性。其实全面风险管理框架是内部控制的内涵扩大,全面风险管理框架提出了风险承受能力(Risk Appetite)、风险容忍度等概念,同时涵盖了 COSO 内部控制整体框架所有合理的内容。表 3-50 是 COSO 全面风险管理与内部控制的角度对比。

表 3-50　　COSO 全面风险管理与内部控制的角度对比

| 角度 | COSO 全面风险管理 | COSO 内部控制框架 |
| --- | --- | --- |
| 1 | 合规 | 合规 |
| 2 | 运营 | 运营 |
| 3 | 报告 | 财务报告 |
| 4 | 战略 | — |

全面风险管理框架力求实现主体的四种类型的目标:(1)战略目标,即高层次目标,与使命相关联并支持其使命;(2)经营目标,即有效和高效率地利用其资源;(3)报告目标,即报告的可靠性;(4)合规目标,即符合适用的法律和法规。全面风险管理框架是内部控制的目标拓展:全面风险管理整体框架将原 COSO 内部控制整体框架中"财务报告的可靠性"的目标发展为"报告的可靠性",拓展到"内部的和外部的""财务的和非财务的"报告,该目标涵盖了企业的所有报告。全面风险管理整体框架还提出了一类新的目

标——战略目标。该目标的层次比其他三个目标更高。企业的风险管理应用于实现企业其他三类目标的过程中，也应用于企业的战略制定阶段。

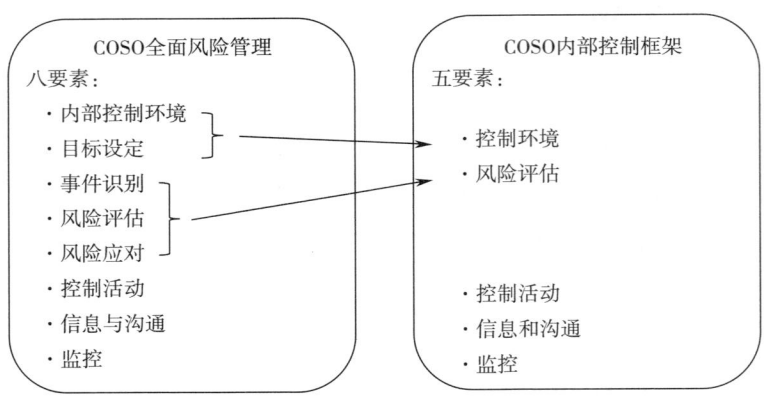

**图 3-41　COSO 全面风险管理与内部控制框架要素对比**

图 3-41 是 COSO 全面风险管理与内部控制框架要素对比。全面风险管理发展了原内部控制的要素，原 COSO 报告仅提出风险识别，但是并没有区分风险和机会。全面风险管理框架则将风险定义为"可能有负面影响的事项"，并且引入了风险偏好、风险容忍度等概念，将原有的内部控制五要素发展为风险管理八要素。框架指出，内部控制是全面风险管理不可分割的一部分。这份框架涵盖了内部控制，构建了一个更强有力的概念和管理工具。

### （三）全面风险管理的整体框架及其风险分类管理

#### 1. 全面风险管理整体框架的构成要素

全面风险管理整体框架指出，认定一个主体的企业风险管理是否"有效"，是在对八个构成要素是否存在和有效运行进行评估的基础之上所作的判断（见图 3-42）。因此，构成要素也是判定企业风险管理有效性的标准。构成要素如果存在并且正常运行，那么就可能没有重大缺陷，而风险则可能已经被控制在主体的风险承受能力范围之内。

全面风险管理框架要求董事会与管理层将精力主要放在可能产生重大风险的环节上，而不是所有细小环节上，将风险管理作为内部控制的最主要内容，这是一个革命性的变化。同时，全面风险管理处理影响价值创造或保持的风险和机会，包括协调风险承受能力与战略、增进风险应对决策、减少经营意外和

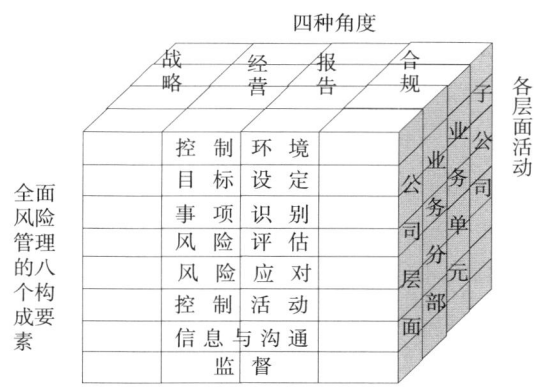

图 3-42 COSO 全面风险管理框架

损失、识别和管理多重的和贯穿于企业的风险、抓住机会、改善资本调配等。

2. 全面风险管理中的风险分类管理

图 3-43 诠释了全面风险管理框架中风险的分类别管理，商业银行实践中其特点及应用在于以下几个方面。

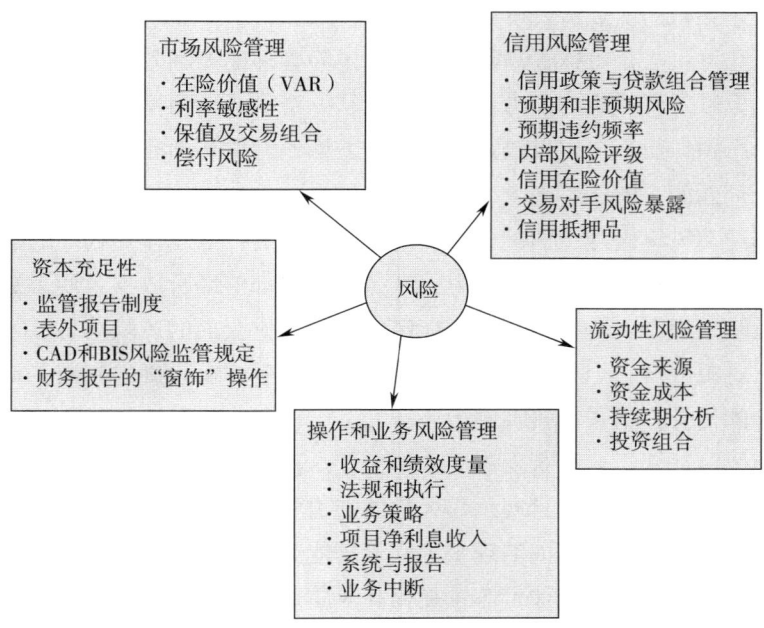

图 3-43 COSO 全面风险管理框架中的风险分类管理

分层管理原则。组织机构的设计要求每一个基层的业务部门单位中都设立相应的部门或者岗位，专项负责该部门的风险管理工作；通过这些部门，将银行日常经营活动中的风险信息向上传递，一直到直接由董事会领导的风险管理委员会；风险管理委员会对银行经营中的整体风险进行评估，并作出有利于银行的经营决策。分层管理的优势可以使银行获取更充分地关注日常经营中关于风险的因素，从而使银行的高层更准确地判断银行的风险状况。

集中与分散的原则。将风险的分散管理和集中管理方式结合起来，以达到风险管理的最优化模式，提高银行整体的风险管理能力。

风险管理事前化。对银行进行风险分析应尽可能及时；对尚未完成的经营事件，要进行风险的预测分析，并与其他的经营业务结合在一起分析，得出综合的风险分析结果；银行对风险因素的分析更加及时，因而有更充分的时间来对其进行管理。

现实性与先进性相结合。有利于银行日常经营中的风险管理，提高银行风险管理的效率；有利于在日益激烈的金融行业的竞争中，取得更加巨大的业绩；商业银行能够在尽可能保证经营安全的前提下，获取最大的经营利益。

从商业银行的实践看，COSO 全面风险管理框架体系的优势与收效可以归纳为以下几点：一是可以提高银行内部的风险管理能力和效率，提高银行的日常经营能力以及抗风险的能力。二是可以从一个全局的角度考虑风险事件对银行整体的影响，而不再仅仅局限于某一个方面。对银行面临的风险因素在整体上有一个全面的了解，可大大改进银行的风险—收益分析的质量。三是有利于银行各部门在风险管理中的配合，提高银行内部的标准化作业程序的建立，提高银行内部各部门之间的沟通能力，减少银行内部的经营成本。四是提高银行员工的风险意识。五是可以使银行能够向市场提供全面的风险信息，使得市场和投资人对银行有一个全面的了解，有利于投资者作出正确的判断。从而提高银行本身的信誉，增强投资者的信心。

防范风险是银行业改革发展的永恒主题。国内商业银行环境差异较大，面临的风险环境各不相同，自身承担风险的能力不一，管控好风险需要原则性和发展的灵活性结合起来，以治理水平和管理能力提升换取创新发展空间。有效的、富有特色的风险内控评价体系能提高风险识别的前瞻性和风险应对的敏感性，及时解决苗头性风险和化解风险隐患。

# 合规管理之一：
# 金融机构合规风险管理及
# 合规文化建设之道[*]

金融的本质是经营风险，监管是金融发展的必要途径，合规是金融机构面临的重要话题。当前金融业在"回归本源"，强化对实体经济的支持过程中，合规管理的地位持续凸显。从罚单中从业人员的处罚决定结果以及近两年频发的违法违规类案件，并结合银保监会2018年3月发布的《中国银监会关于印发银行业金融机构从业人员行为管理指引的通知》等监管要求来看，监管在加强从业人员行为管理方面，处罚力度在逐步加大。不知祸起萧墙内，虚筑防胡万里城。金融机构唯有强化合规管理，才能真正实现可持续发展。

经济新常态下，面对日渐高压的监管态势，金融企业面临着愈加严峻的合规挑战，不仅需要遵守当前的监管要求，更需要从根本上重新评估并设计合规管理工具与机制，以应对未来的变化与转型。战略定位必须通过企业文化加以体现、引导和巩固，金融机构的重要资产就是人，人的价值观和行为方式直接决定成败。为什么有的金融机构中已经有很多模型和流程，仍然出现不少风险事件？这就是合规文化的问题，在所有案件和负面舆情中，无一例外地都能在失败的文化建设中找到根源。市场变化和经营活动的多样性，只靠自上而下的政策监管难以完全规制各种市场行为和风险因素，难以有效预防和及时化解潜在的风险；合规文化的构建和传播，能有效弥补法规和政策监管的不足，使市场参与者自发地提高风险管控意识，自觉地在法规范围内从事经营活动，建立健全有效的风险内控机制。

---

[*] 本文写作于2018年4月。

# 一、金融机构合规风险管理

合规风险指因没有遵循法律法规和内部制度可能遭受法律制裁、监管处罚、重大财务损失和声誉损失的风险，通过建立健全合规风险管理框架，实现对合规风险的有效识别和管理，促进全面风险管理体系建设，确保依法合规经营。下面主要从合规风险管理内涵、合规风险管理起源与发展、合规风险管理体系、合规风险管理机制建设四大方面的内容进行分析。

## （一）合规风险管理内涵

规即法律、规则和准则，指适用于经营活动的法律、行政法规、部门规章及其他规范性文件、经营规则、自律性组织的行业准则、行为守则和职业操守；合规指经营活动与法律、规则和准则相一致；合规风险指因未能遵循法律、规则和准则可能遭受法律制裁、监管处罚、重大财务损失或声誉损失的风险；合规风险管理就是为预防、控制、化解合规风险，实现合规经营目标，通过特定的组织机构，制定和实施一系列制度、标准和程序，促使自身的经营管理行为符合法律、规则和准则的动态过程；合规风险管理部门指内部设立的专门负责合规管理职能的部门或团队。

1. 合规风险管理的特点

（1）全面性

全面性是合规风险管理的首要特征，主要体现在全过程、全覆盖和全员三个方面；全过程包括事前预防、事中控制和事后整改三个环节，合规风险管理应注重事前有效预防和事中积极控制；全面性中的全过程是指内部各项经营及管理活动的所有流程、环节都须符合法律法规、准则和制度的要求。

（2）强制性

合规不会自动实现，要确保金融机构所有人员和经营管理活动合规，必须以制度流程锁定合规的强制性，并辅以相应的违规惩罚手段，让强制成为习惯，习惯成为文化。

（3）持续性

要坚持持续性的原因在于：从外部来看，金融机构需要遵循的法律法规多；从内部来看，金融机构的业务种类多、范围广，同时许多金融机构的资产规模庞大、组织结构复杂。巴塞尔银行监管委员会会计工作组主席 Amold 先生曾说过：发展和实施合规风险管理的挑战不亚于实施《巴塞尔新资本协议》所面临的挑战。

（4）有效性

有效性指合规风险管理应基于规范规则的要求与金融机构自身风险控制需求而得到落实，并在促进业务良性发展、管理绩效提升方面产生实际效果。

2. 合规风险管理的基本原则

（1）合规从高层做起

高层应建立良好的公司治理机制，构建良好的风险经营决策、执行和监督环境，建立有效识别、监测和控制风险的制衡机制，以及培育良好的企业文化、合规文化和正确的风险管理理念，同时应当树立合规行为的典范，率先垂范。

（2）合规人人有责

一方面，从业务条线看，业务条线及其员工应主动接受合规培训，主动寻求合规风险管理部门的建议；业务条线及其管理者能准确识别关键合规问题，及时报告或咨询，主动进行动态合规检视。另一方面，从合规部门看，合规部门及其人员应积极主动识别、评估和监测潜在合规风险或问题，提供合规建议并主动上报，持续跟踪；通过参与内部规章制度、流程的制定，为新业务新产品提供合规支持等体现合规价值。

（3）合规创造价值

合规风险管理不直接创造利润，但能增加盈利空间和机会，避免业务活动受到限制，为金融机构创造价值；同时，合规能够保护员工、保护金融机构利益，赢得监管好评和社会声誉等；合规管理不会增加工作负担、不会增加业务成本、不会降低服务效率，也不会影响工作业绩。搞好一家金融机构需要大家的共同努力，但搞坏一家金融机构只要一个人就够了，应当及时纠正部分员工对合规的一些不正确认识，理顺和平衡好合规与绩效的关系，并基于这三个基本原则，形成自己的合规理念。

3. 合规风险管理与其他风险管理的关系

（1）合规风险管理与全面风险管理的关系

首先，合规风险管理是全面风险管理的组成部分，全面风险管理涉及金融机构所有风险；合规风险应纳入全面风险管理框架，基于流程的合规风险管理是提高全面风险管理执行力的支柱。其次，合规风险管理是全面风险管理实施抓手，全面风险管理需要良性的制度规章作为基本依据，严格遵守规章制度是重要保障；建立合规风险管理保障制度体系，通过合规检查、考核等方式，引导员工培养风险意识，确保全面风险管理的实施。

（2）合规风险管理与操作风险管理的关系

在二者的区别方面：首先是切入点不同，操作风险管理是通过制定详尽的操作规程，员工只要严格遵守就可以有效防范操作风险；合规风险管理则是要密切跟踪法律法规、外部监管的最新动态，及时修订内部相应制度，进行相应培训来防范控制风险。其次是风险管理方式不同，目前金融机构管理风险的方式有四种，包括风险回避、预防并控制损失、风险留存、风险转移；操作风险管理可以运用这四种方式，但合规风险管理只能用其中三种，而无法使用风险转移，因为合规风险只能严防死守，不能心存侥幸。最后是能否用资本覆盖不同，基于二者是否能使用风险转移方式，操作风险可以通过资本覆盖来管理，合规风险则无法单纯用资本覆盖来解决。

在二者的联系方面：操作风险表现在操作环节和操作人员身上，其背后往往隐藏着操作环节设计不合理和操作人员缺乏合规意识等原因。

（3）合规风险管理与内部控制的关系

在二者的区别方面：首先是目的不同，内部控制的目的是提高质量与效率，目的综合性强；合规风险管理目的是防御风险，目的单一。其次是内容不同，内控的内容更为广泛、全面，包括经营效果和效率、财务报告的可靠性等；合规风险管理的专业性更为突出，主要覆盖遵守法律法规、相关规章制度等。再次是方法不同，内控因为内容广泛，开展每项工作、达到每个目的，都有相应的实施方法。最后是后果不同，内控的失败或无效，一般可以通过内部改进予以弥补；而合规风险管理失败或无效，所遭受的法律制裁、监管处罚、财物损失、声誉损失等，基本上难以弥补。

在二者的联系方面：首先，内部控制包含合规风险管理；其次，合规风险管理是内部控制的基础，内部控制需要遵守合规性要求。

（二）合规风险管理起源与发展

尽管我国金融机构多年来一直重视依法合规经营，比如1995年颁布的《商业银行法》第八条强调商业银行开展业务应当遵循法律法规，不得损害国家和社会公共利益，但从风险管理视角，合规风险管理源于西方。

1. 合规风险管理的起源及历史背景

现代意义的合规风险管理源于20世纪90年代,直接原因是当时西方国家所面临的国际国内金融环境变化。从历史背景看,第一个是金融管制放松带来的新风险:从20世纪50年代开始,西方国家逐渐放松金融管制,随之而来的是金融市场风险日益突出。第二个是金融机构爆发的不合规丑闻对金融机构自我约束机制提出了新的要求:有效的外部监管对防范风险至关重要,但监管手段毕竟有限,处理问题及时性不能保障,事先设定的监管政策和各项制度,不可能穷尽所有风险。20世纪90年代国际上相继爆发重大操作风险案件和商业银行洗钱案等丑闻,如1992年,国际商业信贷银行由于无法承受范围惊人的非法活动导致100亿美元亏损而倒闭;四年后,大和银行纽约分行因债券投资舞弊事件而造成11亿美元的巨大损失,同一年巴林银行倒闭。对于巴林银行的倒闭,金融界普遍认为,如果巴林银行建立了有效的合规体系,配合外部监管,悲剧可以避免。此外,所罗门美邦公司、花旗银行等也相继被卷入一系列丑闻。基于上述背景和认识,1991年开始许多发达国家和地区的金融机构开始了合规风险管理的探索。

2. 合规风险管理国际发展趋势

(1) 国际金融业空前重视合规风险管理体系建设

一是表现在高层对合规风险管理不当而可能招致的剩余风险和其他相关风险越来越重视,并逐渐形成较为成熟的合规文化,合规队伍逐渐壮大;二是表现在合规作为一门独特的风险管理技术,已得到金融机构的普遍认同,合规风险已与其他风险一道被纳入全面风险管理框架。

(2) 各国监管当局相继对合规作出规定

大力倡导金融机构建立自身的合规文化,致力于促进金融机构建立一个有效的合规风险管理组织体系,提高合规的有效性。

(3) 巴塞尔银行监管委员会出台有关合规的指导原则

如1998年9月出台的《银行业机构的内部控制体系框架》,将"合法和合规性"列为内部控制框架的要素之一;2003年10月出台的《银行内部合规部门》,明确合规风险管理是一项日趋重要且独立的风险管理职能;2005年4月出台的《合规与银行内部合规部门》向银行业金融机构及监管当局推荐有效管理合规风险的最佳做法,并指导银行业机构设立合规管理部门和专职合规管理岗位,支持和协助高级管理层有效管理合规风险。

3. 国内合规风险管理的发展情况

（1）国内合规风险管理的起源和背景

国内专业性合规风险管理起步较晚，有案可查的是 2002 年中国银行法律事务部更名为法律与合规部，增加合规风险管理职能，设立首席合规官。背景主要有几点：

一是国际趋势引导潮流。如前所述，西方国家的监管和金融机构都认为合规风险管理是强化管理的重要抓手，并且取得了良好的成效。

二是国内同业积极探索。中国银行改革后，金融机构陆续认识到合规风险管理的重要性，开展合规风险管理。

三是监管部门明确要求。2003 年银监会成立后，逐步出台及指导出台了许多监管制度及规范性文件，如 2002 年 9 月出台的《商业银行内部控制指引》；2005 年，上海银监局根据巴塞尔银行监管委员会《合规与银行内部合规部门》所确定的基本原则，制定了《上海银行业金融机构合规风险管理机制建设的指导意见》；2006 年 10 月，中国银监会出台《商业银行合规风险管理指引》，要求境内设立的中资银行、外资银行、中外合资银行和外国银行分行等银行业金融机构，都必须实施合规风险管理，并将合规风险管理状况作为分类监管的重要依据。其后，银监会 2013 年 5 月出台《金融机构合规风险管理指导意见（试行）》，证监会、原保监会和行业协会相继颁布实施了证券业和保险业合规管理指引。2018 年，国务院国资委颁布实施了《中央企业合规管理指引》，2019 年 1 月，银保监会颁布实施了《关于加强中资商业银行境外机构合规管理长效机制建设的指导意见》，国内合规管理进入全新发展阶段。

四是经营教训的内在需求。前面三点是外在因素，基于自身经验教训是开展合规风险管理内在的、原始的动力；外在金融环境的变化，规模化、多元化、国际化成为金融机构的发展方向，合规风险管理成为金融机构参与新市场、新规则竞争的必然选择。

（2）国内的合规风险管理的改进案例

第一个案例是中信银行，其合规风险管理的总体要求和指导思想是"规规矩矩办银行"，于 2005 年成立专门的合规部门，围绕理念建设、架构建设、机制建设、技术建设、团队建设等进行合规风险管理基础建设，以合规风险管理标准和数据为抓手，促进合规风险管理的有效落实。

第二个案例是民生银行，合规风险管理中值得借鉴的地方主要是有特色的机制建设与技术建设，一是"三合一"（内控、合规和操作风险管理）机制建设，通过清理规章制度、梳理流程、整合管理，建立"流程—岗责—考核"，做到事事有标准，人人有岗责，结果有考核。二是技术建设，第一个是制定合规风险管理标准，围绕"应做什么、怎么做、如何评价"三个维度，对管理条线分别提出具体合规管理要求，初步实现合规风险管理的标准化和制度化；第二个是建立法律合规风险管理系统，涵括合规风险管理的各模块及功能点，提供高科技含量的工作和管理平台；第三个是建立合规风险数据库，包含合规风险数据采集、识别、评估、反馈全流程的数据管理模式。

（三）合规风险管理体系

合规风险管理体系的概念：合规风险管理体系指为有效实施合规风险管理，根据风险管理指导思想，将其合规文化、合规政策、合规制度、合规组织、合规资源、合规流程等要素整合成一个有机的整体。合规风险管理体系的构建原则：一是符合监管要求原则，须满足形式合规及实质合规；二是符合实际原则，应与自身现状及发展相匹配，可以借鉴，忌照搬照抄；三是符合成本效益原则，合规创造价值，实现价值需要求实效、分阶段、有重点的科学筹划。合规风险管理体系的内容：银监会《合规风险管理指引》第八条规定，应建立与经验范围、组织结构和业务规模相适应的合规风险体系。合规风险管理体系的内容主要包括五个基本要素：

1. 合规政策

合规政策应明确所有员工和业务条线需遵守的基本原则，识别和管理合规风险的主要程序，并对合规管理职能有关事项作出规定，包括合规管理部门的功能和职责、合规管理部门的权限（包括享有与员工进行沟通并获取履行职责所需的任何记录或档案材料的权利等）、合规负责人的合规管理职责、保证合规负责人和合规管理部门独立性的各项措施（确保合规负责人和合规管理人员的合规管理职责与其承担的任何其他职责之间不产生利益冲突等）、合规管理部门与风险管理部门、内审计部门等其他部门之间的协作关系、设立业务条线和分支机构合规管理部门的原则。

2. 合规管理部门的组织结构和资源

（1）合规风险管理组织架构

一般包括高层（董事会、监事会、高管层）、合规部门及其他部门（业务条线、风险管理部门、稽核部门）。职责分工如下：董事会负责审议批准合规政策并监督实施；审议批准高管层提交的合规风险管理报告，并对合规风险管理的有效性作出评价，使合规缺陷得到及时有效的解决；授权董事会下设的风险管理委员会、审计委员会对合规风险管理情况进行日常监督。监事会负责监督董事会、高管层合规管理职责履行情况。高级管理层负责制定并贯彻执行书面的合规政策、任命合规负责人、明确合规管理部门及组织结构、识别面临的主要合规风险，审核批准合规风险管理计划、每年向董事会提交合规风险管理报告、及时向董事会及其下设委员会、监事会报告任何重大违规事件。合规部门的职责包括合规文化建设、管理制度建设、合规风险识别、合规风险评估和合规风险管理评估、合规风险处置及整改、兼职合规员管理、监管关系管理。具体工作方式包括合规审核、合规咨询、宣传与培训、合规报告、合规检查与考核、合规问责。具体来讲，合规部门是在合规负责人的管理下，协助高级管理层有效识别和管理合规风险，并履行以下基本职责：

①持续关注相关外部及内部合规规则的最新发展，正确理解合规规则的规定及其精神，准确把握合规规则对经营的影响，及时为高级管理层提供合规建议。

②制订并执行风险为本的合规风险管理计划，包括合规政策和合规管理制度的实施、合规风险评估、合规性测试、合规培训与教育等。

③审核评价各项政策、规章制度的合规性，组织、协调和督促各业务条线和内部控制部门对各项规章制度进行梳理和修订，确保各项规章制度符合合规规则的要求。

④统筹组织、协助各条线开展合规培训和宣传，增强全员合规风险意识，解答员工有关合规问题。

⑤制定相关合规管理制度以及合规手册等合规指南，并评估合规管理制度和合规指南的适当性，为员工恰当执行合规规则提供指导。

⑥积极主动地识别和评估与经营活动相关的合规风险，包括为新产品和新业务的开发提供必要的合规性审核和测试，识别和评估新业务方式的拓展，新客户关系的建立以及客户关系的性质发生重大变化等所产生的合规风险等。

⑦收集、筛选可能预示潜在合规问题的数据，建立合规风险监测指标，通过合规风险报告路线予以报告，有效避免合规风险造成的损失。

⑧保持与监管机构日常的工作联系，跟踪监管机构的意见并督促落实监管要求。合规管理部门通过为各业务条线提供合规咨询、合规审查和合规风险提

示等方式，帮助各业务条线主动识别与管理合规风险。

（2）合规相关岗位人员的职责

专职合规风险管理人员职责是：与业务有关的各项合规风险研究；梳理产品及流程；合规审核及提供咨询；拟定合规风险管理标准；建立风险监测指标；合规风险事件处置以及其他相关职责。

兼职合规风险管理人员职责是：推动合规风险体系建设、政策制度落实；组织合规风险管理培训和宣传；合规自查、提交合规报告以及其他相关职责。

兼职合规风险管理岗位的设置原因是：提高合规风险管理的覆盖面、管理有效性，能够提前预防、控制风险。一般要求合规管理部门负责人不得兼任业务条线和其他职能部门负责人，各级合规管理部门应按季度向上级合规管理部门、高级管理层提交合规风险报告。

（3）其他部门的合规管理职责

业务条线：根据合规管理程序主动识别和管理合规风险；按照合规风险管理的报告路线和报告要求及时报告。

风险管理部门：为高级管理层提供合规建议；制订并执行风险为本的合规风险管理计划；审核评价各项政策、规章制度的合规性；统筹组织、协助各条线开展合规培训和宣传；制定相关合规管理制度以及合规手册等合规指南；识别和评估与经营活动相关的合规风险；建立合规风险监测指标；保持与监管机构日常的工作联系。

稽核部门：负责定期独立评价合规管理部门职能的履行情况；负责各项经营活动的合规性审计，并随时将合规性审计结果告知合规负责人。

（4）合规管理部门的资源

《合规风险管理指引》规定，合规管理部门应配备有效履行合规管理职能的资源；合规管理人员应具备与履行职责相匹配的资质、经验、专业技能和个人素质；明确合规管理部门及其组织结构，为其履行职责配备充分和适当的合规管理人员，并确保合规管理部门的独立性。

3. 合规风险管理计划

合规风险管理计划指合规管理部门制订并执行风险为本的合规管理计划，包括特定政策和程序的实施与评价（合规风险评估、合规性测试、合规培训与教育），合规风险管理计划一般由高级管理层审批，由合规管理部门负责人监督计划的实施。

### 4. 合规风险识别和管理流程

合规风险识别指识别内部机构及员工是否存在已发生合规风险或潜在合规风险。合规风险识别渠道（按照经营业务过程先后排序）包括事前侦测（如新产品、新制度、新机构、新系统等）、事中监测（如复核、审核、流程实时监测等）、事后检测（事后监督、行内外检查、举报、内外部审计、媒体曝光等）；应尽量前移风险监测关口，提早发现潜在风险隐患并采取控制措施。合规风险识别的管理要求包括内控合规部门需建立合规审查相关制度，通过合规性审查进行合规风险识别；业务条线及相关部门应根据合规管理制度要求，主动识别和管理合规风险并及时报告。

### 5. 合规培训与教育制度

合规培训主要包括两类：一类是新员工入职合规培训，主要内容是内部控制、合规风险管理及合规文化建设、文化解读、反洗钱管理等；另一类是定期合规培训，指定期为合规管理人员提供系统的专业技能培训，主要包括能正确把握法律、规则和准则的最新发展及其对经营的影响等方面的技能培训，具体内容包括制度管理办法及制度平台应用、员工行为基本准则、员工违规行为处罚制度体系、责任认定与追究工作、案件风险防控等。

## （四）合规风险管理机制建设

合规风险管理机制建设主要包括规章制度建设，合规性审查，合规风险监测、识别与评估，合规风险检查，合规风险报告，合规风险预警与整改，合规风险考核与问责，诚信举报制度八项制度及流程。

### 1. 规章制度建设

规章制度属于合规中"规"的范畴，其作用包括：（1）规章制度是规范化、制度化管理的基础和重要手段，也是预防和解决争议的重要依据；（2）规章制度是员工的行为守则和操作依据；（3）规章制度是对员工工作进行考核评价的依据。合规制度规范体系主要包括《合规风险管理办法》《合规性审查管理办法》《员工行为基本准则》《授权管理办法》《制度管理办法》等，如《制度管理办法》就制度管理基本原则、制度管理的职责、统一的制度体例格式、制度制定、发布的流程等进行明确。

### 2. 合规性审查

合规性审查部门主要是各级法律合规部门。合规性审查原则包括：（1）合法合规性原则：法律合规部仅对业务中的合法性及合规性把关，而不对业务的可行性及相关材料的真实性负责；（2）独立性原则：法律合规部依法独立出具审查意见，不受其他任何部门和人员的干预和影响。合规性审查范围（包括但不限于）：业务范围的合规性、业务产品的合规性、员工管理的合规性、业务操作的合规性、管理行为的合规性、制度规范的合规性、合同文本的合规性。同时，金融机构需要制定相应的合规性审查的制度，如《合规性审查管理办法》《制度管理办法》《制度审查清单》等。

3. 合规风险监测、识别与评估

合规风险监测指监测内部机构及员工的经营管理行为是否符合法律法规、规章制度的规定；合规风险评估指在风险识别基础上，通过损失经营、假设分析等定性分析，估计可能损失并采取控制措施。合规风险监测与评估有三个作用：一是有利于做到对合规风险早发现、早控制，二是有利于提高合规风险控制措施的有效性，三是有利于促进合规风险管理文化的转变。合规风险识别前面已经作了介绍，下面阐述一下合规风险检测和评估。业务部门应首先做好自我监测，识别、评估可能存在的合规风险，尽量采取有效措施进行规避；相关部门如风险、运营、稽核等部门，应利用各自系统，定期报送合规管理相关的数据，协助法律合规部门把握合规风险点，及时控制并化解可能产生的风险。合规风险监测与评估的方式主要有两种：一是自我方式与第三方方式，各机构应自己监控、识别、评估并控制本机构的合规风险；自我方式有利于提高各机构管理合规风险的积极性，因信息比较全面，有利于提高合规风险管理的有效性；第三方方式有利于保证监测、识别与评估的独立性。二是系统方式与人工方式，系统方式可以保证风险管理所必需的客观和效率，相关部门（风险、运营、稽核等）应利用各自系统，定期报送相关数据。

4. 合规风险检查

合规风险检查的必要性体现在风险管理体系建设的需要、收集风险信息的需要、主动管理合规风险的需要、实施考核及问责的需要等。合规风险检查方式包括日常监控、专项检查（现场检查与非现场检查）等；合规风险检查主体包括各机构，各机构应定期开展合规风险自查、问题自纠。合规风险检查种类：（1）合规部门：定期检查（案防、反洗钱、授权、合规等）、不定期检查（如专项检查、案件风险排查等）；（2）各机构：在本条线或本部门职责范围内开展定期、不定期的自查工作。金融机构需要制定合规风险检查制度，让合规风险检查有据可依，如《合规检查管理办法》。合规人人有责，合规风险检查首先需要各部门的配合，各部门应定期开展风险自查、问题自纠。

5. 合规风险报告

金融机构应实行全面涵盖业务种类和各分支机构的矩阵式合规风险报告制度，主要内容包括：（1）分支机构合规管理部门（岗位）向上级合规管理部门和本级机构合规负责人双线报告合规风险；（2）各级机构内设部门向本级合规管理部门（岗位）和本级机构合规负责人双线报告合规风险；（3）对于重大违规行为，任何员工可直接向总部合规管理部门和本级机构负责人报告。每季度末月，内控合规部应编写《法律合规风险工作报告》，报负责人审核并加盖公章后，提交至总部法律合规部。

6. 合规风险预警与整改

合规风险预警指合规部门针对外部法律、法规、监管政策和行业行为准则的变化，给经营管理带来的影响，或内部特定机构、员工或产品所潜在的合规风险，对管理层或相关机构所作的预先警示性的分析、判断和管理建议。合规风险预警往往存在以下问题：（1）预警缺乏数据积累及分析模型等定量化技术，定性分析易导致问题是具体的，结论好似推测的，建议是宏观的，合规预警作用及效果有限；（2）合规风险信息主要来源于日常审查、咨询及合规风险报告，信息存在滞后，预警多为事后的整理性提示，事前预示性较少；（3）合规部门受管理经验和管理体制的制约，预警多为针对某一具体问题就事论事，缺乏对法律法规、监管政策、合规风险等情况的变化将如何影响系统性经验管理，以及如何应对，甚至缺乏如何调整提升从而获取更好的发展机会等方面的预警。

因此，合规风险预警应避免：事后提示多，事前预示少；就事论事多，系统提升少；定性分析多，定量分析少。合规风险整改指合规部门牵头组织、督促相关机构，对监管机构、稽核部门、合规部门等机构在检查或审计中发现的各类问题逐一改正落实，使已发生的问题得到解决，并避免类似事件再次发生。合规风险整改一般通过建立违规整改制度，针对外部监管部门、外部和内部监察及其他渠道发现的违规行为，制订整改计划，明确整改责任，落实整改措施，监控整改过程，确保整改效果。同样，合规风险整改要有据可依，如《合规风险管理指引》，明确合规部门跟踪和评估监管意见和监管要求的落实情况的职责。

7. 合规风险考核与问责

一是合规绩效考核制度。合规风险考核及结果一般均纳入人事考评和绩效考核评价体系，以确立正向激励机制，充分体现倡导合规和惩处违规的价值观念：（1）合规风险考核：通过合规风险考核有助于纠正"重业绩、轻管理"思想，引导员工和机构综合考核经营指标与合规经营之间的关系，贯彻落实合规风险管理要求。（2）KPI考核体系可分为两大类：①效益类指标、持续性发展指标、流动性指标三大类指标，涵盖了效益、客户、核心存款、总存款、流动性五个子类；②独立的综合管理服务指标，着重考核发展的质量，包括风险合规、队伍建设、服务质量三个子类。

二是合规风险问责。合规风险问责主要目的是：（1）贯彻执规必严、违规必究理念，树立规章制度的权威性；（2）落实谁违规、谁负责要求，提高责任心；（3）破除以信任代替管理、以习惯代替制度、以情面代替纪律等不良文化的桎梏。金融机构应制定《员工违规行为问责机制系列制度》《责任认定与追究管理办法》等问责管理办法，对违规行为起到提前预警、有据可依，在违规行为发生后，能对违规行为实施严格的责任认定和追究，采取有效纠正措施，及时改进经营管理流程，适时修订相关政策、程序和操作指南。

8. 诚信举报制度

这一制度旨在鼓励员工举报违法、违反职业操守或可疑行为，采取有效措施充分保护举报人，对据实举报人给予表扬和奖励。

## 二、金融机构合规文化建设

为山九仞，功亏一篑。金融机构每个人都是风险管理者，合规文化无处不在。在长期的实践中形成自身的企业文化，与业务特色和经营历史息息相关。无论处在什么样的发展环境和发展阶段，都应该强调经营的长期特性，避免合规文化的短期行为；任何抄近路、打擦边球都是危险的，不会有长期的竞争力。如果说金融机构建立起市场信心可能需要持续努力20年，那么毁掉只需要5分钟。金融机构合规文化建设可从内涵、作用、建设、实践四个方面进行论述。

（一）合规文化内涵方面

合规文化指在长期发展过程中形成的，被全体员工共同信守的合规风险管理观念、价值标准、道德规范、礼仪风俗、传统习惯的集合。

1. 合规文化的四个层面组成

（1）物质层：向金融机构内外部传播信息中体现合规文化的名称、标志、产品及宣传等物质载体；（2）知识层：有关合规风险管理的基础知识，如合规风险管理概念、原则、技术等；（3）制度层：规范合规风险管理的各类规章制度；（4）精神层：管理者和员工在经营管理中共同信守的基本信念、价值标准、职业道德、精神风貌等。四个层面中，精神层是核心，制度层是保障，知识层是基础，物质层是表象；合规文化从精神层到物质层，逐步具体化。

2. 健康的合规文化的特点

（1）主动管理合规风险

第一，观念上认识到合规风险的存在和危害，认识到合规风险管理的价值；第二，建立合规风险管理组织并配备足够的管理人员；第三，其他部门主动承担起管理本部门合规风险的职责；第四，各部门之间建立相互制约、相互监督的机制，避免职权职责、责任利益的失衡。

（2）以企业文化为背景，贯彻以人为本的理念

规范、诚信、创新是基础，在企业文化中体现合规文化的相关内容，如正气、责任、创新、超越，强化廉洁自律，注重内审建设等。

（3）坚持统一性与差别性，独立性与服务性的统一

统一性指合规风险管理应遵守统一的管理理念、要求及规则；差别性指针对不同机构、业务采取不同合规风险管理措施；独立性指由独立的机构、人员、技术管理合规风险；服务性指合规风险管理要服务于业务发展和金融机构持续经营。需要特别指出，面对复杂的、变化的客户和业务，合规风险管理本着促进金融机构发展，努力实现经营价值最大化，要在坚持统一性和独立性的同时，处理好差别性与服务性的关系。

（4）提倡真实，注重细节

作为高风险的行业，说真话、办实事是合规风险管理的基本要求，注重细节能将合规文化渗透到合规管理的每个环节与层次，实现精细化管理。

（二）合规文化作用方面

金融机构应把合规文化作为企业文化的一部分，加强合规文化建设，将合

规文化建设融入企业文化建设全过程，培育"内控创造价值"的文化；风险控制的最高境界与内控的核心价值都是避免风险事件的发生，实现这一目标首先要培育合规文化，防止违规行为。

合规文化的作用主要表现在：（1）导向功能，合规文化可以减少个人行为与组织目标的偏离，增强成员对组织的认同感，降低达成共识的成本；（2）约束功能，通过文化氛围所造成的群体意识、社会舆论、群体行为准则及道德规范，增强成员的自我约束功能；（3）动员激励功能，通过合规文化对合规行为的褒奖和对违规行为的谴责，可以有效激励成员的正面选择；（4）成本控制功能，合规文化的形成使合规成为自觉行动，可以降低各类规章制度的实施成本；（5）声誉功能，合规文化的形成有利于提高金融机构自身的市场声誉，有利于扩大市场空间。

### （三）如何进行合规文化建设

（1）管理层的重视和推动。坚持全面风险观，处理好业务发展和合规管理的关系，积极主动倡导合规文化。（2）贯彻以人为本的理念，发挥人的主导作用，重视员工的利益诉求，加强合规培训和宣导，强调合规管理的有效互动。（3）创建科学的合规风险管理机制，建立高效的合规组织体系和科学的激励约束机制，强化制度建设和制度执行。（4）营造合规文化氛围，首先是营造不敢为的文化氛围，将目标转化为规章，建立合情、合理、合法，可执行、易操作、易检查的良规，实现严谨立规、严格执法、严密监督、严肃问责、严厉处罚；其次是营造不愿为的文化氛围，将规章转化为机制，建立激励相容、制衡有效的科学机制，努力实现控制目标，让控制对象自觉自愿做某事，实现个体目标与整体目标相一致；再次是营造不能为的文化氛围，将流程固化为科技，运用技术手段，让违反规定、违反程序的行为不能发生，例如财务/金库出入（钥匙、密码、指纹、图像）；最后是营造不便为的文化氛围，将机制内化为流程，流水式程序设计，前一道工序没有完成，后一道工序难以继续，例如纸币印刷流程、银行柜员操作流程，没有主管授权，业务无法进行。

### （四）合规文化实践：国外先进的实践经验

欧美领先金融机构合规文化的成功是国际金融机构风险管理文化建设的一

个典型代表，欧美发达国家作为全球金融强国，拥有诸多老牌金融机构，整体合规管理文化有诸多值得借鉴之处。

欧洲的金融机构普遍设有专门的合规风险管理委员会，制定专门的合规准则。如法国兴业银行制定专门的合规管理手册，德国德勒斯顿银行制定商业伦理和合规行为准则，德意志银行全球合规管理的 13 条原则。

美国合规文化的实践以摩根大通银行风险合规管理文化建设为代表有诸多启示。回顾 2008 年国际金融危机，美国前四大银行（美国银行、花旗银行、摩根大通银行、富国银行）中，只有摩根大通无须补充资本金；而且，如果美国政府允许，该行还能很快偿还此前接受的 250 亿美元所谓"问题资产救助计划"的援助资金，其中最重要的一个原因是摩根大通风险合规管理文化建设的成功。

摩根大通长期坚持审慎管理的四大原则，其中包括"协作的管理文化"和"专注于风险回报对比"两项与文化、风险有关的原则。摩根大通风险合规管理文化有九个特点：一是清晰定义公司的风险合规文化，并奉为"宝典"；二是在公司内部形成一种注重风险合规的风气；三是使风险合规管理成为每个人的职责；四是识别、报告和量化所有可能存在的风险；五是将可量化或不可量化的风险并重对待；六是接受不确定性（风险）无处不在的事实；七是避免企业无法理解的产品和业务；八是检视公司风险合规管理人员的工作（监督者本人也要接受别人的监督）；九是良好的风险合规管理会创造价值。

视远惟明，听德惟聪。从长期来看，合规文化是金融机构的核心竞争力。在总结借鉴国内外先进合规管理经验的基础上，应用合规管理方法论，可协助金融机构全面、系统地审视合规风险，构建高效、有力的合规体系框架，以实现合规、稳健经营的目标。

如果我们通俗简要地总结一下金融机构合规风险及合规文化建设的核心要点，那就是树立"合规创造价值"的理念；培育"合规人人有责"的意识；叫响"合规建设，从我做起"的口号；营造"高层引领，全员参与"的氛围。

# 合规管理之二：
# 商业银行制定内部规章制度的合规问题[*]

商业银行的合规是指银行内部的规章制度应符合国家的法律、法规、政策、各类监管规定，并得到有效执行。规章制度的制定就是银行内部立法过程，是将外部规定内化为银行及员工行为依据的持续合规活动，是商业银行合规经营，有效内控的源头和基石。张仲景在《伤寒杂病论》中说：上医治未病之病，中医治将病之病，下医治已病之病。好的制度能切实防患于未然，其基本前提就是合规，而制度的合规包括程序合规和实体合规。本专题从分行部门的角度分析行内规章制度制定过程中应注意的主要合规问题供大家借鉴。

## 一、程序合规

程序合规是指制度制定主体依照职权制定、修改、废除制度的步骤和方式，包括对监管机构及相关部门的外部程序合规及内部程序合规。程序合规直接决定制度的效力，包括对外程序合规和内部程序合规。

### （一）对外程序合规

对外程序合规主要是指履行对各类监管机构及相关部门的制度报批、报备、信息披露义务，积极参与监管机构的立法论证工作。

作为在中国上市的商业银行，同时要受人民银行、银保监会、证监会、工商管理等机关的监督管理；作为在香港地区上市的公司，还必须遵守香港法律

---

[*] 本文写作于 2015 年 3 月。

制度。上述机构对银行各类经营行为及其制度依据作出不同的要求，如《商业银行合规风险管理指引》（以下简称《合规风险管理指引》）规定"商业银行应及时将合规政策、合规管理程序和合规指南等内部制度向银监会备案"，这是对商业银行规章制度备案的整体要求。

根据法人监管的原则，上述报批、报备、信息披露工作主要集中在总行一级，对于分行，主要是应根据上述监管机构或其派出分支机构的要求，履行相关义务，包括：根据上述《合规风险管理指引》及当地监管机构的要求备案相关内部制度；分行应持续完善反洗钱内部控制制度，并向当地人民银行报备；制度创新情况下的报批、报备工作。其中，制度创新情况下的报批、报备工作又包括：

（1）业务创新引发制度创新的报批方式：通过总行向银监会及相关机构申请报批。

业务创新必然引发制度创新，一般情况应通过总行向银监会报批。根据《中华人民共和国银行业监督管理法》（以下简称《银监法》）、《中国银行业监督管理委员会行政许可实施程序规定》、《中国银行业监督管理委员会中资商业银行行政许可事项实施办法》，商业银行申请调整以下业务范围或增加业务品种，由银监会受理、审查并决定，银监会自受理之日起 3 个月内作出批准或不批准的书面决定，包括募集次级定期债务和发行次级债券、衍生产品交易业务、电子银行业务、银行卡业务、合格境外机构投资者境内证券投资托管业务、增加或变更电子银行业务品种、全国社会保障基金托管业务、银行离岸业务、证券公司股票质押贷款业务、企业年金基金受托业务、个人理财业务。

另外，与其他机构联合审批的包括发行外币银行卡的，应当符合外汇管理的有关规定；开办证券投资基金托管业务，由证监会受理，联合银监会审查并决定。

（2）市场需求变化引发制度创新的报批报备方式：向当地监管机构或人民银行及总行先报批，无正式回复则再行报备。

例如，《个人存款账户实名制规定》规定，香港、澳门特别行政区居民的实名证件为港澳居民往来内地通行证，但此规定在深圳不完全适用。香港居民长期居住深圳或往来频繁，一本通行证签注满后号码即改变，达不到身份唯一识别的目的，且香港居民在柜台出示香港地区身份证。为不导致客户流失，当地商业银行普遍接受的实名证件为香港地区身份证。

这就是典型的制度合规问题，即法规规定不符合市场需求、银行操作习惯，但操作并未背离立法目的。商业银行应履行客户尽职调查义务，了解客户，了解交易，确认身份。对此类问题的处理方式不一，基本是遵循非正式的口耳相传的操作惯例，不以制度的形式统一规范，操作五花八门。

类似情况，银行应首先权衡监管目的、市场需求、银行风险三者的关系，选择最有效率的一两种模式，同时向总行对口管理部门、当地监管机构报送审批，期间可以进行多种形式的口头沟通。如无正式批复意见，则再行报备，在分行内执行，并对制度创新后的风险进行提示说明。需要注意的是，报备并不能免除监管查处风险，方案选择过程中银行判断失误、新判例导向、国家政策变化等，都可能导致违规判定。在违规和市场占有的博弈中，商业银行应谨慎论证，评估风险，在发展中创新突破。此方式也可用于解决业务创新引发的制度创新问题。

报批报备的过程就是沟通过程，一方面，加强互动，增进监管机构对商业银行、市场需求的了解，减少监管风险；另一方面，有授权立法的地区和城市是很多业务创新的发源地，可以充分利用人民银行、银监会自下而上的垂直报告和信息传导模式，推动监管机构的审批效率和行业创新力度，最终推动立法创新。另外，商业银行应更重视对立法草案的研究和反馈，兼顾公平的原则下，大胆争取有利于商业银行的规定，维护同业权益。

(二) 内部程序合规

1. 遵循银行内部授权管理及公文运转规定，保证制度的生效程序合规

分行行长作为一级分支机构的负责人，根据总行高级管理层的授权，代表分行行使权利，有权签发分行发布的规章制度，对外部及总行负责。各主管副行长根据行长的授权行使分行各类规章制度的审批权限。涉及必须通过分行各专业委员会批准的制度，应该通过委员会决议后，再行颁布，由专业委员会章程规定的人员或担任委员会主任的行领导签发。分行各部门总经理根据行长的授权签发本部门制定的制度，管辖支行行长根据分行行长授权签发本行制度。分行制定的制度，应根据总行规章制度要求抄送上级相关部门，一些涉及新产品的业务还应事先向总行请示，由总行报送银监会，批复后分行修订并报送制度。

另外，各银行均有成熟的公文运转规定，如制度的文种体例、文字规范、行文格式、运转程序等，这些都是制度得以生效不可或缺的因素或环节，应该严格遵守。

2. 履行论证及会签程序，解决部门间业务协调问题，保持内部制度有效衔接

商业银行分工的专业化决定涉及跨部门分工协作的制度必须经过充分的论证及会签，论证包括横向部门间、对上的请示、对分支机构征求意见，会签也是制度论证的过程，但解决不了分行部门与下级机构的沟通问题，可以通过征求意见的方式弥补。在参与制度论证过程中应从以下几个角度对制度进行审核：(1) 制定目的是否明确，论证制定的必要性和迫切性，防止制度缺失或泛滥；(2) 制定时机是否符合外部法律环境、市场需求及行内软硬件条件，论证制度推出的效果；(3) 制定依据是否准确有效，是否与外部法、总行规定及分行其他制度协调一致，是否存在风险控制真空或规范冲突；(4) 具体规范是否符合银行内部经营管理模式、内部控制需求、系统功能、操作流程，验证制度的可操作性；(5) 行文是否规范，篇章及逻辑结构是否合理，概念界定是否清晰，文字是否准确无歧义。

同时，银行要防止三种倾向，营造务实的合规文化：(1) 将制度论证会、会签及征求意见的过程流于形式，程序合规而实体不合规。未充分重视征求意见的重要性，沟通不充分，在执行过程中才发现问题，或制度不具操作性，形同虚设，埋伏风险隐患，内审外审难以自圆其说。(2) 牺牲效率，拉长流程，造成"内部控制过度"，消耗内部能量，降低市场竞争力，难以落实问责制和达到激励效果，失去制度制定的目的和意义。(3) 制度"补丁"过多，或包罗万象却大而无当。毫无疑问，问责机制日趋严格从某种程度上推动了制度的建立健全，但另一种后果就是制度"打补丁"现象更频密，动辄制定对某制度的补充通知，导致执行依据呈现多样性，增加了职能管理部门制度解释的工作量，虽面面俱到但忽略了实用价值。

应形成对制度动态管理的习惯，定期对应本单位的职能、业务品种，检讨相应的制度是否健全合规，风险点是否基本覆盖，在此基础上全面立、改、废，归纳合并同类业务制度，该废止的下文明确具体的名称、文号。制度制定过程中，应反复推敲制度制定的目的及适用条件、规范的行为模式、违背制度的后果三者之间的内在逻辑关系，删繁就简，使制度合规合理、简单明了，为

今后制度实施过程中对具体问题的顺利解释、解决奠定良好的基础。

冲突是经营管理和业务发展中的常态，有沟通就有协调，因此，各部门在参与论证中既要立足本职，又要换位思考，充分发挥程序公正的效力，最终达成一致，不能因噎废食，闭门造车。

3. 遵守《公司法》关于民主管理的规定，履行法定程序

《公司法》规定，公司依照宪法和有关法律的规定，通过职工代表大会或者其他形式，实行民主管理。公司研究决定改制以及经营方面的重大问题、制定重要的规章制度时，应当听取工会的意见，并通过职工代表大会或者其他形式听取职工的意见和建议。这是《公司法》关于制定重要规章制度，特别是涉及员工整体利益的决策及制度时应遵循的必经法定程序。

4. 遵循制度保密规定，防范同业竞争

对于绝大部分制度，保密原则属于制度制定的后注意义务，严禁将制度向无关的第三方泄露，保持经营管理及业务创新的优越态势。涉及不宜公开事项的制度，保密原则贯穿于制度制定的全程。

## 二、实体合规

### （一）制度制定依据合法合规

分行制定制度的依据是外部法律法规及总行的规章制度，制定制度首先要解决的问题就是依据合规问题，即在充分收集既往相关法律法规及规章制度的基础上，判别哪些有效可以作为制定依据，哪些已废止，哪些已被效力等级高或新制定的制度所取代，此去芜存菁的过程即合规依据的效力判别过程，应该说对制度的合规起着至关重要的作用。银行内外各类法律、法规、规章制度的效力等级的基本框架是：国家的法律法规→总行的规章制度→分行的规章制度→管辖支行的规章制度。

1. 外部法律法规效力识别

我国的法制体系建立在大陆法系基础上，以制定法为依据。外部法律法规主要指各类国家机关依照法定权限和程序作出的各种制定法，包括宪法、法律、行政法规、地方性法规、经济特区的规范性文件、特别行政区的法律法规、规章、国际条约惯例等。根据《中华人民共和国立法法》（以下简称《立

法法》），上述法律法规的效力等级顺序为（上位法→下位法）：

全国人民代表大会制定和修改的宪法→全国人大及其常委会制定的法律（主要包括民法、刑法等基本法律，基本法律以外的其他法律，含上述机关作出的具有规范性的决议、决定、规定、办法等）→国务院制定的行政法规（名称一般为条例、规定、办法，含该机关发布的规范性决定和命令）→省、自治区、直辖市以及省级人民政府所在地的市和经国务院批准的较大的市的人民代表大会及其常委会制定的地方性法规、民族自治法规、经济特区的规范性文件（名称一般为条例、规则、规定、办法等）→国务院组成部门及直属机构在其职权范围内制定的部门规章（如人民银行、银监会等机构制定的制度，此类制度是商业银行的主要合规依据）及省、自治区、直辖市人民政府以及省、自治区人民政府所在地的市和经国务院批准的较大的市和人民政府制定的地方政府规章。

另外，省、自治区的人民政府制定的规章的效力高于本行政区域内的较大的市的人民政府制定的规章。部门规章之间、部门规章与地方政府规章之间具有同等效力，在各自的权限范围内施行。

根据上述规定，在识别各类外部法律法规效力等级时应遵循下列原则：（1）上位法优于下位法原则：当不同机关对同一事项的规定不一致时，适用上位法。（2）特别优于一般原则：同一机关制定法律法规，特别规定与一般规定不一致的，适用特别规定。例如，同为全国人民代表大会制定的《中华人民共和国民法通则》（以下简称《民法通则》）、《中华人民共和国合同法》（以下简称《合同法》），对"一方以欺诈、胁迫的手段或者乘人之危，使对方在违背真实意思的情况下所为的"民事行为，《民法通则》界定为"无效"的民事行为，而《合同法》将上述情况下签订的合同界定为"可变更或者撤销的"合同。即受损害方不请求人民法院或仲裁机构变更或撤销，则合同继续生效，且当事人申请变更的，有关机关不得撤销。《民法通则》属普通法，《合同法》属特别法，应适用合同法条款。（3）从新原则：同一机关制定法律法规，新的规定与旧规定不一致的，适用新的规定。另外，《立法法》对不同机关制定的特别、一般、新、旧法律法规不一致的情况，作出了如何裁决的规定。（4）授权立法优先原则。例如，经济特区根据授权对法律、行政法规、地方性法规做变通规定的，在本经济特区适用经济特区的规定。（5）注意判例对立法趋势的影响：法院的判例特别是最高人民法院的判例会对其后的立法趋势及司法实践产生一定的影响,具有一定的借鉴意义,各部门应注意相关业务既往判例的日常积累,这也是应对客户纠纷的必修功课。(6)国际条约选择适用原则:我国缔结或者参加的国际条约与我国民事法律有不同规定的,适用国际条约的规定,但我国声明保留的条款除外。(7)国际惯例适用原则:我国法律或我国缔结或参加的国际条约没有规定的,可以适用国际惯例。(8)香港、澳门地区适用特别行政区法律。

2. 商业银行内部规章制度的效力识别

根据商业银行股份有限公司章程,总行规章制度效力层级从高到低依次如下:商业银行股份有限公司章程→董事会通过的基本管理制度→董事会下设的各专业委员会批准的制度→高级管理层及下设的各专业委员会批准的制度→总行各部门根据管理层授权制定的规章制度。

时间效力方面仍应遵循从新原则。当同一效力等级之间的规章制度发生冲突时,按原则应请示上级作出裁决,目前一般的解决方式是请示制度制定部门协商解决,明确适用规定。同时,规范同一项工作的制度,管理办法的效力高于实施细则、操作流程(指引)。有效法(制度)并非所有条款仍然有效,被补充规定、效力等级高的法(制度)、新法(制度)、冲突解释后的规定取代的条款即失去效力,在确定制度依据时应特别注意。

作为分行部门,制定制度的直接依据一般为银监会、人民银行、证监会等国务院直属机构发布的部门规章,总行对口部门的规章制度,监管分支机构的相关规定,但并非所有业务均有总行的制度可循。本地化产品、新产品均涉及制度创新,特别是关系到对外(客户)关系、劳动合同关系的制度,法律法规即直接依据,制度制定者应掌握民商法基本常识,熟悉商业银行常用法律法规,如《民法通则》及其司法解释、《民诉法》及其司法解释、《合同法》及其司法解释、《公司法》、《担保法》及其司法解释、《票据法》及其司法解释、《保险法》、《仲裁法》、《商业银行法》、《人民银行法》、《银行业监督管理法》、《证券法》、《反不正当竞争法》、《劳动法》及劳动部门的相关规定等,避免法律关系界定不清,导致银行权益难以得到有效保障,或招致监管处罚,或侵犯客户权益,产生诉累风险,或矫枉过正,人为收窄业务创新渠道。

制度审查过程中发现最易出现的合规问题集中表现在以下几方面:对各担保种类的生效条件不清楚,可能导致担保落空,丧失优先权;授权委托关系不清晰，容易发生纠纷；违反《反不正当竞争法》的规定，易产生客户或同业投诉；对账户管理、实名制的规定理解不清，有违监管规定；票据关系与普通的民事关系相混淆，不能妥善处理与票据相关的纠纷；对查询、冻结、扣划相关规定掌握不充分，特殊或例外情况无法处理等。

3. 识别立法目的，做好法规及制度解释工作

（1）立法目的识别

《立法法》规定了法律法规的解释权限。法律解释即有权机关对法律法规含义的说明，正式解释又称法定解释或有权解释具有法律上的约束力，如最高人民法院的司法解释。同时法定机关的立法说明或正式解释是法律法规实施的重要前提，有助于了解法律法规制定时的社会背景和立法目的，准确领会法律规定或条文背后的意旨。如无正式解释，可以查阅权威学者编写的辅导教材，其中的条文释义有参考价值。对制度制定依据立法本意的研究就是抽丝剥茧的过程，可以避免断章取义，生搬硬套。

（2）分行的法规及制度解释工作

①分行部门内设团队制度解释权限的确定

各部门颁布的规章制度一般均根据谁制定谁解释的原则确定了解释权限，但部门内部制度的解释权限并不完全清晰，导致支行在日常制度适用过程中得不到统一指导。分行大多数部门的风险管理团队负责本部门制定制度的集中审核和业务条线内控合规管理，从全局风险控制的角度，管理团队解释制度较适合，但并非所有制度均由该团队拟定，制定背景、具体条款含义拟定团队是最清楚的。因此，银行各部门应根据具体情况在制度出台时确定分行内部团队对制度解释的分工，并告知支行。

②对客户的法规、制度解释原则

客户投诉情况下可能要求银行对相关法规、制度的适用进行解释。应注意以下几个问题：（a）尽量由业务发生单位的专门人员做统一解释，避免说法不一，导致客户对银行管理秩序的怀疑。本单位解释有困难，事先向分行主管部门请示。疑难法律合规问题，可以同时咨询法律与合规部门。（b）了解客户投诉背后的真实目的，是就事论事、解决个案问题，还是无理缠讼、制造不良影响，应区分对待。（c）查阅相关法律、法规、银行内部制度是否有明确规定，两者有无冲突，防范因遵循的内部制度违背法律原则或禁止性规定导致诉累风险，这是关注的重点。（d）审慎检讨已完成的业务是

否按合规的内部规定完成，如属错误操作或系统故障，是否有纠正余地，与客户进行协商。

### (二) 制度与业务及后台管理系统、操作流程、培训教材、合同文本的衔接

稽核过程中发现的违规问题有很多追根溯源是由制度本身的不合理造成的，比如，制度规定与业务及后台管理系统可实现的功能的不对称；制度与市场需求决定的符合合规要求的业务操作习惯、操作流程的不匹配；制度与对员工进行培训的教材不一致又未作特别说明；制度的制定与合同文本的修订脱节，先发布制度后确定合同文本，造成制度规范下的银行服务无法满足合同文本对客户的承诺，或没有起到对客户义务的约束作用。

解决上述问题，应深入实践，加强调研，在系统投产前，应反复测试系统功能，并预演特殊情境的解决方式，由系统功能决定制度规范；重视普遍性或多发违规操作事件，分析属真正的违规还是制度可操作性存在问题，及时检讨并修订制度；培训及教材应对制度的最终效力作出特别提示，当然最好是两者保持一致；制度与合同文本配套实施的，系统功能、可提供的服务功能决定合同文本，合同文本决定制度规范，但可以通过加强制度建设提高服务功能、规范流程。

### (三) 制度与立法及市场趋势衔接，保持制度的稳定性与前瞻性的有机结合

制度的权威性要求其必须具有一定的稳定性，避免朝令夕改，制度出台前应审慎评估现实需要和制定时机，保证制度的切实可行。另外，法律法规有其滞后性，而市场需求和创新的速度日新月异。这使经营者时时面临合理与合规之间的冲突压力，同时，这也是监管者和立法者关注的焦点。因此，应兼顾未来的发展趋势，随时关注立法及市场趋势，应在业务创新和制度制定中注意以下几种趋势，培养灵敏的立法及市场嗅觉：正式立法前监管者已审批通过的同业业务；立法空白但不违背法律法规禁止性规定且已被市场普遍接受的模式；国内空白的引进业务；已正式向社会征求意见或交付审议的立法草案中的新突破；我国将加入的国际条约中的许可业务；最高人民法院判例中已认可的新型法律关系等。当然，正式的审批程序是必要的。

总之，制度的最大价值是其奖惩规定激发人们趋利避害的追求和预防动力，减少不良后果发生的概率，实现利益的最大化，而银行内部制度制定的过程是大胆设想、小心求证的技巧性立法活动。上述是银行内部规章制度制定中应注意的基本合规问题。

# 操作风险管理：
# 商业银行操作风险及管理实践[*]

通常来说，我们认为市场风险和信用风险以外的所有风险均视为操作风险。J·P·摩根认为操作风险是各公司业务和支持活动中内生的一种风险因素，这类风险表现为各种形式的错误、中断或停滞，可能导致财务损失或者给公司带来其他方面的损失。1999 年，英国银行家协会（The British Bankers' Association，BBA）提出不完善的或有问题内部程序、人员及系统或外部事件导致的直接或者间接的损失的风险。2004 年，巴塞尔银行监管委员会提出由不完善或有问题的内部程序、员工和信息科技系统，以及外部事件所造成损失的风险。本定义所指操作风险包括法律风险，但不包括战略风险和声誉风险。2012 年，中国银监会提出操作风险是指由不完善或有问题的内部程序、员工和信息科技系统，以及外部事件所造成损失的风险，包括法律风险，但不包括战略风险和声誉风险。

## 一、操作风险管理的误区

目前在操作风险的管理上仍然存在很多误区，比如一直坚信人性本善、我们是好企业、内控一定会落实，以为过去没发生过、常常都在倡导、我们都有规定、大家都很资深、内控设计肯定有效诸如此类，认为社会不断转型，周边的环境正在改变，人心的转变和科技的变化结合过去的经验与信息，风险就不会发生。这种想法存在误区。

近年国内监管强化了操作风险管理要求，所以企业也开始重视操作风险管

[*] 本文写作于 2016 年 2 月。

理。但操作风险并非新概念，它一直在我们身边发生。著名的国内外操作风险例子包括"9·11"事件、汶川地震等；以致每天在企业中所发生的问题，都可能与操作风险相关。

### （一）"9·11"事件

2001年9月11日，纽约的世界贸易中心和位于华盛顿的美国国防部所在地五角大楼等重要建筑均遭到民航飞机的自杀式撞击，造成重大人员伤亡。许多设在世界贸易中心的金融公司丧失了大量财产、员工与数据。据估计，全球经济损失达1万亿美元左右，仅美国资本市场损失就超过1000亿美元，全球金融出现混乱，全球金融业蒙受的损失难以确切估计。这其实就是典型的操作风险，属于难以预测的恐怖袭击（外部事件）。

### （二）汶川地震

2008年5月12日，四川省汶川县附近发生里氏8.0级地震。该突发事件对当地银行业，乃至全国银行业造成一定损失，预计金融业特别是银行净损失在50亿~130亿元人民币，2008年银行业净利润将下滑0.7%~1.8%，2008年汶川大地震造成在地震受灾严重地区，银行运营活动停止（绵竹市某家大型商业银行营业网点）。汶川地震是新中国成立以来有历史记录最大的地震，直接严重受灾地区达10万平方公里。包括银行业在内的地震灾区生产及生活均遭受巨大损失。据国家信息中心预计，地震造成的直接经济损失在4000亿~5000亿元。这也是典型的操作风险，属于不可抗力事件（外部事件）。

### （三）与银行切身相关的一些事件

首先是某国有银行河北某分行事件。2007年4月14日，其河北某分行发现金库里的近5100万元现金（百元钞叠在一起也有50多米高，总重将近两吨）被盗，隐瞒2天后，银行在自查无望的情况下报案。最后查出被告人在担任该分行现金管理中心金库管库员期间，于2007年3月中旬至4月14日，利用看管金库的职务便利，多次从金库盗取现金共计人民币5096万元。这个事件体现出的操作风险表现在第一个是人员——金库管库员监守自盗；第二个是流程——银行员工行为缺乏制约和监督。

法国兴业银行事件更加恶劣。2008年1月法国兴业银行爆发全球金融史上最大舞弊案，一位年轻交易员越权做多欧洲股价指数期货，他在期货指数市场进行一笔交易的同时，会虚构另一笔交易。比如，一个买入，那另一个就卖出，两个交易的头寸相互抵消，得以逃避内部控制系统的"雷达"，造成兴业银行当年全年营业净利剩下 9.47 亿欧元，比前年下跌 82%，亏损 49 亿欧元（72 亿美元）。这个事件体现出的操作风险表现在第一个是人员——虚假交易/内部欺诈；第二个是流程——交易员权限缺乏制衡；第三个是系统——虚假交易缺乏监控。

UBS（瑞银）交易事件。2001 年 11 月 UBS 交易员把"每股 61 万日元，卖出 16 股"打成"每股 16 日元，卖出 61 万股"，在几秒钟内使公司损失 7100 万英镑。这个事件体现出的操作风险表现在第一个是人员操作失误；第二个是流程复核机制失效；第三个是系统缺乏检查机制。

某股份制银行理财诈骗事件。2013 年 4 月，该银行前员工在其郑州某支行营业大厅和办公室里私卖"理财产品"，"银行职工"的身份无疑为这份"理财产品"背书了银行的信用，同时这份"理财产品"是在银行的办公场所办理，在其办公室刷 POS 机完成支付交易，整个业务过程中均有该行工作人员陪同、操作并有工作人员的签字，这些都让银行无法逃脱干系。据初步统计，共有 110 多名银行客户的 4000 万元无法追回。近年来，银行理财诈骗案频发，一方面银行无法推卸自己内部的管理责任，另一方面也提醒民众应该提高风险意识，一味追求高收益率可能会得不偿失。这个事件体现出的操作风险主要表现在人员内部欺诈、风险意识及文化建设。

系统瘫痪，业务停办，造成客户与企业的损失；员工监守自盗；产品营销不当；交易超过公司内的规定限额；交易错误等这些都属于操作风险，而我们一直都认为我们企业的人员素质佳、风控意识强、制度又健全，其他企业发生的这些事我们企业绝对不会发生！面临蕴藏风险的选择时，信心会被过去同一事件发生的频率影响。

## 二、操作风险应该受重视的原因

金融业全球化发展趋势，让操作风险的重要性更加被重视：业务开拓过程中，内外运营环境发生很大变化；操作风险的影响，可以是重大的；大量使用金融技术来降低市场风险，但是可能造成操作风险的增加；使用高度自动化的科技；业务外包的风潮正风行；等等。企业过去利用内控或保险等措施来管控操作风险，但随着大环境的转变，各种操作风险事件越来越难被确认和掌控，因此才使得操作风险越被重视。

操作风险的管理上有许多困难，包括范围太广、不好管理；操作风险多源于内部问题，基于家丑不外扬，很难收集到大量资料；不同机构所面对的操作风险皆不相同，无法一体化适用；引发操作风险的原因与损失的概率或规模，很难建立起关联性；大型且危及生存的操作风险事件并不常见，此外，大多数可能的操作风险事件，在大部分银行的历史上从未发生。一直以来操作风险多不被机构所重视，主要原因在于操作风险太难被定义，但三大风险中，往往影响并危及银行运营的最主要风险就是操作风险。

## 三、如何管理操作风险

近年国内外金融行业陆续发生许多重大的操作风险事件，国内金融业逐渐意识到实施操作风险管理工作的必要性和紧迫性。第一个是操作风险损失预防与控制需求，操作风险损失事件逐渐增多，而操作风险管理的缺失，有可能导致严重后果。第二个是监管发展，银监会对银行提出操作风险管理的要求。第三个是内部管理需求，提升风险管理文化、建立风险偏好、完善企业治理架构，提升内部管理水平。第四个是作为资本分配和考核的核心基础，建立收益与风险挂钩的资本计量体系，应用在资本分配、绩效考核中，使公司的风险/收益最大化。完善的操作风险管理体系可以帮助跟踪最新的监管要求发展，提高操作风险管理水平。合理节约监管/经济资本，有效控制损失程度。

### （一）操作风险管理三大工具：目的

操作风险管理的三大工具分别为风险控制与自我评估（RCSA）、关键风险指标（KRI）和损失数据库（LDC）。

1. 风险控制与自我评估（RCSA）

风险控制与自我评估（RCSA）是指企业内部为实现控制风险目标，而对内部控制体系的有效性和恰当性实施自我评估的方法。RCSA 的结果会形成风险热图，作横向（同业）和纵向（业务条线）的对比。对剩余风险较高的业务条线或机构，管理层会按此制定合适的风险管理机制，包括对风险较高的业务规模进行规划、强化风险管理措施、采取风险缓释手段降低风险可能带来的影响。RCSA 的工作方法：关注业务流程和控制成效，由业务部门以及操作风险管理部门共同进行。操作风险职能人员和业务流程具体执行人员全体参与，用系统化的工作方法开展评估活动。如各职能人员与被评估单位管理人员组成一个小组，对部门/条线风险控制的恰当性和有效性进行评估，然后根据评估和集体讨论的结构，提出改进建议并出具报告，最后由管理者实施。RCSA 需要定期进行重检。如有新增业务或原有流程的变更，需要及时更新。

2. 关键风险指标（KRI）

关键风险指标（KRI）分为企业级指标和业务指标：企业级指标根据业务共同特点制定，如员工离职率、IT 错误率等。业务指标根据各个业务部门特点分别制定。通过评估、选择和设计相应的关键风险指标，提供对风险敞口、风险管理和控制有效性的洞察工具，作为预警信号监控和跟踪潜在风险与银行预定的控制问题。同时关键风险因子的选择可以驱动潜在损失的收集。KRI 的工作方法：由业务部门以及操作风险管理部门共同进行，针对银行业务流程中的风险点，共同探讨关键风险指标。指标的制定应考虑数据的可获取性、可计量性、预警性、相关性以及成本收益成效。此外，在新业务或新风险点识别后，KRI 也需要进行重检更新，保证其完整性。

3. 损失数据库（LDC）

收集损失数据的最终目的是用作分析。通过分析发生在不同部门的不同风险事件以及不同的风险暴露情况，从而找出财务损失角度的高风险领域，操作风险发生频率高的领域等问题，并采取相应的措施进行管理。LDC 与 KRI 和 RCSA 是相互参照、相互验证的。损失数据的收集管包括损失数据的定义、识别，收集，复核验证，合拼，分析，汇报，整改。目前对操作风险损失事件的定义是指因操作风险未被有效控制，给银行造成直接经济损失（已确认的账面损失）的操作风险事件。一般数据来源包括个别重大事件上报、客户投诉、法律诉讼、监管检查、内外审发现等。LDC 的上报由业务部门发起，并由操作风险职能部门负责检查监控。

缺陷/损失数据收集相当于病例（过去），风险控制与自我评估（RCSA）相当于全面体检（现状），关键风险指标（KRI）相当于血压计（未来）。通过三大工具，找出目前公司的高风险领域、强化内控及风险管理力度，尽量在风险发生之前发现问题。

### (二) 流程分析与 RCSA 的主要工作以及辅助工具

流程分析与 RCSA 的主要工作为：进行流程分析、制作 RCSA 问卷、进行 RCSA 问卷填答（风险/控制评分）和设计与执行行动方案。其中进行流程分析的辅助工具有流程划分标准、操作风险字典库、控制字典库和质量检查模板；制作 RCSA 问卷的辅助工具有 RCSA 问卷模板；进行 RCSA 问卷填答（风险/控制评分）的辅助工具有 RCSA 风险评分标准、RCSA 控制评分标准和剩余风险及风险地图；设计与执行行动方案的辅助工具有高风险/缺陷行动方案模板。RCSA 的流程划分一般需要重视和遵循以下程序原则，并根据前两项进行二级流程的划分。

（1）确定划分方式：把流程分为公司层面流程、业务/管理流程、信息技术流程。对于业务/管理流程，明确端到端划分方式和功能部门划分方式。

（2）比对业务、产品及服务，保证流程完整性：获得现行业务和产品，合并共性内容，形成流程划分；比对财务报表数据，确保上述流程划分涵盖所有会计科目；比对业务部门的职能，保证流程梳理的完整性。

（3）不可切割原则。某项业务中所存在的一个固有风险与多个与其匹配的控制措施，必须完整涵盖在同一主流程项下。

（4）可合并原则。将操作人员、程序及使用的信息系统类似的产品在子流程层次加以汇总，合并在同一、二级流程项下。梳理完流程之后，下一步工作为获取产品清单、获取部门架构、进行访谈和制定流程划分标准。

### (三) 对风险点进行识别和梳理时的参考思路

对风险的判断应以过往发现的问题为基础，对未来情况进行预测。对风险点进行识别和梳理时的参考思路一般有：从公司战略角度看是否不符合公司整体战略规划和经营计划；是否可能未经授权。从法律法规角度看是否可能违反国家及上市地的法律法规；是否可能因为未建立良好的职责分工而发生舞弊；公司资产，如果未经保护，是否可能发生损失；是否有适当程序监控业务发生的效率和效果；是否对业务流程执行的适当性存在适当的独立监督。从业务反映及时性、准确性角度看相关业务是否未能及时、准确、完整地在财务报告中反映。从管理及时性、准确性角度看管理层是否能够及时获知业务的效率和效果以及业务过程中发生的不适当行为。识别流程层面风险点的方法和途径主要有内部管理机制稽核、内控、业务/管理人员的经验、公司现有的制度和政策以及行业较佳实践。

## （四）固定风险

一般来说，我们认为固定风险 – 控制有效性 = 剩余风险。其中固定风险涉及各业务条线，通过对于风险发生可能性的评估（见表3–51）以及风险影响程度的评估（见表3–52）最终确定单个操作风险事件的固定风险评级，其中，风险影响程度评估可以有多维度参考，取其最高影响分值作为风险影响程度的最终得分。

表 3–51　　　　　　　　风险发生可能性的评估标准

| 可能性评级 | 可能性 | 说明 | 针对大型灾害、事件 | 针对日常运营 |
| --- | --- | --- | --- | --- |
| 5 | ≥90% | 基本确定 | 今后一年内至少发生一次 | 常常会发生 |
| 4 | 70%~90% | 很可能 | 今后一年内可能发生一次 | 较多情况下发生 |
| 3 | 30%~70% | 可能 | 今后2~5年可能发生一次 | 某些情况下发生 |
| 2 | 10%~30% | 不太可能 | 今后5~10年可能发生一次 | 极少情况下发生 |
| 1 | ≤10% | 几乎不可能 | 今后10年内发生的可能少于一次 | 一般情况下不会发生 |

表 3–52　　　　　　　　风险影响程度的评估标准

| 风险影响程度评级 | 1<br>几乎无影响 | 2<br>轻微 | 3<br>一般 | 4<br>严重 | 5<br>灾难性 |
| --- | --- | --- | --- | --- | --- |
| 操作风险直接损失 | 9999元及以下 | 10000元到99999元 | 100000元到999999元 | 1000000元到9999999元 | 10000000元及以上 |
| 业务损失（对核心业务绩效的影响） | 对评估单位业务存在极小影响 | 对评估单位业务存在轻微影响，造成其相应业务指标变动1%以下（指标是指评估单位的收入、客户数量、市场份额等） | 对评估单位业务存在一定影响，造成其相应业务指标变动1%（含）到5%之间，但经过一定的弥补措施仍可能达成原有营运目标或关键业绩指标（指标是指评估单位的收入、客户数量、市场份额等） | 对评估单位业务存在较大影响，无法达到部分营运目标或关键业绩指标，造成其相应业务指标变动5%（含）到10%之间（指标是指评估单位的收入、客户数量、市场份额等） | 对评估单位业务存在极大影响，无法达到所有的营运目标或关键业绩指标，造成其相应业务指标变动10%及以上（指标是指评估单位的收入、客户数量、市场份额等） |

续表

| 风险影响程度评级 | 1<br>几乎无影响 | 2<br>轻微 | 3<br>一般 | 4<br>严重 | 5<br>灾难性 |
|---|---|---|---|---|---|
| 信息错报影响 | 对评估单位的内部、外部信息使用者不会产生影响 | 对评估单位信息准确性有轻微影响，但不会影响集团内使用者的判断 | 对评估单位信息使用者有一定的影响，可能会影响集团内信息使用者对于事物性质的判断，在一定程度上可能导致错误的决策 | 错误信息可能会导致评估单位、集团内部和外部的信息使用者作出重大的错误决策 | 错误信息可能会导致评估单位、集团内部和外部使用者作出截然相反的决策，并造成不可逆转的决策损失 |
| 信息系统对数据完整性及业务运营的影响 | 对评估单位系统数据完整性不会产生影响。对业务正常运营没有产生影响 | 对评估单位系统数据完整性会产生有限影响，但数据的非授权改动对业务运作及财务数据记录产生损失轻微。对业务正常运营没有直接影响，集团内兄弟单位及集团外的客户没有察觉 | 对评估单位系统数据完整性具有一定影响，数据的非授权改动对业务运作带来一定的损失及对财务数据记录的准确性产生一定的影响。对业务正常运营造成一定影响，致使集团内兄弟单位察觉到业务操作效率低下的影响，但是对集团外的客户无影响 | 对评估单位乃至集团的系统数据的完整性具有重大影响，数据的非授权改动会给业务运作带来重大损失或造成财务记录的重大错误。对业务正常运营造成重大影响，致使业务操作大规模停滞和持续出错，影响集团外客户的服务和产品体验 | 对评估单位乃至集团的系统数据的完整性造成致命性威胁，数据的非授权改动会对业务运作造成灾难性损失。对业务正常运营造成灾难性影响，致使所有业务操作中断，导致集团外客户的流失 |
| 营运影响 | 对评估单位日常营运没有影响 | 仅影响评估单位内部效率，不直接影响对外展业 | 对评估单位内外部均造成了一定影响，比如关键员工或客户流失 | 严重损伤评估单位的核心竞争力，严重损害评估单位为客户服务的能力 | 评估单位重要商业活动的长期中断，影响到该评估单位的持续经营能力 |

续表

| 风险影响程度评级 | 1 | 2 | 3 | 4 | 5 |
| --- | --- | --- | --- | --- | --- |
|  | 几乎无影响 | 轻微 | 一般 | 严重 | 灾难性 |
| 监管影响 | 一般反馈，未受到调查和罚款 | 被评估单位当地监管者（地市级区域）初步调查，不必支付罚款或罚款轻微 | 被评估单位所在省（直辖市）级监管者公开警告和专项调查，支付的罚款占评估单位税前利润较小 | 被评估单位所在省（直辖市）级监管者持续观察，支付的罚款对年利润有较大的影响；或者被国家级监管机构调查和罚款，不论罚款金额大小 | 不论监管者的区域和级别，评估单位被监管者勒令停业整顿或者吊销该项业务的执照 |
| 声誉影响 | 负面消息在评估单位内部流传，企业声誉没有受损 | 负面消息在评估单位当地（地市级区域）局部流传，对企业声誉造成轻微损害 | 负面消息在评估单位所在省（直辖市）级区域流传，对企业声誉造成中等损害 | 负面消息在全国各地流传，引起公众对集团的关注，引发诉讼，对企业声誉造成重大损害 | 负面消息流传世界各地，政府或监管机构对集团进行调查，引起重大诉讼，对企业声誉造成无法弥补的损害 |

对于单个操作风险事件，逐个上述纬度的风险影响程度进行评分，取其最高分作为该操作风险事件风险影响程度的最终评级。

### （五）操作风险控制有效性

操作风险直接损失包括法律成本、监管罚没、资产损失、对外赔偿、追索失败、账面减值及其他损失，以及除财务损失外的其他维度为操作风险事件所造成的间接损失。

控制有效性涉及各业务条线，分为控制设计有效性评估和控制执行有效性评估两个方面。业务人员通过穿行测试、有效性测试，先逐一评估单个控制活动设计和执行有效性；再对同一风险事件下的所有控制活动的设计和执行有效性作出整体评价；风险管理部门可根据复核测试结果，以及公司内部其他检查发现（如稽核评价）决定是否需要对业务人员的控制有效性自评结果作出调整。单个操作风险事件的剩余风险由其固有风险评级和控制有效性评级（其中设计有效性评级和运行有效性评级分别如表3-53和表3-54所示）计算得出，不再进行单独评定；剩余风险按其得分所属区间从低到高依次分为 1~5 分。

表 3-53　　　　　　　　　　　设计有效性评级

| 设计有效性评级 | 控制设计管理有效性（X） | 定义 | 描述 |
| --- | --- | --- | --- |
| 5 | X＜40% | 很弱 | 控制既不能减少风险发生的可能性，也不能降低风险的后果 |
| 4 | 40%≤X＜60% | 弱 | 控制可以部分减少风险发生的可能性或降低风险的后果 |
| 3 | 60%≤X＜80% | 中 | 控制将减少风险发生的可能性或降低风险的后果 |
| 2 | 80%≤X＜95% | 强 | 控制将减少风险发生的可能性和降低风险的后果 |
| 1 | X≥95% | 很强 | 控制将显著减少风险发生的可能性和降低风险的后果 |

表 3-54　　　　　　　　　　　运行情况有效性评级

| 运行有效性评级 | 控制运行管理有效性（X） | 定义 | 描述 |
| --- | --- | --- | --- |
| 5 | X＜40% | 很弱 | 控制措施未实施或实施效果很差 |
| 4 | 40%≤X＜60% | 弱 | 部分关键控制手段没有实施或者没有达到预期效果 |
| 3 | 60%≤X＜80% | 中 | 实施了控制手段，但某些控制手段需要加以改进 |
| 2 | 80%≤X＜95% | 强 | 实施了关键控制手段，次要控制手段需要轻微改进 |
| 1 | X≥95% | 很强 | 所有控制手段得以实施，并且按规定运行 |

## （六）收集范围及相关定义

操作风险事件是指由不完善或有问题的内部程序、员工、信息科技系统，以及外部事件造成财务损失或非财务影响的事件，包括法律风险事件，但不包括策略风险和声誉风险事件。操作风险事件可分为操作风险损失事件和操作风险非损失事件。操作风险损失事件是指因操作风险未被有效控制，给企业造成直接经济损失（已确认的账面损失）的操作风险事件；操作风险非损失事件是指因操作风险未被有效控制，虽未对企业造成直接经济损失，但对公司造成了声誉、客户、监管等非财务负面影响的操作风险事件。一般 LDC 收集范围只包括操作风险损失事件。

一般通过监管检查、法律诉讼、单一操作风险事件上报、内外部审计、投诉和业务检查筛选出操作风险事件，找出操作风险事件发生部门，通过 LDC

机制，进入操作风险事件及损失数据库。

操作风险事件及损失数据报告表可以作为收集模板，包括事件基本信息、风险分析信息、事件损失信息、整改信息和其他信息。其中事件基本信息包括事件编号事件名称、发现日期、报告日期、发生日期、发生部门、发生部门机构号、发现部门/途径、对应的总行负责部门、事件描述和录入人；风险分析信息包括风险成因、所属企业内业务条线、所属业务条线、事件类型、业务流程、关联的风险点、失效的控制和风险程度；事件损失信息包括是否为损失事件、币种、涉及金额、潜在损失金额、实际发生损失金额、回收日期、回收金额、最终确认损失总额、损失类型、会计科目和非财务影响；整改信息包括整改措施整改负责人、整改情况、整改日期、预计整改完成日期和实际整改完成日期；其他信息包括与其他风险关系、是否为诉讼事件、是否可能为待合并事件、待合并事件编号和事件状态。

（七）收集管理流程

收集管理流程包括识别上报、复核验证、整改、合并和分析报告共五部分。

1. 识别上报

识别上报部分一般通过单一操作风险事件上报、投诉、业务检查、法律诉讼、监管检查和内外部审计这些渠道，通过事件发生部门内控联系人制作操作风险事件及损失数据报告表，重大操作风险事件发现当天上报高管层，一般操作风险事件发现后72小时内上报操作风险管理部门。参照银监会的要求，重大操作风险事件包括：（1）抢劫商业银行或运钞车、盗窃银行业金融机构现金30万元以上的案件，诈骗商业银行或其他涉案金额1000万元以上的案件；（2）造成商业银行重要数据、账册、重要空白凭证严重损毁、丢失，造成在涉及两个或两个以上省（自治区、直辖市）范围内中断业务3小时以上，在涉及一个省（自治区、直辖市）范围内中断业务6小时以上，严重影响正常工作开展的事件；（3）盗窃、出卖、泄露或丢失涉密资料，可能影响金融稳定，造成经济秩序混乱的事件；（4）高管人员严重违规；（5）发生不可抗力导致严重损失，造成直接经济损失1000万元以上的事故、自然灾害；（6）其他涉及损失金额可能超过商业银行资本净额1‰的操作风险事件；（7）银监会规定其他需要报告的重大事件。

识别上报的辅助流程主要有：比对账务、定期核查，操作风险管理职能部门应与财务部门相关指定人员定期比对账务信息中涉及操作风险损失的相关科目及金额，并通知操作风险事件发生部门进行补报。其他部门提示上报，其他部门发现操作风险事件，有义务通知、监督操作风险事件发生部门进行上报。对主动上报至 LDC 的方式进行了补充，增强了操作风险事件收集的完整性。

2. 复核验证

管理部门对上报内容的复核验证包括确定复核范围、核对操作风险事件、检查事件的上报时效性、审阅有关在审批之前数据库的变动记录、检查报告表的填写。注意的有一般操作风险事件抽样验证、验证填报部门对操作风险事件判断是否正确、检验上报事件的真实性、重大操作风险事件必要时可进行现场验证。

3. 整改

整改部分一共分为五个步骤：（1）明确整改责任：在操作风险事件发生之后，事件发生部门应及时明确整改责任；（2）制订整改计划：整改责任机构和人员应及时制定并执行相应的整改、处置措施；对于重大操作风险事件的整改，应制订详细计划；（3）实施整改：整改责任机构和人员应根据整改计划落实整改；（4）整改情况追踪：整改责任机构应持续监控整改工作，保证整改按预定计划落实，定期向同级操作风险管理部门报告整改进度；（5）更新事件信息：整改完成后 3 天内，整改责任机构应更新整改后的最新状况。

操作风险管理职能部门负责协调、追踪同级部门整改工作，整改完成后更新的信息，应在操作风险管理部门层面进行汇总，并在整改后视事件的严重程度对整改效果进行抽查验证。

4. 合并

各级机构、业务条线应对由同一根源引起的一系列事件的损失金额进行合并，可以根据"由同一根源引发"的原则进行。常见的合并事件包括外部事件、系统事件、产品事件和其他应合并事件。由业务部门层面的合并到操作风险管理部门的合并，将不同事件的损失金额进行加总，并将不同事件的非财务影响进行汇总。

5. 分析报告

在完成从识别上报到合并的步骤后，应对操作风险事件进行包括对事件场景、原因、控制和整改措施有效性等在内的全面分析，形成完整的分析报告。

### （八）操作风险 KRI 体系

操作风险 KRI 体系的制定机制分为六个流程，高风险领域的识别、诱因分析、指标识别、评估筛选、指标细化、KRI 投产。其中 KRI 投产的完善机制经过指标重检、指标变更、指标归档;监测、报告机制经过收据收集、指标监测、汇总、分析和报告、指标评价。

操作风险 KRI 体系的分类主要有企业级指标和业务条线级指标。其中企业级指标是监控各个业务条线中存在共性的关键风险领域的指标,通过操作风险管理部上报至管理层;业务条线级指标是监控各个业务条线中特有的关键风险领域的指标,通过业务部门报到操作风险管理部门,再上报至高管层。

1. 理想状态下 KRI 制定机制的五个步骤

(1) 高风险领域的识别。自上而下:根据企业管理层操作风险偏好明确关注焦点,并识别相应的高风险领域;自下而上:根据 RCSA 的评估结果,识别各部门的风险点,并筛选其中风险较高的领域。(2) 诱因分析。人员因素、流程因素、系统因素、外部事件因素。(3) 指标识别。识别对风险诱因的变化具备较强的敏感性,能及时反映风险变化趋势的指标。(4) 指标评估和筛选。有效性:预警性和相关性;可行性:可度量性和可获取性。(5) 指标细化。KRI 清晰完备的定义;指标编号、指标名称、警示阈值、警报阈值、针对的风险编号、对应的业务条线、损失事件类型等。

2. KRI 制定工作流程的四个步骤

(1) 同业/现有体系分析。工作任务为分析同业实践指标;分析公司内已有指标;指标与 RCSA 高风险点映射及指标补充。职责分工包括高管层、风险管理部门。相关资料有《流程方案设计》《指标库样例》。(2) 指标制定调查问卷。工作任务为填写指标制定调查问卷,评估、筛选指标库样例;补充识别关键风险指标;审核指标筛选结果。职责分工包括业务/职能部门、风险管理部门,问卷如表 3-54 所示。(3) 指标细化。工作任务为确定企业级指标与业务条线级指标;细化指标,填写指标细化模板。职责分工包括业务/职能部门、风险管理部门,细化模板如表 3-55 所示。(4) 基于 RCSA 的更新。指标运行情况分析;基于 RCSA 结果完善指标体系。职责分工包括风险管理部、业务/职能部门。

(九) 操作风险管理工具的关联性

操作风险三大管理工具(见表 3-56)彼此间存在着事前、事中以及事后

表3-55 指标制定调查问卷

| 指标基本信息 | | | | | | | | | | | | 指标问卷调查 | | | | | |
|---|---|---|---|---|---|---|---|---|---|---|---|---|---|---|---|---|---|
| 指标名称 | 指标说明 | CSOX风险点名称 | 发生可能性 | 影响程度 | 风险评级 | 指标负责/管理部门 | 指标公式(X/Y) | | 行内是否已有此类指标 | 分子项 | | 分母项 | | 相关性 | 可度量性 | 预警性 | 可获取性 | 重要性与成本分析 | 指标评价结果(入选/待定/剔除) |
| | | | | | | | 分子X | 分母Y | | 数据来源部门 | 系统录入/人工录入 | 数据来源部门 | 系统录入/人工录入 | | | | | | |
| 指标名称、编号、公式、说明、RCSA风险点、RCSA风险评价结果 | | | | | | | | | | | | | | 公司内是否有类似指标，数据来源部门、系统或人工表取，指标评价结果 | | | | | |
| 根据业务/职能部门对于本部门业务和管理理解，结合方法论补充指标 | | | | | | | | | | | | | | | | | | | |

表3-56 指标细化模板

| 显示信息 | | | | | | | 指标公式 | | | | | 指标风险 | | | 指标填报/汇总/监测 | | | | | |
|---|---|---|---|---|---|---|---|---|---|---|---|---|---|---|---|---|---|---|---|---|
| 指标编号 | 指标名称 | 指标说明 | 指标层级 | 指标类型 | 对应巴塞尔业务条线损失事件类型 | 对应操作风险管理负责部门 | 分子项 | | 分子X/分母Y | 分母项 | | CSOX/RCSA编号 | CSOX/RCSA风险名称 | 补充风险点 | 预警阈值(选填) | 警报阈值(选填) | 风险成因 | | 指标汇总/监测频率 | 指标量报频率 |
| | | | | | | | 数据来源部门 | 数据来源系统 | | 数据来源部门 | 数据来源系统 | | | | | | 一级目录 | 二级目录 | | |

业务/职能部门配合　　业务/职能部门主导

## 操作风险三大管理工具

**表 3-57 共享数据展示**

### 风险控制自我评估 RCSA

| 风险信息 | | | | | | 控制类型列 | | | 涉及部门列 | | 控制有效性评估列 | | | 剩余风险 |
|---|---|---|---|---|---|---|---|---|---|---|---|---|---|---|
| 风险编号 | 风险名称 | 风险描述 | 对应操作风险事件 | | 风险诱因 | 风险影响 | 固有风险评级 | 对应控制类型 | 控制设计执行 | 评估频率 | 部门/岗位 | 评估描述 | 控制设计有效性评估结果 | 控制执行有效性评估结果 | 控制有效性整体评估结果 | 剩余风险评估结果 |
| | | | 操作风险损失事件类型目录 | 事件编号 | 事件描述 | | | | 控制编号 | | | | | | | |

### 损失数据收集 LDC

| 时间基本信息 | | | 风险分析信息 | | | | | 事件损失信息 | |
|---|---|---|---|---|---|---|---|---|---|
| 事件编号 | 事件名称 | 事件描述 | 风险成因（一级目录） | 风险成因（二级目录） | 事件类型（三级目录） | 关联的风险点 | 失效的控制 | 潜在损失金额 | 实际损失金额 |

### 关键风险指标 KRI

| 基本信息 | | | | 指标公式 | | | | | | 指标针对风险 | | | 指标填报 | | |
|---|---|---|---|---|---|---|---|---|---|---|---|---|---|---|---|
| 对应的操作风险损失事件类型 | 对应的巴塞尔业务条线 | 指标管理/负责部门 | 公式 | 分子项 | | | 分母项 | | | RCSA 风险编号 | RCSA 风险名称 | 若无法对应 RCSA 风险，将补充风险描述填入此栏 | 目录 | | 数值走势说明 | 警示阈值 |
| | | | X/Y × 100% | 分子 X | 数据来源部门/系统 | | 分母 Y | 数据来源部门/系统 | | | | | 一级目录 | 二级目录 | | |

续表

**主数据展示**

| 分类 | 字段 |
|---|---|
| 风险信息（基础数据） | 流程及子流程信息（基础信息）：流程名称、流程编号、子流程名称、子流程编号 |
| RCSA 新增 | 流程步骤 |
| RCSA 风险事件识别和固有风险评估列 | 对应操作风险损失事件类型目录、对应操作风险业务条线、风险编号、风险名称、风险描述、风险诱因、风险发生可能性、风险影响、固有风险评级 |
| RCSA 控制类型列 | 对应控制类型列、控制编号、控制描述 |
| 控制活动具体信息（基础数据） | 是否为关键控制、手工/系统控制、预防性/检查控制、控制频率 |
| RCSA 涉及部门列 | 控制设计评估部门/岗位、控制执行评估频率、部门/岗位 |
| 控制活动具体信息（基础数据） | 相关政策编号及名称、是否有IT系统参与，如有，请列出系统名称 |
| RCSA 控制有效性评估栏 | 控制设计有效性评估结果、控制执行有效性评估结果、控制有效性整体评估结果 |
| RCSA 剩余风险评估列 | 剩余风险评估结果 |
| RCSA 行动计划列 | 行动计划编号 |
| DCFC 检查项 | 是否纳入DCFC检查 |

的逻辑关系同时也可以作为互相评估及设置的参考依据。风险与控制自我评估 RCSA：通过 RCSA 对风险识别，为找寻损失数据提供了依据；风险与控制的识别结果，为 KRI 的设置提供了参考。缺陷/损失数据收集：真实的损失数据，为 RCSA 的评估提供了参考；真实的损失数据为 KRI 的设置提供了参考。关键风险指标 KRI：KRI 的异常，为 RCSA 的评估提供了参考并可作为执行的驱动力；KRI 的异常往往指向真实的损失事件。

（十）操作风险报告

报告类型分为定期报告和专题报告，报告频率分为季度、年度，总行、分行业务部门于季度结束后次月 3 个工作日内完成分析报告。总行操作风险管理部门于季度结束后次月 10 个工作日内完成分析报告，报告内容包括当期全行整体操作风险状况的报告，当期各分支机构、业务条线操作风险状况，重大操作风险事件报告，操作风险事件整改和落实情况报告以及重要管理举措报告。报告结果的应用主要有对损失数据分析、风险数据热图、问题分析及对重大风险事件的分析等，分别如图 3-44 至图 3-46 及表 3-57 所示。

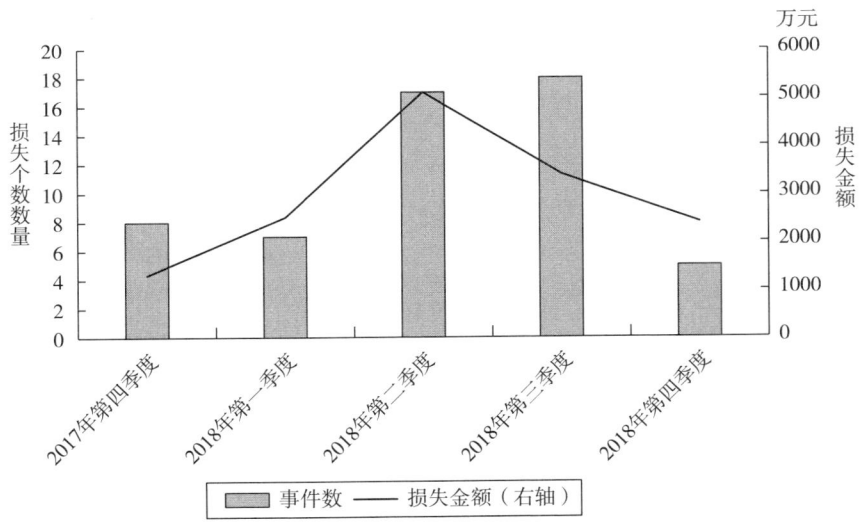

图 3-44　操作风险损失数据概况分析

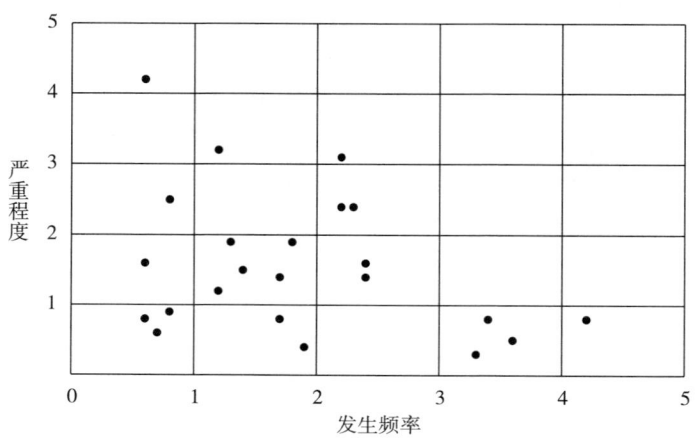

图 3-45　操作风险损失数据热图

表 3-58　　　　　操作风险损失数据收集——问题分析

| 重点关注分行 | | | |
| --- | --- | --- | --- |
| 分行名 | 风险点 | 成因分析 | 改进建议 |
|  |  |  |  |
|  |  |  |  |

| 重点关注条线 | | | |
| --- | --- | --- | --- |
| 条线名 | 风险点 | 成因分析 | 改进建议 |
|  |  |  |  |
|  |  |  |  |

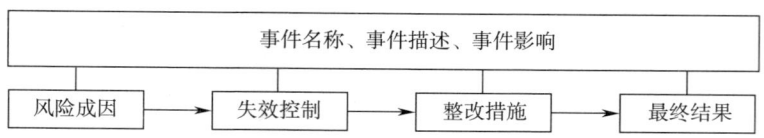

图 3-46　重大操作风险事件说明

# 集中度风险管理：
# 金融机构集中度风险管理[*]

集中度风险作为金融风险管理的重要对象，受到国内外金融机构的高度重视。从各国金融业发展经验来看，由于融资主体过度集中导致金融机构遭受损失甚至破产的例子不胜枚举，美国次贷危机就是一个典型案例。作为金融机构全面风险管理工作的核心内容之一，深入研究集中度风险，厘清和比对监管的国际标准，分析面临的问题，对有效提升金融机构集中度风险管理水平、防范集中度风险有着重要的现实意义。

## 一、集中度风险的产生

在宏观经济扩张和资金投放力度加大的时期，我国金融机构一度面临融资集中度风险上升问题，出现了行业集中、客户集中和期限中长期化的趋势。这把"双刃剑"给金融机构带来了短期利益，却也在不断积聚潜在风险。

### （一）与一般金融机构业务战略定位密切相关

为了通过增大业务量来提高自身的市场份额，金融机构往往需要持续发放长期贷款。大量没有审慎考虑信贷风险就发放的无抵押贷款，导致个别经济部门或某些借款人名下的集中度不断提高。在此情况下，一些大客户的信用违约可能直接产生巨量的贷款损失，极易引发金融机构破产，在一些国家和地区甚至发生不同程度的金融危机。例如，在20世纪80年代美国爆发的储蓄和贷款危机中，高度的行业集中性致使个别区域有超过1000家金融机构破产；在90

---

[*] 本文写作于2018年6月。

年代中期的房地产危机中，斯堪的纳维亚地区（包括瑞典、挪威、丹麦和冰岛等国）大量金融机构倒闭。过去几年里，各国金融机构逐渐改变股东的业务价值导向政策，经营战略从纯粹的数量最大化的定位调整为以收益和价值为发展导向。

### （二）与金融机构行为规则相关

对集中度变化的态度从根本上影响着集中度风险爆发的概率，以至于可以作为金融机构商业哲学的一部分来认识。一些国外的抵押贷款金融机构以及贷款协会在日常经营中，对融资集中度上升采取了实际上是放任自由的政策；一些金融机构原本从办理的金融产品和某些借款人中可以获得充分的信息优势，但往往主观地认为所从事投融资组合业务是高质量的优质资产，即便相当高的融资集中度也只有较低的违约率。经验表明，集中度风险更加容易在这类缺乏审慎态度的机构经营活动中爆发。

### （三）与金融机构客户所在区域经济结构特征相关

经验证据表明，区域性金融机构的资产结构很大程度上受到所在地区经济结构的影响。经济结构单一化的地区的金融机构往往面临较高的行业集中度风险，公司业务占比较高的金融机构更是可能因"垒大户"行为带来较高的集中度风险。近年来，由于金融机构对客户和当地环境不断加强了解，通过深耕特定区域逐渐增强了信息优势，区域和行业集中度风险正在逐步缓释，但仍应注意在未来货币政策趋紧情况下的反弹可能。

## 二、集中度风险监管的跨境比较

天下之势，以渐而成；天下之事，因积而固。在融资规模快速膨胀的背景下，集中度过高的问题必须借鉴国际先进实践，采取切实有效的措施加以解决。

### （一）巴塞尔银行监管委员会集中度风险的监管要求

巴塞尔银行监管委员会非常重视集中度风险，并对控制风险集中度持续提出建议。早在1991年1月，巴塞尔银行监管委员会就发布了"衡量与控制大额授信敞口"（Large Credit Exposures）文件，这份文件被认为是总结了当时管理大额授信敞口的最佳做法，强调许多金融机构经营管理陷入困境的主要原因是授信风险过于集中，因而要求金融机构考虑在总量层面和大额敞口层面都应当设立限额以控制风险的过度集中。同年发布的《大额信用风险的计量与管理》提出，一国监管当局对贷款集中和大额风险暴露实施有效监管应包括七个方面内容。《有效银行监管的核心原则》对金融机构风险管理和外部监管提出 25 条原则，要求建立完善的管理信息系统，控制单一客户和集团户的风险敞口，监管当局必须制定审慎限额。其后的《信用风险管理原则》《信用风险披露的最佳做法》《增强银行透明度》和《贷款会计与披露的稳健做法》等文件，对贷款集中的识别、度量和披露等作出了全面规定。

在《巴塞尔协议Ⅲ》中，集中度监管体现在第二支柱的要求中，指任何有可能给金融机构造成巨大亏损从而危及其正常经营的单一或集合风险暴露。巴塞尔银行监管委员会发布的《有效银行监管核心原则》（修订版）第 19 条"集中度风险和大额风险暴露限额"以及《大额风险暴露的测度与控制监管框架》规定，监管当局要求金融机构有充足的政策及程序识别、衡量、评价、监测、报告、适时控制或减轻风险集中度。通过规定审慎限额，以限制金融机构承担单一交易对手或一组关联交易对手的风险，资产证券化、集合投资（CIU）等方面的大额风险暴露进行了关注。

（二）集中度风险监管的国际比较

许多国家在不同程度上采用了以巴塞尔银行监管委员会为代表的一系列国际组织的风险集中度的管理框架，并且根据本国实际情况进行了调整。

1. 大额敞口的限额设定

大多数国家和地区的金融机构都对大额敞口设定一个限额，设定标准通常与巴塞尔银行监管委员会的建议一致，即金融机构对于单一客户或者一个集团的敞口不能超过金融机构监管资本的 25%。有的国家设定的限额比较高，例如印度规定对于单一客户的最大敞口不能超过金融机构资本金的 25%，但是对于单一集团户的最大敞口则不能超过金融机构资本金的 50%，对于一些基础设施行业的集团户的最大敞口则不超过金融机构资本金的 60%。美国在区分抵押贷款和无抵押贷款的基础上分别设定了大额敞口的限额水平，即对于单一借款人的无抵押贷款不能超过金融机构资本的 15%，如果是抵押贷款，则相关比率调整到25%。有的国家对于总的敞口水平也设定了限额，例如部分欧盟国家和俄罗斯、瑞士等国规定，金融机构的大额敞口总额不能超过金融机构资本金的8倍。澳大利亚和新西兰要求金融机构在设定大额敞口限额时需要与监管当局协商，原则上不希望金融机构出现超过金融机构资本金30%的大额敞口。在新西兰，金融机构还需要公开发布大额敞口的信息。

2. 敞口的界定

大多数国家和地区都强调敞口应当包括表内外的所有债权，界定的分歧主要在于是否在并表的基础上设定敞口的限额、是否使用风险权重来计算敞口限额等。从是否并表来看，几乎半数的国家和地区在并表的基础上设定敞口的限额。有的国家规定，在计算敞口时可以剔除特定的项目，如加拿大、欧盟等国规定，计算敞口时可以剔除对于政府和金融机构同业的债权等项目。从敞口限额计算来看，大多数国家在计算敞口时并不采用1988年《巴塞尔资本协议》所运用的风险权重。尽管如此，在规定敞口的剔除项目时，有的欧盟成员国在事实上采用了《巴塞尔资本协议》中的风险权重来进行调整。例如，金融机构在计算按揭贷款敞口时可以剔除50%；对于一些中低风险程度的表外项目，也可以剔除50%来计算敞口。

3. 集团的界定

不同国家和地区金融机构对集团的界定实质上是从法律和财务两个方面的控制权来判断。在界定控制权时，一般是运用一定比率的投票权选择管理层的能力或者施加的主导性影响等多方面来判断，主要是考虑共同的所有权、控制者和共同的担保等。在有的国家和国际组织中，如秘鲁、中非经济和货币联盟等，家族关系也被作为一个独立的重要判断因素列出。

4. 抵押担保的敞口剔除和特定行业限额

有的国家规定，金融机构拥有合格的抵押时，可以扩大对大额敞口设定的限额比率，如秘鲁、美国和菲律宾等国。有的国家在计算敞口时，可以将有特定担保、抵押的敞口部分或者全部剔除。例如，欧盟一些成员国在计算敞口时可以将有特定抵押（如按照市价计算的、价格稳定的证券）、有特定担保（如特定的政府担保）的敞口扣除。有的国家对于特定行业设定了限额控制。例如，加拿大对于特定的行业和地区的敞口也设定了限额。印度规定对于纺织、黄麻、茶叶等行业的敞口要求控制在一定比率水平之内。

### （三）国内对集中度监管的要求

《商业银行法》和《商业银行集团客户授信业务风险管理指引》（以下简称《指引》）是我国集中度监管政策的主要体现。《商业银行法》规定"对统一借款人的贷款余额与商业银行资本余额的比例不得超过10%"。《指引》明确提出了对集团客户授信应遵循的主要原则，并对集团客户大额授信业务风险管理有具体要求。《指引》对风险的识别和计量更为全面和准确，表现为两个"扩大"：第一个"扩大"是将风险集中的对象由单一客户扩大到集团客户的范围，并列出了集团客户的四个特征；第二个"扩大"是将"贷款"扩大到"授信"。在此基础上，《指引》认定"一家金融机构对单一集团客户授信总额超过资本余额15%以上或视为其风险承受能力的其他情况"为"超过风险能力的风险集中"。

《商业银行资本管理办法》和《商业银行并表管理与监管指引》规定：金融机构进行风险加总，应当充分考虑集中度风险及风险之间的相互传染；动态支持集中度风险和潜在风险的识别，建立用于风险和资本的计量和管理的信息管理系统。银保监会有权根据现金流覆盖比例和区域风险差异确定对地方政府融资平台贷款的集中度风险资本要求，并针对贷款行业集中度风险状况，确定部分行业的贷款集中度资本要求。金融机构应当在并表基础上管理集中度风险，建立和完善集中度风险管理的政策、制度和流程，定期开展模拟各种极端情况下的集中度风险压力测试，建立并细化一整套集中度风险的防控机制。

《商业银行大额风险暴露管理办法》规定，大额风险暴露是指金融机构对单一客户或一组关联客户超过其一级资本净额2.5%的风险暴露。金融机构应将大额风险暴露管理纳入全面风险管理体系，建立完善与业务规模及复杂程度相适应的组织架构、管理制度、信息系统等，有效识别、计量、监测和防控大额风险。金融机构对非同业单一客户的贷款余额不得超过资本净额的10%；对非同业单一客户的风险暴露不得超过一级资本净额的15%；对同业单一客户或集团客户（附件一对集团客户识别作出了描述）的风险暴露不得超过一级资本净额的25%。金融机构对客户的风险暴露包括：（1）因各项贷款、投资债券、存放同业、拆放同业、买入返售资产等表内授信形成的一般风险暴露。（2）因投资资产管理产品或资产证券化产品形成的特定风险暴露。（3）因债券、股票及其衍生工具交易形成的交易账簿风险暴露。（4）因场外衍生工具、证券融资交易形成的交易对手信用风险暴露。(5) 因担保、承诺等表外项目形成的潜在风险暴露。(6) 其他风险暴露指按照实质重于形式的原则，除上述风险暴露外，信用风险仍由金融机构承担的风险暴露。金融机构计算客户风险暴露时，应考虑合格质物质押或合格保证主体提供保证的风险缓释作用，从客户风险暴露中扣减被缓释部分；质物或保证的担保期限短于被担保债权期限的，不具备风险缓释作用。金融机构应定期向监督管理机构报告大额风险暴露管理情况，对于违反大额风险暴露监管要求的金融机构，监管机构可以采取不同的监管措施乃至行政处罚。金融机构应于 2018 年 12 月 31 日前达到该办法规定的大额风险暴露监管要求。

## 三、关于集中度风险的几个重要问题

集中度风险对经济资本有重要影响，其中客户集中度风险对经济资本的影响在规模较小的资产组合中表现较为显著，行业集中度风险对金融机构实际资产组合的经济资本影响也很明显。

### （一）测算方法介绍及比较

1. 主要测算方法介绍

非模型方法主要有基尼系数法和赫希曼指数法（HHI 法）等，模型方法主要有渐近单因子风险模型（ASRF）和多因素模型等。

（1）基尼系数法

基尼系数是一个进一步测算单一客户集中度的方法。这个比率可以解释为一个集中度指数，即衡量风险分配暴露对均匀分布的背离度。系数接近零，意味着所有风险的暴露对同样的投资组合是相同分布的，然而用基尼系数测算集中度有一个根本的劣势，那就是投资组合的大小并不考虑集中度。此外，如果对于另一个借款人的一个相对较小的贷款被添加到投资组合中，尽管削弱了集中度，却会导致基尼系数增加。由于这些原因，基尼系数的适用性有比较大的局限性，通常只用于计量单一客户集中度风险。

（2）赫希曼指数法

赫希曼指数（HHI）是用所有借款人的相对投资组合份额的平方和测算单一风险的无模型方法。如果是由数目众多的小企业组成的多元化的投资组合，那么 HHI 值接近于零；相反，高度集中的投资组合造成 HHI 值非常接近于 1。在行业集中度风险的测算中，HHI 值取自各信贷投资组合相对份额数。如果投资组合是评级加权后的额度或者风险加权资产被风险暴露额替代，这种方法就可以用于分析个人业务风险暴露。

（3）渐近单因子风险模型（ASRF 模型）

ASRF 模型是一种单因素风险模型，假设前提是有无穷多小额投资组合存在，即资产组合充分分散，同时假设只存在唯一的系统风险因子。该模型广泛运用于单一客户集中度、行业集中度和地区集中度的测算工作。在单一客户集中度风险测算中，由于没有考虑到特定企业风险产生自单一客户集中度风险暴露，资产组合的综合风险可能会被低估，对此的一个解决办法是通过粒度调整来扩充这种模式。

（4）多因素模型法

多因素模型法是一种典型的计量行业集中度的简单模型方法，其特点是以尽可能少的数据进行公式计算。多因素模型考虑到所涉及部门风险因素的行业集中性，风险额的大小因个人因素之间的相关性而变化，可以用来确定个人贷款对整体投资组合经济资本的（边际）风险贡献。在这种情况下，边际风险贡献描述的是当更多的贷款被添加到现有的产品组合时产生的额外风险。在该模型中，行业集中度风险的考虑因素是隐含的边际风险控制。

2. 技术方法在计量不同集中度优劣比较

赫希曼指数法和基尼系数法等非模型方法可以显示不同的信用等级，从而可以运用在具有不同违约概率或提供不同等级抵押品的项目中，具有数据要求低、结果易于理解的优点。其中赫希曼指数法作为一种计量单一客户集中度的相对简单方法，运用于相对较小的资产组合时应当通过粒度调整的方法进行测算；而基尼系数一般只用于测量资产分布的均衡情况，无法准确测量集中度风险的资本需求。

模型法计量单一客户集中度风险有两个方面的优点：一是充分考虑了粒度调整等事实；二是允许单一客户集中度风险直接表示为经济资本，这一点能够用于解释一定置信水平上的风险价值和预期损失两者之间的差异。其中，AS-RF 模型的粒度调整用于计算覆盖借款人造成的潜在违约所需的经济资本，其优势在于避免相对比较复杂的蒙特卡罗模拟和简化敏感性分析。多因素模型作为只需少量数据的公式化模型法，最适合计量行业集中度，而各种非模型方法和模型方法都可以适用于对国家风险的计量。

(二) 理解集中度风险的"三性"

1. 相关性

相关性指的是事物间的对应关系和联结关系,除单个客户集中度和行业、地区集中度外,企业集中度风险通过相联系的商业关系暴露,相关性即为企业之间依存度。在行业集中度分析中,部门、行业间的资产相关性估算对于行业集中度的计量非常重要,相关性的大小、强弱对金融机构资本产生不同的影响。在较小的地区性金融机构中,零售业务比企业贷款业务更重要,因为零售业务与产业部门的相关性较弱,因而这减轻了对整个金融机构资本的影响。在某一主体的集中度风险计量中,相关客户、行业和地区应统一作为考虑范畴。

2. 传染性

传染性指事物之间的依存紧密度,如由于双边贸易关系导致的企业间相互依赖性触发风险。从微观层面讲,集中度风险是一种依赖性的加强,介于单一集中度和行业集中度之间。在单一客户集中度下,企业被定义为单一风险实体。如果一个企业失败,其他企业也很可能由于依赖性的存在而失败。测算地区集中度中的国家风险时,核心问题是确定国家间的相互依赖性,这种依赖性能从国家间股票指数回报的相关性中发现。

3. 传染性

集中度风险延伸出的系统性风险是风险传染性最突出的体现,是相关性、依赖性的必然结果。特别是在行业、部门和国家风险中,传染性的"连锁效应"极易导致危机加剧。这导致当一部分借款人出现违约事件时,容易触发传染性风险,进而危及整个金融机构体系的偿付能力。

(三) 压力测试技术的重要运用

压力测试是信贷集中度风险管理中运用的关键性技术方法,符合改善最低监管要求的风险敏感度目的。可以通过假设贷款损失由于各部门之间的相互依赖而进一步传播建立多种压力影响情景,将企业、客户、地区之间复杂的相互依赖的关系加入对压力测试内容中,使得压力测试能够把隐藏的相互依存关系曝光,充分体现集中度风险固有的"三性"特点。例如,在对某些行业集中度风险进行压力测试时,可以看到汽车行业的危机能够波及附属行业,导致钢铁、石油化工、交通运输等上下游行业产生贷款损失。

## 四、集中度风险管理面临的挑战

集中度过高影响经济的可持续发展和协调发展，制约实体经济的复苏步伐，特别是中小企业的复苏步伐，造成经济结构的失衡，使经济结构调整和经济运行质量提高的难度加大，金融不良资产随着不断增加；同时，集中度过高给地方政府的发展埋下隐患，造成地区与地区之间、行业与行业之间发展的不平衡。

### （一）集中度风险形成具有复杂的原因

1. 历史遗留问题

以往狭隘的经营理念、无序竞争、传统经营方式以及对政府的严重依附，使金融机构潜伏了高度的客户集中度风险和区域集中度风险。即使在完成重组改革后，处于高位的集中度指标也侵蚀着金融机构的资本实力和资产质量。

2. 同质化竞争

在相当长的时间里，我国金融机构在经营行为和风险管理方式上具有趋同性，业务集中在大客户、集团客户和热点行业。在导致信贷风险增大的同时，也造成一些金融机构的盈利能力削弱，生存空间收窄。

3. 经济环境变化和宏观政策调整

历史的经验和教训表明，在复杂多变的国际经济金融形势和宏观调控逐步深入的过程中，集团客户授信业务是一个需要加强风险管控的关键点。美国次贷危机对全球实体经济造成的巨大冲击，是形成了经济环境剧变触发集团客户授信业务风险的诸多典型事件，国内集中度风险爆发教训也十分深刻。过去几年，我国信贷及影子金融机构规模高速扩张，信贷资产的集中度风险日益凸显，大规模投资背后的产能过剩、资源错配和金融机构资产质量问题堪忧。金融机构贷款的集中度越大，越容易受到宏观经济波动和企业经营周期的影响，直接导致操作风险加大，严重的情况下甚至可能出现系统性风险。

### （二）地方政府融资平台集中度风险日益凸显

我国集中度风险形成的一个突出原因在于金融机构，特别是地方金融机构受到地方政府的干预，造成一些金融机构对地方政府融资平台公司的信贷集中度风险较大。分税制改革以后，地方政府替代中央层面成为区域经济增长的首要推动力和主导力，随之而来的是地方投融资平台的数量和融资规模呈现飞速发展的趋势，2015 年和 2016 年，地方融资平台通过债券市场融资的规模达到 4.21 万亿元，而这些只是通过债券市场举债的规模，还没有包括通过银行贷款、信托、理财等其他方式的融资。作为地方融资平台主要融资手段，银行贷款约占融资平台融资规模的 1/2，而债券融资只占到融资规模的 1/4，这样推算出，这些融资平台新增债务规模将达到 16.8 万亿元。这些仅是发行过债券的融资平台举债规模，不包括那些没有发行过债券的融资平台的债务。如果考虑这些，2015 年之后融资平台举债规模更多，这些债务都成为未来地方政府的隐性债务。不少投融资公司存在资本不实、抽逃资本金、高额负债、资金链复杂、管理混乱等问题，金融机构以授信业务或理财业务投入到这类公司的资金量上升的同时，风险集聚的压力也日益增加。

### （三）集团客户确认困难加大管理难度

集中度风险管理一大现实困难是集团客户的确认问题，主要有三个制约因素：一是信息不透明。客户不配合提供有关资料，致使金融机构不能及时全面掌握集团客户的股权结构、投资子公司的变化情况和关联关系，或者对一些表面所属同一集团的客户难以收集确切证据予以证实，或者故意隐瞒集团客户的信息。二是客观条件的障碍。一些地方政府为支持平台公司融资，出具其不属集团公司的文件，或者本属于集团公司的企业不办理工商登记变更，以手续的不完善为借口不纳入集团客户授信管理。三是特殊情况的认定不规范。如以信托方式持股的企业，如何确认其关联关系在制度上是一个空白，导致认定工作困难。

### （四）现有集中度风险监管体系有待进一步完善

目前，我国尚未形成一套较为全面的集中度监管体系。一是集中度监管偏重强调客户集中度的制度约束，缺乏对行业集中度和地区集中度监管的制度设置，尤其对产能过剩行业、热点行业的集中度限额管理规定存在空白。二是尚未建立完备的集中度监管程序，缺乏监管工作的流程化管理，包括集中度风险监测、评估、审查、监管建议等，导致金融机构在出现风险指标恶化趋向时，才跟进监管措施，监管时效性得不到体现。

（五）集中度风险指标化监管方式需要改进

现有的指标达标监管是集中度监管的一项最基本手段，在严峻的集中度风险形势下，监管方式应当随着形势变化向更深层面发展。一方面，指标要体现地区、重点行业等层面的集中度风险管理；另一方面，现有指标侧重对单一客户、单一集团客户定量指标的监管，对集中度风险与资本影响度、三类集中度的相关性的分析研究较少。监测方式主要还是一种单一维度的监测，无法准确反映金融机构集中度风险的全貌。

## 五、加强集中度风险管理的建议

往者不可谏，来者犹可追。过去的不能挽回弥补，未来的还是能赶得上的。金融机构要强调把功夫下在平时，坚持点滴积累、不懈努力。防范集中度风险，就是要善于见微知著，抓住未来。

（一）确立正确的战略规划和风险政策

集中度风险管理是金融机构公司治理层面涉及的战略规划的问题，监管部门应当要求金融机构从股东风险偏好、业务价值导向、资本约束力、风险管理体系改进上思考对集中度风险的控制，具体有四个监管导向：一是根据自身风险控制能力确立科学的战略定位，找准业务方向；二是建立科学的薪酬考核机制，对大客户、集团客户贷款，集中性行业贷款的激励要有所削弱，鼓励分散化的信贷组合业务和相关性较弱的零售业务；三是督促金融机构在资本管理办法框架下，确立资本约束下的业务发展规划，积极增强抗风险能力，鼓励通过多渠道补充资本，提高资本实力，持续建立高额的贷款准备来防范集中度风险；四是督促董事会建立集中度风险政策，尤其是信贷风险限额，在监管标准上提出更进一步的预警限额，分区域、行业和客户的限额，形成完善的风险限额体系。

（二）建立良好的集中度风险管理体系

良好的集中度风险管理体系应当是主要包括充分计量、定期监测、风险评估、上报程序、措施缓释等多层次、全方位的体系。充分计量要求运用非模型或模型方法相对准确地计量集中度风险；压力测试是作为定期常规监测的重要手段，也是集中度风险管理更为深入的关键，能够充分暴露隐藏的复杂的企业、行业、地区间相关性；风险评估作为对监测结果的深入分析环节，要结合金融机构的风险资产额度、资本消耗、未来外部政策变化、市场环境调整等多因素作出集中度风险的判定，评估技术方法的适用性并作出下一步战略政策变化的建议。按照风险报告制度，董事会要充分了解集中度风险，决定是否采取创新金融产品、信贷结构调整、补充资本等风险防控措施。

（三）形成健全的集中度风险监管制度体系

健全的集中度风险监管制度体系产生自监管部门制度保证上的偏好，应在现有集中度指标限额管理基础上进一步完善最低监管要求，对超过一定限额的大额暴露要求从资本中扣除，对主要行业的信贷集中度实行定期压力测试等。监管机构应对集中度风险模型运用提出分类指导建议，对于风险管理水平尚处于初级阶段的金融机构要求采用赫希曼指数法等非模型方法进行计量，对于风险管理水平较高的金融机构可建议采取模型方法进行计量。应督促金融机构按照《巴塞尔新资本协议》第三支柱规定的信息披露要求，承担大额风险管理的责任，提高信息披露的主动性。

（四）建立多方位的集中度风险监管方法

主要方法包括构建单一客户统一风险视图管理体系，完善集团客户图谱和相关行业图谱，形成比较全面的集中度信息平台；改进监管机构目前主要采取的风险提示、窗口指导等"软约束"的监管方式，根据行业分布，确定不同的相对风险度和限制性比例要求，限定特定行业的比例；多维度计算和监测集中度风险，对未满足相应触发比例的金融机构要求计提资本。

# 第四部分

## 产品风险管理

# 产品风险管理之一：
# 客户关系视角下的银行产品定价[*]

由于长期的利率管制，银行已经习惯于无差异化的统一利率，即对大多数客户采取相同的定价策略——不同信用等级和不同抵（质）押担保方式的客户定价差异不明显，在价格中没有充分体现风险因素；优质客户与劣质客户之间、老客户与新客户之间没有明显的价格倾斜，产品价格不具有扶持优质客户、淘汰劣质客户、挽留老客户、培养客户忠诚度的功效。有序推进利率市场化，银行应注重定价机制和风险管理机制。银行应以产品定价基本原理为指导，在实践中不断改进和修订已有的定价方法，逐步提高自身的市场竞争力。以下以客户关系定价为视角，尝试对产品定价这一复杂而系统的工程进行解读。

## 一、深挖客户的盈利潜力

客户关系定价战略关注基于客户关系的整体风险收益，重视与客户建立长期关系而非单次交易的关系。客户关系定价的要点是区分客户，并为各类客户制定价格引导战略，主动开展针对客户的交叉销售策略。从客户关系定价战略的需要出发，可将银行客户分为三类，并采取差异化的策略。

第一类是核心客户，通常使用多种产品，和银行有长期稳定的关系，他们是能为银行带来80%盈利的那20%优质客户。核心客户对银行的产品服务熟悉，运营成本低；银行对客户的风险了解清楚，风险成本低；客户对价格的敏感性低，愿意购买高利润的辅助产品，盈利度好；客户对银行的依赖程度高，

---

[*] 本文写作于2014年9月。

客户流失率低。核心客户也会因为盈利度好而可能吸引竞争对手，因此银行应考虑优惠政策，提供定制化服务，保持和客户的长久关系。

第二类是非目标客户，通常以方便为目的，交易频繁，资源占用大，月余额少，他们是为银行带来亏损的 20% 最差客户。非目标客户盈利度差，客户交易频繁，资源占用率高，排挤优质客户。银行应通过产品和服务标准化，减少优惠政策，降低此类客户对资源的占用，控制运营成本，并加强市场营销的针对性。

第三类是战略客户，通常使用单一产品，交叉销售潜力大，银行盈利有增长空间。产品定价的核心是引导和培育战略客户成为核心客户。包括：以核心客户对银行产品使用为模板，深入了解客户生命周期中的需求，寻求潜在的交叉销售机会；以单一产品为引导，采用动态定价，培养和客户多产品、多渠道的关系，建立长期的盈利计划。例如，对于仅使用贷款产品的客户，可以把贷款利率定为 13.0%；使用贷款＋存款两项业务的客户，贷款利率可定为 12.5%；使用贷款＋存款＋现金管理三项业务的客户，利率定为 12.0%。

客户关系定价体系针对客户进行定价，而非针对某单笔业务进行定价。针对客户定价，需要通过客户可能使用的潜在产品，来衡量客户关系的盈利潜力。其中，信贷业务通常是带头产品，带动存款、现金管理、支付业务、票据贴现等利润较高的辅助产品，同时，与这些产品和服务相关的风险也在客户关系层面上进行衡量。比如，一个客户现在仅使用银行的贷款和存款业务，而其可能使用的潜在银行产品包括贷款、存款、支付服务、现金管理、票据贴现五项服务。假设贷款不盈利，且造成损失 1 万元；存款和支付服务基本盈利，分别带来收益 10 万元和 8 万元；现金管理和票据贴现带来满意的盈利，分别为 15 万元和 20 万元，那么这个客户的盈利潜力就是 52 万元。这 52 万元盈利中有近 83% 来自支付服务、现金管理和票据贴现三项中间业务，这三项业务把该战略客户培育为核心客户的主攻方向，成为核心客户后，客户的盈利潜力将实现大幅增长。

客户关系定价的核心是将普通客户培养成优质客户，将优质客户发展为长期的忠实客户，其操作步骤主要有：对客户进行价格分析，找出谁是优质客户，谁是可培育客户；从银行视角定价，以目标收益为基础，引导未来派生业务进行价格优惠；针对客户关系进行价格决策，根据市场、政策进行流程授权及价格决策；进行价格管理，追踪客户承诺的完成程度，事后评估调整定价模型及策略。

## 二、打牢客户定价的根基

对客户进行分析并分类是客户关系定价的基础，客户分析的内容包括基于客户贡献度和产品使用分析的客户分类、客户细分与常用产品分析。在具体操作流程上，首先通过客户贡献度分析和产品使用分析进行客户分类，然后再通过客户细分与常用产品模板进行动态定价。

### （一）客户盈利度分析

客户关系定价系统会根据设定的模型和客户的业务数据，对客户的盈利度进行分析。通过计算存款、贷款以及中间业务的 EVA（以及 RAROC），从而计算出该客户的贡献度。在计算存款 EOA 时，主要考虑 FTP 利率，包括存款利率、运营成本和资本占用成本，用存款利差与存款日均余额的乘积计算存款 EVA。在计算贷款 EVA 时，用贷款利差乘以贷款日均余额，贷款利率主要考虑 FTP 利率、运营成本、风险成本和资本占用成本。

### （二）客户使用产品分析

对客户使用产品进行统计、归纳。例如，客户 A 使用的银行产品包括资产类产品中的流动资金贷款、票据贴现，负债类中的活期存款、七天通知存款，中间业务中的代收付、代发工资等，而客户 B 使用的产品仅包括负债类中的活期存款，那么银行就应对不同客户的产品使用情况进行统计归纳。

### （三）客户分类

根据客户盈利度和客户使用产品分析，对银行客户进行分类。按照盈利能力和产品使用情况的差异，将客户分为三类：一是核心客户，盈利能力强，使用多个产品，一般占比 20%；二是战略客户，盈利能力一般，使用银行一个或两个产品，一般占比 60%；三是非目标客户，盈利能力差，余额少，一般占比 20%。

## 三、可借鉴的定价模型

### （一）目标收益率定价模型

1. 资金成本模型

资金成本是产品价格的三大成本之一。对资金成本的最简单处理可以采用 FTP 利率，但更加科学的处理是在 FTP 利率的基础上扣减资本利息回扣。原因在于资金转移定价的假设是所有资金来自资金拆借市场，而现实是一部分资金来自银行资本，是不付利息的，在计算资金成本时要扣除这一部分。

在客户关系定价系统中，资金成本模型与资金转移定价系统保持一致，每日从资金转移定价系统导入模型参数。从而可以根据不同产品、还款方式和期限，确定贷款的资金成本。

2. 运营成本模型

运营成本是银行产品价格的三大成本之一。运营成本数据可以从银行成本分摊系统导入，如果银行还没有建设成本分摊系统，将提供运营成本分摊模型。模型中在计算产品的运营成本时对运营费用的分摊是最关键的环节。要点如下：

（1）不同于成本分摊系统，可以将运营费用分摊到机构、产品、客户等各种维度，在产品定价系统中，只需将运营费用分摊到分行。这样分摊的原因如下：价格是地区性的，某一支行的效率和成本不决定价格；比成本分摊要简单；成本分摊可以验证定价中运营费用的精确性。

（2）总行费用分摊到分行，支行费用加总到总行，各类成本的分摊路径不同。

（3）分行费用按直接费用和间接费用的分摊方式，分摊到产品和客户。

3. 预期损失模型

风险成本是银行产品价格的三大成本之一，由预期损失（EL）与非预期损失（UL）两部分组成。预期损失由拨备来覆盖，非预期损失由经济资本来覆盖。

对于已经建设内部评级体系的银行，预期损失与非预期损失可以通过评级系统得到的违约概率（PD）、违约损失率（LGD）来精确计算，如果银行没有内部评级模型，将根据信贷系统中已有的客户的评级，根据专家经验，对行内违约和损失历史数据进行分析，确定 PD/LGD，以这种方式确定风险成本参数，数据精度不可避免的稍差一些，但客户关系定价系统更看重的是不同客户等级直接风险成本的差异，其结果不会影响客户关系定价的科学性和合理性。

4. 经济资本成本模型

经济资本成本参数主要包括经济资本配置和资本目标收益率。经济资本占用可以从银行内部评级和经济资本系统中提取参数，如果没有内部评级系统，将提供简单的经济资本计量方法，对不同业务进行资本配置。

资本目标收益率以经济资本成本（股东预期回报）为基准，参考局部市场的竞争情况作出调整。在竞争不充分的市场，可赋予更高的回报要求，谋求超额利润；在竞争激烈的市场，可以根据竞争策略，下调资本回报要求，但必须给出达到和超过股东预期回报的时间和路线图。

（二）客户关系定价与动态定价模型

1. 客户细分与常用产品模板分析

根据客户定价引导战略，需要通过定价策略、交叉销售，将银行战略客户向核心客户引导。要对核心客户进行细分，对不同客户群经常使用的产品，以及平均业务规模信息等，加以统计和分析，形成模板，作为战略客户营销时的参考。

例如，在核心客户中，中心城市小型零售企业作为一个客户群，统计出该客户群经常使用的产品（如资产类产品中的流动资金贷款、票据贴现；负债类产品中的活期存款、七天通知存款；中间业务中的代收付、代发工资等），作为战略客户营销的产品模板；同时统计出该客户群平均业务规模，作为交叉销售的参考。

2. 动态定价模型

基于客户分析和客户分类的动态定价是客户关系定价系统的核心应用。

（1）情景和折让规则定义

计财部、信贷部门共同确定各个派生业务的折让参数。一个简单的折让参数方案可以为：假设基础业务是贷款，派生业务是存款，当派生业务占整体业务比例为 15%、25%、35% 和 55% 时，单位折让系数可以设置为 15BP、30BP、55BP 和 80BP，依次降低对客户的利率定价；假设派生业务是代发工资,当派生业务规模分别为 40 万元、100 万元、200 万元和 1000 万元时,单位折让系数可依次设置为 15BP、30BP、55BP 和 80BP。参数设定原则为:能够对客户决策产生影响;在满足上一原则的情况下,尽可能减少银行成本支出。

(2) 动态定价

客户经理根据客户贷款需求,录入贷款信息和抵(质)押信息,发起贷款申请,系统读取该客户基本信息,结合客户经理录入的贷款信息和抵(质)押信息,根据设定的定价模型和参数,计算该笔贷款的建议价格。客户经理参照同类型核心客户使用产品的模板,设定不同的产品组合情景,系统在单笔贷款建议价格的基础上,扣除派生业务的价格折让,得到各个业务组合情景下,对该笔贷款的报价。将多个情景下报价提供给客户作为参考,进一步与客户进行交流,根据客户的具体情况,对情景及报价进行修正,达成交易。

假设客户贷款需求为 2000 万元,根据银行设定的折让系数方案和客户产品模板,可设定具有三个情景的行动方案:贷款 2000 万元,利率 11%;贷款 2000 万元,派生业务为存款 600 万元,利率定为 10.5%;贷款 2000 万元,派生业务包括存款 600 万元,代发工资 100 万元,代收付 80 万元,利率定为 10%。

## 四、一套复杂的机制

价格管理是一套复杂的机制,主要涉及以下方面:定价模型及定价参数的管理;地区、分行差异化管理;分支机构价格管理岗位设置及逐级授权管理;定价审批流程管理;定价审批流程与信用风险审批流程间的相互关系;定价与绩效考核的关系。上述价格管理中的每一环节都有多种解决方案,多种解决方案间并无优劣之分,而是应当根据每家银行自身的经营特征、市场环境、目标客户及企业文化选择最适合自己的管理方案。定价管理各环节方案构成了银行的价格管理机制,而面向客户的价格管理机制是客户关系定价体系的一个重要组成部分,用于保障客户关系定价的有效落实。就定价后的评价及调整而言,主要包括价格统计和客户承诺追踪两个方面。

## （一）价格统计

计划财务部、各业务条线以及分支行管理人员可以对历史的贷款定价水平、价格构成进行分析，从而作出优化建议。贷款定价水平和价格构成可以从组织机构、行业、产品、业务条线、客户经理、客户风险度等方面加以分析，具体的分析报表的内容、格式，将在项目建设时，根据银行的需求进行开发。银行可按照起止日期、期限、币种、行业、信用等级、计结息方式条件筛选历史数据，根据需要制定出每月贷款情况的数据表格，包含总额、总额占比、笔数、笔数占比、平均金额、平均利率、平均上浮、平均加权利率、平均加权上浮等信息；还可根据需要绘制金额占比图和定价趋势图，辅助产品定价。

## （二）客户承诺追踪

在业务定价时，客户承诺办理派生业务，银行便将这些派生业务贡献的一部分收益以优惠利率的形式折让给客户。但客户在享受了优惠价格后是否如实兑现了当初承诺的派生业务，则是贷后管理中的一项长期工作。为此，定价系统需为客户经理及管理人员提供客户承诺与实际业务的追踪对比工具。例如，可把已办理业务累计 EVA 和累计计划 EVA 作对比，把已办理业务累计 RAROC 和累计计划 RAROC 作对比。通过追踪对比衡量计划的实现情况，进行长期的贷后管理。

当客户关系定价战略执行到一定阶段后，该战略下制定的定价模型、客户价格是否偏离了当初目标，定价管理机制是否在一段时期内有效地发挥作用，客户价格的走势是否稳定在银行满意的水平上等问题都需要进行评价分析，银行价格管理部门在一定时期内需要进行价格走势分析、定价效果后评价工作，并据此进行定价策略的调整（可以综合 RAROC、授权利率和执行利率等指标进行价格走势分析）。

# 产品风险管理之二：
# 金融机构产品风险管理[*]

明朝思想家王阳明提出：大道至简，知易行难，知行合一，得到功成。中国金融监管机构为建立健全金融机构产品全面风险管理体系，出台了一系列金融创新指引等文件来规范金融机构的产品开发、审批、销售、售后服务等过程中的风险管理工作，包括目前人民银行牵头、会同"三会"正在制定统一的资产管理产品标准规制。但很多金融机构在具体实践过程中还是存在诸多问题，很难做到知行合一。因此，需要全面阐述如何践行金融机构产品的风险管理工作，以助金融机构在该方面都能得到功成。

金融机构产品的定义指面向客户提供的所有金融服务品种或业务模式，包括面向公司、机构等组织的金融产品和业务，面向个人、家庭的金融产品和业务，以及需要机构承担风险的综合金融产品。金融机构产品的风险管理不仅涉及金融机构各项新产品的开发，也包括所有存续成熟产品的全生命周期的风险管理。一般在金融市场上，资产类别的产品可能会给公司或投资者带来风险。根据产品风险管理需要，将风险产品分为信贷产品和投资产品两类，信贷产品指传统的金融机构信贷类产品，如对公信用贷款、个人消费贷款、信用卡、融资租赁和传统的表外授信产品，如对外担保、保函、贷款承诺等，除此之外其他风险产品，均为投资产品。产品风险是全面风险的概念，指产品创新以及产品持续运作带来的各类风险，包括但不限于信用风险、市场风险、操作风险、法律风险、合规风险、流动性风险、声誉风险、信息科技风险等。产品风险管理是指对产品风险的识别、评估、监测和控制，对产品实行生命周期的全程管理，具体实施上主要体现在对新产品风险审查、新产品投产后风险监控、存量

---

[*] 本文写作于 2017 年 4 月。

产品持续风险监控等。

## 一、确定产品风险管理的组织架构和分工

产品风险管理实行公司风险管理委员会统一协调控制、产品主管部门承担管理责任和相关职能部门负责业务风险控制的组织原则。风险管理委员会是产品全面风险管理的最高决策管理机构，负责审议与批准各类产品的风险管理政策、流程、计量与考核方案。风险管理部门作为委员会的日常办事机构，在风险管理委员会领导下负责具体工作，工作内容包括以下六个方面。

一是制定和完善产品风险政策和风险管理工作流程、制度。二是组织评估产品风险，设计和论证风险控制方案，审查产品的规范性、风险评级、准入门槛、审批权限、风险定价、组合限额、监测方案、拨备计提、资本占用、运营流程，提出意见方案。三是对产品的业务收益和风险情况进行动态监测、评价，提出及受理改进提议，结合风险控制水平和风险收益匹配情况，制订或组织制订调整更新方案。四是定期汇总编制产品风险报告。五是对产品风险管理进行内部培训、咨询指导并提供风险管理服务。六是协调、推进其他部门与产品风险管理有关的工作，其中包括：

（1）产品主管部门的风险管理工作。产品主管部门是指公司金融产品管理部门、投资银行产品管理部门、小企业产品管理部门、零售金融产品管理部门、金融市场和同业产品部门、理财产品管理部门以及综合金融产品管理部门等主管部门。产品主管部门负责全面、如实地阐述和解释产品特性，组织推进产品开发管理流程，按风险职能管理部门的相关制度要求，执行对产品风险的监测和控制，并提交具体产品的风险管理报告。（2）相关职能部门的风险管理工作。相关职能部门是指不担任某一具体产品开发与管理职责，但为该产品的经营提供业务支持、搭建业务环境或从事具体业务操作的部门，包括但不限于风险职能管理部门、财务职能管理部门、运营职能管理部门、科技规划职能及系统开发职能管理部门等各类风险审批及业务支持职能部门。相关职能部门对根据业务安排所从事的具体业务环节的风险控制负责，包括具体产品风险的识别、评估、监测和控制。其中，各风险职能管理部门根据部门职责和风险管理相关制度的要求，对金融机构各项产品开发和管理流程中的相关风险环节负责管理。（3）业务经营部门的风险管理工作。根据风险与收益匹配原则，面

向客户的业务经营单位是产品实施过程中风险的最终承担者，要对产品落地实施过程中产生的信用风险、市场风险、流动性风险、操作风险、法律合规风险和声誉风险等各类风险的执行控制负责。

## 二、制定全面高效的产品风险管理原则

产品风险管理的原则主要包括服务创新原则、全覆盖原则和全程管理原则。

### （一）服务创新原则

服务创新原则指在确保合法合规、实质风险可控的前提下，为支持产品创新工作，提升创新效率和效益，新产品评审实行"一站式评审"，即指通过对新产品风险集中评审，评审部门与产品创新部门之间以及评审部门之间深入沟通，决议方案综合反映各部门专业意见和建议，整合解决产品创新中涉及的各类风险和问题。风险管理部门统筹协调新产品风险管理工作，相关职能部门各司其职，在专业领域内对新产品出具专业意见，并在新产品投产后及时纳入风险监控。

### （二）全覆盖原则

产品风险管理应覆盖全部机构，包括公司、零售、小企业、票据、资产管理、资产托管、电子银行、贸易金融、金融市场、私人银行、信用卡等全部业务条线，以及授信、资金同业、理财相关及撮合等各类业务产品。

### （三）全程管理原则

产品风险管理实行生命周期全程管理。风险管理贯穿于产品发起、研发、审查审批、投产准备、营销与售后管理、后评价和更新等过程中。

## 三、做好产品风险分类和关键风险要素的管理

### （一）基于产品风险特征的分类管理

根据金融机构产品风险特征进行分类管理，依次将产品归为信用风险类产

品、市场风险类产品和其他产品，既存在信用风险又存在市场风险的产品同时适用有关规定。

信用风险类产品是指金融机构承担信用风险的和由客户承担信用风险的金融产品，包括机构承担信用风险的融资类产品、支付结算类产品，以及以信贷资产为基础的理财产品等。该类产品在发售前应当对投资对象、交易对手和信用增级机构等有关当事人进行授信审批，并获得专门的授信额度。信用风险类产品不论风险由金融机构还是客户承担，授信采用同一标准审批。

市场风险类产品是指金融机构或所服务的客户承担市场风险的产品，包括各种与利率、汇率、期市和股市等市场价格变动挂钩或有关的金融产品。该类产品不应存在获取产品存续期间市场历史信息的障碍，在发售前应当经风险管理部门审批同意，并由其负责该类产品的市场风险管理工作。

其他产品是指不属于上述信用风险类和市场风险类产品的金融产品，包括不承担信用风险和市场风险的存款类、服务代理类、委托管理类、顾问类等产品。该类产品主要承担流动性风险、操作风险、法律合规风险和声誉风险。产品发售前应当经操作风险、法律合规风险和声誉风险等职能管理部门的审批同意。

（二）注重产品风险报告

产品主管部门、风险职能管理部门、其他相关职能部门、业务经营部门应根据部门职能，在信息系统支持的前提下，按产品划分统计和观测风险收益状况，编制产品风险报告。提交风险报告，由风险管理部门汇总。产品风险报告应每季度末、每期产品到期或根据要求提交。产品风险报告应当反映产品的风险变化，出现风险事件的应当有个案详细分析材料、补救措施及后续管理改进建议。为产品改进、更新和多维度的精细化风险管理提供参考。其他产品在发生影响金融机构权益或声誉的事件时，应当向相关部门同时提交产品风险报告。

（三）关键风险要素的管理

风险要素分为共同要素和特定要素，其中共同关键风险要素适用于所有商业模式、产品等各类创新，特定关键风险要素仅适用于部分特定的业务种类。新产品触及共同或特定要素之一的，即视为涉及关键风险要素的创新，应按要求报送风险集中评审。

1. 共同关键风险要素分类

表 4–1　　　　　　　　　　共同关键风险要素分类

| 分类 | 共同关键风险要素 |
| --- | --- |
| 监管相关类 | 创新业务按监管要求需向监管部门履行报批或报备程序的，创新业务所承接的前续商业模式、产品被监管正式发文或通过"窗口指导"等方式禁止、整顿、规范的。 |
| 监管相关类 | 创新业务是依据国家相关部门和监管机构新放开、新推出的市场领域、业务模式、产品结构等开展的。 |
| 监管相关类 | 监管政策不明朗，创新业务可能引起争议。 |
| 方案结构类 | 创新业务方案突破或调整原有风险管理政策及制度的，包括但不限于客户、项目、交易对手、投资产品等基本准入标准下调、担保措施要求弱化、定价标准下调、业务期限延长、突破业务风险限额和集中度风险控制等。 |
| 方案结构类 | 创新业务方案嵌入或附加复杂金融衍生交易结构的。 |
| 方案结构类 | 创新业务无法归入现行已获准开展的任何一类业务的，或现有业务管理办法不支持的。 |
| 管理操作类 | 现行授权规定中或其他制度办法中未获得明确风险授权的。 |
| 管理操作类 | 创新业务不适用现行前中后台多个环节操作流程，取消或简化操作环节的。 |
| 管理操作类 | 创新业务需同时对以下操作管理规则中的三项以上进行调整：协议文本、定价收费、账务处理、资本计量。 |
| 管理操作类 | 创新业务不适用现行 IT 系统，只能通过线下方式办理的。 |

2. 特定关键风险要素之信贷类业务

信贷类业务主要指公司、零售、小微客户表内外授信业务。信贷业务特定关键风险要素包括但不限于：

（1）创新业务相比现有类似产品而言，显著放松了关键信用风险控制要素，包括降低担保要求、降低抵（质）押率、简化抵（质）押物管理流程等。

（2）创新业务相对于现有业务，存在新的信用风险类型或存在流动性风险、市场风险等其他风险种类，现有信用风险管理流程无法支持的。

（3）创新业务服务的客群、行业、区域等方面与现有产品有较大差异，需要开发新的信用风险流程及法律安排给予支持的。

3. 特定关键风险要素之资金同业类业务

资金同业类业务指金融机构以自有资金投资的资金同业类业务，包括：

（1）票据交易业务，如买入返售、卖出回购等。
（2）传统同业授信业务，如同业拆借、存放同业、同业借款等。
（3）新型同业业务，包括新型同业金融资产受益权交易；金融机构账户直接投资信托计划、资产管理计划收益权等业务；同业委托定向投资业务；以及同业代付、同业偿付、同业再保理等业务。
（4）债券投资及交易业务，如国债、信用债、私募债及次级债投资及交易等。
（5）市场交易业务，如外汇交易、贵金属交易以及衍生交易等。

资金同类业务特定关键风险要素包括但不限于：
（1）创新业务采用新的交易结构或交易模式进行期限组合操作，导致较大流动性风险、利率风险的。
（2）创新业务以满足客户融资需求为主要目的，可能涉及市场风险、信用风险、流动性风险等风险交叉存在的。
（3）创新业务进入新的市场领域，投资新的业务品种的。
（4）创新业务对市场风险中台监控、后台管理等的效率和准确性有较大影响的，包括引入了新的市场风险计量模型，或需对现行模型的参数设置等进行重大调整，或缺乏自主定价能力的。

4. 特定关键风险要素之理财相关及撮合类业务

理财相关及撮合类业务主要指理财、代销、撮合等业务。理财业务指作为管理人发行的产品，资金用途包括标准资产和非标准资产；代销业务指接受金融产品发行人的委托，为其销售金融产品或者介绍金融产品购买人的业务；撮合业务指作为中间人通过财务顾问、委托代理等方式促成资金供需两方交易的业务，包括同业撮合、对公撮合、私人银行撮合等。理财相关及撮合类业务特定关键风险要素包括但不限于：
（1）非标准资产业务特定关键风险要素参照信贷类业务；
（2）标准类资产业务特定关键风险要素参照资金同业类业务；
（3）创新业务需建立新的资产池，或对现行资产池管理有较大影响的；
（4）创新业务引入新类型的第三方合作机构或新型金融工具的。

## 四、产品周期风险管理

产品的风险管理实行生命周期全程管理。生命周期全程管理指风险管理贯穿于产品发起（需求发现、立项）、研发（可行性分析、开发设计、测试）、审查审批（风险评估、决策）、投产准备（监管备案或报批、协调组织）、营销与售后管理（营销、售后服务、突发或意外事件处理）、后评价（成本收益、作业流程与风险控制）和更新等过程中。产品管理流程细则和各部门职责遵循产品创新管理的相关制度执行。

### （一）需求发现与立项开发

产品的需求发现和立项开发应做好调研和论证工作明确需要满足的客户需求和解决的问题。业务立项具体流程参照产品创新相关制度执行。

### （二）研发

研发包括可行性分析、开发设计及测试等工作内容。原则上参与研发人员应包含风险管理人员，以充分保障产品开发的效率。

1. 可行性分析

需要描述目标客户群的风险特征（风险偏好、风险认知能力和承受能力等）、真实需要，估计客户需求的市场容量、相应产品可能的定价和相应的收入水平、成本与承担的业务风险，评估现有业务资源是否能够支持该产品的运作，说明提供该产品主要是利润动机还是战略动机等。

2. 产品开发设计

主要内容是对产品业务流程等进行规定，设定产品价格等各种业务参数，并制定相应的业务合同、管理制度等，从而使该产品的提供具有可实现性。业务过程设计和业务合同应经法律合规部人员审查同意。开发设计遵守经营合规、风险可控、成本可算、收益合理的原则。

3. 产品测试

通过模拟或试点的方法，对开发设计制定的业务过程进行试验验证，以确认业务过程可以符合设计预期有效运行。原则上，需要IT开发相配合的产品都应当模拟运行，需要多部门配合才能运行的产品应当试点。

4. 研发成果

研发工作结束，应形成可行性研究报告、操作流程、管理办法、产品手册、业务合同文本、风险评估报告、应急计划等相关成果，必要时应提供配套的客户鉴别工具和客户风险提示相关文本，完成配套的IT系统开发测试等工作。

### （三）风险评估和审批

风险管理部门应当完成该产品的风险评估（包括信用风险、市场风险、流动性风险、法律合规风险、操作风险、声誉风险评估），对流程、办法等文本审查并出具明确意见，经指定机构复核、审批后汇总提出，作为上市前核准的前提条件之一。原则上组织产品风险评估复核审批由风险管理部门负责。

### （四）投产准备

投产准备包括对外的监管备案或报批、广告宣传、知识产权保护等，对内包括审批、协调组织等。（1）向监管当局的产品报备或报批文件，产品广告文案由该产品的主管部门负责准备、报备或报批，内容应当准确、公平、没有误导，充分揭示有关的权利、义务和风险。广告文本应当经法律合规部门审阅同意，知识产权保护由法律合规部门牵头负责。（2）根据现行相关文件规定需要由业务条线创新工作组织审批的产品，投产前应完成内部验收或审批。（3）培训是重要的投产准备工作，产品投产前须确保有关业务人员熟悉该产品的特性、业务操作流程、风险控制要点等内容。原则上业务人员应通过相应的专业资格认定，有能力正确履行工作职责。

### （五）营销与售后管理

营销与售后管理工作由业务经营单位和产品主管部门承担。（1）营销工作主要由面向客户的业务经营单位承担，应当采用资格管理或授权管理等办法，保证业务人员操守与胜任能力、操作的合规性与规范性、服务品质等满足业务要求。业务经营单位应当识别目标客户群，按产品设计的要求对客户进行风险识别。业务经营单位应引导客户理性投资与消费，不向客户提供与其真实需要和风险承受能力不相符合的产品和服务。（2）业务经营单位有义务为客户提供售后服务，产品主管部门和相关业务渠道管理部门应对售后服务质量进行统一管理；应遵循信息充分披露的原则，在官方网站和媒体上发布有关产品信息，建立接受客户投诉和建议的渠道，及时处理客户投诉。对售后发生的批量投诉、群体事件、突发或意外事件以及其他引起财产或声誉损失的事件，及时报告。

## （六）后评价和更新

对已上市产品应当进行后评价，风险事件发生时应当检视作业流程与风险控制；发现产品缺陷或产品设计所依赖的环境条件发生变化时，应当对产品进行更新，包括产品的改进和完善，以及相应产品管理制度的修订和补充。后评价和更新应由产品主管部门发起和组织进行，并定期提供有关收益分析。新产品投产后应进行持续专项的后评估的触发因素及具体要求如下：

1. 规模触发

新产品的发生额、余额或风险敞口等（具体根据业务特点确定）达到一定规模或比例时须进行专项后评估，规模和比例触发线可设置为多级。

2. 环境触发

外部经济金融形势、监管政策、目标市场群体（产业、区域、客户）等外部经营环境出现重大变化时须进行专项后评估。

3. 风险触发

新产品发生风险突发事件，或不良率超过一定比例时须进行专项后评估。

上述新产品的专项后评估工作应由产品创新部门具体实施。风险管理部门也可根据管理需要直接组织对某新产品的专项评估，产品创新部门应予以配合。观察期统计分析和后评估中发现新产品存在设计缺陷或原产品方案、产品结构难以有效适应外部环境条件变化的，创新部门应当及时进行产品优化和更新，在产品优化更新期间应暂停原产品的发行，并视需要对存量已发行的产品采取相关的风险缓释措施，优化更新后的产品应根据本细则的要求履行提交风险审查程序。观察期统计分析和后评估发现新产品存在重大设计缺陷，或外部环境条件发生重大变化，且难以通过优化、更新等修补措施改进完善的，或当期和预期收益不足以覆盖成本和风险的，创新部门应当主动及时地实施业务退出并报告，风险管理部门也可根据管理需要直接要求创新部门实施业务退出。

产品的全面风险管理在整个金融机构的风险管理体系中只是一叶轻舟，但是这叶轻舟却要在整个金融机构的各组织体系、各业务种类、各级职能部门中漂过万重山。因此，切实践行好产品的全面风险管理才能保证金融机构业务在新经济形势下一帆风顺、激流勇进。

# 产品风险管理之三：
# 金融机构套期保值的制度安排[*]

国际会计准则理事会于 2014 年 7 月发布了《国际财务报告准则第 9 号——金融工具》（IFRS9），对金融工具国际财务报告准则进行了较大幅度修订，并于 2018 年 1 月 1 日生效。随后，我国财政部根据 IFRS9，对修订完善新金融工具相关会计准则（以下简称中国版 IFRS9）进行了征求意见，规定 2018 年 1 月 1 日起，境内外同时上市的企业、在境外上市并采用国际财务报告准则或企业会计准则编制财务报告的企业，需要施行新金融工具相关会计准则；2019 年 1 月 1 日起，该准则在其他境内上市企业施行；2021 年 1 月 1 日起，该准则在执行企业会计准则的非上市企业施行，鼓励企业提前施行。新修订的套期会计准则更加强调套期会计与企业风险管理活动的有机结合，在拓宽套期工具和被套期项目的范围、以定性的套期有效性要求取代现行准则的定量要求、允许通过调整套期工具和被套期项目的数量实现套期关系的再平衡等方面实现突破，有助于套期会计更好地反映企业的风险管理活动。

受影响最大的将是实施资产负债管理的金融机构。为了加强市场风险管理，开展规避市场风险的对冲活动，规范套期保值的确认和计量，保证稳健经营，金融机构基于实际情况，结合国内外领先实践，建立适用于自身的套期保值框架制度，对各部门层级的职责关系及审批文档的制定等工作流程提出相关规定尤其重要，从而更好地利用各种金融工具管理所面临的各种风险。

---

[*] 本文写作于 2017 年 5 月。

## 一、套期保值制度安排的背景和依据

套期保值（以下简称套期）是指为规避外汇风险、利率风险、商品价格风险、股票风险、信用风险等，制定一项或多项套期工具，使套期工具的公允价值或现金流量变动预期抵消被套期项目全部或部分公允价值或现金流量变动。

金融机构通常使用衍生金融工具对利率和汇率等风险进行风险缓释，而套期会计的出现为科学核算衍生金融工具提供了方法依据，方便风险管理者监控套期保值情况。符合套期会计应用条件的金融机构通过确认套期关系及测试套期有效性反映报告涉及衍生金融工具的业务活动。虽然监管机构没有要求必须使用套期会计，但国际领先金融机构基于内部管理均需应用套期会计，主要依据有《巴塞尔新资本协议》、企业会计准则（CAS）、国际会计准则（IAS）、国际财务报告准则（IFRS）等。

## 二、套期会计方法适用条件和类型

套期会计方法是对已确认的套期关系进行会计计量，即在相同会计期间将套期工具和被套期项目公允价值变动的相互抵消结果计入当期损益的方法。因此，可以认为套期会计是将套期工具与被套期项目作为一个组合进行会计处理，并以此改变单项套期工具、被套期项目的常规会计确认、计量和报告的方法。该方法要求将套期工具及其被套期项目的损益在同期计入损益表。套期分为公允价值套期、现金流量套期和境外经营净投资套期，以开展前两种套期活动为主。

### （一）公允价值套期

公允价值套期是指对已确认资产或负债、尚未确认的确定承诺，或该资产或负债、尚未确认的确定承诺中可辨认部分的公允价值变动所带来的风险进行的套期确认、计量；是与源于利率、汇率、商品价格等变动的已经确认为固定利率资产或负债本金有关的公允价值变动风险套期。公允价值套期应满足下列要求：衍生套期工具公允价值变动形成的利得或损失应计入当期损益；非衍套期工具仅账面价值因汇率变动形成的利得或损失应计入当期损益；被套期项目因被套期风险形成的利得或损失应计入当期损益，同时调整其账面价值。

### （二）现金流量套期

现金流套期是对已确认资产或负债、确定性承诺（仅指外汇）或预期未来很可能发生交易的现金流波动所带来的风险进行的套期确认、计量，是与源于利率、汇率、商品价格等变动的利息付款有关的现金流量波动风险套期。现金流量套期应满足如下要求：

一是套期工具利得或损失中属于有效套期部分，应当直接确认为所有者权益，单独列报。该有效套期部分的金额按照下列两项绝对额中较低者确定：套期工具自套期开始的累计利得或损失，或被套期项目自套期开始的预计未来现金流量现值的累计变动额。

二是套期工具利得或损失中属于无效套期部分（扣除直接确认为所有者权益后的其他利得或损失），应当计入当期损益。

三是在进行套期有效性测试时，注明排除套期工具的某部分利得或损失或相关现金流量影响的，被排除部分的利得或损失应按相关会计准则处理。

四是被套期项目为预期交易，且该预期交易随后确认一项金融资产或金融负债的，原直接确认为所有者权益的相关利得或损失，应当在该金融资产或金融负债影响损益的相同期间转出，计入当期损益。但预期原直接在所有者权益中确认的净损失全部或部分在未来会计期间不能弥补时，应当将不能弥补的部分转出，计入当期损益。

### （三）境外经营净投资套期

境外经营净投资套期是指对境外经营净投资外汇风险进行的套期。境外经营净投资是指在境外经营净资产中的权益份额。既无计划也无可能于可预见的未来会计期间结算的长期外币货币性应收项目（含贷款），应当视同境外经营净投资的组成部分。因销售商品或提供劳务等形成的期限较短的应收账款不构成境外经营净投资。只有在符合下述全部条件时，才可运用套期会计方法：在套期初始时已经指定了套期关系，并明确了套期关系、风险管理目标和套期策略，阐明套期工具、被套期项目、被套期风险的性质等内容，套期必须与具体可辨认并被指定的风险有关，且最终影响损益；对套期关系的预期高度有效，且符合套期初始时确定的风险管理策略；对预期交易的现金流量套期，现金流发生概率极高，且必须面临最终将影响损益的现金流量变动风险；套期有效性能够可靠计量；对套期有效性进行持续评价，且确保该套期在套期关系被指定的会计期间内高度有效。

从战略层面来看，进行套期活动能实现其最基础功能，即对交易实现有效的规避风险；还能通过锁定价格机制，优化资源配置，提升核心竞争力。而使用套期会计能：协同会计处理与风险管理及套期保值策略；减小损益波动性；将套期工具的未实现损益递延记录在"其他综合收益"上，直到被套期项目产生利得或损失才将其确认计入损益表（仅适用于现金流量套期）；使总体每股收益能更好地反映该年的经济效益；使边际毛利更好地反映该年的经济利润；使财务报表的用户对经营活动和套期活动进行单独分析；提高绩效考核方法，在评估管理层经营表现时，不考虑超出管理控制范围的市场风险。

## 三、开展套期会计的三个阶段

对某一特定交易使用套期会计的过程分为三个阶段，包括套期的指定、保持和结束阶段。

### （一）套期的指定阶段

在套期的指定阶段，需要对套期关系（套期工具和被套期项目之间的关系）有正式指定，并准备好套期的书面文件，文件内容至少应包括开展此套期活动所对应的风险管理及套期保值策略、套期关系和套期种类、被套期风险的性质、关于套期工具和被套期项目的详细记录、套期正式指定的发生日期、套期有效性的评价方法及定期开展有效性测试的相关信息。

套期必须与具体可辨认并被指定的风险有关，且最终影响损益。同时，在套期开始的指定阶段，还应当对该套期活动是否为高度有效，且与最初为该套期关系所确定的风险管理目标是否一致进行判断。其中，是否为高度有效需进行有效性评估，有效性评估分为定性评估和定量评估。

### （二）套期的保持阶段

在套期交易的期间，需要就该套期是否满足使用套期会计的相关规定，进行持续的评估和测量，并确保该套期在套期关系被指定的会计期间高度有效。在这一保持阶段，需要做到：在每个报告日，对套期的有效性进行前瞻性或回溯性测试，以确认该套期在指定期间还是高度有效的；根据套期关系项目进行套期会计分录。

### （三）套期的结束阶段

在套期会计的结束阶段，应说明停止使用套期会计的具体原因，如没有满足对套期有效性所开展的有效性测试，即该套期不再满足本办法关于运用套期会计方法的条件；套期工具或被套期项目已到期、被出售、合同终止或已行使，需注意的是，当套期工具延期或被另一项套期工具替换时，延期或替换是套期策略组成部分的，不作为已到期或合同终止处理；预期发生的交易没有按预期发生；管理层撤销了对套期关系的指定。同时，在套期会计结束时，需按照套期关系生成特定的会计分录，并在财务报表如损益表中进行相关记录。

## 四、套期有效性

套期有效性是指套期工具公允价值或现金流变动抵消被套期项目公允价值或现金流变动的程度。

### （一）套期有效性要求

基于套期会计的适用条件，金融机构需要指定套期关系；为达到现金流量套期和公允价值套期等会计方法应用条件要求，衍生工具和被套期项目必须在业务开始和整个过程中，持续地通过严格、复杂的套期有效性测试。在现有规定下，套期只有在满足下列全部条件时，才能认定其为高度有效。

在套期开始及以后期间，该套期预期会高度有效地抵消套期指定期间被套期风险引起的公允价值或现金流量变动；该套期的实际抵消结果在 80% 至 125% 的范围内。例如，某套期的实际结果是，套期工具公允价值变动形成的损失为 120 万元，而被套期项目的公允价值变动形成的利得为 100 万元，两者相互抵消的程度计算如下：120/100，即 120%；或者，100/120，即 83.33%。

现有规定没有就如何进行套期有效性测试提供规定性的指导，使用不适当或不正确的套期有效性测试方法可导致套期会计失效和会计风险。为了规避上述潜在影响，需要说明套期有效性评价方法及其管理办法。

### （二）套期有效性的评价方法

运用套期会计方法的条件实际上隐含了两项套期有效性的评价要求：前瞻性评价，即评价套期在未来会计期间是否高度有效，要求在套期开始时，以及至少在中期报告或年度财务报告日对套期有效性进行前瞻性评价；回溯性评价，即评价套期在以往的会计期间实际上是否高度有效，要求至少在中期报告或年度财务报告日对套期有效性进行回溯性评价。套期有效性评价方法应当与金融机构的风险管理及套期保值策略相匹配，并在套期开始时就在风险管理有关的正式文件中加以详细说明。以下对主要条款比较法、比率分析法/金额抵消法和回归分析法三种常见的套期有效性评价方法进行说明。

1. 主要条款比较法

主要条款比较法是通过比较套期工具和被套期项目的主要条款，以确定套期是否有效的方法。如果套期工具和被套期项目的所有主要条款均能准确地匹配，可认定因被套期风险引起的套期工具和被套期项目公允价值或现金流量变动可以相互抵消。套期工具和被套期项目的主要条款包括名义金额或本金、到期期限、内含变量、定价日期、商品数量、货币单位、被套期风险等。

值得注意的是，采用这种方法对套期有效性评价虽然不需要进行计算，但适用的情形往往有限，而且只能用于套期前瞻性评价。即使是套期工具和被套期项目的主要条款均能准确地匹配，依然需要进行套期的回溯性评价。因为在这种情况下，套期无效仍可能出现。例如，套期工具的流动性或其交易对手的信用等级发生变化导致的套期无效。

2. 比率分析法/金额抵消法

比率分析法又称金额抵消法，是通过比较被套期风险引起的套期工具和被套期项目公允价值或现金流量变动比率，以确定套期是否有效的方法。运用比率分析法时，可以根据风险管理及套期保值策略的特点进行选择，以累积变动数（自套期开始以来的累积变动数）为基础比较，或以单个期间变动数为基础比较。如果上述比率没有超过80%至125%范围，可以认定套期高度有效。

应当注意的是，以累积变动数和单个期间变动数分别作为比较基础，可能会得出不同结论。即如果以单个期间变动数为基础，套期可能不是高度有效的，但若以累积变动数为基础，套期却可能是高度有效的。但无论采取哪种方法，都需要在套期开始时进行记录，并在套期期间保持方法的一致。

以比率分析法为例，表 4-2 为对套期期间、套期工具和被套期项目的损益变动的记录。

表 4-2　　　　　　　　抵消法举例说明（虚拟数据）　　　　　　单位：万元、%

| 期限 | 套期工具损益 | 被套工具损益 | 变动幅度 | 累积变动幅度 |
| --- | --- | --- | --- | --- |
| 2018-03-31 | 100 | -90 | 111 | 111 |
| 2018-06-30 | 25 | -21 | 119 | 113 |
| 2018-09-30 | -20 | 27 | 74 | 125 |
| 2018-12-31 | -5 | 4 | 125 | 125 |
| 2019-3-31 | 25 | -22 | 114 | 123 |
| 净损益 | 125 | -102 | | |

3. 回归分析法

回归分析法是一种统计学方法，它是在掌握一定量观察数据基础上，利用数理统计方法建立自变量和因变量之间回归关系函数的方法。将此方法运用到套期有效性评价中，需要研究分析套期工具和被套期项目价值变动之间是否具有高度相关性，进而判断确定套期是否有效。相关回归模型如下：

$$y = kx + b + \varepsilon$$

式中，$y$ 是因变量，即套期工具的公允价值变动；$k$ 是回归直线的斜率，反映套期工具价值变动/被套期项目价值变动的比率；$b$ 是 $y$ 轴上的截距；$x$ 是自变量，即被套期风险引起的被套期项目价值变动；$\varepsilon$ 是均值为零的随机变量，服从正态分布。在现有规定下运用线性回归分析确定套期有效性时，套期只有满足以下全部条件才能认为是高度有效的：

（1）回归直线的斜率必须为负数，且数值应在 -1.25 ~ -0.8。

（2）相关系数（$R^2$）应大于或等于 0.96，该系数表明套期工具价值变动由被套期项目价值变动影响的程度。当 $R^2 = 96\%$ 时，说明套期工具价值变动的 96% 是由于某特定风险引起被套期项目价值变动形成的。$R^2$ 越大，表明回归模型对观察数据的拟合越好，用回归模型进行预测效果也就越好。

（3）整个回归模型统计有效性（F 测试）必须是显著的。F 值也称置信程度，表示自变量 $x$ 与因变量 $y$ 之间线性关系的强度。F 值越大，置信程度越高。

## （三）现金流发生概率预测

根据国际会计准则，对于现金流套期，套期标的资产的交易业务预测必须是高概率的。因此，有必要证明，从套期设定日直到套期关系的到期日，套期项目现金流符合高概率要求。"高概率"表示的可能性比"较为可能"要高出很多。预测交易发生的可能性评估不仅基于管理层的意图，还基于可观测的事实和以下相关因素：类似交易活动的历史发生频率；交易活动主体的财务和运营能力；交易活动主体业务规划和预算；对交易活动的实质性资源分配承诺；如果不发生交易活动可能导致的运营损失或运营影响程度；用特性差异较大的交易实现相同业务目的的可能性。

## （四）套期有效性检查

套期有效性检查是监控和维护套期保值关系关键，要完成以下主要任务：（1）提取套期保值项目以及内部/外部套期保值工具的源数据；（2）获取套期保值项目和套期保值工具的公允价值；（3）对套期保值关系进行有效性测试检查；（4）如某套期关系未通过有效性测试，则从最后一次有效性测试之日起，任何套期保值项目均不得报告。所有未通过测试的管理必须由市场风险管理部门向业务交易相关部门、财务企划、资产负债管理等部门报告，并且对未通过有效性测试的产品停止使用套期会计方法。但如果能够识别引起套期关系不符合有效性标准的事件或环境变化，并且能证明在该事件或环境变化之前套期是有效的，应从该事件或环境变化之日起停止运用套期会计方法。

## （五）套期有效性文档

套期的记录文档是对套期有效性测试方法及其应用的翔实记录，文档内容应包括但不限于以下说明：套期的风险管理目标及套期保值策略；套期关系类型；既定的套期有效性评估方法的适当性与一致性；被套期风险的性质和所使用的套期工具的类型；套期有效性衡量方法；现金流发生概率预测方法；套期有效性评估方法变更及对现有套期关系重新设定的情况；有效性测试频率，在套期关系开始及建立之后，应每月/季度评估一次，以确保任何无效性问题得到及时解决；被套期项目和套期工具相关信息（如本金大小、在计算公允价值时是否包含应计利息等）。

## 五、套期会计管理框架

套期会计管理是一个体系化的框架（见表4-3），涵盖了政策策略、过程、人员、管理报告、方法论、系统和数据等多方面内容。

表4-3　　　　　　　　　　套期会计管理框架

| 政策和策略 | 过程 | 人员 | 管理报告 | 方法论 | 系统和数据 |
| --- | --- | --- | --- | --- | --- |
| 1. 风险管理和套期保值策略<br>2. 套期会计制度 | 1. 前台套期交易记录<br>2. 套期有效性测试<br>3. 套期交易文档记录<br>4. 套期跟踪与监控管理<br>5. 套期会计处理 | 专业培训 | 1. 套期有效性测试结果<br>2. 套期管理记录文档<br>3. 套期会计处理报告 | 1. 前瞻性测试<br>2. 回溯性测试<br>3. 关键条款比较法<br>4. 金额抵消法<br>5. 回归分析法 | 1. 新的总分类账户<br>2. 数据源<br>3. 有效性测试模块<br>4. 会计和报告 |

### （一）建立套期相关管理政策与策略

1. 风险管理及套期保值策略

根据金融机构现有套期保值交易策略需求，业务交易相关部门撰写风险管理及套期保值策略（至少每年需要重新检阅评估一次），其内容要点包括但不限于套期目的、套期方法、被套期风险的来源和范围等。

2. 套期会计制度

财务企划部门根据最新的会计准则制定套期会计制度并定时检阅评估和更新，内容包括但不限于被套期项目、套期工具和进行套期交易需要满足的条件，套期关系的指定，套期交易种类及每一种类下的具体会计处理方法。

### （二）建立前台、中台、后台套期会计管理流程

业务交易前台对需要开展套期会计的交易信息要做到及时更新、全面记录，并配合市场风险管理、财务企划和集中作业部门开展相关工作；中台市场风险管理部门负责进行套期有效性测试（包括定量和定性的前瞻性以及回溯性的测试）和套期的文档记录；财务企划和集中作业部门根据具体交易进行相关账务规则的确定和落实日常账务处理实务，具体参见套期会计日常流程图（见图4-1）和套期会计日常管理流程表（见表4-4）。

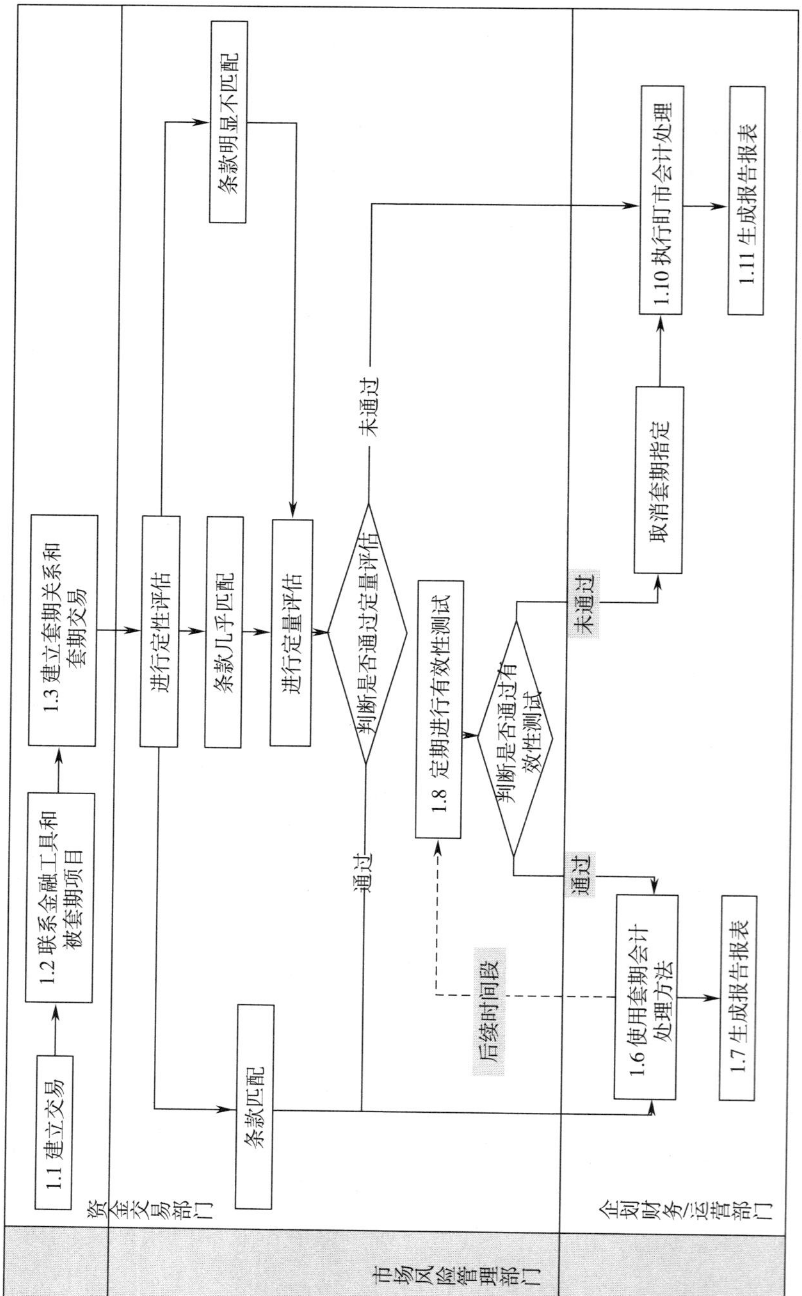

图4-1 套期会计日常管理流程

表 4－4　　　　　　　　　　套期会计日常管理流程

| 编号 | 名称 | 描述 | 输入 | 输出 | 责任部门 | 配合部门 |
|---|---|---|---|---|---|---|
| 1.1 | 建立交易 | 由前台交易员将套期交易有关信息输入系统中；如果无系统支持，则需要按日记录手工台账 | 持有金融工具类型、交易合约、持有期限、其他参数 | 系统/手工台账 | 业务交易部门 | |
| 1.2 | 联系金融工具和被套期项目 | 根据风险管理及套期保值策略，匹配套期工具和被套期项目 | 交易产品信息 | 匹配的套期工具和被套期项目 | 业务交易部门 | |
| 1.3 | 建立套期交易和套期关系 | 依据风险管理及套期保值策略，建立套期交易和套期关系 | 匹配的套期工具和被套期项目 | 套期交易、套期关系 | 业务交易部门 | |
| 1.4 | 进行定性评估 | 对具体套期交易进行定性评估 | 套期交易、套期关系等信息 | 套期匹配程度评估<br>1. 条款匹配<br>2. 条款几乎匹配<br>3. 明显不匹配 | 市场风险管理部门 | 业务交易部门 |
| 1.5 | 进行定量评估 | 对条款明显不匹配以及条款几乎匹配的套期交易进行定量评估，判断其是否满足套期有效性的要求 | 条款几乎匹配和明显不匹配的套期交易 | 通过评估/未通过评估 | 市场风险管理部门 | |
| 1.6 | 使用套期会计处理方法 | 根据套期会计制度，对通过定性、定量评估的套期交易和符合定期有效性测试的套期交易进行会计处理 | 中台套期记录文档 | 套期会计分录 | 财务企划/运营部门 | |
| 1.7 | 生成报告报表 | 生成套期会计财务报告 | 套期会计分录 | 套期会计财务报告 | 财务企划部门 | |

续表

| 编号 | 名称 | 描述 | 输入 | 输出 | 责任部门 | 配合部门 |
|---|---|---|---|---|---|---|
| 1.8 | 定期进行有效性测试 | 对通过套期有效性评估交易进行定期跟踪有效性测试，确保其在套期期间一直满足套期会计有效性要求 | 已经通过套期有效性测试的套期交易 | 通过/未通过 | 市场风险管理部门 | |
| 1.9 | 取消套期指定 | 对不满足套期有效性定期测试交易取消套期关系的指定，重回之前的会计事项 | 跟踪有效性测试结果 | 取消套期会计 | 财务企划部门 | |
| 1.10 | 执行盯市会计处理 | 对不满足有效性定期测试和定量评估套期交易使用盯市会计处理方法 | 套期交易记录文档 | 盯市会计分录 | 财务企划/运营部门 | |
| 1.11 | 生成报告报表 | 生成盯市会计处理报告报表 | 盯市会计分录 | 盯市处理的财务报告 | 财务企划部门 | |

### （三）套期会计的人员配备

前台、中台、后台需要配备具备套期保值会计相关知识的专业人员，尤其是市场风险管理和财务企划部门；同时，应定期对人员进行培训和考核，确保套期会计的实施是满足规定和要求的。

### （四）套期会计管理相关报告

针对每笔套期交易，需要在每个财务报告日生成其相关管理报告。报告内容包括对套期的定性分析，如套期关系种类、被套期风险；套期的定量分析，如套期有效性、套期损益以及会计处理等。

### （五）套期会计管理方法论

套期会计方法是对已确认的套期关系进行会计计量，即在相同会计期间将套期工具和被套期项目公允价值变动的相互抵消结果计入当期损益的方法。而对于套期有效性的评估方法需进行前瞻性测试和回溯性测试,具体测试方法有关键条款比较法、比率分析法/金额抵消法、回归分析法等。

(六) 套期会计管理系统和数据要求

套期会计在系统实施层面的工作包括建立新的总分类账户,建立套期会计记录文档和有效性测试的系统模块,对数据源和财务报告的编制内容进行匹配,提高自动化性能。

## 六、套期会计职责分工

根据套期会计职责,金融机构资产负债管理委员会负责最终审批套期会计管理相关政策及流程,包括业务交易前台制定的风险管理及套期保值策略、市场风险管理中台制定的套期保值框架制度及财务企划部制定的套期会计制度;负责监督和评价全行套期会计管理实践的正确性和有效性。

风险管理委员会负责审批套期会计管理相关政策及流程,包括业务交易前台制定的风险管理及套期保值策略、市场风险管理中台制定的套期保值框架制度。套保体系涉及高级管理层包括分管风险、财务和业务的高管,负责审批套期会计管理政策、办法、方案;确保具备足够的人力、物力以及恰当的组织结构、管理信息系统和技术水平有效地支持套期会计管理及报告发布。

市场风险管理部门负责制定套期保值框架制度,定期进行套期有效性测试,完成套期记录文档;持续监控套期有效性,并负责套期有效性跟踪和调整。业务交易部门负责制定风险管理及套期保值策略,阐明套期目的、方法、风险的来源和范围;为市场风险管理部门提供套期交易信息,以满足中台套期有效性测试和套期交易管理和监控需求;协助市场风险管理部门完成套期记录文档;确认中台套期有效性测试结果和套期管理记录文档。

企划财务部门负责制定套期会计制度,根据企业会计准则审核确认风险管理及套期保值策略,完成套期记录文档的会计处理部分和负责对套期会计具体账务处理进行指导。

运营管理部门负责根据套期会计制度进行具体的套期会计账务处理。

法律合规部门对套期会计相关管理政策、办法进行法律界定,确保政策制度在符合法律规定的前提下实施。

稽核监察部门结合审计部门相关规定对套期会计政策进行审核确认，监督检查实际套期会计管理工作是否违反法律部门规定，监督检查实际套期会计管理工作是否违反其他监督管理部门规定。

# 产品风险管理之四：
# 信用衍生品的功能、风险与启示[*]

从国外信用衍生品发展的历程来看，数量分析技术自20世纪90年代以来在信用分析领域的运用得到极大发展，特别是在信用衍生品风险度量、资产定价等方面发挥了重要作用。在很长一段时间里，金融机构都对其先进的信用衍生品模型分析技术充满信心。但在次贷危机中，模型工具并未起到应有的作用，信用衍生品的损失远超预期。时间证明历史是会重复的，在当前的宏观经济金融环境下，以危机中的信用衍生品为典型样本，对其在识别其基本特征和功能的基础上，对其中的风险进行剖析，有助于进一步深化对信用衍生品的认识，提高相关政策的针对性与适当性，为防范和化解系统性风险、维护宏观经济金融平稳运行贡献力量。

## 一、典型信用衍生品的特征与功能

信用衍生品模型作为一种交易合约，在于信用保护的买方发生信用风险损失时，由信用保护的卖方提供补偿。金融市场上的信用衍生品包括总收益互换（Total Return Swap）、信用利差期权（Credit Spread Option）、信用联系票据（Credit-Linked Note）等，其中CDO（Collateralized Debt Obligation）和CDS（Credit Default Swap）是信用衍生品市场上最常见的品种，最能代表信用衍生品管理信用风险的基本功能。

（一）信用衍生品典型代表——CDO和CDS

CDO即担保债务权证，是资产证券化家族中的重要成员。在CDO中，信

---

[*] 本文写作于2018年2月。

用风险以资产出售的方式从风险出让人转移给特殊目的机构（SPV），即 CDO 的买方，SPV 再根据资产池产生的稳定现金流发行不同信用品质的债券。早期的 CDO 资产池以实体企业贷款或公司债券为主，即 CLO（Collateralised Loan Obligation）或 CBO（Collateralised Bond Obligation），后来发展为以资产支持证券（Assets Backed Securities，ABS）、住宅抵押贷款证券（Residential Mortgage-Backed Securities，RMBS）及商用不动产抵押贷款证券（Commercial Mortgage-Backed Securities，CMBS）等资产证券化商品为支撑。

CDS 即信用违约互换，是全球交易最为广泛的场外信用衍生品，其合约的交易模式是：CDS 买方定期向 CDS 卖方支付一定费用，一般用基于面值的固定基点表示。如果信用主体无违约事件，CDS 卖方就没有任何现金流出；一旦信用主体出现违约，CDS 卖方有义务以现金形式补偿债券面值与违约事件发生后债券价值之间差额，或以面值购买 CDS 买方所持债券。

对 CDS 按照不同风险系数分级，就形成了合成式 CDO。合成式 CDO 与 CDO 相比，不需支付任何资金，只需承担风险，就可获得稳定的现金流。合成式 CDO 并非实质出售，贷款债权并未出售给投资人，而是透过一个类似债权保险的机制（Credit Protection Mechanism），创始机构将保险资产的信用风险移转给投资人。

## （二）信用衍生品模型特征

危机中，美国第五大投资银行贝尔斯登因濒临破产而被摩根大通收购，第三大投资银行美林证券被美国银行收购，第四大投资银行雷曼兄弟公司是拥有 158 年历史的百年老店，因为收购谈判失败而申请破产保护，这与其过度参与合成式 CDO 和 CDS 市场密切相关。因此，把信用衍生品交易采用的风险定价和预测模型作为代表性样本加以解剖，包括 CDO、CDS、合成式 CDO 等信用衍生品的单一信用模型、违约率相关性的建模、信用评级模型分析等内容，有助于发现和说明信用衍生品模型的基本特征。

1. 模型形式简约化

信用风险模型主要分为结构化模型（Structural Models）和简约化模型（Reduced Form Models）两类。在结构化模型中，违约体现为借款人一系列事件或资产负债状况的后果（比如资产不能支持债务偿还），而简约化模型则由前定变量和随机干扰项来表达一个内生变量的方程。结构化模型在资产价值等相关信息的获得上较为困难，缺乏灵活性，难以用于复杂产品的定价；而简约化模型考虑风险计量的动态性，采用现有信息预测未来违约风险，与会计准则强调的"盯市"（Mark to Market）原则相统一，对不同期限的信用衍生品交易工具定价有灵活性，易于进行风险动态分析。因此，信用衍生品的风险分析和定价主要采用简约化模型。

2. 模拟技术大量使用

一篮子信用违约掉期工具和合成式 CDO 类组合信用衍生品的风险分析和定价主要依赖于模型分析。组合信用衍生品建模技术中的风险历史模拟法（Default-time Simulation）、半解析模型（Semi-analytical Model）等均广泛采用了模拟技术，特别是蒙特卡罗模拟（Monte Carlo Simulation）。该模拟工具利用模型构造信用事件及其相关矩阵概率分布，随机产生可能的数据，依据产生的数据构造组合的可能损益和概率来分析信用衍生品组合的风险并定价。由于具有比较灵活、易于实现、估计误差及收敛速度与解决问题的维数独立等明显优势，蒙特卡罗模拟较好地解决基于多变量组合的信用衍生品定价和风险分析问题。

3. 极端事件厚尾相依性假设

金融模型一般假设所考察资产收益相关性结构服从正态分布，但市场中高风险事件出现的概率往往高于正态分布，信用组合产品收益分布多表现出一种厚尾（Fat-tailed）现象，即极端收益率出现概率大于正态分布决定概率。越来越多的信用衍生品模型因此倾向于使用厚尾相依性（Fat-tailed Dependence）的假设，即对极端事件赋予更高的发生概率，分析对资产组合期望损失贴现的影响，以衡量信用衍生品的评级和对信用暴露的适度补偿。危机中，不少机构认为，基于厚尾相依性假设的模型可以更准确地估计信用组合的风险概率和价值。

（三）信用衍生品功能

20 世纪 90 年代初，随着市场对信用风险管理的需求日益增大，传统信用保险产品越来越难以满足市场需求。CDO 和 CDS 等的出现使信用风险管理方式从消极、被动的风险回避方式向积极、主动的组合风险管理转变，对金融市场中的收益、规模等都产生了深远影响。

1. 信用风险分散

选择信用衍生品来优化贷款组合，实现跨地域和行业的贷款组合，避免信用风险的行业或区域过度集中,从而实现贷款组合分散化管理。与其他贷款证券化出售不同,信用衍生品在消除拖欠风险的同时保留了持有的资产,不必改变资产负债表,避免了出售相应资产和维护了客户关系。

2. 资金收益提高

《巴塞尔新资本协议》要求银行的总资本不低于经风险调整后资产总额的8%,即资本金≥风险资产×风险权重×8%,其中风险权重视交易对手而定。信用衍生品可实现信用风险的转移,巧妙地改变交易对手,风险权重的差异节约了资本,从而提高资本回报率。同时,信用衍生品也为非银行金融机构的投资者在无须持有资产和管理资产条件下,创造了新的、收益可观的机会和有效的资产组合风险管理方法。

3. 市场规模扩大

金融市场按照产品定价的基础来划分,可分为基础市场和衍生市场。信用衍生品的发展不仅直接扩大了衍生市场的规模,还能分离出基础市场中的信用风险,有助于减缓交易中的信息不对称和规模歧视的障碍,增加交易量,扩大基础市场规模。次贷危机前的 2004 年 CDO 总共发行 1570 亿美元,到 2007 年为 5030 亿美元,3 年间增加 2.2 倍。CDS 更是受到国际金融市场的热烈追捧,规模从 2000 年的 1 万亿美元暴涨到 2008 年的 62 万亿美元。这一数字只包括了商业银行向美联储报告的数据,并未涵盖投资银行和对冲基金(发行了 31% 的信用违约掉期合约)的数据,足见其对市场强大的吸引力。

## 二、信用衍生品模型缺陷与风险传导

信用衍生品具备复杂的模型设计特征,在一定程度上具备分散风险、提高收益和扩大规模等积极价值,但仍无法掩盖其在模型上的缺陷和风险传导中的作用。

(一)模型视角下信用衍生品缺陷

衍生工具信用风险模型的前提假设限制了它的使用范围,成为金融机构在信用衍生品业务上的巨大潜在隐患。比如,分析 CDO 的条件违约概率对持有者的影响时,要假设资产包内的资产是同质的,均有相同的 $\beta$ 系数和违约概率分布,所有资产的极端事件具有相同的分布等,这些假设都脱离了市场现实。

危机后，此类问题上存在的严重缺陷已被不少文献分析。

### （二）市场传导视角下信用衍生品风险机制

尽管信用衍生品模型设计上存在缺陷，但其在危机爆发和风险扩散中的作用却和相关的市场传导机制密切相关，主要有以下几个方面：

1. 引发道德风险，监管主体缺失

购买信用衍生品相当于为贷款购买了一份保险，被保险人因投保而敢于承担过多的风险时，道德风险就出现了。CDS、合成式 CDO 等信用衍生品鼓励银行以更低的利率，把更多贷款发放给风险更高的借方。同时，密切监管借款方的动力会下降，因为银行已经把贷款违约风险转移给信用衍生品的卖方。从理论上讲，购买信用风险的投资银行、养老金基金、保险公司等也负有监管义务，但由于不是贷款发放机构，与借方不存在关系。一系列的合同经过了借方、银行，又到了第三方，而第三方的监管机构身处局外。信贷衍生品最终使借方处于无人监管状态，加剧了信贷扩张和道德风险。

2. 定价机制仅基于历史数据，局限性显现

金融机构利用历史数据建立了信用违约曲线、风险收益曲线、基准利率曲线等作为信用衍生品定价参考，建立了各种定价模型。但 CDO 类似的证券并不经常换手，估值变得十分困难，只能依据市场状况变化和信用记录状况估价，导致信用衍生品定价精确度不够，存在套利关系，从而产生价格风险。一旦全球经济金融形势发生较大变化，基于历史数据的定价风险便会显现。

3. 评级机构过高评级，风险聚集

CDS 的价格大部分取决于评级机构对债券的评定。据统计，在美国次级抵押相关债券中，大约 75% 为 AAA 评级、10% 为 AA 评级、8% 为 A 级，仅有 7% 被评为 BBB 级或更低。对信用衍生品给予的评级则更高，穆迪和标普等评级机构认为这类产品不用出钱就能得到稳定的现金流，风险很小。评级机构通常与承销商共同设计此类结构化产品，对次级债券的分层、信用增级等提供建议，收取相关费用；这种利益冲突影响了评级机构独立公正的评级立场，极易低估次贷产品风险，给出偏高的信用级别，助长市场对该类产品的乐观预期和非理性追捧，埋下风险隐患。

4. 过度投资导致系统性风险，风险管理机能受挑战

信用衍生品使风险能够在不同经济主体之间进行交易从而分散单个经济体

承担的风险，但并不能消除信用风险，且过度投资甚至可能造成系统性风险的集聚：一是贷款机构放款能力被放大，信用风险相应扩大；二是杠杆效应扩展信用风险，部分对冲基金向银行抵押贷款的杠杆比率达到 15 倍以上，投资者的风险资产迅速膨胀；三是信用衍生品市场膨胀增加了风险暴露和交易主体，提高了市场的信用风险。如果信用风险迅速膨胀，信用衍生品市场的风险承担主体界限模糊，风险隔离机制就难以发挥作用，风险管理机能就面临考验。

5. 交易的复杂性和专业性，监管面临困境

信用衍生品的另一个缺陷是没有中央清算系统，没有集中交易报价系统，没有准备金保证要求，没有风险对家的监控追踪，一切都是在一个不透明的圈子里，以一种信息不对称的形式运作，监管机构对信用衍生品市场的风险有效地监管和披露比较困难。同时，对冲基金、私募基金等投资者的信息披露不充分、大量场外交易增加了监管难度。

## 三、对我国发展信用衍生品启示

信用衍生品创新的初衷是更好地管理信用风险，但实际上却成为引发次贷危机的重要原因。理想与现实之间的巨大偏差需要从认识到政策上重新思考，这在当前防范金融风险成为攻坚任务的背景下尤为重要。

随着动态分析技术、模拟技术、极端值分析方法等的发展，数量分析方法在考量违约概率与潜在损失之间的相关性、单个工具或工具组合对所持有全部资产组合信用风险的影响、金融资产信用风险和价值的动态变化、极端事件损失等方面提升了风险分析水平，对我国金融业提高信用风险分析水平具有借鉴意义。同时，金融市场是千变万化的，对信用衍生品模型分析技术要有客观认识，风险控制不能过度依赖数理化分析技术。

信用衍生品发展除了自身模型技术不断演进之外，持续改进的政策环境也必不可少。在逐渐发展信用衍生品的背景下，汲取次贷危机中交易和监管政策的经验，加快健全相关政策体系十分重要。

1. 稳步发展信用衍生品，促进我国金融市场发展

危机中暴露出信用衍生品的种种问题，并不意味着信用衍生品发展没有意义；相反，如果恰当地发展，可以成为风险管理的一个重要工具。考虑现有制度和市场环境，应分层次、分步骤、适时适度地发展信用衍生品市场，比如循

序渐进地先在国内银行同业之间进行交易，相互调剂风险头寸，重组贷款结构；国内机构投资者后参与贷款市场，外资银行和国外机构投资者再参与市场。从技术层面看，产品复杂性要求培养能够设计类似产品和熟悉交易规则的专业人才；从市场层面看，应培育流动性强的贷款二级市场，使贷款交易逐步成为资产管理和风险管理的核心内容之一；从制度层面看，应进一步完善信息披露制度和信用评级制度，特别是应加强证券交易的信息披露和公司违约信息的披露；从交易层面看，应完善包括信用衍生品设计、交易过程具体标准和细则等指导性文件。

2. 加强信用衍生品监管，防止市场过度投机

危机中 CDO、CDS 市场暴露的风险说明，信用衍生品发展的初衷是为了风险控制，如果使用方式不当，过分追求盈利，忽视蕴含的风险，反而会引发更大的风险。金融市场是个虚拟市场，市场上的供给往往取决于需求；一旦市场的投机需求占主导地位，无止境的需求将诱发无止境的供给。信用衍生品是柜台交易产品，资产品质和价格没有监管机构的审核，良莠不齐。草蛇灰线，伏脉千里；投机需求造成次贷资产供不应求，诱发大量高风险抵押贷款，为信用衍生品市场的崩溃埋下了伏笔。监管机构应坚持"实际需要"的原则，严格把好标的资产关；对于衍生产品交易必须进行严格监管，对交易目的、交易规模严格审查，确保信用衍生品不沦为投机工具。

3. 完善市场监管机制，寻求有效监管合作

发达国家和地区对场外市场的监管比较宽松，监管机构注重对金融机构合规性监管，对产品本身及其与客户交易的监管（行为监管）相对宽松。而产品发行人和代理销售机构趋利性特点，使其在产品设计和销售时会有意回避产品风险的信息披露。因此，监管机构要全面履行监管职责，加强信息披露，维护投资者的正当权益。

信用衍生品市场涉及信贷市场、场内和场外证券交易市场等多种交易市场和商业银行、投资银行和对冲基金等多个交易主体，要进一步加强监管合作，防止风险跨市场和跨界传导。对于参与市场的非银行类机构，要引导行业主管部门联手行动，及时监测风险变化情况，提高市场参与者的风险管理能力，确保对交易对手风险充分认识，增强抵御风险的能力。

4. 促进基础市场良性发展，完善和规范中介组织运作

信用衍生品的价格与信贷资产有密切关系，很大程度上取决于信贷资产的

违约率和提前偿还率，违约率攀升直接影响信用衍生品市场的健康发展。从 2006 年第四季度开始，美国房地产市场逐渐趋冷，房地产价格开始下滑，导致个人贷款用户大量违约，发放次级抵押贷款的金融机构出现大量坏账。违约率升高和利率提高引发提前还贷，信用衍生品标的资产不断恶化。由于信贷衍生品基本上是柜台交易产品，流动性差，易引发市场恐慌，导致整个市场崩溃。

回顾房价下跌到金融泡沫破灭的传导链条发现，只有标的资产良性运行，才能促进信用衍生品市场良性发展。要从源头上确保标的资产健康，在项目评估、资产定价、过程监督、信息披露等环节健全和完善相关政策法规。同时，健全信用评级制度，对证券化的资产进行客观公正的信用评估定级，为投资者正确选择提供不可或缺的依据保障。

# 第五部分

## 风险管理中的数据与科技

# 金融机构的数字化转型[*]

近年来，数字化技术正深刻重构当今社会的方方面面，金融业的数字化转型更是一日千里，成为各类金融企业面临的重要任务之一，受到广泛的讨论和关注。随着数字时代迎面而来，金融服务加速数字化，将品牌、服务等有形的竞争力融合进"数字时代"。在数字化转型实践中，金融机构依托自身固有优势，单点突破或整体推动，移动化、智能化和数据化带给客户更便捷的服务、更低的价格和更好的体验，促使金融机构将服务嵌入场景，更多新型金融服务随之而来。同时，转型过程中也不可避免地面临各种挑战，本文对国内外金融机构转型的一些现象进行总结，从现状出发，分析背后的驱动因素及影响，对数字化转型过程中必要的战略安排和举措提出建议，推动行业发展。

## 一、金融机构数字化转型现状

金融机构的数字化转型扎根于全球数字经济的繁荣发展，银行、保险、证券等主流金融机构已积极拥抱数字科技，取得了很大进展，互联网金融企业、金融科技企业同样是数字化转型的重要参与者。

### （一）数字经济长足发展，成为金融机构必修课

随着云计算、大数据、物联网、人工智能、下一代移动网络技术的逐步成熟和深入应用，数字经济正在深度重塑全球经济图景。根据第五届世界互联网大会发布的数据，2017年全球数字经济规模近13万亿美元，几乎等于2017年中国全年GDP；微观层面，2017年底，全球十大科技互联网企业市值高达4.5

---

[*] 本文写作于2019年4月。

万亿美元,而十大传统跨国公司仅有 2.9 万亿美元,数字经济已成为全球经济的重要组成部分。过往几年,我国的数字化经济发展进入了一个新的阶段,2018 年全国数字经济体量为 29.91 万亿元,同比增长 12.02%,占国内生产总值的比重上升至 33.22%,较 2017 年提升 1 个百分点。

另外,随着我国移动互联网渗透率不断提高,互联网人口红利逐步减弱,数字化发展的模式悄然改变,数字经济正从上半场的消费互联网,向下半场的产业互联网方向发展。金融无疑是与数字经济关系最紧密的产业之一,数字技术与金融科技(FinTech)的发展已引起各类机构重视,数字化转型已经成为金融机构发展过程中不可回避的必修课:国际上,巴塞尔银行监管委员会专门成立了一个工作组以提供相关洞察,探讨金融科技发展对银行和监管机构的影响;麦肯锡、毕马威、甲骨文、花旗等众多国际知名咨询机构、科技公司及银行机构不断推出相关报告,密切关注金融科技的影响,身体力行推动金融机构的数字化转型;中国更是金融科技的领先试验场,包括银行、保险、证券、互联网金融等金融与类金融机构、BAT(百度、阿里和腾讯)等大型科技公司、各级监管机构均投入大量精力与投资,积极拥抱金融机构数字化转型浪潮。

(二)银行在数字化领域已取得初步成绩

直销银行、纯互联网银行在欧美已有超过 20 年的发展历史,但其运营模式更接近传统银行。过去 10 年间,由于线上渠道发展,欧美银行存款增长和网点密度之间的关系弱化:美国最大的 25 家零售银行过去 10 年的存款规模翻了一番,但网点总量下降了 15%,荷兰的银行网点数量甚至下降了 75%,北欧 80%~90% 的银行客户愿意通过数字化渠道购买大部分金融产品,而在北美和欧洲南部这一比例为 50%~60%。中国的零售银行更是直接进入数字化销售阶段,表现在以下五个方面。

1. 电子银行成为重要甚至主要的业务渠道

银行业平均业务离柜率由 2013 年的 54.37% 上升到 2018 年的 88.67%;全国手机银行交易额占整个银行离柜交易额的比例由 2015 年的 4.01% 上升到 2018 年的 14.62%,手机银行已成为个人用户使用电子银行渠道的首选。

2. 手机银行用户数量爆发

截至 2018 年第三季度各银行手机银行活跃用户数量,工商银行、建设银行均超过 7000 万户,农业银行超过 5800 万户,招商银行接近 4000 万户,中国银行、平安银行接近 3000 万户，中国邮政储蓄银行超过 2500 万户，交通银行超过 2200 万户，民生银行近 1000 万户，手机银行已实现快速渗透。

3. 国内直销银行数量增长

截至 2018 年 11 月，国内共有 135 家直销银行（包括直销银行、嵌入在手机银行里的直销银行和数字银行），从开通比例上看，民营银行、股份制银行、城商行积极性最高。

4. 国内互联网银行实现盈利

微众银行、网商银行、新网银行三家互联网银行依托各自股东优势，2018 年均已实现盈利，商业模式得到验证，领先全球同行。

5. 香港地区虚拟银行落地

2019 年 5 月，贻丰（由腾讯、工银亚洲、港交所、高瓴等合资设立）、平安壹账通（平安集团旗下公司）、洞见金融科技（小米和尚乘合资设立）、蚂蚁商家服务（蚂蚁金服旗下公司）等主体获得香港金融管理局颁发的虚拟银行牌照，累计获批虚拟银行牌照达到 8 家，引起媒体广泛关注。

（三）保险/券商/互联网金融等行业数字化建设较快

保险方面，根据普华永道 2017 年对全球 40 个国家和地区的 189 名保险业高管的调查，在所有金融机构中，保险公司在关注金融科技方面表现最为积极；有 74% 的受访者将保险科技视为颠覆性因素，45% 的受访者表示所在公司已与相关创新公司合作。在中国保险业协会对寿险公司的调查中，76% 的调查样本公司已在业务中应用了云计算技术，62% 的寿险公司已涉足并应收大数据技术，66% 的公司已在应用人工智能技术，少数企业已在尝试应用区块链及物联网等技术的应用。

券商方面，国际领先投行近年来对数字化转型和金融科技创新的投入占税前利润的近 20%，技术人才比例高达 30%，数字化的影响显而易见：高盛纽约总部现金交易柜台的交易员由 600 人缩减至 2 人的新闻引起广泛讨论。在国内，2017 年国内券商约 90% 的经纪业务通过线上渠道开展，移动端的使用已超过 PC 端，网上开户、APP、理财产品等自动化功能已成为标配，智能选股、相似 K 线、实时盯盘、舆情监控等服务日益丰富。对国内现有的 3 万名券商投顾来说，已经进入和机器人抢饭碗的时代。

互联网金融更是直接诞生于数字化环境中，从资金端产品销售、资产端客户获取、合作方系统对接、风控审核、合同签署、贷款发放、贷后管理等全链条实现了线上化与数字化；尽管过往两年由于市场与监管等原因导致了国内互联网金融领域大量风险暴露，但毫无疑问，客户画像、大数据风控等数字化手段在互联网金融领域取得了迅速发展和广泛应用。

另外，资管、基金、第三方征信等机构也积极打造数字化能力，提供在线产品销售、智能投顾、风控等服务积极参与市场发展。

### （四）金融科技公司获投资市场青睐

鉴于金融科技的广阔市场和深远影响，国际投行近几年不断加大对金融科技公司的投资布局力度。仅2017年，高盛在金融科技领域至少投资了15家企业；华尔街六大投行均投资了人工智能投研分析公司Kensho，Digital Asset和Axoni等区块链公司也获得高盛、花旗等多家投行的投资。同样，国内从2013—2017年，仅保险科技领域有超过100家公司获得投资，146家投资机构入局，融额资超过300亿元（含上市融资）。金融科技创业公司的快速发展极大丰富了金融科技的产业生态，促进了金融领域的数字化转型。

## 二、金融机构数字化转型的推动力量及其对行业的影响

数字化转型所带来的业务发展和效率提升是客观、显著和深远的。金融机构进行数字化转型的动力，根本上来自数字技术爆炸所引起的社会环境剧变，科技公司的介入给传统金融机构带来了直接压力；长远来看，在外部压力与内部动力统一驱动下，金融机构将不断拥抱数字科技，发生革命性的变化。

### （一）数字化转型的推动力量

移动互联网技术的广泛应用和消费者行为习惯的变化构成金融机构数字化转型的基础，大型科技公司的强势进入也成为传统金融机构转型的巨大动力，监管的不断配套以及政府借助科技手段发展普惠金融的需求同样促进了金融机构的数字化转型。

#### 1. 数字环境日益成熟及消费者的开放态度

随着智能手机普及以及数字技术发展，世界各国在数字基础设施、数字产

业生态、数字科研水平以及消费者习惯等方面不断进步；中国更是走在世界前列，数字经济渗透到社会生活的方方面面。随着"80 后""90 后"逐步成为金融市场的重要参与者，消费者对从互联网/手机渠道获取金融服务持更加开放态度，已然固化的线上生活习惯加深了消费者对移动支付、手机转账、手机炒股、在线理财、网络借贷的需求，构成金融行业数字化转型的基础。根据数据预测，到 2020 年国内数字银行用户将达 7 亿户。

2. 大型科技公司推动

大型科技公司的竞争是金融机构数字化变革的重要推动力量，而中国科技公司所发挥的作用引起了全世界关注。阿里巴巴、腾讯等由电商、支付等领域突破金融市场，依靠海量用户与数据积累及领先的技术方案迅速向理财、消费金融及供应链金融、银行、保险等领域渗透，给传统金融机构带来激烈竞争，倒逼传统银行保险等机构进行创新应对，成为金融机构数字化转型的强有力推动者。

3. 不断配套的监管

从国际上看，成熟市场的监管机构仍然更具有前瞻性。如美国 2008 年发布的《现代金融监管构架改革蓝图》分别从短、中、长期提出监管改革建议，同时注重监管科技的引入和应用。国内监管层面同样随着金融科技的应用而不断丰富。银行业务方面，银监会（银保监会）在 2006 年、2014 年、2015 年和 2018 年分别出台了《电子银行业务管理办法》《关于手机支付业务发展的指导意见》《关于推动移动金融技术创新健康发展的指导意见》《银行业金融机构数据治理指引》等，用于规范前台业务发展和数据基础管理工作；中国银联也于 2017 年和 2018 年分别发布《二维码支付安全规范》《二维码支付应用规范》等文件；证券业务方面，证监会 2018 年末发布《证券基金经营机构信息技术管理办法》以加强证券基金经营机构信息技术管理，2018 年证券业协会首次将证券公司信息系统建设的投入情况纳入年度证券公司经营业绩考评；保险业务方面，2018 年 7 月发布的《中国银保监会关于切实加强和改进保险服务的通知》中，包含对互联网保险业务的相关要求，《保险电子签名技术应用规范（JRT0161—2018）》行业规范标准等。

总体上看，中国银保监会、证监会对数字化金融业务的监管相当审慎，如对直销银行、互联网银行的展业有所限制；随着技术发展，风控技术和方法成熟，监管或将进一步放松，以激发数字金融产业的活力与竞争力。

4. 政府推动数字普惠金融发展

全世界贫困发生率超过 10%，贫困人群难以获得传统金融服务，各国政府大力推动数字普惠金融。在 2016 年杭州 G20 峰会发布的《G20 数字普惠金融高级原则》中，定义数字普惠金融"运用数字技术为无法获得金融服务或缺乏金融服务的群体提供一系列正规金融服务，其所提供的金融服务能够满足他们的需求，并且是以负责任的、成本可负担的方式提供，同时对服务提供商而言是可持续的"。银保监会在 2018 年《中国普惠金融发展情况报告》指出，"数字普惠金融引领，是普惠金融可持续发展的重要出路"，数字普惠金融成为全球反贫困、缩小贫富差距的政策工具而获得支持，推动了金融机构数字化转型。

（二）数字化转型对国内行业的影响

数字化正在改变我国的经济运行模式，社会的信息流、物流、资金正处于快速数字化的大潮下，数字化已成行业突围的主要方向。基于长期积累的大数据、专业经验智慧，加快数字化转型，实现重塑再生，金融机构才能有效承担使命，赢得尊重和信任。由于金融业态区别，银行、保险和证券等行业所受影响各有不同，但也有不少影响是跨行业的。

1. 银行业：需借助数字技术争夺客户，开放银行将长足发展

（1）银行业在客户获取与业务形态层面面临更大竞争。考虑到技术和客户需求的变化，传统银行将发现原本的运营模式越来越难以维持（如移动支付对银行卡的冲击），市场地位将在所有层面受到挑战，需投入更多精力来争夺客户。虽然银行以前经历过各种技术创新，但本轮的金融科技应用在降低金融市场壁垒，提升数据价值和推动新业务模式方面有更大的潜力。同时，数字化也为以往零售服务难以触及的"长尾客户"、低资产零资产客户提供了机遇和实现商业发展的可能。

（2）直销银行进一步发展。上述竞争原因导致银行必须大力开拓线上营销和服务渠道，更多涉足直销银行（农村商业银行仍有较大空间），同时，相关监管的变化也起到积极助推作用。2018 年资管新规、理财新规和理财子公司管理办法等先后出台，理财新规将公募理财产品的销售起点由 5 万元降低至 1 万元，理财子公司管理办法不再强制要求个人投资者首次购买理财产品时到银行网点进行面签和双录，无疑给散户投资者更大的便利，扩大了辐射范围。

这些变化也显著助推直销银行发展。

（3）促进开放银行发展。由于 API 平台能极大提高银行对接外部场景的效率，近两三年，开放银行的浪潮席卷全球。花旗银行和西班牙 BBVA 银行在 2016 年已推出开放 API，2018 年欧洲与英国相出 PSD2 和 Open Banking 法规，以法规的形式要求银行在限定的时间内开放 API，中国香港金融管理局也于 8 月公布了开放 API 框架。2018 年也是国内开放银行的元年，工商银行、浦发银行、建设银行等纷纷推出 API 开放管理平台；众邦银行、华瑞银行和微众银行等民营银行也纷纷推出标准化的 API 进行展业。监管部门也在同步实施跟进中，人民银行科技司副司长陈立武在 2018 年底一次公开会议上表示，人民银行正在着手出台关于开放银行的指导性意见。

2. 保险业：业务发展将趋向自动化、精细化、场景化

（1）更加广泛的数据来源有助于保险公司改善产品设计。大数据、物联网（车联网）、无人机、基因检测以及可穿戴设备的应用，都为保险公司提供更加广泛的数据来源，充分反映被保险人的特征和异质性。如寿险业务中，原先仅根据被保险人性别、是否吸烟、是否通过体检等指标来厘定其死亡力，现在可以将客户的基因条件、饮食及运动习惯等因素都考虑在内。而对客户更深入地了解，也有助于形成更加科学的产品设计、定价及风险控制。

（2）数据处理技术改变保险业务操作模式。强大的数据处理能力使得保险公司能够快捷地处理海量复杂结构数据，改变业务操作模式：2017 年，蚂蚁金服基于图像识别检测技术与人工智能推出了"定损宝"，上传受损汽车全景及受损部位细节照片，系统自行分析损伤程度并计算定损金额；另外，指纹识别、人脸识别等技术也改变保险公司核实客户身份的方式，区块链技术用于反欺诈等都改变保险公司业务操作模式，提升自动化水平。

（3）数字化技术支持场景化和个性化的保险产品。移动互联技术使得用户可通过移动端随时随地购买保险产品，如日本 Tokio Marine 与移动运营商 NTT DoCoMo 合作，基于手机定位，自动向用户手机推荐可能需要的保险产品（一次性旅游意外险等）；同时，互联网技术使保险公司可以较低的成本服务客户的差异化需求，如美国保险公司 Metromile 为低里程的汽车车主提供按驾驶里程计费的车险，为年行驶里程在 1 万英里以下的车主节省约 40% 的保费。

可以预见，在保险科技充分运用后，保险行业将可能趋近诺贝尔经济学奖获得者肯尼斯·约瑟夫·阿罗所提出的完美的风险转移模式：根据风险偏好不

同，每人可以自由、自愿、公平地进行风险交易、风险交换，达到个人福利最大化。

3. 证券业：数字技术或促进行业竞争格局改变

（1）数字化技术支持证券公司差异化发展。受市场整体环境影响，中国证券业总收入自 2015 年以来大幅下跌，利润率显著下滑；同时，行业集中度上升，2018 年 10 家大券商净利润占行业比提升至 73%，较 2017 年大幅提升 10 个百分点，中小券商同质化、小而全、低价格的发展模式将难以为继。数字化技术的发展，可支持券商深度洞见细分市场客户需求，提供有针对性的定制化、敏捷服务，支持券商差异化发展；而头部券商拥有更强大的科技投入能力，进一步强化竞争优势，促进行业整合。

（2）客户对交互能力提出更高要求。技术能力与客户需求将持续互相促进，未来客户需要更迅速的信息更新，更贴切的投资建议，更丰富的信息来源，更科学的市值管理等，对券商的服务能力提出要求。如高盛开放了基于其核心系统的客户接入平台，为客户提供基于云计算的加密即时通信，整合了道琼斯、汤姆路透 Eikon 等公司服务，作为行业分发平台，帮助机构客户进行安全沟通、定价和报价，最终实现卖方赋能买方。

（3）大数据技术驱动券商基础能力标准化。专业人员个人能力对券商业绩至关重要，如研究团队、投资团队是否知名直接影响市场对券商能力的评判，而关键人员的频繁流动成为行业中的共性问题。大数据、人工智能系统的应用，有助于券商对基础能力进行标准化，如数据资料整理、分析框架搭建、投资机会发掘、重点风险扫描等。尽管优秀员工的职业敏感和市场洞见能力仍然难以替代，但数字技术可以显著提高工作效率，减少疏漏与错误，一定程度上降低对个别人员的依赖。

4. 一些共性影响

数字技术的体系化应用必将对金融行业的生态产生深刻影响，数字化转型将在不同的金融业态推动一些共性的进步与提升。比如，更加强大的线上销售渠道，通过移动互联技术增加对长尾客户的渗透，构建客户 360 度视图，大数据精准营销，数字化风控及反欺诈技术的应用，通过自动化及 AI 技术提升运营效率并减少人工，强大的后台数据平台的建设，有力的客户信息保护措施，以开放姿态构建围绕主营业务的金融生态圈等。

## 三、金融机构数字化转型存在的问题和挑战

金融机构已经在数字化转型方面取得相当成果,但毫无疑问这些工作仅仅是个开始。不论是金融机构还是消费者,不论是技术本身还是技术团队,主观和客观上都还面临诸多深层次挑战。

### (一) 数字化起步晚、基础弱

客观看来,国内金融机构数字化转型开展时间尚短,处于起步阶段,多数机构在数字化能力方面仍然基础薄弱:一是数据基础较差,在过往缺少数据应用的情况下,历史沉淀数据未形成统一标准,质量参差不齐,大量非结构化数据仍无法处理,而中小金融机构更是数据积累较少,甚至不能满足构建风控模型所需,距大数据尚有距离;二是硬件条件不足,有待长期投入,如某银行2017年仅有自助机具580多台,配置不足;三是技术基础方面,各种业务与管理系统往往应业务开展基础需求及监管要求而建立,而非面向未来所构建,IT基础设施的改造可能导致巨大成本。

### (二) 部分机构数字化转型尚未做到以客户为驱动

网页、手机客户端是金融机构数字化转型面对消费者的直接窗口,但目前金融机构线上产品中存在同质化严重、创新不够等问题,如直销银行往往标配货币基金和灵活计息存款,然后配以保险、基金类第三方理财和票据类产品;同行业机构的客户端功能往往类似,客户登录后,内容繁多,界面复杂,不能简单明了地进入自己所需功能界面。另外,内部的大数据分析、流程自动化的尝试流于形式,未被员工广泛接纳应用,效果未能体现。金融机构的数字化转型可能是"为转型而转型",尚未真正以客户体验为驱动,未能做到战略、组织、系统、文化全方位系统化的转型安排。

### (三) 基础科技发展尚并不完备

相对而言,大数据、云计算技术已相对成熟,实现了广泛的应用,但在具体应用层面,仍存在用户画像简单化、静态化,场景单一等问题,数据挖掘深度较低。在大数据风控方面,也存在模型同质化、外部数据来源趋同,无法体

现金融机构的独特性。

人工智能、区块链技术的商业应用成熟度相对较低，且需要前期投入大量研发资源（如对人工智能的训练），当前人工智能的利用仍处于较低水平，智能化较低，而区块链的应用仅处于探索阶段。金融机构应着眼长期技术战略，盯紧最新技术动态，推动新技术的成熟与落地。

### （四）金融科技人才欠缺

专业人才欠缺也是数字化转型需重点关注的问题。个性化、场景化产品的提出需要具备贯通金融与科技知识的人才，但行业中既了解金融又了解技术的人才稀少，不少金融机构在招聘及留住具有相应创新能力的人才方面面临困难。金融机构需加大人才引进、培养力度，突破团队激励方式，以支持数据战略推进。

### （五）投资者教育不足

国内金融投资者对市场、风险的整体认知程度较低，看重短期收益，默认发售者刚兑。但实际上，成功的财富管理需要投资人具备长期价值投资的定力、构建资产组合的必要经验，以及投资者风险自担的基础认知。不论线上还是线下投资，不论产品来自哪类机构的 APP，都需要投资人判断投资产品是否符合自己的投资策略与风险偏好。在数字化转型过程中，建立客户对线上渠道、智能投顾的信任，以及培养客户独立判断的警觉和习惯，都需要长时间的积累。

## 四、数字化转型的战略思考

金融机构实施数字化转型，需要从战略层面进行一些原则性安排，并制定重要战略举措，逐步推进。

### （一）总体战略规划

总体的数字化战略规划事关全局，应获得企业最高管理机构的重视，应重视差异化和基础能力建设。

#### 1. 确立长期数字化战略规划，制订短期行动计划

数字化转型活动涉及金融机构的前台、中台、后台各部门，需要从产品设

计、渠道形态、业务流程、信息系统、组织架构、组织文化等层面进行全方位变革，所需时间跨度大（一定意义上，这场变革没有尽头）。因此，金融机构管理者需要具备面向未来的变革愿景，以前瞻思维制定中长期（如三年至五年）的数字化转型战略，统筹推进变革事项，并应以年度为单位制订行动计划以逐步落实规划目标。

2. 数字化转型应以客户体验为中心

任何变革都是为了确立竞争优势，而确立竞争优势的根本在于满足客户需求，数字化转型亦是如此。金融机构应积极利用数字化技术，更好地了解客户需求：如"90后"银行客户的资金管理有何习惯，高净值人群在不同省份分别有何特征，二孩家庭对保险产品有何特殊偏好，等等；同时，金融机构应利用先进科技，更快更好地满足这些特色化需求，以科技为驱动形成更了解客户并更好地服务客户的良性循环。进而，金融机构应以服务客户为中心，构建适应数字化目标的组织架构，并协同产业链及外部合作伙伴，进行生态化的能力提升。

3. 数字化转型应体现金融机构资源与业务特色

金融行业存在大、中、小规模不同的机构，所有制性质、股东背景、设立过程各不相同，所担负使命、所掌握资源、可投入资金差异巨大，不同金融机构的数字化转型必然面临不同路径。一般可以归纳出三类有代表性的数字化转型模式：大型机构的全能化数字化转型，细分领域领先机构在细分业务中的领先数字化创新，以及中小型金融机构跟随行业进行的渐进式数字化改革。金融机构数字化转型战略应以资源禀赋为前提，明确公司业务定位和目标客户，有的放矢地投入资源，逐步建立同业领先地位或差异化竞争优势。

4. 注重基础能力建设

金融机构应进行数据治理，明确数据属主，规范化、系统化数据管理；建设基于大数据的分析平台，收集多来源的内外部数据，建立分析模型，并将挖掘应用在多个业务条线和领域。同时，金融机构应对现有业务进行数字化改造，对线下网点进行智能化、数字化改造，提升客户体验和品牌，并优化人力资源结构；利用数字化手段改造现有全业务流程，尤其是前端销售；将现有多业务条线的业务进行线上化改造，提升业务效率，并加强多渠道的协同。

## （二）重要战略举措：以银行业数字化转型为例

这里以银行机构的数字化转型为例，举出几项短期可落地的重要战略举措，其他类型金融机构或可借鉴。

1. 明确价值主张，提升客户体验

以直销银行为切入点，明确直销银行的价值主张：以习惯线上生活的中上收入人群（25～45 岁、年收入在 10 万～100 万元处于大众中上游及富裕人群、习惯线上生活且自主能力强）及中小微企业客户群，特别是小微客户为目标市场，深入挖掘客户的需求，提供具有切实价值的创新产品，提供卓越的客户服务和便利性，银行金融服务以外其他个性化服务，如理财、基金、游戏、缴费等。同时，通过适当的产品和高品质服务以提高品牌知名度和产品认知度，提升银行品牌的影响力。

2. 打造智能化网点，现有业务线上化，夯实基础

打造智能化新型网点，在重点城市高人流量区域设立含有 VTM 等示范性的智能化数字化网点，结合多种不同形态的自助设备来满足多种客群的需要。银行可以设计多种数字化网点的形态，以服务不同地区客户群体的需求。另外，银行客户链中有许多可以进行数字化提升的业务流程节点，应进行端到端流程数字化改造，实现线下向线上渠道迁移；前端的销售和分销更易于速赢，通过数字技术与传统流程相结合，可以快速提高前台产出，直接产生转型效益，形成较大的影响力。通过物理网点的智能化与自助化，以及线上银行渠道不断渗透，实现银行业务向线上迁移，最终实现高效无缝的多渠道协同。

3. 拓展合作关系，发展金融生态系统

同拥有大量客户的企业建立合作伙伴关系，通过 API 开放平台等方式，发展金融生态，扩展零售客户基础；潜在的合作方包括电子商务等大型互联网企业，线下零售商店，电信和设备制造商，旅游服务业、教育、医疗和宗教机构，其他金融服务供应商和大型企业集团等。例如，银行可将重点行业核心企业作为合作伙伴，接入其采购、销售、财务等系统，利用其掌握的数据资源，提升针对供应链的在线金融解决方案，降低信贷门槛和借贷成本，提升作业效率和服务体验；这样通过核心客户带动上下游潜在客户，帮助核心企业优化其上下游供应链，同时银行获取了供应链生态圈客户群，绑定了客户。

4. 大力发展社区服务点，开展 O2O 交互式金融服务

O2O 展业可以通过社区银行网点为落脚点提供延伸服务。银行可与社区有关门户合作，导入流量及提供金融服务接口，线下通过社区网点进行落地，提供亲民便民金融服务。在布局社区银行网点时应深入分析周边居民和竞争对手情况，确定合理的网点地址；可与知名的社区类网站或生活服务类网站进行合作，导入指定社区相关服务信息，提供生活相关信息的交流；提供线上、线下的交互式金融服务整合，包括缴费、服务预约、理财咨询等。

5. 通过投资、合作等方式快速捕获互联网金融的优质机遇

结合外部市场发展机会，筛选优质企业，通过投资、参股等方式进行合作，快速捕获机遇，做大业务组合。采取股权、债权等形式进行合作，促进新业务机构在短周期内快速市场化。在筛选对象过程中，可与外部投资机构合作，一起介入对象的评估、投资和后续管理；吸引有行业背景的优秀企业家，为创始团队建立有力的股权机制，快速扩大新业务规模。

6. 夯实数据治理基础

金融机构应根据中国银保监会发布的《银行业金融机构数据治理指引》开展数据治理工作，搭建相应的管理机构和制度流程，明确数据属主，推动数据管理的标准化、系统化建设。

规划和规范大数据治理标准：大力推进数据标准化，对于数据收集、建模、分析、应用中进行统一合理的规范；明确数据治理规则体系，包括数据权属、角色、工具、流程、业务规则等。

完善客户核心数据信息：内部而言，系统性补充完善现有及新增客户信息；外部而言，通过市场购买客户清单及重要信息。

建设和优化业务分析系统：建设数据仓库及分析性 CRM 等关键系统，强化数据分析的组织保障，并提供对应的绩效管理；梳理运营流程，节能增效；加强总分支机构、各业务线分析团队的能力培养。

挖掘数据治理价值：通过大数据技术深入挖掘内外部数据价值，如挖掘存量价值客户并提供定制产品服务；基于内、外部渠道的信息获取新客户；深度经营客户，制定挽留提升、交叉销售等服务策略；针对细分市场推进产品创新、设计产品捆绑；基于客户风险及收益性特征，设计定量模型，提升风险管理及风险定价水平。

7. 建立新的组织架构和支持体系

金融机构可针对数字化转型出现的线上线下整合的渠道模式,进行组织机构调整,必须独立的团队单独设置,可以共享的职能集中共享,并引入差异化的激励机制,支持快速推出产品和服务。

根据数字化战略的实施进度建立高效、灵活的 IT 系统,视具体情况对原有系统进行升级改造或引入新的系统,推进灵活开发、交互友好、安全稳定、分析引导的 IT 系统。

金融机构应将业务流程、组织架构、IT 系统进行系统化整合,比如,为打造敏捷型组织,一定场景中可以考虑将 IT 和风控内嵌至业务一线,采取双线汇报模式,成立项目制的"数字工厂"并打造创新实验室,相应的 IT 人员的考核激励应和业务高度关联。

8. 积极保护消费者个人信息安全

2016 年生效的欧盟《通用数据保护条例》(GDPR)被称为史上最严数据保护法,并引起了一些关于监管条例与数字战略存在潜在冲突的担忧。

中国对于个人信息安全方面的立法在近两年同样采取了重要举措:在原有《电信和互联网用户个人信息保护规定》等法规基础上,2017 年《网络安全法》开始实行,2018 年国家标准《信息安全技术 个人信息安全规范》(GB/T 35273—2017)实施,企业对个人信息的收集、保存、使用、处理、转让等行为面临了更多具体的合规要求。在数字化转型的过程中,意味着金融机构所持有的数据将更大程度上暴露在风险中,金融机构应强化信息安全意识,建立相应的管理机制与工具,落实监管要求,加大相关投入,保证在数字化转型过程中合法合规收集利用客户信息,维护消费者的合法权益。

# 商业银行的数据治理[*]

现代商业银行的风险管理越来越体现为以数据为基础、计量模型为工具、风险指标为决策依据的体系。商业银行的风险数据从薄弱到丰富,实现风险数据的梳理、汇总及整合,并建立起统一、强大的风险数据管理体系,数据质量及管理水平显著改善,从而支持复杂的风险计量和管理流程。近年来,除了数据本身的大规模增长以外,银行业面临更大的挑战是大数据及互联网金融带来的业务挑战。大数据及互联网金融的蓬勃发展推动数据型风险管理模式进一步升级,从广度和深度得到充分扩展,给商业银行风险数据体系搭建带来了巨大的挑战和机遇,要求商业银行风险管理者具备充分的想象力和开创性,在数据技术、数据需求、框架设计等方面将二者有机结合,提升竞争力。

具体而言,商业银行要明确数据质量管理组织架构,对数据质量持续评估、数据质量问题管理、数据质量主动提升及被动清洗以及数据质量执行评估的相关流程进行规范,采取银行业务、系统与数据的三位一体整合理念,持续推进数据标准与数据质量体系的建设,为风险管理能力的提升夯实技术与数据基础。同时,商业银行在数据治理标准中,要对数据标准制定的总体背景以及当前制定情况作介绍,详细说明数据标准的概念与框架体系,阐述数据标准制定的意义,包括减少同义不同名、同名不同义的情况,统一代码取值、编码规范与业务理解等;还应归纳数据标准的制定过程,包括梳理、筛选、归纳制定与修订发布。最后,商业银行在数据标准应用方式中,应对数据标准的常见应用场景进行阐述,并详细解释如何在业务需求规格说明书中应用数据标准,及后续如何维护数据标准。结合现行实践,本章就这些方面在商业银行风险管理中的应用加以分析。

---

[*] 本文写作于 2015 年 12 月。

## 一、数据治理组织架构

数据治理组织架构是确保数据治理目标能够得以实现的保障。各种管理制度、规范都必须依赖组织架构才能顺利施行。良好的数据治理组织架构可以从企业的视角协调、统筹各个层面的数据治理工作,明确部门职责与角色职责,建立跨部门的有效协作机制,保障数据治理体系正常运转。

基于成熟的数据治理方法论,参考同业领先实践经验,当前已形成了有代表性的数据治理组织架构(见图5-1),其中包括董事会及高级管理层、数据治理委员会、数据治理主管部门,以及数据治理执行部门。

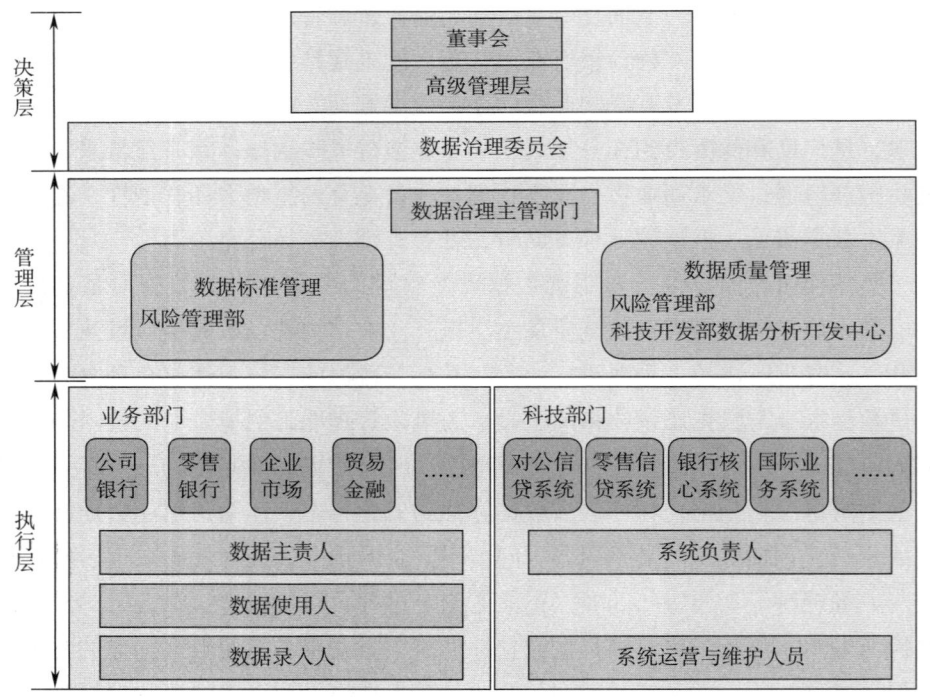

图5-1 有代表性的数据治理组织架构

作为数据治理的决策层,董事会、高级管理层与数据治理委员会需要高度重视并积极推动数据治理工作。银行董事会应制定明确的政策,将本行数据治理（涵盖数据标准管理与数据质量管理）纳入内控合规体系和战略规划之中，并定期对其有效性和执行情况进行评估。高级管理层应确立数据治理的目标，明确职权和责任，定期对本行数据治理水平进行评估，并有效落实数据治理问责制。数据治理委员会由主管风险和科技的行领导担任主任，总行各部门负责人担任委员，负责监督落实数据治理各项职责，督促建立数据治理管理体系，统筹协调重大事项与争议问题，并定期向董事会与高级管理层汇报数据治理的整体执行情况。

数据治理主管部门是数据治理的管理层，其中，数据标准管理由总行风险管理和科技作为主管部门，数据质量管理由风险管理部与科技开发部作为联合主管部门。数据治理主管部门负责全行数据统一管理工作，包括数据治理工作计划的制订、组织与开展数据治理工作，在执行过程中组织与协调相关资源、监督与评估数据治理工作效果等，并针对重大事项与问题向数据治理决策层上报。

总行其他各部门、分行是数据治理的执行层，负责执行数据治理相关的流程规范工作，遵守相关监管政策，并配合数据治理主管部门的监督。

当前商业银行数据治理组织架构刚刚形成，数据治理的决策层、管理层及执行层需要互相支持并积极配合，共同提升全行数据治理认知程度，进而推进数据治理体系建设，从而保证全行数据管控工作的有效开展。

## 二、数据标准及数据质量管理流程

在数据治理组织架构形成的同时，数据标准管理流程及数据质量管理流程也要建设完毕，并在今后的数据治理工作中进行遵循。

如图 5-2 所示，数据标准管理流程包括年度计划制订、数据标准制定、数据标准发布、数据标准落地执行，以及数据标准评估。

年度计划制订是指基于银行年度业务管理目标与信息系统建设需求，并充分考虑外部监管要求及银行业务和技术发展对数据标准的要求，制订数据标准年度工作计划。数据标准主管部门将基于各部门对年度计划的建议，结合本部门的工作现状及实际需求，拟订年度计划，并报请数据治理委员会审阅。

数据标准制定是指为确保数据标准有效反映银行业务发展变化情况，对其内容进行新增、修订、废止的过程。数据标准主管部门将根据年度工作计划开

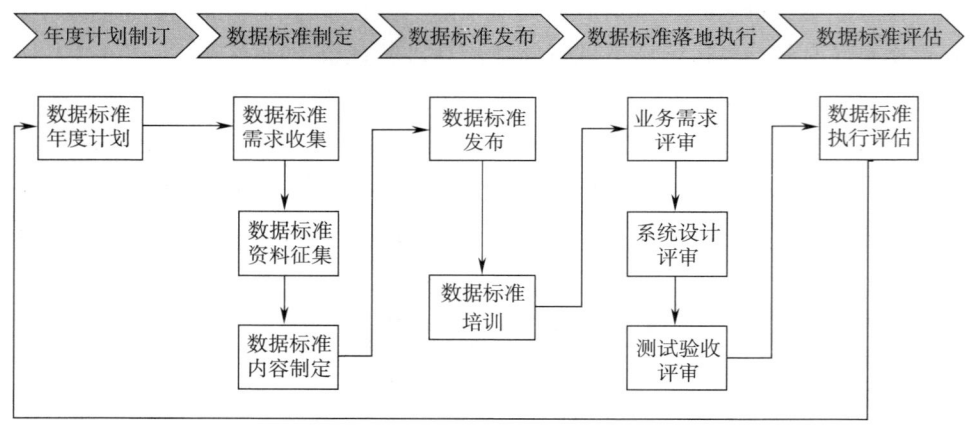

图 5-2　数据标准管理流程

展数据标准制定工作，总行各部门、分行若有数据标准制定需求，应向主管部门提出，主管部门牵头进行标准制定。

数据标准发布是指数据标准在全行范围内的公布，公布内容涵盖新增、修订及废止的最新标准结果。数据标准新增、修订、废止的内容，由数据标准主管部门通过全行发文的方式进行通告，并更新数据管控平台内的相关内容，对于个别修订内容，则不进行发文通告。此外，在数据标准发布的同时，主管部门还会向各部门提供数据标准相关培训。

数据标准落地执行是指在日常业务管理中，以及在信息系统建设中执行数据标准。数据标准主管部门负责牵头，在科技部门的配合下监督和检查数据标准在全行系统中的落地执行情况，对标准落地不到位的系统采取必要措施，以保证数据标准持续有效贯彻执行。

数据标准评估是指对已发布的数据标准内容、数据标准执行、数据管控平台应用情况、数据标准管理工作等方面进行全面的评估，以确保数据标准管理能够适时反映业务需求的发展变化。评估周期原则上不超过一年，由数据标准主管部门基于调研结果，联合各部门拟定评估报告，并报请数据治理委员会审阅。

数据质量管理流程包括年度计划制订、数据质量持续评估、数据质量问题管理、数据质量主动提升、数据质量被动清洗，以及数据质量工作评估（见图5-3）。

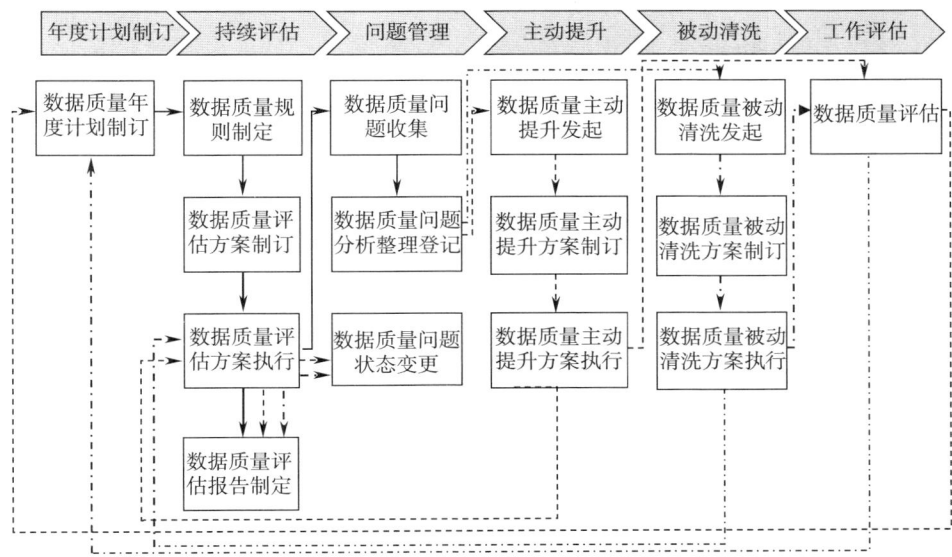

图 5-3 数据质量管理流程

年度计划制订是指基于银行年度业务管理目标与信息系统建设需求，并充分考虑外部监管要求及行内业务及技术发展状况，制订数据质量年度工作计划。数据质量主管部门基于各部门对年度计划的建议，结合本部门的工作现状及实际需求，拟订年度计划。

数据质量持续评估主要包括数据质量规则制订、数据质量评估方案制订、数据质量评估方案执行、数据质量评估报告制定四项工作内容。数据质量主管部门负责从业务系统、数据主题等评估对象出发，定期对其数据质量进行评估，并给出评估结果。

数据质量问题管理主要包括数据质量问题收集，数据质量问题分析，整理、登记、数据质量问题状态变更三项工作内容。数据质量主管部门应基于部门日常工作，以及数据质量评估中发现的数据质量问题，结合数据标准制定内容，进行问题的持续跟踪与解决。

数据质量主动提升主要包括主动提升发起、主动提升方案制订、主动提升方案执行三项工作内容。数据质量主管部门负责牵头，业务部门及科技部门共同完成主动提升工作，对数据质量问题进行根源性、彻底性的修正，包括存量数据清洗及业务功能完善。

数据质量被动清洗主要包括被动清洗发起、被动清洗方案制订、被动清洗方案执行三项工作内容。数据质量主管部门负责牵头开展被动清洗工作，对存量数据进行临时性的清洗，以在短期内快速地解决存量数据的数据质量问题。

数据质量工作评估是指对数据质量管理工作执行、数据管控平台应用情况等方面进行全面的评估，以确保数据质量管理能够适时反映业务需求的发展变化。评估周期原则上不超过一年，由主管部门基于对各部门的调研结果制定工作评估报告。

## 三、数据标准引用方式

数据标准只有被持续应用到日常工作中，才能体现它的价值，并不断保持生命力。业务人员及科技人员需要在业务需求书、发文报告以及系统设计中，引用数据标准来规范相关数据项的各项属性。由于数据标准在制定过程中，对于名称及业务定义相似，或相近的数据项，进行了一定的归纳及抽象，因此数据项与其所对应的数据标准，经常会出现名称、定义或代码取值不一致的情况。在业务部门撰写需求书及将来需求落地时，对于匹配上数据标准的数据项，建议的数据标准引用方式如下：

（一）数据项与数据标准所述对象完全一致的情形

当数据项与数据标准所述对象完全一致时，建议完全引用数据标准的各属性项。

示例：零售信贷全流程系统中数据项"性别"。

经判断，该数据项与基础数据标准中"性别"（IP0000xx）完全一致。故业务部门在撰写需求书及将来需求落地时，需要完全引用该数据标准的各个属性项，包括名称、业务定义、数据类别、代码扩展定义等。

（二）数据项与数据标准所述对象不完全一致的情形

当数据项与数据标准所述对象不完全一致时，建议根据所对应的内容，部分引用数据标准的属性项。具体的引用方式如下：

1. 数据项较数据标准更为具体

由于数据标准对数据项进行过一定的统一及抽象，因此往往无具体的业务场景，或业务场景大于数据项的业务场景，对于该类情况，建议对数据项从名称、业务定义及各技术属性，在标准抽象的层面，进行部分规范。

示例：银行客户信息管理系统中数据项"注册地址"。

前期在制定数据标准时，对地址进行了一定的统一及规范，抽象为基础数据标准"物理地址"（GI00000x）。而数据项"注册地址"，在地址的基础上增加了业务场景"注册"。对于该数据项，建议业务部门在撰写需求书及将来需求落地时，在"地址"部分引用数据标准"物理地址"。如其名称建议修改为"注册物理地址"，其定义可参考数据标准中的定义，相应修改为"指客户注册的物理地址，物理地址是指具体的、完整的地址描述信息，完整的物理地址由'国家和地区＋省＋市＋县＋详细地址（邮政编码）'组成，其中国家和地区、详细地址、邮政编码均遵循相关标准，省、市、县遵循数据标准'行政区划'"，数据类别、度量单位、取值范围、数据长度等技术属性均引用数据标准。

2. 数据项代码取值部分引用

在代码类数据标准的制定过程中，为了保证标准的适用性，代码取值往往较为全面及完整。而对于特定业务场景下的代码类数据项，常不需要所有的代码取值。对于此类情况，在进行标准引用时，需保证数据项的代码取值包含于数据标准的代码取值中。具体的引用部分进行相应说明即可。

示例：车贷系统中数据项"主要担保方式"。

经判断，该数据项可引用数据标准"贷款担保方式（人行标准）"（AR000xxx），但代码取值只需引用数据标准的第一层分类即可。则在撰写需求书及将来需求落地时，建议除代码取值外的所有部分，均引用"贷款担保方式（人行标准）"，并在代码取值部分说明"取数据标准'贷款担保方式（人行标准）'代码取值的第一层分类"。

3. 数据项与数据标准范围不同

数据标准在制定过程中，由于可行性的问题以及业务需要，某些数据标准并未抽象至最高的层面，因此，也会出现数据项与数据标准所述业务范围不同的情况。对于这一类数据项，可以参考数据标准的相关属性，并在合适的时候，对数据标准进行进一步完善。

示例：银行客户信息管理系统中数据项"个人客户开户日期"。

当前存在基础数据标准"对公客户开户日期"（IP000xxx）（指对公客户

在银行核心系统首次建立客户号的日期），该标准可供业务部门撰写需求书及将来需求落地时进行参考，如其业务含义等。此外，建议考虑制定数据标准"个人客户开户日期"，并判断是否需要与"对公客户开户日期"整合成同一标准"客户开户日期"。

数据标准的持续应用是一个全员参与、长期、坚持不懈的过程，需要各业务部门及科技将其当成一项日常工作，持续不断地坚持下去，数据标准主管部门在今后工作中，也会指导、协助并监督各部门更好地引用数据标准。

## 四、数据质量评估体系

数据质量评估体系，旨在全面地、准确地、客观地反映商业银行数据质量的当前状况，通过对数据质量规则的统一汇总及管理执行，结合相应数学模型，定量地评估数据质量好坏，同时，给出数据质量提升的优先顺序建议，从而为银行逐步提升数据质量打下坚实的基础。

如图5-4所示，数据质量评估体系包括评估维度与评估规则、评估方法、评估报告、数据管控平台四部分内容。

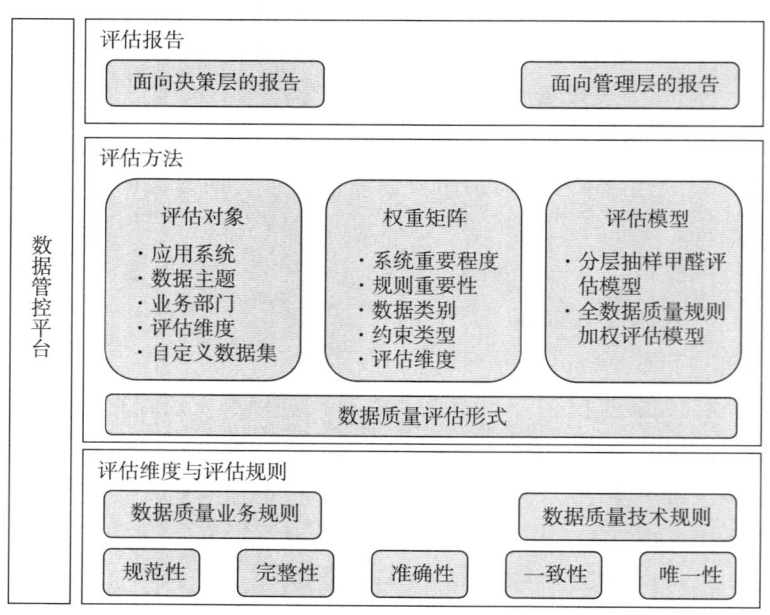

图5-4 数据质量评估体系

评估维度与评估规则是数据质量评估的基础，主要解决从什么角度、按照什么规范、执行什么规则来进行数据质量的评估。在参考有代表性的数据质量管理方法论与行业领先实践基础上，结合商业银行实际情况，制定数据质量评估维度与评估规则，其中，评估维度反映了对数据项进行质量评估的角度和关注点。根据先进商业银行的数据质量管理方法论，结合行业领先实践经验与一般银行现状，数据质量评估维度分为规范性、完整性、准确性、一致性和唯一性。根据对数据项的质量要求的粒度不同，评估规则分为数据质量业务规则与数据质量技术规则两类。数据质量业务规则和具体的系统无关，反映了在业务层面数据用户对数据质量的需求；数据质量技术规则是数据质量业务规则在系统中的应用，反映对系统中具体数据项质量评估的要求。

评估方法主要为解决在建立上述具体数据质量技术规则之后，如何对数据质量技术规则进行度量，按照什么算法对评估对象进行综合评分。从结构上分为评估形式、评估对象、权重矩阵、评估模型四大类。其中，评估形式是指对数据质量进行评估的形式。根据形式不同，分为主观评估法和客观评估法。实际应用中，以客观评估法为主，主观评估法为辅。评估对象是开展数据质量评估的目标单元，如应用系统、数据主题、业务部门、评估维度、自定义数据集等。对某个具体评估对象开展数据质量评估时，实际上是对该评估对象下所含的所有数据质量技术规则执行结果的综合评估。评估对象的数据质量得分反映的是其所含的所有数据质量技术规则得分的综合值。由于不同的数据质量技术规则对评估对象的最终得分的贡献不同，因此需要针对每条数据质量技术规则设置对应的权重。权重设置时需要考虑多种因素，包括数据质量技术规则相关数据项所属系统的重要程度、相关数据项的约束类型、数据类别、评估维度等。各影响因素，以及各影响因素的贡献程度共同构成数据质量技术规则的权重矩阵。通过权重矩阵来对每条数据质量技术规则设置权重。

每个评估对象下具有多条数据质量技术规则，评估模型主要是解决在通过客观评估法计算每条规则的具体得分且通过权重矩阵为每条数据质量技术规则赋予权重之后，通过什么算法来综合每条规则的具体得分和其对应的权重，获取评估对象的最终得分。在数据质量评估时，根据是否检核评估对象下的所有数据质量技术规则，评估模型分为分层抽样加权评估模型和全数据质量规则加权模型，为确保数据质量评估结果能够较全面地反映评估对象的质量好坏，当前在实践中，采用全数据质量规则加权模型。

评估报告旨在全面、客观、及时地向数据质量管控工作相关的决策层、管理层汇报评估对象的数据质量情况。根据汇报对象的不同，分为面向决策层和面向管理层的报告。

数据管控平台质量管理模块，是负责对上述评估维度和标准、评估方法、评估报告等内容进行装载和实现的应用信息系统平台，该平台的各项功能应配合投入正常使用。

## 五、数据治理的循序渐进

商业银行数据治理建设工作开展，数据治理整体框架的逐步形成，包括在数据治理体系架构、数据治理流程、数据标准、数据质量评估、数据管控平台等方面，均应形成丰富的产出，包括改善风险数据质量、建立风险数据集市、建立起风险数据质量标准（风险数据的类型、字段、存储数量、校验规则等）；并按照数据质量标准通过内部产生或外部购买的方式开始收集积累风险数据。对于人工录入的数据，通过加大人员培训及管理力度，改善数据质量。然而，数据治理工作并不是一蹴而就的，而是需要循序渐进，并坚持不懈地开展下去。下文将从数据标准建设、数据标准应用、数据质量评估及完善等角度，结合风险管理的实践，浅谈一下对后续数据治理工作的思考。

首先是数据标准建设工作，银行在数据标准建设时，制定基础数据标准和指标数据标准；同时，基于风险数据集市、信贷系统数据字典、新建重要系统需求、风险监管报表中重要并广泛使用的数据项，补充制定数据标准；此外，也应对网银、银行卡、贵金属、押品、渠道、风险模型等业务领域进行数据标准的完善工作。

除数据标准补充完善工作外，数据标准在信息系统建设中的应用也是后续数据治理中的一项重要工作。要在数据标准管理流程已经形成、管理办法已经颁布的基础上，针对所有新建系统，开展数据标准应用的落地执行检查。银行各相关部门需要在新建系统的业务需求规格说明书和系统规格说明书中，使用数据标准规范与其相关数据项的各项属性。同时，开发人员需要参考设计文档，使用数据标准规范系统中的相关字段；测试人员需要对数据标准的应用情况进行测试。

作为数据治理的重中之重，数据质量评估与提升也将在今后成为常态化的工作。在数据质量评估体系建设完成后，依托数据管控平台，可以对银行各业务系统、各部门、各数据主题等评估对象，开展数据质量的评估与提升工作。为充分利用数据质量建设成果，还可以针对"信贷风险管理系统""零售信贷全流程系统""汽车金融服务系统"，以及"小企业系统"等，开展数据质量评估工作，对重大的数据质量问题进行成因分析及解决方案的研究，并逐步提升其数据质量。

## 六、应对风险数据变革的建议

大数据正在以一种重要生产要素的角色，得到人们越来越多的重视和应用。我国商业银行应借鉴国际经验，通过建立数据集市实现统一收集、整理和存储风险相关所有基础数据，实现基于大数据量模型的加工计算，统一基础数据、提升数据共享，有效降低系统复杂程度的同时提高数据处理速度并改进质量。同时，为银行各层级人员在数据治理工作中有代表性的重点内容进行讲解。

（一）业务和科技部门如何在系统建设时引用数据标准

对业务部门来说，在系统建设时，需要在业务需求规格说明书中体现对数据标准的引用情况。具体来说，在业务需求规格说明书对输入输出项各属性描述的同时，增加"对应标准编号"栏位，若该数据项有对应的数据标准，则填写相应的数据标准编号，若无，则填写"N/A"。

对科技部门来说，在进行系统详细设计时，需要在系统规格说明书中体现对数据标准的引用情况。具体来说，在系统规格说明书对系统字段描述的同时，增加"对应标准编号"栏位，在栏位中，参考业务需求规格说明书中相对应数据项的数据标准引用情况进行填写，以保证系统规格说明书与业务需求规格说明书的标准引用情况一致。此外，科技部门在进行系统集成测试之前，撰写测试计划时，需要体现对数据标准引用情况的测试计划。

（二）如何理解与使用数据质量评估报告

数据质量评估报告是对一定范围内的数据质量，进行统一评估与结果展现的载体。它采用量化评估的方式，展现该评估对象数据质量的好坏情况。首先，在报告中，要给出当前系统的数据质量总体得分及存在一定数据质量问题的比例，也给出信贷风险管理系统与零售信贷全流程系统、汽车金融服务系统的横向质量对比情况、与之前几期系统得分的纵向对比情况。在总体评估的同时，报告要给出信贷风险管理系统在各评估维度（规范性、完整性、准确性、一致性、唯一性），数据主题（团体、产品、协议、财务、资源项、事件、公用）下的得分明细情况，同时对数据质量规则的数量及权重进行一定的分析。后续开展数据质量提升工作时，可以优先考虑得分较低的评估内容。

为了能更好地指导数据质量提升工作，在报告中，要将质量评估所遇到的数据质量问题所对应质量规则的权重以及问题记录数比例，按重要程度分为重大问题、重要问题、一般问题、没有问题四类。同时，在报告中也列示重大问题的描述及问题数量。后续将按照重要程度的优先级顺序，从重大问题开始，进行问题的整理、登记、成因分析，以及解决方案研究，并逐步解决这些数据质量问题，从而提升数据质量。

### （三）如何依托数据质量评估体系对特定评估对象开展数据质量评估

评估对象主要分为业务系统、部门、数据主题、评估维度，以及自定义评估集。各部门在开展数据质量评估时，首先需要确定本次评估的评估对象。对评估对象的数据质量评估，实际上是对该评估对象下，所辖数据质量规则的综合执行检测。在确定评估对象后，可向数据质量主管部门提出数据质量评估需求。数据质量主管部门在收到评估需求后，会检查该评估对象下的数据质量规则是否完整，若不完整，会协同提出需求的部门一起，补充完善数据质量规则。随后，数据质量主管部门将与需求部门一起，拟订数据质量评估方案，包括权重矩阵设置、评估参数的确定。在数据质量评估方案确定之后，主管部门将基于数据管控平台质量管理模块，执行该评估方案，并将线上生成的数据质量评估结果反馈至需求部门，同时，若有需要，主管部门也会协助需求部门一起，完成数据质量评估报告的撰写工作。

此外，为应对大数据时代下互联网金融对银行风险管理提出的挑战，商业银行在积极拓展互联网金融业务时，也应推进风险管控思路的创新与变化，建立以大数据为基础、线上线下相融合的风险识别与计量模式。客户与经营数据是电子商务时代难以复制的核心竞争力，也是客户风险分析和定制化服务的基础。银行应积极向互联网经营模式渗透，通过电商化的服务积累客户在线交易与行为数据，同时银行可在合乎监管规定和保护金融消费者利益的前提下，与海关、工商、税务和互联网公司等开展数据互换与共享，提升客户数据价值。

总之，数据治理工作涉及商业银行业务经营和风险管理的方方面面，是提升业务管理的基础，新型互联网金融下大数据的风险管理技术正越来越受到商业银行的重视。我国商业银行风险数据基础薄弱、储备不足，风险数据非常有限。同时，数据缺乏规范性，风险数据缺乏统一标准。商业银行应当系统地收集、整理、跟踪和分析各类风险相关数据，建立数据仓库、风险数据集市和数据管理系统，以获取、清洗、转换和存储数据，并建立数据质量控制政策和程序，确保数据的完整性、全面性、准确性和一致性。因此，数据标准和数据质量的推广应用工作是非常重要的，应该作为一项长期的工作持续开展。

# 金融科技在业务与风险管理中的应用*

近年来，从互联网金融到比特币、区块链，金融科技发展得如火如荼，各种概念层出不穷；但在实践层面，金融科技的应用内涵并不清晰。党的十九大报告和中央经济工作会议强调，打好防范化解重大风险攻坚战，重点是防控金融风险，加强互联网金融监管，引导金融科技发展回归本源，把服务经济社会发展作为金融科技的宗旨。正本清源，培元固本，金融科技在金融领域实践中的应用亟待澄清。

金融科技（FinTech）是金融（Finance）和技术（Technology）的合成。按照金融稳定理事会（FSB）的定义，金融科技是指技术带来的金融创新，具体来说就是运用"A"（人工智能）、"B"（区块链）、"C"（云计算）、"D"（大数据）等技术手段重塑传统金融产品、模式、流程及组织等。从技术创新在金融领域应用场景的角度来看，主要包括业务发展和风险管理两大场景。

## 一、金融科技在业务发展上的应用

金融科技在业务发展场景上主要包括金融产品差异化定价、智能营销和客服、智能研究和投资、高效支付清算等。

### （一）金融产品差异化定价

大数据和人工智能可以改变以往金融产品统一定价的模式，根据每个用户的情况实现差异化定价。

---

\* 本文写作于 2018 年 4 月。

1. 差异化保费设计

保险公司推出任何一款产品都要基于所获得的数据，经过精算定价，合理运用大数据有助于更加精确地厘定保险费率。传统定价方法是基于样本统计的历史数据来预测保险标的发生损失的概率，但保险标的风险状况不断变化，历史数据不能准确反映当前情况，样本数据也不能完全准确反映保险标的风险特征。保险公司可以运用大数据技术获得更多维度的全量数据，进而更精确地对风险进行评估。

以车险为例，目前定价主要考虑购车年份、价格等少数因素，根据被保险人过往出险情况进行浮动。保险公司可以运用大数据分析技术，根据被保险人车辆的使用频率、行驶路线、驾驶习惯等数据，准确地计算损失发生概率，做到差异化定价；对低风险的优质客户降低费率，对高风险的客户提高费率，从而吸引更多的优质客户。

2. 利率和授信差异化设计

借款人申请借款时，信贷平台方依据用户资信状况进行评价，判断其在借款到期后是否会因为无力还款而违约，实现差异化定价，让信用良好、违约风险较低的优质用户能以较少的成本获得融资借款服务，而信用相对一般、违约风险较高的用户则享受不了信用溢价带来的优惠。此后，用户在信贷平台每正常完成一次借还款的闭环，贷款利率都会相应地调低。当每个人的征信画像越来越全面和完善以后，就可以根据不同信用水平的实行精准的客户贷款利率和授信额度安排。

（二）智能营销和客服

1. 精准营销

在单个客户个性化的营销方案和服务体系下，金融机构可以更多关注个体差异，实现基于用户画像和大数据模型的对个人客户精准营销，最大限度地摊薄成本。精准营销对客户的兴趣、爱好、购买能力做出预测和判断，根据综合评分推荐金融服务和产品。以银行业为例，在购买服务和产品过程中的三个基本环节（认识服务和产品、产生兴趣、付款购买），客户通过网络、私人渠道进行检索，对产品信息、类别进行了解以确定其购买信息这个认知过程中产生的搜索数据可以定位客户的收入水平、兴趣和爱好。银行借助分布式存储和云计算挖掘客户的信息，形成完整的客户关系（CRM）系统，设计并推送各种营销方案给消费者，实现精准营销。

2. 智能客服

金融客户的业务咨询中的大部分常见问题都是重复性的，而且在一个限定领域内。传统的人工客服需要占用大量人力成本，而基于自然语言理解的对话机器人可以通过对话发掘用户需求，解释和推荐产品，进而带来销售转化。智能金融客服可以解决用户的大部分标准化问题，当它非常确定答案的时候会直接作答，当它不确定时会把可能的选项给人工客服，人工客服只需要快速判断，点击选择后就可以发过去了。随着人工智能客服对传统人工客服替代率的提高，客服效率和问题解决率大大提高，人力成本也将显著降低。

3. 智能理赔

保险企业可以利用多年积累的理赔数据积累建立自主知识产权智能定损平台，借助人工智能技术对出险车辆进行智能图片定损，以海量真实理赔图片数据作为训练样本，运用机器学习算法对车辆外观损失自动作出判定。过去的车险理赔不仅要持续几天，还要客户自己垫付，而现在只要几分钟。

### （三）智能研究和投资

1. 研究自动化

投行领域中有大量固定格式文档的撰写工作，比如招股说明书、研究报告、尽调报告、投资意向书等。人工智能环境下，用户只需要把收集到的资料输入电脑就会自动生成图表和报告，研究人员只需要做修改、复核、总结和定稿工作。同时，人工智能还能自动搜集各种公告、研报、公开知识库等，通过自然语言处理和知识图谱自动生成报告，速度可达 0.4 秒/份。

2. 智能投顾

智能投顾又称机器人理财，其核心是在数据沉淀积累与算法模型不断优化的基础上，根据个人投资者提供的风险承受水平、收益目标以及风格偏好等要求，运用一系列智能算法及投资组合优化等理论模型，为用户提供最终的投资参考，并对市场的动态对资产配置再平衡提供建议。

随着金融市场不断深入发展，金融产品层次与交易策略、交易工具日趋复杂，普通投资者学习成本越来越高，难以跟上市场发展步伐，专业投顾服务需求日渐凸显。而传统投顾服务的限制（百万资金起步、服务流程烦琐、服务费高昂、不能随时随地咨询、投顾水平良莠不齐等）无法满足普通投资者的需求。面对上述问题，智能投顾实际上就是把金融机构服务在线化、智能化，从而实现以较低的费率服务更广泛的普通个人投资者。

3. 量化投资

人工智能中的机器学习算法通过自主学习寻找信息和资产价格的相关性，自然语言处理技术可以理解新闻、政策文件、社交媒体中的文本信息，寻找市场变化的内在规律，通过知识图谱的建模方式把行业规则、投资关系等常识赋予计算机，帮助机器排除干扰，更好地结构化信息。

量化投资领域的智能机器从基本面、技术面、交易行为、终端行为、互联网大数据信息、第三方信息等衍化成一个因子库，将因子数据提炼生成训练样本，选取机器学习算法进行建模训练，保留有效因子生成打分方程输出组合。相比人类智能，机器人大数据量化选股偏向从基本面、技术、投资者情绪行为等方面挑选因子，对 IT 技术、数据处理技术要求较高。

（四）高效支付清算

1. 支付技术创新

应用金融科技在工具层面上的创新，包括非接触式支付创新、智能穿戴设备支付创新、生物识别技术支付创新等，融合了安全和效率的综合性支付技术创新。比如，亚马逊推出的 Amazon Go 就是把个人生物特征识别与云计算等技术结合，无须中间环节的个人身份、账户和信用水平等识别，消灭支付载体，直接完成支付。

2. 清算技术创新

市场参与者在交易中使用区块链技术可以享用平等的数据来源，交易流程更加公开、透明、有效。比如，通过共享网络系统参与证券交易，原本依赖中介的传统交易模式就变成分散的平面网络交易模式。

西方金融市场的实践显示，区块链技术支持下的交易模式有三大优势：一是减少证券交易成本，交易流程更简洁、透明、快速，减少重复功能的 IT 系统，提高市场运转效率。二是准确实时地记录交易者的身份、交易量等关键信息，使证券发行者清晰地了解股权结构，提升商业决策效率，减少暗箱操作、内幕交易，有利于证券发行者和监管部门维护市场。三是能使交易日和交割日间隔从 1~3 天缩短至 10 分钟，减少了交易风险，提高了效率和可控性。

3. 跨境支付结算方式创新

当前的跨境支付结算方式日趋复杂，存在时间长、费用高、中间环节多等问题，付款人与收款人之间的第三方中介角色很重要。同时，各国的清算程序不同，一笔汇款通常需要 2～3 天才能到账，效率极低，且在途资金占用量极大。

以银行为例，区块链将可摒弃中转银行的角色，实现点到点快速低廉跨境支付；区块链安全、透明、低风险的特性提高了跨境汇款的安全性，加快结算与清算速度，提高了资金利用率。同时，银行与银行之间可以不再通过第三方，应用区块链技术实现点对点支付，无须第三方中间环节，全天候支付、实时到账、提现简便，在降低跨境风险的同时满足了对支付清算服务及时性、便捷性的需求。

## 二、金融科技在风险管理中的应用

金融科技的四大代表性技术在风险管理场景下的应用深度有所差异，侧重领域也各有不同，且存在一些交叉。云计算技术为海量数据的运算能力和速度提升带来了突破；大数据风控技术主要应用于互联网金融的信用风险管理领域，解决的是信息不对称问题；人工智能风控技术是在大数据技术的基础上，主要解决风控模型优化的问题；区块链技术主要应用于支付清算等操作风险管理中的技术安全领域。

### （一）大数据技术在金融风险管理中的应用

大数据风控技术目前较多应用于 P2P 和网络小贷等互联网金融领域，针对的主要风险类型是以违约风险为主的信用风险。优点在于与传统风控手段相比数据来源更为广泛，识别速度更快且成本更低，从而有助于更好地解决信息不对称问题。缺点在于受制于我国当前信用数据分散且质量不高的现状，一些风控模型过度依赖互联网和手机抓取数据进行分析，而对借款人财务状况和偿债能力等关键变量分析不足，这可能是"现金贷新规"中有针对性地指出要"谨慎使用数据风控模型"的主要原因。

1. 运用大数据技术进行欺诈识别

进行欺诈申请的客户由于编造了全部或部分信息，很可能在自行申报的相关信息中存在不符合常理的情况，这些信息项可以成为欺诈识别模型的重要变量。

（1）基于地理位置信息的欺诈识别。将客户填写的地址信息定位为地址位置坐标，并与客户常用物流地址位置坐标进行比对，如果发现客户提供了一个距离过大的地址，则该地址信息存在虚假的可能性。针对移动端渠道，可以定位互联网客户的具体申请位置，与申请信息中填写的地址信息或职业信息进行对比验证。

（2）基于申请信息填报行为的欺诈识别。通过收集分析客户填写申请过程的行为信息，如填写了多长时间、修改了几次、修改了哪些内容等进行识别。

（3）基于客户填报信息与公司存量信息交叉比对的欺诈识别。多个申请件填报的单位电话相同，而对应的单位名称及地址不同，则批量伪冒申请件的可能性就很高。

（4）基于外部信息的交叉对比的欺诈识别。恶意申请会隐瞒对其不利的事实，如负债、运营存在问题、法院执行信息等，而抓取互联网上申请人的企业经营信息、法院执行信息可以核实申请人的真实资质。

2. 运用大数据技术进行授信评分

被排除欺诈可能并进入评分规则引擎的客户，会按类型被分发到不同的细分模块，以适应不同的细分模型，包括不同的产品、不同的行业、不同的客户群，如车贷、消费贷、抵押贷、个人经营贷等。不同类型的借款申请调用不同的信用评分规则引擎，该引擎将并根据用户授权许可自动抓取的数据，通过特定模型转化为个人授信评分数据与商户授信评分数据。

（1）基于个人信息抓取的授信评分。抓取用户在互联网上的购买数据、搜索引擎数据、社交数据、账单邮箱信息等多个维度的数据，得到用户性格、消费偏好、意愿、学历等个人信息。

（2）基于商户信息抓取的授信评分。抓取商户的交易数据（物流、现金流、信息流数据）和电商的经营数据（如访客量、交易量、用户评价、物流信息等）来对商户进行授信评分。

3. 运用大数据技术进行贷后管理

针对"还款意愿差"和"还款能力不足"两大客户逾期的主要原因，大数据技术通过违约信息排查和监测预警及时跟踪违约风险。

（1）违约信息排查。通过实时监测存量客户早期逾期、连续多期不还欠款、联系方式失效等情况，并将存量客户与新增的黑名单、灰名单数据匹配，及时发现潜在违约客户。

（2）小微商户流水监测预警。利用从数据合作方获取的商户交易流水信息，对其交易流水进行监测预警。突然出现的资金流入、流出，不符合经营规则的交易流水下滑情况，正常营业的大额交易等均可以触发预警。

（3）负面信息监测预警。通过大数据实时监测，一旦发现客户的负面信息、公安违法信息、法院执行信息、税务缴税信息、行业重要新闻、借款人社交关系网中的负面情况、借款人的网络浏览行为、资金支付结算情况等，及时触发预警。

## （二）人工智能在金融风险管理中的应用

与互联网领域相比，金融场景上数据具有两大独特性：一方面，可用数据比互联网要少；另一方面，又比传统评分卡体系多了很多不可解释、高维稀疏的大数据。机器学习要解决的问题主要是模型构建和训练、性能监控与自迭代的机制，包括深度学习、半监督学习、在线学习等技术，核心都是为了将互联网级别的机器学习技术"降维"应用到金融领域。目前人工智能和大数据技术的紧密结合已成为风险管理的核心技术，其基本逻辑是通过在深度学习和数据挖掘中自我更新、自我调整和自我迭代，进而从更多维度的大数据中把握风险规律。

1. 提取数据深层特征

在数据繁杂的大型风控场景中，运用基于深度学习的人工智能特征生成框架，对时序、文本、影像等互联网行为、非结构化数据深层特征加工提取，大大提升了模型效果。比如消费信贷风险管理通过知识图谱、自然语言处理、机器学习等人工智能技术，发现借款人、企业、行业等不同主体间的有效信息维度关联，深度挖掘企业集团、上下游合作商、竞争对手、管理人员信息等关键信息。

2. 提高风控模型与数据的匹配度

不同类型的数据在统计特征方面有明显的差异，因此需用合适的模型才能挖掘出数据的最大价值。机器学习方法在互联网广告、搜索、推荐等应用是对不同类型的数据用不同的机器学习模型处理，金融场景中，采用复杂集成模型也可以处理上千维度的弱变量，并精准地估计违约风险。

3. 加快风控模型迭代速度

互联网每天都生成海量用户数据，搜索、推荐模型需要持续频繁地优化，自迭代频次比金融领域更快更准确，通过机器学习可以解决模型人工迭代慢的问题。在金融风险管理中，通过对模型特征性能、借贷群体和业务反馈等多方面的监控，机器学习模型能有效地快速自迭代。

4. 无监督机器学习反欺诈

欺诈风险量化也使用智能模型，比如无监督机器学习模型，基于可观察到的交易特征变量和案件数据，学习什么是好的和坏的样本并进行风险预测；在没有标签数据的情况下，交易、账户登录等场景应用无监督机器学习模型，通过分析欺诈和正常用户行为模式的异同，识别欺诈风险。

（三）区块链技术在金融风险管理中的应用

目前区块链技术主要应用于操作风险管理中的身份验证、支付安全等领域，重点针对的是人工操作中验证困难带来的风险。

1. 身份验证

当身份证件需要取消或者重新签发时，在跨国操作的情境下，金融机构需很长时间才知道该身份撤销了，区块链技术使此类敏感信息的传递过程更加便捷和高效。身份验证系统利用区块链特有的智能合约，可有选择地显示身份信息，实现信息在相关者范围内局部共享，防止身份被盗和加强用户隐私保护。

2. 票据业务风险管理

票据业务具备低频大额交易及存在人工操作风险的特点，基于区块链技术的数字票据具有独特的风险防控优势：一是能够有效防范票据市场风险，避免了纸票"一票多卖"、电票打款背书不同步等问题；二是可以大大降低监管的调阅成本，完全透明的数据管理体系为票据业务风险管理提供了可信任的追溯途径。

3. 保险公司道德风险防范

在保险受理阶段，区块链技术可以将不同公司之间的数据打通，相互参考，从而及时发现重复投保、历史理赔等信息，及时发现高风险用户。在理赔阶段，基于在区块链上记录了的客户所有投保信息，很快可以发现骗保行为并及时采取措施。

党的十九大报告指出，创新是引领发展的第一动力。金融机构应积极拥抱和推动科技驱动型金融创新，完善服务体系，提升服务质量，实现自身的转型发展，迎接新业态的到来。